本书得到东北农业大学绿色食品产业战略研究团队、黑龙江省高度智库现代农业发展研究中心出版资助

畜牧业绿色转型的
理论与实证研究

XUMUYE LüSE ZHUANXING DE
LILUN YU SHIZHENG YANJIU

许佳彬　李翠霞　著

人民出版社

责任编辑：黄煦明

封面设计：胡欣欣

图书在版编目（CIP）数据

畜牧业绿色转型的理论与实证研究 ／ 许佳彬，李翠霞著. --北京：人民出版社，2025. 3. --ISBN 978-7-01-027149-1

Ⅰ. F326. 33

中国国家版本馆 CIP 数据核字第 2025F5P959 号

畜牧业绿色转型的理论与实证研究

XUMUYE LÜSE ZHUANXING DE LILUN YU SHIZHENG YANJIU

许佳彬　李翠霞　著

人民出版社 出版发行

（100706　北京市东城区隆福寺街 99 号）

北京建宏印刷有限公司印刷　新华书店经销

2025 年 3 月第 1 版　2025 年 3 月北京第 1 次印刷

开本：710 毫米×1000 毫米 1/16　印张：27

字数：430 千字

ISBN 978-7-01-027149-1　定价：86. 00 元

邮购地址 100706　北京市东城区隆福寺街 99 号

人民东方图书销售中心　电话（010）65250042　65289539

目　录

前　言

党的十八大报告把生态文明建设纳入中国特色社会主义事业"五位一体"总体布局，提出了创新、协调、绿色、开放、共享的发展理念。党的十九大报告指出，"建设生态文明是中华民族永续发展的千年大计"。党的二十大报告指出，"中国式现代化是人与自然和谐共生的现代化"，明确了新时代生态文明建设的战略任务，总基调是推动绿色发展，促进人与自然和谐共生。党的二十届三中全会将"聚焦建设美丽中国"作为"七个聚焦"之一，进一步对生态文明体制提出深化改革要求。加快经济社会发展全面绿色转型已经迈上了快车道。

中国自春秋时期就懂得用地养地的道理以及物理杀虫、人工除草等做法。农牧结合、稻田养鱼、桑基鱼塘等农业生态模式在历史上曾经极大推动了文明和经济的发展，"庄稼一枝花，全靠粪当家"，通俗易懂的谚语道出了循环经济的深刻内涵，也凸显了畜牧业的重要地位。中国是世界上畜牧业资源最丰富和畜牧业历史悠久的国家之一。据联合国粮农组织统计，中国畜牧业发展迅速，猪肉、羊肉和禽蛋产量居世界首位，家禽产量居世界第二。不仅如此，畜牧业也已成为中国农村经济重要支柱产业，畜牧业产值约占农业总产值的三成，全国从事畜牧业生产的劳动力超过 8000 万。在中国的北部和西部，包括内蒙古、新疆、西藏、青海、四川、甘肃、宁夏、黑龙江、吉林、辽宁、河北、山西等省（区），共有 266 个牧区、半农半牧区县（旗），面积占全国土地总面积 50% 以上，牧畜头数占全国牲畜总头数的 22%。也正是因为这些地区如此快速发展畜牧业，给当地资源环境带来一定压力，甚至是一定破坏力，推进畜牧业绿色转型也成为经济社会发展全面绿色转型的重要一环。

作为畜牧业的重要组成部分，奶牛养殖业的发展，特别是奶牛养殖业绿色转型发展备受瞩目。2008年以后，中国奶牛养殖业迅速调整产业结构，规模化趋势愈发明显、生鲜乳质量稳步提升、产业动能逐步释放，但集约化、专业化、规模化优势凸显的同时，传统体制所积攒的结构矛盾又衍生出新的经济增长"堵点"，即面源污染加剧与碳排放量提升并存、高成本低收益与高投入低产出并举，成为制约中国奶牛养殖业绿色转型的"痛点"。相关研究表明，受资源错配、禀赋约束、结构矛盾等的影响，奶牛养殖技术效率损失较大，不同养殖模式之间效率差异较明显。

本书就是在上述背景下，以"畜牧业绿色转型的理论与实证"为重点内容展开的科学研究。全书共计十二章，其中第一章和第二章为基础研究内容，开篇总体阐述了本书的研究背景、现实意义、总体概况，并就畜牧业绿色转型研究学术史进行了系统的梳理；第三章至第五章为理论研究内容，在回顾畜牧业绿色转型的经济学理论基础之上，深究畜牧业绿色转型的理论本质，并就其影响机理进行系统论证，为实证研究奠定坚实的理论基础；第六章至第十一章为实证研究内容，以畜牧业绿色转型的水平测度为起点，逐步拨开影响畜牧业绿色转型的关键因素，第七章是从宏观层面对畜牧业绿色转型的影响因素进行初探，第八章、第九章、第十章是从微观层面分别检验政府环境规制、社会化服务组织嵌入、养殖主体感知价值三个维度对畜牧业绿色转型的影响效应及相关机制，第十一章是在一系列实证检验的基础上，围绕转型目标所进行的多主体协同驱动的情景预测；第十二章为总结研究内容，基于前文全部理论与实证研究，从政府、市场、主体三个维度构建了畜牧业绿色转型的驱动机制，为持续推动畜牧业绿色转型提供方向和出路。需要特别强调的是，出于数据可获得性以及奶牛养殖业在畜牧业中的突出地位，本书所使用到的宏微观数据为奶牛养殖宏观统计数据和奶牛养殖主体微观调查数据。

总体来看，本书瞄准畜牧业环境保护与经济增长领域的前沿问题，以

"本质特征—影响机理—影响效应—驱动情景—驱动机制"为逻辑主线，以"过去—现在—未来"为时间主线，以寻找如何推进畜牧业绿色转型的战略举措为研究目标，以揭示畜牧业绿色转型的本质特征、探索畜牧业绿色转型的影响机理、检验畜牧业绿色转型的影响效应、模拟畜牧业绿色转型的驱动情景、构建畜牧业绿色转型的驱动机制为研究目的，以文献研究法、实地调查法、数理与数量经济分析法为主要研究方法，针对畜牧业绿色转型开展了理论与实证研究。通过研究发现，畜牧业绿色转型就是"减排"与"增效"协同的过程，而驱动畜牧业绿色转型的主体多元、路径多元、方法多元，在这其中，政府以"掌舵者"身份指导监督绿色转型，社会化服务组织以"传递者"身份协助推进绿色转型，养殖主体以"责任者"身份积极主动参与绿色转型，多元主体协同发力才能如期实现绿色转型目标。

面向未来，中国经济高质量发展的列车将会以稳字当头、稳中有序持续开动，而对绿色、低碳、环保的主张也将不断深入，建设人与自然和谐共生的现代化、全面促进经济社会发展绿色转型是未来经济主战场的核心要义，这也预示着，未来经济高质量发展的关键任务之一是深度解决环境污染并协同实现提质增效。而作为"满足国民膳食营养需要"的重要产业之一，畜牧业理应同经济发展思路一道，加速实现绿色转型，向高质量发展进程迈进。从学术研究角度来看，未来应持续关注畜牧业绿色转型问题，坚持理论与实践相结合，坚持多学科交叉融合，坚持对重点案例、典型案例深度挖掘，为经济社会全面绿色转型贡献畜牧业绿色转型发展方案。

本书成功付梓，源于多位学术前辈的不吝赐教和多方力量的鼎力支持。首先要感谢我的博士生导师、本书的合著者李翠霞教授。在我读博士期间，李老师倾尽全力为我创造各种学习机会，发表论文、参加会议、组织调研，数万元的培养经费让我将双脚深深地扎根在了乡间泥土之中。我从不敢停下脚步，因为我知道背后的这棵大树已经站在了学术顶峰但依旧在奋力拼搏，而我没有理由停下来歇歇脚。其次，要感谢我的师爷李友华先生。李先生是著名的老一辈农业经济学家，也是我最敬重的师长之一，92岁高龄，依旧笔耕不辍，奋斗在学术研究一线。他对我关爱有加，教会我为人子、为人徒、为人师的大道理。再者，要感谢我的博士后合作导师中国人民大学农业与农村发展学院仇焕广教授，仇老师学术造诣深厚，为人正直果敢，我有幸拜到仇老师门下开展博士后研究，在学术思想上得到了极大启发，向楷模学习定能拥有无穷的前进动力。

同时，要感谢东北林业大学卢宏亮教授、吉林大学张小宇教授、内蒙古农业大学柴智慧教授、沈阳农业大学周密教授、中国农业大学田旭教授、东北农业大学经济管理学院郭翔宇教授、张启文教授、余志刚教授、刘畅教授、王洋教授、颜华教授在选题论证、内容设计方面给予的诸多宝贵意见；感谢山东农业大学崔钊达同志、山东女子学院刘洋同志在读书期间同我一起通宵达旦，讨论研究的每一处细节；感谢北京科技大学王菁菁博士后、东北农业大学经济管理学院博士研究生刘辰洋、王弘烨、白子明、王天翼、奚卉彤，硕士研究生付鸿宇、刘琦，帮助我完成调研员招募、数据收集、录入、清洗等工作；感谢我的硕士研究生温浩洋、秦亚茹、聂立业、史亚莉、赵铭谦、穆瑜蕃对书稿的认真校对。

另外，要感谢国家自然科学基金面上项目（71673042）、中宣部"四个一批"人才项目（201801）、黑龙江省自然科学基本项目（LH2024G001）、黑龙江省哲学社会科学基金项目（23XZT045）、黑龙江省经济社会发展重点研究项目（24455）以及东北农业大学绿色食品产业战略研究团队、黑龙江省高端智库现代农业发展研究中心对本书出版的资助。最后，还要感谢人民出版社责任编辑的悉心编校，以及其同事专业的出版服务工作，使得本书能够顺利出版。

由于作者学识和能力有限，书中难免存在疏漏和不足之处，敬请读者批评指正。

许佳彬

2024 年 10 月 10 日于东北农业大学成栋楼

第一章 引 言

党的二十大报告明确提出加快建设农业强国重大战略任务。2022 年中央农村工作会议进一步就加快农业强国建设作了全面战略部署，强调建设农业强国要体现中国特色，立足我国基本国情，立足人多地少的资源禀赋、农耕文明的历史底蕴、人与自然和谐共生的时代要求。加快建成供给保障有力、绿色高质高效、产业链完备、竞争优势明显的农业强国，必须加快农业产业内部及其相关产业全面绿色转型升级。为此，以畜牧业绿色转型全面助绿农业强国建设，具有重要的理论意义和现实意义。本章首先阐述加快建设农业强国的重要意义，其次分析畜牧业绿色转型何以助绿农业强国建设，最后对全书总体内容进行概述。

第一节 加快建设农业强国的重要意义

一、农业强国的历史演进

中国是世界农业主要发源地之一，农业科技强、国际地位高是中国古代农业的显著特征，无论在工具应用还是科技水平上都远超世界其他国家，位于世界农业强国之列，农耕文化底蕴深厚、人与自然和谐共生是其真实的写照。崇尚农业的文化与价值追求、精耕细作的农耕制度、优越的自然条件、人与自然和谐统一的文明思想塑造了辉煌灿烂、可持续的古代农业文明，为建设中国特色农业强国积累了宝贵财富。明清以前，中国农业科技长期处于世界领先水平。16—18 世纪，中国是世界上最大的商品出口国，丝绸、瓷器、棉织品、茶叶等数十种商品出口海外。① 中国大概有 136 种原生物种，占全世界原生物种的 20%，是世界上最早栽培小米、水稻、茶和大豆作物的国家，也是世界上最早栽桑养蚕织绸的国家。② 这些作物资源和生产技术通过丝绸之路传遍世界，对其他国家的农业发展产生了巨大的推动作用，显著提升了国际影响力。

1840 年鸦片战争以后，中国进入近代社会，重商主义思潮再度抬头，小农经济受到资本主义的强烈冲击。与此同时，西方农业科技的兴起大大提升了农业生产率，忽略技术投入的小农经济发展潜力不足，中国传统农业逐渐式微，一千多年来以领先世界的中国农业逐步被西方国家超越，在世界农业强国中的地位不断下降。③ 在土地改革和抗日战争时期，农业作为战略物资的重要供给逐渐得到重视。但受到战争的影响，新中国成立前农业生产遭到空前破坏，农业科技推广困难，农业生产力低下，中国在世界农业强国中的地位持续下降。④

新中国成立以来，为加速恢复和发展国民经济，提高农业生产积极性，国家实施了土地制度改革，同时不断加大农业科技投入以提高农业生产效率。在这一时期，农业发展的目标导向是支持重工业和城市发展，为国民经济发展提供土地、劳动力和资本要素。2004 年以后，中国进入了快速工业化的中期阶段，但长期存在的城乡二元结构制约了城乡之间的要素自由流动，城乡经济社会发展不协调日益突出。为了打破二元结构壁垒、统筹城乡发展，国家开始向工业反哺农业、城市支持农村的发展道路转变，党中央陆续实施了社会主义新农村建设与乡村振兴战略，为农业农村农民发展注入了

---

① 薛国中：《世界白银与中国经济——16—18 世纪中国在世界经济体系中的地位》，《中国政法大学学报》2007 年第 1 期。

② 中国农业博物馆农史研究室编：《中国古代农业科技史图说》，农业出版社 1989 年版，第 53 页。

③ 贺耀敏：《中国古代农业文明》，江苏人民出版社 2018 年版，第 18 页。

④ 张永江、袁俊丽、黄惠春：《中国特色农业强国的历史演进、理论逻辑与推进路径》，《农业经济问题》2023 年第 12 期。

强劲动能。与此同时，国家高度重视农业科技创新，强调农业科技进步和创新驱动的重要意义并加大推进举措，以推动中国由农业大国向农业强国转变。

从农业强国的历史演进脉络可以清晰总结出农业强国思想的形成过程：农业现代化思想的确立（1949—2012）。农业现代化是农业强国建设的基本前提，新中国成立之初，党中央提出了农业现代化的战略构想，指出要建设强大的现代化的工业、现代化的农业、现代化的交通运输业和现代化的国防，以此来摆脱落后和贫困。改革开放以来，面对我国生产方式落后和技术水平低的现实困境，党中央提出要加强政策供给，同时提高科学技术的支撑作用，自此中国农业现代化的主要内容开始向科技化转变。2007年，党的十七大报告提出"要加强农业基础地位，走中国特色农业现代化道路，建立以工促农、以城带乡长效机制，形成城乡经济社会发展一体化新格局"。2012年，党的十八大报告提出"坚持走中国特色新型工业化、信息化、城镇化、农业现代化道路"，"构建集约化、专业化、组织化、社会化相结合的新型农业经营体系"。至此，具有中国特色的农业现代化道路基本形成，为农业强国思想的提出奠定了坚实的物质基础和理论支撑。

农业强国思想的探索（2013—2020）。党的十八大以来，中国农业现代化道路愈发鲜明、思路愈加清晰。中国特有的国情决定了发展现代化农业必须要走中国特色的农业现代化道路。在工业化和城镇化深入推进的过程中，农业农村发展呈现出农业综合生产成本上升、农产品供求结构性矛盾突出、农村社会结构加速转型、城乡发展加快融合新态势，农业依旧是"四化同步"的短板，影响"四化"发展进程。在此背景下，2013年中央农村工作会议明确提出了"中国要强，农业必须强"的重要论断，首次将"强农"和"强国"联系起来。党的十九大以来，中国农业现代化进入了快速发展时期，正逐步实现由农业大国向农业强国的跨越。2020年中央农村工作会议进一步指出，要把战略基点放在扩大内需上，农村有巨大空间，可以大有作为。在推进农业现代化的过程中，农业强国建设思想逐步形成并日益完善。

农业强国思想的确立（2021年至今）。大而不强一直是近现代中国农业发展的重大瓶颈，特别是 2020 年以来，受新冠疫情复杂多变、世界粮食增长放缓、俄乌冲突持续等国际因素，以及农产品供求结构性矛盾、农业质量效益不高、人多地少水缺矛盾突出等国内因素的双重制约，中国农业发展面临前所未有的挑战，保障粮食安全和重要农产品稳定安全供给对国家安全至关重要，加快建设农业强国的紧迫性日益凸显。党的二十大报告指出，"以中国式现代化全面推进中华民族伟大复兴""加快建设农业强国，扎实推动乡村产业、人才、文化、生态、组织振兴"。加快建设农业强国是中国式现代化的根本要求，也是中国式现代化的应有之义。2022 年中央农村工作会议进一步对如何建设农业强国进行了全面部署，强调"建设农业强国要体现中国特色"。2023 年中央一号文件提出"要立足国情农情，体现中国特色，建设供给保障强、科技装备强、经营体系强、产业韧性强、竞争能力强的农业强国"。党的二十大报告中关于加快建设农业强国的论断与 2022 年中央一号文件对农业强国的部署，以及 2023 年中央一号文件对加快农业强国的具体安排，体现了农业强国思想的核心要义，既是中国共产党理论探索的最新成果，也是对新中国成立以来农业政策的继承发展。

二、农业强国的现实意义

加快建设农业强国，是马克思主义中国化时代化最新理论指导中国"三农"实际的实践路径，对于推进农业农村现代化、建设社会主义现代化强国、实现中华民族伟大复兴具有重要现实意义。

第一，加快建设农业强国是马克思主义中国化时代化理论指导中国"三农"的实践路径。加快建设农业强国，要运用马克思主义中国化时代化的世界观和方法论，既要立足现代农业建设实际推动实现理论创新，又要根据理论创新科学指导强国建设实践。要深刻认识建设农业强国是从量变到质变的必然性和必要性，明确目前已具备从农业大国迈向农业强国的基础，找准加快建设农业强国的突破口和着力点。要抓住主要矛盾和矛盾的主要方面，把握好现代农业发展的现实基础和存在的短板弱项，明确国内生产保供、国际资源利用、科技装备、经营体系、全产业链、绿色发展、促农增收、政策预期等重要任务、发展方向和优先排序，不能"胡子眉毛一把抓"。要坚持实事求是，充分考虑"三农"具体实际，揭示中国式农业强国建设的客观规律，研究提出立足"大国小农"基本国情农情的强国路径。

第二，加快建设农业强国是全面建成社会主义现代化强国、实现中华民族伟大复兴的必然要求。从中华民族伟大复兴战略全局看，农业农村现代化是中国式现代化的重要基础，农业强国是社会主义现代化强国的重要体现。加快建设社会主义现代化强国、实现中华民族伟大复兴，农业不能成为"短腿"，农村不能成为"短板"，农民不能成为"落后者"。必须坚持和发展中国式农业强国理论，坚持走中国特色农业强国道路，多措并举推动实现国内生产保供强、国际资源利用强、科技装备强、经营体系强、产业韧性强、绿色发展强、促农增收强、政策预期强的"强国"要求，才能更好夯实社会主义现代化强国建设基石，更好助力实现中华民族伟大复兴。

第三，加快建设农业强国是顺应"大国小农"基本国情农情、加快农业农村补短板强弱项的必然要求。放眼国际，没有一个世界强国不是农业强国，世界上真正强大的国家、没有软肋的国家，都有能力解决自己的吃饭问题。反观国内，农业是近两亿人就业的产业，农村是近五亿农民的常住家园，"大国小农"基本国情农情短期内难以转变，小农还将继续肩负农业生产和社会稳定重任，必须深刻认识小农存在的深层次原因和未来继续存在的必然性。加快建设农业强国，必须充分考虑"大国小农"基本国情农情，以加快农业农村补短板强弱项为主攻方向，不断同中国"三农"具体实际相结合，不断在实践中推动实现理论创新，确保理论联系实践，切实做到立足中国实际、创新中国理论、解决中国问题。

第四，加快建设农业强国不仅裨益自身也将惠及世界，对全球可持续发展具有重要的积极意义。中国农村地域广袤、农业人口众多，但却始终把保障粮食和重要农产品稳定安全供给作为建设农业强国的头等大事，依靠自身力量用占世界9%的耕地、6%的淡水资源解决世界近1/5人口的吃饭问题，更实现由过去"吃不饱"向追求"吃得好"的历史性转变，这本身就是为保障全球粮食安全作出的巨大贡献。与此同时，中国巩固脱贫攻坚成果，全面推进乡村振兴，千方百计拓展农民增收致富渠道，也是在为消除贫困作贡献。当数亿中国农民整体迈入现代化，无疑将显著加快世界现代化进程，促进全球可持续发展。中国在与世界的互动交流中汲取建设农业强国的智慧，也必将以自身实践为全球可持续发展、消除贫困贡献中国力量。

三、农业强国的内涵特征

世界现代化强国发展的经验表明，建设农业强国是大势所趋，也是历史必然。农业强国是世界范围的、具有普遍认同性的概念，但是世界上并不存在完全一致的发展模式。中国要建设的农业强国，既有世界农业强国的共同特征，更有基于本土国情的中国特色。总结借鉴世界农业现代化国家的实践和经验，农业强国具有如下共同特征：

一是供给保障强。纵观世界上真正强大的国家，基本都是以强大的农业作为基础支撑，都有能力解决本国人民吃饭的问题。例如，2020 年美国、加拿大、澳大利亚等国家人均谷物产量分别是世界人均产量的 3.42 倍、4.43 倍和 2.68 倍，谷物自给率分别达到 123.16%、184.81%、215.73%。[①] 从中度或严重粮食不安全发生率[②] 这一指标来看，2020 年多数农业强国中度或严重粮食不安全发生率低于 10%，远低于世界中度或严重粮食不安全发生率的 27.6%，说明这些国家完全有能力保障本国粮食自给自足。

二是科技装备强。世界农业强国的农业劳动生产率普遍较高，重要原因是其具有较高的现代农业科技装备水平。从科技创新来看，发达国家农业科技进步贡献率通常在 80% 左右，农业强国则多在 90% 以上。[③] 从物质装备来看，农业强国农业机械化水平基本保持在 90% 以上，劳均固定资产形成总额普遍较高。例如，美国已经形成了健全的农业机械化体系，农业机械

---

① 姜长云：《农业强国》，东方出版社 2023 年版，第 12 页。

② 联合国粮农组织将其界定为，对生活在中度或严重粮食不安全家庭中的人口百分比的估计。

③ 宋洪远、江帆：《农业强国的内涵特征、重点任务和关键举措》，《农业经济问题》2023 年第 6 期。

总量大、自动化水平高，平均每个农场拥有 50 台物联网。

三是经营体系强。构建完善的现代农业经营体系是建设农业强国的基本要求。世界农业强国的农业现代化水平较高，均表现出农业经营体系健全的重要特征。以美国为例，现代农业生产经营主体主要为家庭农场和农业合作社。家庭农场占美国农场的绝大部分，农场平均规模和人均耕地面积大，农场家庭年均收入高于城市家庭人均收入水平；美国农业合作社在农业生产资料供应、农产品加工、农产品销售、农业社会化服务等方面均发挥巨大作用。

四是产业韧性强。产业链条健全高端是建设农业强国的突出标志。延长农业产业链条，推动一二三产业融合发展，有利于发挥乘数效应，拓展农业增值增效空间。[①] 从世界农业强国的基本特征看，普遍构建起完善健全的现代农业产业体系，农业规模化、产业化、专业化程度高。例如，美国形成了五大湖沿岸地区的乳畜带，中央大平原的玉米带、小麦带、棉花带，墨西哥湾沿岸地区的亚热带作物带，西南部沿海地区的水果和灌溉农业产业带；法国葡萄酒产业高度发达，通过将酒文化与品酒艺术有机结合，带动旅游产业发展。[②]

五是竞争能力强。世界农业强国农产品的国际竞争优势普遍较为明显，在规则制定、产品定价等方面具有较大的话语权。例如，美国 ADM、美国邦吉、美国嘉吉、法国路易达孚四大粮商控制了全球超过 80% 的粮食交易；美国是世界农产品第一出口大国，绝大多数年份农产品贸易呈现净出口状态，长期在世界农产品贸易市场中占据主导地位，法国每年将用于研发的公共开支的 10% 用于农业和农产品加工业，依托数字科技保持农业竞争力处于强劲状态。

上述世界农业强国所具有的共同特征为中国特色农业强国建设提供了重要的参考方向。立足中国国情农情和时代要求，农业强国建设的中国特色

---

① 张静、朱玉春：《产业融合、社会资本和科技创业减贫》，《农业技术经济》2019 年第 11 期。

② 姜长云：《农业强国》，东方出版社 2023 年版，第 25 页。

还应该包括如下独有特征：

一是牢牢端稳中国饭碗。粮食安全始终是头等大事，党的十八大以来，以习近平同志为核心的党中央多次强调粮食安全的极端重要性，国家采取一系列战略举措着力保障粮食和重要农产品稳定安全供应。2023年，全国粮食总产量达到1.39万亿斤，连续20年丰产丰收，连续9年保持在1.3万亿斤以上；人均粮食占有量从2013年的421公斤增加至2023年的493公斤，远高于人均400公斤的国际安全标准线；三大谷物自给率均超过95%；粮食库存消费比超过50%，远高于17%的粮食安全警戒线；稻谷和小麦库存量超过一年的消费量，保证了口粮绝对安全、谷物基本自给。2023年，全国猪牛羊禽肉产量9641万吨，比上年增长4.5%，蛋奶产量均实现不同程度增长，人均占有量均高于世界平均水平。加快建设农业强国，要全力抓好粮食生产和重要农产品有效供给，增强农业产业链供应链韧性和稳定性，确保饭碗牢牢端在自己手中。

二是依托双层经营体制发展现代化大农业。党的十八大以来，国家出台一系列政策举措，全力培育新型农业经营主体、创新农业生产经营方式、构建新型农业经营体系，农业发展取得明显成效。截至2023年10月末，纳入全国家庭农场名录管理的家庭农场近400万个，依法登记的农民合作社221.6万家，组建联合社1.5万家。全国超过107万个组织开展农业社会化服务，服务面积超过19.7亿亩次，服务小农户9100多万户。[1] 新型农业经营主体保持良好发展势头，质量效益稳步提高，服务带动效应持续增强。但不可忽视的是，小农户家庭经营仍是中国农业的基本面。根据第三次农业普查数据显示，全国小农户数量占到农业经营主体的98%以上，户均经营规模7.8亩，小农户经营耕地面积占总耕地面积的70%。[2] 加快建设农业强国，要立足"大国小农"的基本农情，以家庭经营为基础，坚持统分结合，积极

---

[1] 《新型农业经营主体保持良好发展势头》，2023年12月19日，见 https://www.gov.cn/lianbo/bumen/202312/content_6921803.htm。

[2] 《全国98%以上农业经营主体仍是小农户》，2019年3月2日，见 https://www.gov.cn/xinwen/2019-03/02/content_5369853.htm。

发展面向小农户的社会化服务，培育新型农业经营主体，形成中国特色农业适度规模经营。

三是着力提升农业绿色低碳发展潜力。党的十八大以来，为保护自然资源环境、推动农业可持续发展、提高农民生活质量，党和政府着力推进农业农村全面绿色低碳发展，取得了较为明显的成效。农业绿色低碳发展是以新发展理念为引领，以尊重自然、顺应自然、保护自然为前提，以统筹经济、社会、生态效益为基本原则，以绿色科技创新与体制机制创新为驱动，实现增产增收、资源高效、环境友好、富裕健康多目标协同发展的农业变革过程。2023 年，主要农作物病虫害绿色防控面积覆盖率达 54.1%，水稻、小麦、玉米三大粮食作物统防统治面积覆盖率达 45.2%，化肥、农药利用率均超过 41%；实施畜禽粪污资源化利用整县推进项目，畜禽粪污综合利用率达 78.3%；整建制建设秸秆综合利用重点县，秸秆综合利用率达 88% 以上；农膜回收处置率稳定在 80% 以上；新批准创建 80 个国家农业绿色发展先行区，遴选 29 个先行区开展整建制全要素全链条推进农业面源污染综合防治。[①] 加快建设农业强国，必须发展生态低碳农业，做到资源节约、环境友好，守住绿水青山。

第二节 畜牧业绿色转型何以助绿农业强国建设

一、源于畜牧业绿色高质量发展的现实基础

畜牧业是关系国计民生的重要产业，是农业农村经济的支柱产业，是保障食物安全和居民生活的战略产业，是农业现代化的标志性产业。党的十八大以来，在党中央、国务院的坚强领导下，畜牧业克服资源要素趋紧、非洲猪瘟疫情传入、生产异常波动和新冠疫情冲击等不利因素影响，生产方式加

---

① 《农业农村部：农业绿色发展取得积极成效》，2023 年 12 月 23 日，见 https://baijiahao.baidu.com/s?id=1786038743764292743&wfr=spider&for=pc。

快转变，绿色发展全面推进，现代化建设取得明显进展，综合生产能力、市场竞争力和可持续发展能力不断增强，为农业强国建设打下坚实基础。

一是国内生产保供能力稳步提升。在政策支持和市场驱动下，畜牧业发展取得显著成效，畜产品生产效率持续提升，国内供给保障基础不断筑牢，在满足城乡居民日益增长的畜产品消费需求中发挥重要作用。根据2023年国民经济和社会发展统计公报数据显示，全年猪牛羊禽肉产量9641万吨，比上年增长4.5%。其中，猪肉产量5794万吨，增长4.6%；牛肉产量753万吨，增长4.8%；羊肉产量531万吨，增长1.3%；禽肉产量2563万吨，增长4.9%。禽蛋产量3563万吨，增长3.1%。牛奶产量4197万吨，增长6.7%。年末生猪存栏43422万头，比上年末下降4.1%；全年生猪出栏72662万头，比上年增长3.8%。[①]

二是国际资源利用效率不断增强。随着经济全球化持续推进，中国畜牧业对外开放深度和广度持续加大，利用国际市场资源的能力不断增强，在弥补国内供需缺口中发挥重要作用。近年来，畜产品进口在历经快速增长后开始趋稳，但依旧维持在较高水平，在一定程度上说明中国对国际市场和资源利用的自主性、主动性不断增强。根据海关统计数据显示，2023年全国畜产品进口额为451.9亿美元，同比减少12.3%，出口额为60.8亿美元，同比减少5.0%，贸易逆差391.1亿美元，同比减少13.3%。[②] 其中，牛肉、猪肉、羊肉进口量分别为274万吨、155万吨和43万吨，分别较上年下降15.7%、5.5%和9.3%；乳制品进口维持在288万吨，较上年下降8.5%；禽肉进口则保持持续增长态势，进口量达到68万吨，较上年增长29.1%。[③] 畜产品进口为中国节约了大量耕地、劳动力等资源，为缓解国内资源要素紧张、畜产品

[①]　《中华人民共和国2023年国民经济和社会发展统计公报》，2024年2月29日，见https://www.stats.gov.cn/sj/zxfb/202402/t20240228_1947915.html。

[②]　《2023年1—12月我国农产品进出口情况》，2024年1月23日，见http://www.moa.gov.cn/ztzl/nybrl/rlxx/202401/t20240123_6446367.htm。

[③]　《2023年12月进口主要商品量值表（人民币值）》，2024年1月18日，见http://gongbei.customs.gov.cn/customs/302249/zfxxgk/2799825/302274/302277/302276/5637081/index.html。

供需矛盾等问题做出巨大贡献。

三是饲草饲料供应基础持续夯实。在政策和市场的双轮驱动下，中国饲草饲料产业发展取得重大突破，玉米、大豆等饲料粮产量持续增长，工业饲料产量大幅提升，饲草供给保障能力持续增强。2022 年，中国玉米、大豆产量增长至 27720.0 万吨和 2028.0 万吨，较上一年度分别增长 1.7% 和 23.7%；工业饲料产量达到 30223.4 万吨，较上一年度增长 3.0%，其中配合饲料、浓缩饲料、预混料产量分别为 28021.2 万吨、1426.2 万吨和 652.3 万吨，前者增长 3.7%，后两者下降 8.1% 和 1.6%，具体情况如表 1–1 所示。根据《"十四五"全国饲草产业发展规划》统计数据显示，2020 年全国利用耕地种植优质饲草近 8000 万亩，饲料产量达到 7160 万吨，其中，全株青贮玉米为 3800 万亩，产量达到 4000 万吨，饲用燕麦和多花黑麦草 1000 万亩，产量达到 820 万吨，其他一年生饲草 1500 万亩，产量约为 1200 万吨，优质高产苜蓿 650 万亩，产量为 340 万吨，其他多年生饲草 1000 万亩，产量约为 800 万吨。全株青贮玉米、优质苜蓿平均亩产分别达到 1050 公斤和 514 公斤，比 2015 年分别提高 19.6% 和 11.5%。[①]

表 1–1　2000—2022 年饲料粮及饲料产量走势（单位：万吨）

年份	玉米	大豆	工业饲料	配合饲料	浓缩饲料	预混料
2000	10600.0	1540.9	7429.0	5911.8	1249.2	252.9
2005	13936.5	1634.8	10732.3	7762.2	2498.3	471.8
2010	19075.2	1541.0	16201.7	12974.3	2648.2	579.3
2015	26499.2	1236.7	20009.2	17396.2	1960.5	652.5
2020	26066.5	1960.2	25276.1	23070.5	1514.8	594.5
2021	27255.1	1639.5	29344.3	27017.1	1551.1	663.1
2022	27720.0	2028.0	30223.4	28021.2	1426.2	652.3

注：数据来源于国家统计局和《中国饲料工业年鉴》。

---

① 《农业农村部关于印发〈"十四五"全国饲草产业发展规划〉的通知》，2022 年 2 月 16 日，见 http://www.moa.gov.cn/govpublic/xmsyj/202202/t20220225_6389705.htm。

四是科技装备支撑水平大幅提升。科技是第一生产力，近年来中国畜牧业领域科技创新取得显著成效。畜禽良种联合攻关深入推进，现代种业提升工程加快落实，畜禽种业发展迈上新台阶，良种供应能力稳步增强。① 畜牧业新技术新产品新装备实现突破，2023 年公布的 31 项中国农业农村重大新技术新产品新装备中包含畜牧兽医领域的 3 项新技术、2 项新产品和 4 项新装备。② 科技创新与推广应用的加快发展，推动畜禽养殖不断向规模化、集约化、现代化方向发展。根据农业农村部统计数据显示，2023 年畜禽养殖规模化率达到 71.5%③，规模化牧场实现 100% 机械化挤奶；畜禽核心种源自给率超过 75%，良种对畜牧业发展的贡献率达到 40%。④

二、源于畜牧业环境规制政策的有力支撑

由于畜牧业环境污染治理实践中存在各种交易费用，而相关制度和政策的演进通过明确产权关系、降低交易费用为其提供保障和支持，从而规制利益相关者行为，为畜牧业绿色转型注入强劲力量，助绿农业强国建设。总体来看，中国畜牧业环境规制政策的演进主要经历了奠基（1979—2000）、起步（2001—2013）和加速（2014 年至今）三个阶段。

2000 年以前，中国环境治理方面的政策主要针对工业及城市污染，对于农业污染多是在化肥、农药方面的规定⑤，较少关注畜禽养殖污染问题。这与当时的时代背景息息相关。改革开放初期，国家为恢复畜牧业生产，制定系列政策鼓励农牧民大力饲养牲畜，随后很长一段时间内，畜牧业处于快

---

① 石自忠、胡向东：《加快建设畜牧强国的理论逻辑与战略路径》，《中国农业科技导报》2023 年第 9 期。
② 《2023 中国农业农村重大新技术新产品新装备发布》，2023 年 12 月 10 日，见 https：//3w.huanqiu.com/a/564394/4FhJFLTLXar。
③ 《各地区各部门着力推动关键核心技术攻关，农业科技进步贡献率超 63%》，2024 年 2 月 22 日，见 http://www.moa.gov.cn/ztzl/ymksn/rmrbbd/202402/t20240222_6448880.htm。
④ 《农业农村部　我国畜禽核心种源自给率超过 75%》，2023 年 8 月 20 日，见 http://www.moa.gov.cn/ztzl/ymksn/spbd/qt/202308/t20230821_6434719.htm。
⑤ 陈瑶、王树进：《我国畜禽集约化养殖环境压力及国外环境治理的启示》，《长江流域资源与环境》2014 年第 6 期。

速恢复、产量扩充的阶段，养殖污染问题因而未得到较多关注。[①] 国家在这一时期出台的农业环境保护政策虽未具体涉及养殖污染治理，但是客观上为后续养殖环境政策的制定奠定了基础。例如，1989 年出台的《中华人民共和国环境保护法》作为中国环保领域的基础法，对农业生产经营主体的环保权责做出了原则性的规定。1993 年出台的《中华人民共和国农业法》规定了农业生产的一般性适用原则。这两部法律对于生态资源产权的界定，在一定程度上为后续养殖环境政策的制定和执行提供了法律基础和效力保障。

2001—2013 年，中国畜牧业环境规制正式起步。2000 年以后，随着畜禽养殖规模的逐步扩大，党和政府开始重视畜禽养殖环境污染问题，并在前期有关政策的基础上，针对畜禽养殖污染制定了一系列相关政策法规。2001 年出台的《畜禽养殖污染防治管理办法》是中国第一部专门针对养殖污染问题而制定的法规，不仅明确了养殖污染管理原则，还就养殖场建设、废弃物堆放和处理等提出具体要求，对养殖环境污染防治具有重要指导意义。2005 年颁布的《中华人民共和国畜牧法》虽然是为了规范养殖业的生产经营行为而出台的产业法，但是对畜禽养殖污染的处理设施、备案监督等有关内容也做出明确规定。在技术标准化方面，多部门针对养殖废弃物的处理和利用制定相关标准和工程技术规范（具体内容详见表 1-2），标准化体系建设发展迅速并日益完善。在这一阶段，畜禽养殖污染防治以无害化处理为主，并以污染排放控制和废弃物的安全处置为主要政策目标。

自 2014 年至今，中国畜牧业环境规制进入加速发展阶段，养殖污染防治向养殖废弃物资源化利用转变。2014 年生效的《畜禽规模养殖污染防治条例》是中国第一部面向农业农村环保领域的国家级行政法规，它的出台标志着中国的畜禽养殖污染防治目标从单一的污染控制向着畜禽养殖业全面健康发展转变。此后，有关部门围绕环境准入、执法监管、责任落实、绩效考核等关键环节，密集出台畜禽养殖废弃物资源化利用相关规划和文件，进一

---

① 刘刚、罗千峰、张利庠：《畜牧业改革开放 40 周年：成就、挑战与对策》，《中国农村经济》2018 年第 12 期。

步细化制度安排（具体内容详见表1–2）。从源头减量到过程控制再到末端利用，这些规划与文件实现了对畜禽养殖过程的全面覆盖，弥补了相关法律法规的缺位，为解决畜牧业环境污染、驱动畜牧业绿色转型提供了有力支撑和政策指引。

表1–2　畜牧业环境规制主要政策概览

政策类型	发布机构	发布时间	文件名称
法律法规	全国人大常委会	1989 年	《中华人民共和国环境保护法》
		1993 年	《中华人民共和国农业法》
		2005 年	《中华人民共和国畜牧法》
		2016 年	《中华人民共和国环境保护税法》
		2018 年	《中华人民共和国土壤污染防治法》
	国务院	1999 年	《饲料及饲料添加剂管理条例》
		2013 年	《畜禽规模养殖污染防治条例》
	国家环境保护总局	2001 年	《畜禽养殖污染防治管理办法》
	环境保护部等	2017 年	《农用地土壤环境管理办法（试行)》
规划文件	农业部	2007 年	《全国农村沼气工程建设规划》
	农业部等	2015 年	《全国农业可持续发展规划（2015—2030)》
	农业农村部	2015 年	《关于打好农业面源污染防控攻坚战的实施意见》
		2017 年	《畜禽粪污资源化利用行动方案》（2017—2020 年)
	农业农村部等	2020 年	《关于进一步加强病死畜禽无害化处理工作的通知》
	农业农村部办公厅等	2020 年	《关于进一步明确畜禽粪污还田利用要求强化养殖污染监管的通知》
	中共中央、国务院	2006 年	《中共中央、国务院关于推进社会主义新农村建设的若干意见》
	国务院办公厅	2017 年	《关于加快推进畜禽养殖废弃物资源化利用的意见》
	中共中央、国务院	2018 年	《乡村振兴战略规划（2018—2022 年)》

续表

政策类型	发布机构	发布时间	文件名称
	国务院	2021 年	《"十四五"推进农业农村现代化规划》
	中共中央、国务院	2021 年	《中共中央、国务院关于深入打好污染防治攻坚战的意见》
		2023 年	《中共中央、国务院关于全面推进美丽中国建设的意见》
	国家发展改革委等	2021 年	《"十四五"全国清洁生产推行方案》
	国家环境保护总局等	2007 年	《关于加强农村环境保护工作的意见》
	生态环境部等	2018 年	《农业农村污染治理攻坚战行动计划》
	生态环境部办公厅	2021 年	《农业面源污染治理与监督指导实施方案（试行)》
	生态环境部等	2022 年	《减污降碳协同增效实施方案》
技术标准	卫生部	1987 年	《粪便无害化卫生标准》
	国家环境保护总局	2001 年	《畜禽养殖业污染物排放标准》
	环境保护部	2009 年	《畜禽养殖业污染治理工程技术规范》
		2010 年	《畜禽养殖产地环境评价规范》
	环境保护部等	2016 年	《畜禽养殖禁养区划定技术指南》
	农业农村部	2019 年	《畜禽粪便堆肥技术规范》
	生态环境部办公厅等	2023 年	《地下水污染防治重点区划定技术指南（试行)》

资料来源：作者整理而得。

三、源于畜牧业绿色循环发展格局的加快形成

畜牧业绿色循环格局的形成是驱动绿色转型的强有力措施。党的十八大以来，在政策、市场、养殖主体的协同治理下，畜牧业生产布局加速优化调整，畜禽养殖持续向环境容量大的地区转移，南方水网地区养殖密度过大问题得到有效纾解。畜禽养殖废弃物资源化利用取得重要进展，2020 年全国畜禽粪污综合利用率达到 76%，圆满完成"十三五"任务目标。药物饲料添加剂退出和兽用抗菌药使用减量化行动成效明显，2020 年畜禽养殖抗菌药使用量比 2017 年下降 21.4%。具体来看：

一是积极构建种养循环可持续发展机制。党中央国务院高度重视畜牧业的创新发展和现代化建设。2020 年，《国务院办公厅关于促进畜牧业高质量发展的意见》出台，强调要促进农牧循环发展，加强农牧统筹。2021 年，农业农村部制定的《"十四五"全国畜牧兽医行业发展规划》立足畜牧业现实基础，按照优化区域布局与产品结构的要求，对生猪、家禽、奶畜、肉牛肉羊、特色畜禽、饲草等六个重点产业分别细化明确了区域布局，并结合不同区域优势特点提出了具体的发展要求和发展措施，推动构建现代养殖体系，促进畜牧业绿色循环发展。

二是加速优化调整畜牧业生产布局。"十三五"期间，中国畜牧业生产布局加速优化调整，畜禽养殖持续向环境容量大的地区转移，南方水网地区养殖密度过大问题得到有效纾解，畜禽养殖与资源环境相协调的绿色发展格局正加快形成。养殖主体格局发生深刻变化，小散养殖场（户）加速退出，养殖场单体规模大幅扩大，呈现出龙头企业引领、集团化发展、专业化分工的发展趋势，组织化程度和产业集中度显著提升，畜牧业劳动生产率、畜禽生产率和资源转化率逐步提高。

三是全面推进畜禽粪污资源化利用。2021 年，农业农村部会同国家发展改革委印发《"十四五"全国畜禽粪肥利用种养结合建设规划》，以加快推进粪肥还田、促进畜禽粪污资源化利用为目标，在 250 个县整县推进畜禽粪污资源化利用，因地制宜探索推进畜禽粪污肥料化利用。2021 年，中央财

政安排资金 27.42 亿元，聚焦畜牧大省、粮食蔬菜主产区和生态保护重点区域，开展绿色种养循环农业试点，试点以县为单位构建粪肥还田组织运行模式，对提供粪污收集处理服务的企业、合作社等主体和提供粪肥还田的社会化服务组织给予奖补支持。

四是完善动物疫病防控机制。2022 年 1 月，农业农村部联合中编办印发《关于加强基层动植物疫病防控体系建设的意见》，要求加强基层动植物疫病防控体系人才储备，提高中高级职称比例，职务职级晋升评定和表彰奖励要向基层倾斜。《农业部关于推进兽医社会化服务发展的指导意见》（2018年）、《农业农村部办公厅关于加快推进第三方兽医检测机构等社会力量参与生猪生产恢复发展和动物防疫工作的通知》（2020 年）等政策文件先后印发，着力培育、支持、引导兽医社会化服务组织发展，初步形成政府主导的公益性兽医服务和市场主导的经营性兽医服务相结合的兽医社会化服务新格局，更好地满足全社会多层次多样化的兽医服务需求。

第三节　全书总体概述

一、研究目标

本研究聚焦于时下前沿问题——畜牧业绿色转型，采用多学科研究方法，从多层次、多视角、多维度构建畜牧业绿色转型驱动机制，为落实习近平生态文明思想、推动畜牧业高质量发展、促进经济社会全面绿色转型，提供理论依据与实践经验。从具体目标而言，试图获得如下新的信息：

一是，揭示畜牧业绿色转型的本质特征。依据现有对工业绿色转型、制造业绿色转型等的研究结论，结合畜牧业发展的客观实际，提出基于"主体替代"（环保型养殖场替代污染型养殖场）的畜牧业绿色转型实践观，探索得出畜牧业绿色转型"减排"与"增效"双赢目标的本质内涵，并据此给出畜牧业绿色转型的判定依据、判定标准、水平测度，以及对比预测结果和理论预期，找到二者之间差距，为探索畜牧业绿色转型影响机理奠定基础。

二是，探索畜牧业绿色转型的影响机理。依据经济学理论，构建影响畜牧业绿色转型的逻辑框架，探索畜牧业绿色转型影响机理。畜牧业绿色转型是由政府、社会化服务组织、养殖主体多元化协同推进的动态过程，实现绿色转型必须具备政府的宏观调控、市场的中观介入、养殖主体的微观参与等多要素的协同，为此将从政府环境规制、社会化服务组织嵌入、养殖主体感知价值三个维度探索畜牧业绿色转型的影响机理，为检验畜牧业绿色转型影响效应奠定基础。

三是，检验畜牧业绿色转型的影响效应。依据畜牧业绿色转型的影响机理，进一步从宏微观两个层面利用计量经济学的相关方法，检验畜牧业绿色转型的影响效应，即从宏观层面综合探索政府、市场、养殖主体的行为对畜牧业绿色转型的影响，从微观层面逐一检验政府环境规制、社会化服务组织嵌入以及养殖主体感知价值对养殖主体生产绿色转型是否发挥作用、作用方向如何、作用有多大，从而全方位、准确地评估出畜牧业绿色转型的促进因素，为模拟畜牧业绿色转型驱动情景奠定基础。

四是，模拟畜牧业绿色转型的驱动情景。依据畜牧业绿色转型影响效应的实证研究，进一步通过情景分析法预测政府环境规制变动、社会化服务组织嵌入程度变动、养殖主体感知价值变动以及多主体行为协同变动下畜牧业绿色转型水平，以找寻到最优的组合策略，依据这些策略组合，可以清晰预见未来畜牧业绿色转型的施策方向，为构建畜牧业绿色转型驱动机制奠定基础。

五是，构建畜牧业绿色转型的驱动机制。依据上述的理论与实证研究结果，结合中国畜牧业绿色转型发展现状以及农业强国建设目标，构建"政府—组织—养殖主体"纵向一体化协同转型的驱动机制，让多方主体联动为畜牧业绿色转型注入新动能，从而突破"头痛医头、脚痛医脚"的传统养殖模式，为政府及相关部门提供推进畜牧业绿色转型、助绿农业强国建设的多种策略组合。

二、研究意义

1. 理论意义

面对资源约束趋紧、减排压力增加、环境治理任务艰巨、效率效益增速迟缓等问题，畜牧业高质量发展的首要问题是实现绿色转型，然而目前学术界对畜牧业绿色转型的内涵特征、影响机理、制度框架等内容的讨论尚未形成完整的研究体系。本研究在剖析畜牧业绿色转型理论机制时，对上述问题给出了明确的答案，为此具有一定理论意义，具体表现在：

一是，明确了畜牧业绿色转型的理论本质，准确定位畜牧业绿色转型判定依据与评判标准，延伸了现有产业绿色转型的理论内涵。畜牧业绿色转型是广义农业绿色转型的一个分支，本质上是为了解决"高投入、高耗能、低产出"的生产难题。党的十八大以来，在习近平生态文明思想的指导下，在"十四五"规划中提出促进经济社会全面绿色转型和党的二十大报告中提出加快推进生产方式绿色转型以后，各行业开始重点攻克环境污染与提质增效协同问题。作为农业领域的"污染大户"，现有研究对畜牧业绿色转型问题关注度不高。本研究充分借鉴工业、制造业绿色转型的理论内涵，以"主体替代"为基础，从"减排"和"增效"两个维度界定畜牧业绿色转型的本质内涵，结合数理模型给出畜牧业绿色转型的判定依据，进一步给出畜牧业绿色转型的评判标准，这对于拓宽现有产业绿色转型的理论内涵具有重要意义。

二是，识别了畜牧业绿色转型的影响机理，探索出政府、社会化服务组织、养殖主体多维驱动的发展路径，为畜牧业生态环境治理提供了理论依据。环境经济理论强调，污染问题的本质是由外部性导致的市场失灵，所以治理污染需要政府的介入。同时，环境经济理论及环境政策实践愈加依靠市场机制，并取得了显著的成效，为此环境经济学的新思维更加注重政府管制和市场机制在污染控制中相辅相成的关系。而作为污染源，养殖主体也势必要在这一过程中承担一定的责任。为此，本研究探索出了政府、社会化服务组织、养殖主体多维驱动的发展路径：一是明确政府的监督职责，即通过环境规制手段促进畜牧业绿色转型；二是强化市场的重要地位，即通过社会化服务组织的发展引导、协助畜牧业实现绿色转型；三是突出养殖主体的权责属性，即通过加强养殖主体的环境保护认知来实现畜牧业生产绿色转型。畜牧业绿色转型影响机理的识别，不仅为研究畜牧业绿色转型影响效应的实证研究奠定了坚实的理论基础，同时也为农业生态环境治理研究提供了必要的理论支撑。

三是，构建了畜牧业绿色转型的制度框架，建立了依托政府环境规制、社会化服务组织嵌入、养殖主体感知价值提升的畜牧业绿色转型协同机制。当既定经济环境不能用标准的新古典经济学来解释时，就需要一个可以比较和研究各种经济机制优劣程度的基本标准和统一框架，需要一个能研究和比较各种经济机制的一般性理论来考虑制度选择问题。本研究依托成熟的机制设计理论，将其应用于畜牧业绿色转型制度框架构建中，依据影响机理的识别，将政府行为、社会化服务组织行为、养殖主体行为纳入统一制度框架内，建立了依托政府环境规制、社会化服务组织嵌入、养殖主体感知价值提升的畜牧业绿色转型协同机制。在制度框架构建的过程中，回应了畜牧业绿色转型的理论本质，回应了畜牧业绿色转型的影响机理，同时更为重要的是回应了习近平生态文明思想在畜牧业领域的理论遵循，回应了"绿水青山就是金山银山"新发展理念在畜牧业领域的理论应用，回应了如何将绿色经济增长理论、外部性理论、专业分工理论、农户行为理论纳入同一理论框架内分析和解释畜牧业绿色转型问题。

2. 实践意义

研究畜牧业绿色转型问题是融通新发展格局、贯彻新发展理念、重构畜牧业经济增长新动能、推动畜牧业高质量发展的重要举措。本研究通过对畜牧业绿色转型的事实特征分析、影响效应的宏微观实证检验，构建出适宜中国畜牧业绿色转型的驱动机制，具有重要的实践意义，具体而言：

一是，为实现中国畜牧业绿色转型目标提供良好对策。畜牧业绿色转型的本质是"减排"与"增效"，实质在于妥善处理好产业配置、经济效益和环境容量之间的关系。从中国农业经济运行规律中可以发现，绝大多数产业发展遵循政策指导、市场调剂、自身勃发的自然规律，达成经济效益稳步提高、社会效益显著提升的现实目标。本研究从宏观和微观两个层面，分别引入政府行为、市场行为和养殖主体行为，从宏观层面全面识别各因素对畜牧业绿色转型的影响，从微观层面逐一检验政府环境规制、社会化服务组织嵌入以及养殖主体感知价值对养殖主体生产绿色转型的影响效应，并以此为依据，模拟畜牧业绿色转型驱动情景，从多个方面研究和制定出有利于畜牧业绿色转型的对策建议和相应的政策保障体系，使得在经济利益不至于明显下降的情形下，畜牧业的经济价值、生态价值、社会价值均能够得到有效显现，从而更好地满足高质量发展对畜牧业的要求。

二是，为促进绿色发展理念下畜牧业高质量发展提供参考。高质量发展是"十四五"乃至更长时期经济社会发展的主要议题，中国畜牧业实现高质量发展是新时代赋予"满足国民膳食营养需要"的责任和使命。研究畜牧业绿色转型是绿色发展理念下的核心议题，更是畜牧业高质量发展的题中之意。本研究在探究中国畜牧业绿色转型问题时，从揭示畜牧业绿色转型的事实特征出发，在明确何为绿色转型、如何判定绿色转型的基础上，探索畜牧业绿色转型的影响机理，评价畜牧业绿色转型水平，检验畜牧业绿色转型的影响效应，模拟畜牧业绿色转型的驱动情景，并构建畜牧业绿色转型的驱动机制，逐步拨开畜牧业绿色转型从理论到实践、从宏观到微观、从政府到市场再到养殖主体的层级递进关系，为实现绿色发展理念下中国畜牧业高质量发展提供逻辑遵循与实践支撑。

三是，为推动中国乡村生态振兴战略贡献畜牧业绿色方案。乡村振兴战略中突出了乡村生态振兴的制度内涵。作为乡村生态链条上的"污染大户"，畜牧业绿色转型问题应给予高度重视。如何让多元化主体协同治理畜牧业的环境污染、如何加强顶层设计让畜牧业绿色转型机制运行更加有效、如何让畜牧业绿色转型机制的设计溢出至解决其他相关产业环境污染问题，这些问题均是乡村生态振兴的重要内容。本研究不单单局限于某一时间节点上的畜牧业绿色转型，而是基于"过去—现在—未来"的时间主线，充分考察了影响畜牧业绿色转型的机理与效应，构造了多元化主体协同参与的运行机制，在考虑畜牧业绿色转型规律的同时也兼顾了其他相关产业绿色转型发展的问题，为持续推动中国乡村生态振兴战略提供了畜牧业绿色发展的行动方案。

三、研究主要内容

全书围绕畜牧业绿色转型的理论与实践展开研究，遵循"理论本质—影响机理—影响效应—驱动情景—驱动机制"的逻辑框架，在引言、相关研究学术史梳理以及重要的经济学理论铺垫以后，对畜牧业绿色转型的理论本质进行深刻分析，对畜牧业绿色转型的影响机理进行系统阐释，对畜牧业绿色转型的影响效应进行实证检验，对畜牧业绿色转型的驱动情景进行模拟预测，据此构建畜牧业绿色转型的驱动机制。全书共十二章，各章主要研究内容如下：

第一章为引言，从农业强国的历史演进、现实意义和内涵特征阐述加快建设农业强国的重要意义，引出农业强国建设对农业绿色低碳发展的要求，随后从畜牧业绿色高质量发展的现实基础、畜牧业环境规制政策的有力支撑、畜牧业绿色循环发展格局的加快形成三方面指出畜牧业绿色转型何以助绿农业强国建设，最后对全书总体内容进行概述。

第二章为畜牧业绿色转型研究学术史梳理，针对产业绿色转型、畜牧业环境污染、绿色畜牧业发展等学术史进行系统梳理，同时，考虑到奶牛养殖是典型的"面源污染大户"和"碳排放大户"，在微观数据采集时调查对象为奶牛养殖主体，对奶牛养殖业发展的现实特征也进行了系统的梳理。对畜牧业绿色转型研究学术史的梳理，有助于为构建畜牧业绿色转型驱动机制找准切入点。

第三章为畜牧业绿色转型的经济学理论基础，以绿色经济增长理论为核心，联合外部性理论、专业分工理论、农户行为理论等，系统阐述畜牧业为什么要绿色转型，畜牧业是如何在政府环境规制约束、社会化服务组织帮扶以及养殖主体行为的转变过程中实现绿色转型，未来如何通过多元主体的协同实现绿色转型水平的稳步提升，更好地助绿农业强国建设。

第四章为畜牧业绿色转型的理论本质，首先对畜牧业绿色转型框架下的核心概念进行系统的边界限定，其次对畜牧业绿色转型的本质规定，包括畜牧业"减排"与"增效"关系辨析、畜牧业"减排"与"增效"双赢的理论机制以及畜牧业绿色转型的本质特征进行翔实论述，最后给出畜牧业绿色转型的评判标准。这一章也是全书核心理论章节的第一部分。

第五章为畜牧业绿色转型的影响机理，将继续深化对畜牧业绿色转型的理论研究。首先分析畜牧业绿色转型参与主体经济行为，重点识别畜牧业绿色转型的参与主体及主体行为；其次探究畜牧业绿色转型参与主体间博弈关系，包括政府与养殖主体间的博弈关系、社会化服务组织与养殖主体间的博弈关系和养殖主体与养殖主体间的博弈关系；最后分别从政府环境规制、社会化服务组织嵌入和养殖主体感知价值维度探索不同参与主体行为对畜牧业绿色转型的作用机理。

第六章为畜牧业绿色转型的水平测度，以奶牛养殖为例：首先，从面源污染排放、碳排放、成本收益变化、全要素生产率变化四个方面观察畜牧业绿色转型的"减排"与"增效"维度特征；其次，选用熵权 TOPSIS 法评价畜牧业绿色转型水平；最后，对畜牧业绿色转型水平进行趋势预测，对比预测结果与期望目标是否存在差值，为影响因素分析和情景模拟奠定基础。

第七章为畜牧业绿色转型的影响因素初探，结合影响机理的分析，先从宏观层面初步检验政府行为、市场行为以及养殖主体行为对畜牧业绿色转型的驱动作用，为微观层面的具体验证提供先行经验。除此之外，在众多影响因素中，选取产业集聚，并以奶牛养殖为例，探究了产业集聚对奶牛养殖碳排放和环境效率的影响机理和作用机制，为宏观层面畜牧业绿色转型影响因素的研究提供新思路。

第八章为畜牧业绿色转型的政府环境规制影响效应检验，将利用微观奶牛养殖主体调查数据，聚焦政府环境规制对养殖主体生产绿色转型的驱动效果，比较不同环境规制强度的作用力，考察政府环境规制与奶牛养殖主体生产绿色转型之间的中介效应问题。与此同时，还将通过数理模型的推导进一步探讨政府环境规制强度是否越大越好，深入理解政府环境规制在畜牧业绿色转型中的显著作用。

第九章为畜牧业绿色转型的社会化服务组织嵌入影响效应检验，同样利用微观奶牛养殖主体调查数据，重点考察市场化行为主体社会化服务组织嵌入行为能否驱动奶牛养殖主体生产绿色转型、社会化服务组织嵌入程度变动引起奶牛养殖生产绿色转型水平变动幅度、社会化服务组织嵌入奶牛养殖主体生产绿色转型的路径，并就社会化服务组织承接服务能力作进一步讨论。

第十章为畜牧业绿色转型的养殖主体感知价值影响效应检验，继续利用微观奶牛养殖主体调查数据，重点考察养殖主体感知价值能否驱动奶牛养殖主体生产绿色转型、感知价值如何作用于奶牛养殖业绿色转型以及感知价值的驱动力受何种因素支配，是对政府行为、市场行为、养殖主体行为的有机整合，并就学术界长期关注的农户感知研究的价值性进行深入讨论。

第十一章为多主体协同驱动畜牧业绿色转型的情景预测，在一系列实证检验充分证实政府环境规制、社会化服务组织嵌入、养殖主体感知价值是影响畜牧业绿色转型的关键因素的基础上，结合畜牧业绿色转型水平预测结果与期望目标差值，模拟在单一主体变动和多元主体协同变动的不同情景，掌握在不同时间节点适时调整不同主体行为，以达到理论目标。

第十二章为畜牧业绿色转型的驱动机制构建，基于畜牧业绿色转型的理论与实证研究，为了精准把握畜牧业绿色转型的发展方向和出路，构建畜牧业绿色转型的驱动机制，秉承"分工协作、各尽其责"，强调政府"掌舵者"身份、社会化服务组织"传递者"身份和养殖主体"责任者"身份，以期为加速推进畜牧业绿色转型、助力畜牧业高质量发展、最终助绿农业强国建设提供必要参考。

四、研究主要方法

1. 文献分析法

通过中国知网、Web of Science 等文献库对本研究的相关文献资料进行收集和整理。文献检索过程采取逆查法和追溯法相结合的方式，以期全面、正确地掌握目前该领域的研究现状和发展趋势。具体而言，通过对现有政策文件、统计数据、专家观点的梳理与总结，明确畜牧业绿色转型的时代性、重要性、紧迫性，为提出拟解决的科学问题、研究目的、研究意义奠定坚实基础；通过对产业绿色转型、畜牧业环境污染、绿色畜牧业发展参与主体行为、奶牛养殖业发展现状等相关文献检索与归纳，明确本研究的创新性及可能的边际贡献，为畜牧业绿色转型的理论本质、影响机理的研究奠定坚实基础；通过对现有文献中涉及本研究所需计量方法的查阅、学习、归纳、提炼，明确各计量方法应用的注意事项，为畜牧业绿色转型影响效应的检验以及情景模拟等实证检验奠定坚实基础。

2. 调查分析法

本研究在第八、九、十、十一章畜牧业绿色转型影响效应的微观实证检验以及情景模拟中将采用微观养殖主体调查数据进行分析。为此依据畜牧业绿色转型概念界定以及畜牧业绿色转型理论本质，以奶牛养殖为例，设计微观调查问卷，应用调查分析法获取相应数据。调查研究设计如下：一是调查地点的选取。遵循全面性、代表性原则，调查地区选取了北京、天津、河北、内蒙古、黑龙江、山东、河南、宁夏等 8 个奶牛养殖优势区，江苏、安徽、四川、甘肃等 4 个奶牛养殖普通区。二是调查对象的选择。在确定调查地点以后，综合考虑各地区奶牛养殖的实际情况，随机选择一定数量的奶牛养殖场，对养殖场场主或知晓养殖场相关情况的负责人进行问卷调查。三是调查方式的设定。在 2022 年 1—3 月和 7—8 月分两批次开展入场或电话"一对一"深度访谈式调查，从政府环境规制特征、社会化服务组织嵌入特征、养殖主体感知价值特征以及绿色转型情况等方面了解养殖主体发展状况，以获取相应的数据供本研究实证分析使用。

3. 数理与数量经济分析法

基于数理经济学的相关原理和方法，采用合理且恰当的计量经济模型对理论进行解构、对数据进行分析和解读，可以使研究过程更具科学性和严谨性，所得研究结论也更具有说服力。数理与数量经济分析法是本研究主要的研究方法，具体包括：

（1）数理模型法。数理模型分析方法是指在经济分析过程中，运用数字符号和数字算式的推导来研究和表示经济过程与现象的研究方法。本研究结合数理模型对畜牧业绿色转型的理论本质、判定依据以及畜牧业绿色转型参与主体经济行为进行详细分析，旨在界定评判何为畜牧业绿色转型以及初步研判畜牧业绿色转型的影响机理。

（2）博弈论模型法。在经济学领域，博弈论通常被认为是一种重要的标准分析工具。与传统经济学理论相比，基于博弈论的主体效用函数不仅取决于自身选择，而且有赖于他人的决策。因此，博弈论能够有助于解决冲突对抗条件下的最优决策问题。本研究在畜牧业绿色转型参与主体间博弈关系时采用博弈论模型法进行分析，探讨了政府与养殖主体之间、社会化服务组织与养殖主体之间、养殖主体与养殖主体之间的动态博弈，保证理性相关者在有限理性的情形下能够准确识别出畜牧业绿色转型的影响机理。

（3）计量经济模型法。本研究在探讨畜牧业绿色转型问题时应用了大量的计量经济学模型，其中：在测度畜牧业绿色转型水平时应用了熵权 TOPSIS 法；在畜牧业绿色转型影响因素初探时应用了 Tobit 模型、核密度估计法、全局空间自相关、空间杜宾模型、有调节的中介效应模型；在探讨政府环境规制的影响效应时应用了 Tobit 模型、中介效应模型；在探讨社会化服务组织嵌入的影响效应时应用了内生转换模型（ESR）、Tobit 模型、中介效应模型；在探讨养殖主体感知价值的驱动效应时应用了 Tobit 模型、中介效应模型、调节效应模型；在模拟畜牧业绿色转型驱动情景时应用了情景分析法。另外，本研究还应用了 SBM-GML 指数模型、分位数回归等。

第二章　畜牧业绿色转型研究学术史梳理

国内外针对农业绿色发展研究起初聚焦于大农业下的种植业面源污染防治，随着畜牧业占国民经济发展比重的不断提升，以及畜牧业发展所带来的环境污染问题日益严峻，学术界开始逐步探索如何有效推进畜牧业绿色发展。虽然目前学术界还较少关注畜牧业绿色转型问题，但已形成的研究成果对畜牧业绿色转型的理论和实践研究具有一定借鉴意义。本章将针对产业绿色转型、畜牧业环境污染、绿色畜牧业发展等学术史进行系统梳理；同时，考虑到奶牛养殖是典型的"面源污染大户"和"碳排放大户"，在微观数据采集时调查对象为奶牛养殖主体，在此对奶牛养殖业发展的现实特征也进行了系统的梳理。对畜牧业绿色转型研究学术史的梳理，有助于为构建畜牧业绿色转型驱动机制找准切入点。

第一节　关于产业绿色转型的研究

一、关于产业绿色转型内涵的研究

绿色转型思想最早起源于对日益恶化的生态环境的关注与反思。美国海洋生物学家蕾切尔·卡森（Rachel Carson）于 1962 年在其著作 *Silent Spring* 中揭示了农药对人类环境的危害，对人类"征服自然、改造自然"的发展观进行批判，由此引发人类思考经济发展与环境的关系问题①，这也是

① ［美］蕾切尔·卡森：《寂静的春天》，吕瑞兰、李长生译，上海译文出版社 2015 年版，第 27 页。

对工业化的农业生产方式进行反思的起点。从国内公开发表的权威文献来看，最早使用"绿色转型"作为关键词的是韩东娥 2008 年发表在《经济问题》杂志上的《完善流域生态补偿机制与推进汾河流域绿色转型》一文，其主要观点是"流域生态补偿机制是以保障利于水资源的持续利用为目的，以促进流域绿色转型为目标"①。随后学术界围绕经济发展方式的绿色转型、城市发展的绿色转型、工业发展的绿色转型，以及近年来逐渐关注的农业绿色转型展开了一系列研究。

　　从概念界定的角度来看，"绿色经济"思想最初源于英国环境经济学家大卫·皮尔斯（David Pearce）的著作《绿色经济蓝图》②，主张从社会及其生态条件出发，建立一种"可承受的经济"。2011 年，联合国环境规划署（UNEP）对绿色经济的概念给出了较为权威的定义，认为绿色经济是一种提高人类福祉和社会公平的发展模式，这种发展模式显著降低了环境风险和生态稀缺性。③ 2012 年，里约热内卢举办的联合国可持续发展大会集中讨论了绿色经济在可持续发展和消除贫困方面的作用，引发了对绿色经济的广泛关注。总体来看，绿色经济是一种低碳、高效和包容的发展模式，目的是实现环境保护和缓解贫困的融合与协调发展。④ 同时，绿色经济也被认为是解决全球气候变化、生物多样性减少、食物危机、金融危机以及贫困等问题的根本途径。⑤⑥ 此外，国外学术界还提出了"低碳经济""绿色增长""绿

---

① 韩东娥：《完善流域生态补偿机制与推进汾河流域绿色转型》，《经济问题》2008 年第 1 期。

② David Pearce, Anil Markandya, and Edward Barbier. *Blueprint for a Green Economy*, London：Earthscan Publication Limited, 1989.

③ UNEP：*Towards a Green Economy：Pathways to Sustainable Development and Poverty Eradication*, Nairobi：UNEP, 2011.

④ Edward Barbier. "The Policy Challenges for Green Economy and Sustainable Economic Development", *Natural Resources Forum*, 2011, Vol.35, issue3, pp.233-245.

⑤ Jeremy Allouche, Carl Middleton, and Dipak Gyawali. "Technical veil, hidden politics：Interrogating the power linkages behind the nexus", *Water Alternatives*, 2015, Vol.8, issue1, pp.610-626.

⑥ Eleonore Loiseau, Laura Saikku, Riina Antikainen, Nils Droste, Bernd Hansjuergens, Kati Pitkanen, Pekka leskinen, Peter Kuikman, and Marianne Thomsen. "Green Economy and Related Concepts：An Overview", *Journal of Cleaner Production*, 2016, Vol.139, pp.361-371.

色发展"等概念，这也为绿色转型内涵奠定了思想基础。

产业绿色转型内涵是研究产业绿色转型问题的基础，国内学者在探究产业绿色转型问题时首先是对产业绿色转型内涵进行界定，用以限定研究范围和研究目标。通过对文献的系统总结发现，学者们由于研究领域不同，对产业绿色转型内涵的界定也存在显著差异。刘加林等（2013）认为，绿色转型发展就是要减轻经济社会发展对生态资本的过度依赖与破坏，从而保持经济社会的可持续发展。① 李本松（2015）认为，绿色化转型就是在经济与资源之间寻求一种平衡，是发展绿色经济、实现绿色发展的途径和手段。② 杨柳青青（2020）认为，产业绿色转型是指以生态文明建设为主导，以绿色管理为保障，产业发展模式向可持续发展转变，实现资源节约、环境友好与生态平衡。③ 另外，国内学者对于企业绿色转型内涵也有深入的探索，并认为企业绿色转型前置动因是内外部因素及交互作用驱动企业采取绿色转型行为，后效路径是内外部驱动影响下转型行为作用于转型绩效，前置动因与后效路径共同构成绿色转型全过程演化机理。④

而与本研究更直接相关的是国内学者对于农业绿色转型内涵的研究。农业绿色转型其本质是农业生产方式的转变，强调农业生产过程和产成品的绿色化，注重农业资源节约和环境保护，⑤ 其目标是通过采用环境友好型、资源节约型、物质循环型的生产要素、生产技术及管理措施，在保证安全、营养农产品产量的基础上，实现减排和保障农民收入，促进农业系统及整个社会经济的可持续发展。⑥ 全面推进农业绿色生产转型，既是破解农业资源

① 刘加林、贺桂和、王晓军、李晚芳：《绿色转型视角下循环经济生态创新机理与实现路径研究》，《荆楚学刊》2013 年第 1 期。

② 李本松：《绿色化的经济学向度》，《理论视野》2015 年第 6 期。

③ 杨柳青青：《产业绿色转型对边界环境绩效的影响研究》，《管理学报》2020 年第 7 期。

④ 任相伟、孙丽文：《低碳视域下中国企业绿色转型动因及路径研究——基于扎根理论的多案例探索性研究》，《软科学》2020 年第 12 期。

⑤ 莫经梅、张社梅：《城市参与驱动小农户生产绿色转型的行为逻辑——基于成都蒲江箭塔村的经验考察》，《农业经济问题》2021 年第 11 期。

⑥ 张林秀、白云丽、孙明星、徐湘博、何加林：《从系统科学视角探讨农业生产绿色转型》，《农业经济问题》2021 年第 10 期。

环境紧张的有效途径，也是在源头上保障国家粮食供给安全、实现农业高质量发展的必然要求。[①] 构建"社会—经济—生态"系统视角下的农业绿色发展转型体系，有助于打破各参与主体间分隔、促进相互沟通、增进信任、整合资源，全方位助力农业绿色转型。[②]

二、关于产业绿色转型评价方法的研究

对于产业绿色转型评价方法，目前学术界尚未形成一致观点。参考 Joseph E. Stiglitz 等（2010）对评价方法的分类可知，可以采用仪表盘（Dashboard）指标体系、综合（Composite）指标体系、调整的（Adjusted）经济指标和足迹（Footprints）指标等四种方法对绿色转型进行评价。[③] 仪表盘指标体系在国际上应用最广泛，OECD、UNEP 以及 ESCAP 的绿色增长指标体系均依托仪表盘指标体系法进行构建。综合发展指数则是由多个维度的指标综合评价绿色发展情况，典型应用如 OECD 提出的美好生活指数（YBLI）[④]、UNEP 提出的人类发展指数（HDI）[⑤] 以及耶鲁大学提出的环境绩效指数（EPI）[⑥]。而调整的经济指标类评价方法起源于1981年挪威进行的自然资源核算。另外，国外学者认为足迹指标也是绿色发展相关评价中的重要指标，目前已经得到广泛应用的包括生态足迹、碳足迹、水足迹、资源足迹等。

---

① 王建华、周瑾：《农业绿色生产转型的内在动力——基于微观主体实践与外部结构性因素的影响分析》，《农村经济》2022 年第 12 期。

② 齐顾波：《"社会—经济—生态"系统视角下的农业绿色发展转型》，《人民论坛·学术前沿》2022 年第 14 期。

③ Joseph E. Stiglitz, Amartya Sen, Jean-Paul Fitoussi: *Report by the Commission on the Measurement of Economic Performance and Social Progress*，Paris：Commission on the Measurement of Economic Performance and Social Progress，2010.

④ OECD：*Towards Green Growth：Monitoring Progress—OECD indicators*，Paris：OECD，2011.

⑤ UNEP：*Measuring Progress Towards an Inclusive Green Economy*，Nairobi：United Nations Environmental Programme，2012.

⑥ UNESCAP：*Shifting from Quantity to Quality：Growth with Equality，Efficiency，Sustainability and Dynamism*，Bangkok：United Nations，2013.

由产业绿色转型内涵可知，产业绿色转型涉及内容较为丰富，单一指标较难准确衡量绿色转型的本质，为此国内学者便采用综合指标体系法和绿色全要素生产率法对产业绿色转型进行综合测度与评价。应用综合指标体系法测度的如：朱斌和史轩亚（2016）从绿色经济效益、绿色资源利用、绿色生产发展、绿色减排控制、绿色支持力度五个方面构建产业绿色转型的系统评价体系，并引入熵权法改进的灰局势决策模型对区域产业绿色转型现状进行综合评价。① 博为忠和陈文静（2017）从工业发展强度、资源环境承载能力以及政府政策支持力度三个层面构建工业发展绿色度的动态评价体系，并采用改进 CRITIC-GGI-VIKOR 方法对中国 30 个省（市、自治区）工业发展绿色度进行横向和纵向的评价。② 于连超等（2019）从绿色文化转型、绿色战略转型、绿色创新转型、绿色投入转型、生产绿色转型、绿色排放转型六个维度构建评价工业企业绿色转型指标体系，采用层次分析法确定权重，加权度量工业企业绿色转型程度。③

应用绿色全要素生产率法的如：程文先和钱学锋（2021）采用 DEA-SBM 模型将传统全要素生产率包含了相关的非期望产出，并利用 GML 生产率指数将绿色全要素生产率按区域进行分类测算，加以衡量工业绿色转型升级的变动情况。④ 马国群和谭砚文（2021）运用 SBM 超效率模型和 GML指数测算了 2000—2017 年中国的农业绿色全要素生产率，发现 2000—2017 年中国农业绿色全要素生产率不断提升，年均增速达到 3.39%，足以显现中国农业正朝着绿色转型升级的趋势发展。⑤ 周应恒和杨宗之（2021）

---

① 朱斌、史轩亚：《区域产业绿色转型的综合评价与战略分析——以福建省为例》，《生态经济》2016 年第 9 期。

② 博为忠、陈文静：《基于改进 CRITIC-GGI-VIKOR 的工业发展绿色度动态评价模型构建及其应用研究》，《科技管理研究》2017 年第 10 期。

③ 于连超、毕茜、张卫国：《工业企业绿色转型评价体系构建》，《统计与决策》2019 年第 14 期。

④ 程文先、钱学锋：《数字经济与中国工业绿色全要素生产率增长》，《经济问题探索》2021 年第 8 期。

⑤ 马国群、谭砚文：《环境规制对农业绿色全要素生产率的影响研究——基于面板门槛模型的分析》，《农业技术经济》2021 年第 5 期。

在考虑粮食种植生态价值（ESV）的基础上，运用全局要素生产率指数（GML）和超效率数据包络模型（SBM），从静态和动态两个角度切入，测算了1997—2019年中国粮食绿色全要素生产率和投入产出冗余率，并采用空间探索性数据分析（ESDA）对粮食全要素生产率的全局和局部空间特征进行研究。[①]

三. 关于产业绿色转型影响因素的研究

产业绿色转型影响因素的分析是探索绿色转型升级的关键内容之一，解释了绿色转型水平变化的原因及作用路径，为促进产业绿色转型和预测未来发展规律、制定相关政策提供决策参考。国外对于产业绿色转型影响因素的研究较为丰富，既有从理论层面分析何种因素决定产业绿色转型，还有从实证层面采用不同计量模型探寻影响产业绿色转型的深层次原因。从理论层面作出解释的包括：Viswanath Venkatesh 等（2017）认为，环境动态性能够促进企业采取变革措施进行转型发展，提高企业对外部环境的匹配程度和适应能力，进而提升企业绩效，促进企业绿色转型升级。[②] Leonidas C. Leonidou 等（2017）基于资源基础观，通过研究发现企业拥有的资源和能力可以明显驱动企业采取绿色战略，进而实施绿色转型。[③] Zhou Yu 等（2018）通过研究进一步表明，企业动态能力尤其是绿色动态能力能够高效率地整合资源和社会关系，进而有力推动绿色战略特别是创新战略的制定和

---

① 周应恒、杨宗之：《生态价值视角下中国省域粮食绿色全要素生产率时空特征分析》，《中国生态农业学报》（中英文）2021年第10期。

② Viswanath Venkatesh, Jason D. Shaw, Tracy Ann Sykes, Samuel Fosso Wamba, and Mary Macharia. "Networks, Technology, and Entrepreneurship: A Field Quasi-experiment Among Women in Rural India", *The Academy of Management Journal*, 2017, Vol.60, issue5, pp.1709-1740.

③ Leonidas C. Leonidou, Paul Christoulides, Lida P. Kyrgidou, and Dayananda Palihawadana. "Internal Drivers and Performance Consequences of Small Firm Green Business Strategy: The Moderating Role of External Force", *Journal of Business of Ethnics*, 2017, Vol.140, issue3, pp.585-606.

实施，对企业转型具有重要作用。[1] 从实证层面的研究有：Daron Acemoglu
等（2012）指出，环境规制能够将那些污染严重、生产率低的企业挤出市
场，生产率高的和污染低的企业得以生产发展，最终实现产业绿色转型。[2]
Per G. Fredriksson 等（2014）通过研究表明，制度变革、贸易开放、技术
变化、能源消耗等因素是工业产业绿色转型的重要因素。[3] A. Vorfolomeiev
（2019）通过研究表明，资源是企业绿色发展的基础，提升资源利用率是关
键，应进一步突出资源及其流动性在企业绿色转型中的重要作用。[4]

　　与国外学者关注焦点一致，国内学者同样对产业绿色转型的影响因
素进行了重点分析，揭示何种因素会驱动或抑制产业绿色转型的进程。国内
学者以实证研究居多，采取的计量模型主要包括空间计量模型、门限回归模
型、面板数据模型等，重要的影响因素主要是环境规制因素，同时其他因素
也会不同程度地影响产业绿色转型。

　　从重要的环境规制影响因素来看，金碚（2009）认为，环境规制通过
将污染成本显性化，倒逼企业进行管理模式优化、产品结构调整、技术水平
提升等来消化上涨的生产成本，从而提高生产效率。因此，环境规制是对企
业的一种强制性筛选，具有"淘污选清"的作用。[5] 李斌等（2013）实证探
究了环境规制对工业绿色转型的门槛效应，证实适度的环境规制将加快工业
发展方式转变。[6] 彭星和李斌（2016）实证检验了异质性环境规制对工业绿

[1] Yu Zhou, Jin Hong, Kejia Zhu, Yang Yang, and Dingtao Zhao. "Dynamic Capability Matters: Uncovering its Fundamental Role in Decision Making of Environmental Innovation", *Journal of Cleaner Production*, 2018, Vol.177, issue6, pp.516-526.

[2] Daron Acemoglu, Philippe Aghion, Leonardo Bursztyn, and David Hemous. "The Environment and Directed Technical Change", *The American Economic Review*, 2012, Vol.102, issue1, pp.131-166.

[3] Per G. Fredriksson, and Jim R. Wolischeid. "Environmental Decentralization and Political Centralization", *Ecological Economics*, 2014, Vol.107, issue4, pp.402-410.

[4] A. Vorfolomeiev. "Implementation of Resource Efficient and Cleaner Production Options at Ukrainian Enterprises", *Acta Innovations*, 2019, issue30, pp.68-75.

[5] 金碚：《资源环境管制与工业竞争力关系的理论研究》，《新华文摘》2009 年第 12 期。

[6] 李斌、彭星、欧阳铭珂：《环境规制、绿色全要素生产率与中国工业发展方式转变——基于 36 个工业行业数据的实证研究》，《中国工业经济》2013 年第 4 期。

色转型的影响，证实命令型环境规制的非线性特征并不存在，经济型环境规制和自愿型环境规制可以明显加快工业结构绿色转型。[1] 童健等（2016）从构建环境规制影响工业结构绿色转型数理模型的基础上，发现环境规制对工业绿色转型的影响表现为"J"形曲线特征。[2] 另有学者发现环境规制与工业绿色转型之间存在"U"形[3]、倒"N"形[4] 曲线特征。雷玉桃等（2020）在宏观层面阐述环境规制对制造业绿色转型直接影响和间接影响的基础上，使用 2005—2017 年中国内地省级面板数据，基于 EBM-GML 模型计算得出绿色全要素生产率，以此来衡量中国制造业绿色转型程度，并建立固定效应面板模型检验异质性环境规制对制造业绿色转型的影响，得出环境规制对制造业绿色转型的影响呈现非线性特征，同时还可通过技术创新、外商直接投资、产业结构间接促进制造业绿色转型。[5]

从其他影响因素来看，彭星（2016）基于中国 2000—2012 年地区面板数据并运用动态空间面板模型检验环境分权对工业绿色转型的非线性空间影响，明确在产业结构升级视角下二者之间存在明显的倒"U"形关系，适度分权有利于促进产业结构升级以及工业绿色转型。[6] 谢宜章和赵玉奇（2018）基于空间资源视角，构建多维视角下区域资源配置水平的测度，探究地方政府竞争对中国工业绿色转型发展的影响，采用空间杜宾模型和省际面板数据，得出地方市场分割及其引致的空间资源错配对区域绿色发展产生直接不利的影响，制约了通过区域内部资源配置优化实现绿色发展的作用效

---

①　彭星、李斌：《不同类型环境规制下中国工业结构绿色转型问题研究》，《财经研究》2016年第 7 期。

②　童健、刘伟、薛景：《环境规制、要素投入结构与工业行业转型升级》，《经济研究》2016年第 7 期。

③　申晨、李胜兰、黄亮雄：《异质性环境规制对中国工业结构绿色转型的影响机理研究——基于中介效应的实证分析》，《南开经济研究》2018 年第 5 期。

④　齐亚伟：《节能减排、环境规制与中国工业结构绿色转型》，《江西社会科学》2018 年第 3 期。

⑤　雷玉桃、张淑雯、孙菁靖：《环境规制对制造业绿色转型的影响机制及实证研究》，《科技进步与对策》2020 年第 23 期。

⑥　彭星：《环境分权有利于中国工业绿色转型吗？——产业结构升级视角下的动态空间效应检验》，《产业经济研究》2016 年第 2 期。

果。① 邓慧慧和杨露鑫（2019）基于 2006—2016 年 30 个省份 PM2.5 浓度数据，采用工具变量法回归（IV-2SLS）和广义空间三阶段回归（CS3SLS）模型，揭示了雾霾治理、地方竞争对工业绿色转型的影响机理与机制。② 张峰等（2020）在测度制造业绿色转型水平基础上，利用面板数据计量模型检验资本禀赋、技术进步对制造业绿色转型的驱动效果，结果表明，资本禀赋呈正向支撑作用，但与制造业绿色转型水平之间的倒"U"形关系揭示了"资源诅咒"现象的存在，同时技术进步存在抵消效应。③

第二节　关于畜牧业环境污染的研究

一、关于畜牧业对环境影响的研究

畜牧业对水体污染的研究。畜禽养殖所产生的粪便当中富含丰富的化学需氧量、氮、磷、锌、铜等有机质，这些物质进入到水体之后会促进水体中浮游植物的快速繁殖和生长，导致水体当中所能溶解的氧气含量下降，容易造成水体的富营养化；④ 同时如果大量的畜禽粪便和污水处理不当，一旦进入到地下水，就会造成区域地下水中 NO3-N 浓度的增加，严重污染水体。⑤ P. L. Adams 等（1994）、Michael A. Mallin 和 Lawrence B. Cahoon（2003）的研究均表明，畜禽养殖场周围的地下水中，酸盐含量严重超标，并且酸盐

① 谢宜章、赵玉奇：《空间资源视角下地方政府竞争与中国工业绿色转型发展》，《江西社会科学》2018 年第 6 期。

② 邓慧慧、杨露鑫：《雾霾治理、地方竞争与工业绿色转型》，《中国工业经济》2019 年第 10 期。

③ 张峰、宋晓娜：《资源禀赋、技术进步与制造业绿色转型》，《统计与决策》2020 年第 13 期。

④ R.O. Evans，P.W. Westerman，and M.R. Overcash. "Subsuiface Drainage Water Quality from Land Application of Seine Lagoon Effluent"，*Transactions of the American Society of Agricultural and Biological Engineers*，1984，Vol.27，issue2，pp.473-480.

⑤ 黄季焜、刘莹：《农村环境污染情况及影响因素分析——来自全国百村的实证分析》，《管理学报》2010 年第 11 期。

含量与畜禽粪便排放量呈线性函数关系，养殖规模越大，地下水中的病原微生物和氮元素越高。[1][2] Li Yanan 等（2022）应用 MARINA-Global-L 模型对世界各地 10226 个子流域和 11 种畜禽生产对河流污染的评估发现，牛、猪、鸡是主要污染源，全球 1/4 的子流域均不同程度受到畜禽养殖的污染。[3] 孟祥海等（2015）通过研究表明，中国畜禽养殖造成的水体污染和土壤污染已经较为严重，且污染程度均与人均 GDP 之间存在倒"U"形关系，且已跨过曲线拐点。[4] 宋磊等（2020）对珠三角畜禽养殖场周边地表水污染特征及环境质量分析，发现珠三角畜禽养殖场周边地表水达到重污染级别，长期暴露于畜禽场周边极易导致水体环境恶化。[5]

畜牧业对农田土壤的污染。畜禽粪便可以为作物提供必要养分、提高作物产量[6]，同时还可以改善土壤环境、优化土壤结构，如增加有机质含量、改善土壤酸化、增加土壤孔隙度等。[7] 但是，连续大量使用畜禽粪便势必会

[1] P. L. Adams, T. C. Daniel, D. J. Nichols, D. H. Pote, H. D. Scott, and D. R. Edwards. "Poultry Litter and Manure Contributions to Nitrate Leching Through the Vadose Zone", *Soil Science Socitey of American Journal*, 1994, Vol.58, issue4, pp.1206-1211.

[2] Michael A. Mallin, and Lawrence B. Cahoon. "Industrialized Animal Reduction：A Major Source of Nutrient and Microbial Pollution to Aquatic Ecosystems", *Population and Environment*, 2003, Vol.24, issue5, pp.369-385.

[3] Yanan Li, Mengru Wang, Xuanjing Chen, Shilei Cui, Nynke Hofstra, Carolien Kroeze, Lin Ma, Wen Xu, Qi Zhang, Fusuo Zhang, and Maryna Strokal. "Multi-pollutant Assessment of River Pollution from Livestock Production Worldwide", *Water Research*, 2022, Vol.209, p.117906.

[4] 孟祥海、周海川、张俊飚：《中国畜禽污染时空特征分析与环境库兹涅茨曲线验证》，《干旱区资源与环境》2015 年第 11 期。

[5] 宋磊、毛航球、李文英、高绣纺、欧俊、李倩：《珠三角畜禽养殖场周边地表水污染特征及环境质量分析》，《生态环境学报》2020 年第 7 期。

[6] Mahipal Choudhary, Suresh Chandra Panday, Vijay Singh Meena, Sher Singh, Ram Prakash Yadav, Dibakar Mahanta, Tilak Mondal, Pankaj Kumar Mishra, Jaideep Kumar Bisht, and Arunava Pattanayak. "Long-term Effects of Organic Manure and Inorganic Fertilization on Sustainability and Chemical Soil Quality Indicators of Soybean-wheat Cropping System in the Indian Mid-himalayas", *Agriculture, Ecosystems & Environment*, 2018, Vol.257, pp.38-46.

[7] Joann K. Whalen, Chi Chang, George W. Clayton, and Janna P. Carefoot. "Cattle Manure Amendments Can Increase the PH of Acid Soils", *Soil Science Society of America Journal*, 2000, Vol.64, issue3, pp.962-966.

向土壤—植物系统带入大量外源重金属元素，从而对土壤质量造成负面影响，甚至威胁农产品质量安全。[1] 畜牧业对农田土壤的污染表现在两方面：一是畜禽粪便还田不当造成土壤当中养分过剩；二是畜禽粪便当中所含的重金属对农田土壤造成的污染。畜禽粪便当中含有的氮、磷、钾等有机质是农作物生长必需的营养成分，但过量使用或使用不当均会带来严重的土壤污染。王小彬等（2021）研究发现，由于畜禽粪污中多种有害物质可在沼液中残留，且大多存在不同程度超出国家水质安全标准，沼液经厌氧发酵后存在危害农田生态系统，特别是土壤质量的环境风险。[2]

畜牧业对大气的污染。畜牧业不仅会造成水体污染和农田土壤污染，同时也是大气污染的主要来源之一。畜牧业对大气污染同样表现为两个方面：一是畜禽养殖过程中产生的恶臭会对大气造成一定污染；二是畜牧业在生产过程中所产生的温室气体会造成温室效应。[3] 通常情况下，畜禽粪便在发酵、腐败分解的过程中会产生大量的硫化氢、吲哚、乙酸、有机酸、粪臭素等数百种有害物质，这些物质是造成粪便恶臭的主要来源。[4] 与此同时，畜禽养殖的不同生产阶段均会产生二氧化碳、甲烷等温室气体，并且产生温室气体的环节集中在畜禽养殖以及畜禽粪便处理环节。[5][6] 相关研究表明，全球2007—2016年农业食物系统温室气体排放占总排放的21%—37%，其

---

[1]　Qingqing Huang, Yao Yu, Yanan Wan, Qi Wang, Zhang Luo, Yuhui Qiao, Dechun Su, and Huafen Li. "Effects of Continuous Fertilization on Bioavailability and Fractionation of Cadmium in Soil and Its Uptake by Rice（Oryza sativa L.）", *Journal of Environmental Management*, 2018, Vol.215, pp.13-21.

[2]　王小彬、闫湘、李秀英：《畜禽粪污厌氧发酵沼液农用之环境安全风险》，《中国农业科学》2021年第1期。

[3]　孔祥才、王桂霞：《我国畜牧业污染治理政策及实施效果评价》，《西北农林科技大学学报》（社会科学版）2017年第6期。

[4]　李玉娥、董红敏、万运帆、秦晓波、高清竹：《规模化猪场沼气工程CDM项目的减排及经济效益分析》，《农业环境科学学报》2009年第12期。

[5]　Angela Druckman, Pippa Bradley, Eleni Papathanasopoulou, and T. Jackson. "Measuring Progress Towards Carbon Reduction in the UK", *Ecological Economics*, 2008, Vol.66, issue4, pp.594-604.

[6]　师帅、李翠霞、李媚婷：《畜牧业"碳排放"到"碳足迹"核算方法的研究进展》，《中国人口·资源与环境》2017年第6期。

中畜牧业二氧化碳排放约占总排放的 18%。[①] 而中国作为世界上最大的碳排放国，单位 GDP 能耗是世界平均水平的 1.5 倍、发达国家的 2—3 倍。[②] 2018 年，中国农业温室气体排放占世界农业温室气体排放的 11%—12%，其中农用地排放和动物肠道发酵占农业温室气体排放量的 60% 以上。[③]

二、关于畜牧业环境污染核算的研究

学术界在畜牧业对环境影响分析的基础上，对畜牧业环境污染量进行了核算，具体包含两个方面：一方面是针对畜牧业面源污染量的核算，另一方面是针对畜牧业碳排放量的核算。针对畜牧业面源污染量的核算，大多研究集中于对畜禽粪污产生量及氮磷负荷的估算，普遍采用排泄系数法，根据畜禽饲养量（年末存栏量、年内出栏量）、饲养周期和饲养期内日均粪尿排泄量的算法进行估算。从国外研究来看，P.A. Phillips 等（1981）对畜禽养殖废弃物还田使用对农作物产量和水质的影响进行了细致的测算与研究。[④] Girogio Provolo（2005）、B. Ball Coelho 等（2012）分别以氮负荷、磷负荷研究了畜禽粪便对环境污染的影响。[⑤][⑥] Monica Bassanino 等（2011）根据单位面积畜禽粪便氮、磷、钾负荷研究了意大利波河平原不同农业环境系统的

① Cynthia Rosenzweig, Cheikh Mbow, Luis G. Barioni, Tim G. Benton, Mario Herrero, Murukesan Krishnapillai, Emma T. Liwenga, Prajal Pradhan, Marta G. Rivera-Ferre, Tek Sapkota, Francesco N. Tubiello, Yinlong Xu, Erik Mencos Contretas, and Joana Portugal-Pereira. "Climate Change Responses Benefit from a Global Food System Approach", *Nature Food*, 2020, issue1, pp.94-97.

② 何建坤：《全球气候治理新形势及我国对策》，《环境经济研究》2019 年第 3 期。

③ 张玉梅、樊胜根、陈志钢、冯晓龙、张向阳、柏兆海、汪笑溪：《转型农业食物系统助力实现中国 2060 碳中和目标》，《2021 中国与全球食物政策报告》2021 年。

④ P.A. Phillips, J.L.B. Culley, F.R. Hore, and N.K. Patni. "Pollution Potential and Corn Yields from Selected Rates and Timing of Liquid Manure Applications", *Transactions of the ASAE*, 1981, Vol.24, issue1, pp.139-144.

⑤ Girogio Provolo. "Manure Management Practices in Lombardy (Italy)", *Bioresource Technology*, 2005, Vol.96, issue2, pp.145-152.

⑥ B. Ball Coelho, Roger Murray, David Lapen, Edward Topp, and Allison Bruin. "Phosphorus and Sediment Loading to Surface Waters from Liquid Swine Manure Application under Different Drainage and Tillage Practices", *Agricultural Water Management*, 2012, Vol.104, issue2, pp.51-61.

环境污染空间分布情况。①

　　从国内研究来看，王方浩等（2006）、杨飞等（2013）通过排泄系数法对中国畜禽粪便及其污染物的排放量进行了整体的估算，并对其环境效应进行了综合评价。②③ 董红敏等（2011）、周天墨等（2014）进一步研究了畜禽污染产污系数与排污系数的计算与优化方法。④⑤ 在已有成熟产污、排污系数的基础上，国内学者对安徽⑥、广西⑦、陕西⑧、山西⑨、湖北⑩、四川⑪、东北三省⑫、西藏⑬、新疆⑭ 等区域的畜禽粪便和主要污染物的排

① Monica Bassanino，Dario Sacco，Laura Zavattaro，and Carlo Grignani. "Nutrient Balance as a Sustainability Indicator of Different Agro-environments in Italy"，*Ecological Indicators*，2011，Vol.11，issue2，pp.715-723.

② 王方浩、马文奇、窦争霞、马林、刘小利、许俊香、张福锁：《中国畜禽粪便产生量估算及环境效应》，《中国环境科学》2006 年第 5 期。

③ 杨飞、杨世琦、诸云强、王卷乐：《中国近 30 年畜禽养殖量及其耕地氮污染负荷分析》，《农业工程学报》2013 年第 5 期。

④ 董红敏、朱志平、黄宏坤、陈永杏、尚斌、陶秀萍、周忠凯：《畜禽养殖业产污系数和排污系数计算方法》，《农业工程学报》2011 年第 1 期。

⑤ 周天墨、付强、诸云强、胡卓玮、杨飞：《中国分省畜禽产污系数优化及污染物构成时空特征分析》，《地理研究》2014 年第 4 期。

⑥ 宋大平、庄大方、陈巍：《安徽省畜禽粪便污染耕地、水体现状及其风险评价》，《环境科学》2012 年第 1 期。

⑦ 廖青、黄东亮、江泽普、韦广泼、梁潘霞、李杨瑞：《广西畜禽粪便产生量估算及对环境影响评价》，《南方农业学报》2013 年第 4 期。

⑧ 易秀、叶凌枫、刘意竹、田浩、陈生婧：《陕西省畜禽粪便负荷量估算及环境承受程度风险评价》，《干旱地区农业研究》2015 年第 3 期。

⑨ 李丹阳、孙少泽、马若男、李国学、李恕艳：《山西省畜禽粪污年产生量估算及环境效应》，《农业资源与环境学报》2019 年第 4 期。

⑩ 黄美玲、夏颖、范先鹏、黄敏、吴茂前、刘冬碧、张富林：《湖北省畜禽养殖污染现状及总量控制》，《长江流域资源与环境》2017 年第 2 期。

⑪ 张晓华、王芳、郑晓书、许鲜、沈嘉妍：《四川省畜禽粪便排放时空分布及污染防控》，《长江流域资源与环境》2018 年第 2 期。

⑫ 冯爱萍、王雪蕾、刘忠、王新新：《东北三省畜禽养殖环境风险时空特征》，《环境科学研究》2015 年第 6 期。

⑬ 周芳、琼达、金书秦：《西藏畜禽养殖污染现状与环境风险预测》，《干旱区资源与环境》2021 年第 9 期。

⑭ 张晓莉、夏衣热·肖开提：《新疆畜禽粪污排放时空演变特征及预警分析——基于 85 个县市数据》，《中国农业资源与区划》2022 年第 2 期。

放量及其对环境的影响进行了系统核算，这些研究大多指出牛、羊的粪便是污染物的主要来源，大多地区畜禽粪尿氮、磷养分负荷均未超过欧盟粪肥年施氮和年施磷限量标准，但风险却不容忽视。

　　针对畜牧业碳排放量的核算，既往研究指出，畜牧业碳排放主要来源于畜禽养殖所产生的大量粪尿的碳排放、畜禽呼吸产生的二氧化碳以及胃肠道气体的排放、畜禽养殖过程中各类废弃物和污染物产生的碳排放等直接碳排放。[1] 与此同时，在畜禽养殖过程中资源消耗所造成的间接碳排放及环境污染也不容忽视。[2] 学术界开展畜牧业碳排放核算的方法主要有 OECD、IPCC、LCA 和 I-O 等[3][4][5]，其中 IPCC 系数法及 LCA 系数法的运用较为普遍。[6][7][8]

　　从国外研究来看，更多基于微观主体视角探讨碳排放量的多少。Agustin del Prado 等（2013）利用生命周期法测算出西班牙奶牛养殖场的碳足迹约为 0.84—2.07 公斤 CO_2-eq。[9] Ferdinando Battini 等（2016）利用生命

---

[1]　Paul J. Crutzen, Ingo Aselmann, and Wolfgang Seiler . "Methane Production by Domestic Animals, Wild Ruminants, Other Herbivorous Fauna, and Humans", *Chemical and Physical Meteorology*, 1986, Vol.38, issue3-4, pp.271-284.

[2]　苏旭峰、杨小东、冉启英：《基于碳排放视角的中国畜牧业绿色增长分析》，《生态经济》2022 年第 4 期。

[3]　IPCC：*IPCC Guidelines for National Greenhouse Gas Inventories Volume 4：Agriculture, Forestry and Other Land Use*, Geneva：IPCC, 2006.

[4]　Kenneth Ruffing. "Indicators to measure decoupling of environmental pressure from economic growth", *Sustainability Indicators：A Scientific Assessment*, 2007, Vol.67, p.211.

[5]　Ali Daneshi, Abbas Esmaili-sari, Mohammad Daneshi, and Henrikke Baumann. "Greenhouse Gas Emissions of Packaged Fluid Milk Production in Tehran", *Journal of Cleaner Production*, 2014, Vol.80, pp.150-158.

[6]　师帅、李翠霞、李媚婷：《畜牧业"碳排放"到"碳足迹"核算方法的研究进展》，《中国人口·资源与环境》2017 年第 6 期。

[7]　胡向东、王济民：《中国畜禽温室气体排放量估算》，《农业工程学报》2010 年第 10 期。

[8]　孟祥海、程国强、张俊飚、王宇波、周海川：《中国畜牧业全生命周期温室气体排放时空特征分析》，《中国环境科学》2014 年第 8 期。

[9]　Agustin del Prado, Karine Mas, Guillermo Pardo, and Patricia Gallejones. "Modelling the Interactions Between C and N Farm Balances and GHG Emissions from Confinement Dairy Farms in Northern Spain", *Science of the Total Environment*, 2013, Vol.465, issue6, pp.156-165.

周期法对坡谷 4 种典型牛奶生产系统碳排放量进行测算，发现饮用牛奶、高密集型奶酪、低密集型奶酪、干奶酪每公斤分别产生 1.47、1.35、1.49 和 1.50 公斤 CO_2-eq。[①] Guillaume Martin 和 Magali Willaume（2016）将牧场划分为专业化和集约化、生态效率集约化和农业生态转型 3 种类型，并基于 IPCC 系数法对法国 10 个奶牛养殖场温室气体排放进行研究，结果发现农业生态转型类牧场更有助于实现碳减排。[②] Miguel Escribano 等（2020）对西班牙西南部边缘农业区半集约化牧场和粗放式牧场进行调研，并采用生命周期法测算其碳足迹，指出每公斤牛奶将产生 1.77—4.09 公斤 CO_2-eq，最低值对应生产力最密集的牧场，最高值对应生产力最低的牧场。[③]

国内研究大多集中于对畜牧业整体碳排放量进行测算[④][⑤][⑥]，少部分研究关注到奶牛养殖业碳排放问题。王效琴等（2012）通过研究发现，奶牛肠道发酵甲烷排放、饲料生产、粪便贮存环节碳排放量占全系统的 84.3%。[⑦] 励汀郁等（2022）运用生命周期法，基于全产业链视角测算了 2008—2020 年奶业碳排放量，以设计优质饲草日粮减排情景提出"双碳"目标下中国奶牛

① Ferdinando Battini, Alessandro Agostini, Vincenzo Tabaglio, and Stefano Amaducci. "Environmental Impacts of Different Dairy Farming Systems in the Po Valley", *Journal of Cleaner Production*，2016，Vol.112，pp.91-102.

② Guillaume Martin, and Magali Willaume. "A Diachronic Study of Greenhouse Gas Emissions of French Dairy Farms According to Adaptation Pathways", *Agriculture*, *Ecosystems & Environment*，2016，Vol.221，pp.50-59.

③ Miguel Escribano, Ahmed Elghannam, and Francisco J. Mesías. "Dairy Sheep Farms in Semi-arid Rangelands. A Carbon Footprint Dilemma Between Intensification and Land-based Grazing", *Land Use Policy*，2020，Vol.95，issueC，pp.104600-104600.

④ 姚成胜、钱双双、李政通、梁龙武：《中国省际畜牧业碳排放测度及时空演化机制》，《资源科学》2017 年第 4 期。

⑤ 张金鑫、王红玲：《中国畜牧业碳排放地区差异、动态演进与收敛分析——基于全国 31 个省（市）1997—2017 年畜牧业数据》，《江汉论坛》2020 年第 9 期。

⑥ 吴强、张园园、张明月：《中国畜牧业碳排放的量化评估、时空特征及动态演化：2001—2020》，《干旱区资源与环境》2022 年第 6 期。

⑦ 王效琴、梁东丽、王旭东、彭莎、郑金正：《运用生命周期评价方法评估奶牛养殖系统温室气体排放量》，《农业工程学报》2012 年第 13 期。

产业应如何发展。[①]

三、关于畜牧业环境污染减排路径的研究

在畜牧业环境污染量核算的基础上，学术界进一步提出了环境污染的减排路径，同样包含畜牧业面源污染的减排路径和畜牧业碳排放的减排路径两个方面。在畜牧业面源污染减排行动上，主要采取政策引导和技术改进两种策略进行综合防治。从国外发达国家畜禽粪尿污染防治政策来看，国际上通用的规范标准包括：一是根据地区人口密度、环境功能类型等因素，对畜禽养殖企业区位选择进行限制；二是根据土壤对畜禽粪尿的消纳能力，对单位面积粪尿还田量进行限制；三是根据能够用于粪尿消纳的耕地面积，测算养殖场畜禽粪尿消纳能力，并以消纳能力为依据对其场所建设、养殖规模进行限制；四是根据土壤重金属含金量情况，对畜禽饲料添加剂成分进行限制；五是根据水体质量要求，设定畜禽养殖污水排放标准。

对于中国而言，从 2001 年开始陆续出台了多种政策对畜禽养殖粪尿排放进行管理，常见命令强制、经济激励和说服教育三类政策工具。[②] 从畜禽粪尿排放污染防治技术来看，基本策略包括两类：一是减少排放总量；二是提高对排放物中能量和物质的利用率。对于减少排放总量，其基本技术主要运用于畜禽养殖管理环节，难度较大，例如通过提升养殖技术提高畜禽对食物的消化吸收率，也即提升肉料比，减少物质排放；或是通过调整饲料结构，减少排放中氮、磷等污染物的含量。[③] 另外，对于畜禽粪尿还可以采取再利用技术，包括能源化和肥料化两个方向，其中能源化主要指实施沼气工程计划，利用厌氧发酵将畜禽粪尿中的有机物转化为沼气、二氧化碳

---

① 励汀郁、熊慧、王明利：《"双碳"目标下我国奶牛产业如何发展——基于全产业链视角的奶业碳排放研究》，《农业经济问题》2022 年第 2 期。

② 李冉、沈贵银、金书秦：《畜禽养殖污染防治的环境政策工具选择及运用》，《农村经济》2015 年第 6 期。

③ 郑晶、蔡金琼、林瑜：《广东省生猪养殖的生态足迹研究》，《中国人口·资源与环境》2012 年第 11 期。

等；①② 肥料化一种是将排放的粪尿进行收集、烘干、除臭等处理后制成商品有机肥③，另一种是利用微生物发酵技术，在养殖场内或是养殖场下方铺设发酵床，直接形成有机肥，实现养殖对外零排放。④

在畜牧业低碳发展研究领域，国外已经取得丰硕的研究成果，特别是针对畜牧业碳减排潜力测算和碳减排措施方面的研究成果较多。⑤⑥ 例如改良动物饲料与动物品种⑦、提高动物生育率⑧⑨、提高畜产品加工效率⑩ 等都可

① 武深树、谭美英、刘伟：《沼气工程对畜禽粪便污染环境成本的控制效果》，《中国生态农业学报》2012 年第 2 期。

② 钟珍梅、勤楼、翁伯琦、黄秀声、冯德庆、陈钟佃：《以沼气为纽带的种养结合循环农业系统能值分析》，《农业工程学报》2012 年第 4 期。

③ 姜茜、王瑞波、孙炜琳：《我国畜禽粪便资源化利用潜力分析及对策研究——基于商品有机肥利用角度》，《华中农业大学学报》2018 年第 4 期。

④ 胡锦艳、刘春雪、刘小红、刘玉焕、吴珍芳、尹德明、胡文锋：《发酵床养猪技术的现状、调研与分析》，《家畜生态学报》2015 年第 4 期。

⑤ Pete Smith，Daniel Martino，Zucong Cai，Daniel Gwary，Henry Janzen，Pushpam Kumar，Bruce McCarl，Stephen Ogle，Frank O'Mara，Charles Rice，Bob Scholes，Oleg Sirotenko，Mark Howden，Tim McAllister，Genxing Pan，Vladimir Romanenkov，Uwe Schneider，Sirintornthep Towprayoon，Martin Wattenbach，and Jo Smith. "Greenhouse Gas Mitigation in Agricultural"，*Philosophical Transactions of the Royal Society*，2008，Vol.363，issue1492，pp.789-813.

⑥ K. Sakadevan，and M.-L. Nguyen. "Livestock Production and Its Impact on Nuturient Pollution and Greenhouse Gas Emissions"，*Advances in Agronomy*，2017，Vol.141，pp.147-184.

⑦ Philip Thornton，and Mario Herrero. "Potential for Reduced Methane and Carbon Dioxide Emissions from Livestock and Pasture Management in the Tropics"，*Proceedings of the National Academy of Sciences of the United States of American*，2010，Vol.107，issue46，pp.19667-19672.

⑧ James W. Casey，and Nicholas M. Holden. "Quantification of GHG Emissions from Sucker-beef Production in Ireland"，*Agricultural Systems*，2006，Vol.90，issue1-3，pp.79-98.

⑨ Anne Mottet，Benjiamin Henderson，Carolyn I. Opio，Alessandra Falcucci，Giuseppe Tempio，Silvia Silvestri，Sabrina Chesterman，and Pierre J. Gerber. "Climate Change Mitigation and Productivity Gains in Livestock Supply Chains：Insights from Regional Case Studies"，*Regional Environmental Change*，2017，Vol.17，issue1，pp.129-141.

⑩ Pierre Gerber，Theun Vellinga，Carolyn Opio，and Henning Steinfeld. "Procuctivity Gains and Greenhouse Gas Mitigation Intensity in Dairy Systems"，*Livestock Science*，2011，Vol.139，issue1-2，pp.100-108.

以实现温室气体排放的递减。Petr Havlík 等（2014）通过评估发现，由于畜牧业的转型升级，到 2030 年，全球畜牧业系统将贡献 7.36 亿吨 / 年 CO_2-eq 的减排。[1] 另外，从美国、马来西亚、哥伦比亚等国家经济激励型政策的实施情况来看，执行和监督成本是影响碳减排政策有效实施的关键因素，在发展中国家体现得尤为明显。[2][3][4]

国内学者同样对畜牧业碳减排问题进行了大量研究，主要集中于以低碳补贴政策驱动碳减排方案的实现。研究表明，政府的低碳补贴政策能够促进养殖户形成低碳养殖行为[5]，但由于对养殖户相关补贴政策存在不合理的结构性问题[6]，在政策制定上需要充分考虑经济、技术、制度与法治环境等多种因素[7]。从国内实践来看，碳减排政策地域分布具有异质性特征[8]，传统的产业政策在克服市场失灵方面存在缺陷，发展低碳经济需要创新政策理

---

[1]　Petr Havlík, Hugo Valin, Mario Herrero, Michael Obersteiner, Erwin Schmid, Mariana Rufino, Aline Mosnier, Philip Thornton, Hannes Boettcher, Richard T Conant, Stefan Frank, Steffen Fritz, Sabine Fuss, Florian Kraxner, and An Notenbaert. "Climate Change Mitigation Through Livestock System Transitions", *Proceedings of the National Academy of Sciences of the United States of American*, 2014, Vol.111, issue10, pp.3709-3714.

[2]　Vinish Kathuria. "Controlling Water Pollution in Developing and Transition Countries-lessons from Three Successful Cases", *Journal of Environmental Management*, 2006, Vol.78, pp.405-426.

[3]　Allen Blackman. "Colombia's Discharge Fee Program: Incentives for Polluters or Regulators?", *Journal of Environmental Management*, 2009, Vol.90, pp.101-119.

[4]　Daniel H. Cole, Peter Z. Grossman: *When is Command-and-control efficient? Institutions, Technology, and the Comparative Efficiency of Alternative Regulatory Regimes for Environmental Protection*, The Theory and Practice of Command and Control in Environmental Policy. Routledge, 2018.

[5]　左志平、齐振宏、邬兰娅：《碳税补贴视角下规模养猪户低碳养殖行为决策分析》，《中国农业大学学报》2016 年第 2 期。

[6]　周力、郑旭媛：《基于低碳要素支付意愿视角的绿色补贴政策效果评价——以生猪养殖业为例》，《南京农业大学学报》（社会科学版）2012 年第 4 期。

[7]　田云：《认知程度、未来预期与农户农业低碳生产意愿——基于武汉市农户的调查数据》，《华中农业大学学报》（社会科学版）2019 年第 1 期。

[8]　虞祎、刘俊杰：《农业产业整体减排实现路径研究——以长三角及周边地区猪肉生产流通为例》，《农业经济问题》2013 年第 10 期。

念、内容以及操作方式，组合的碳减排政策相较单一碳减排政策更能促进低碳经济发展。[1]

第三节　关于绿色畜牧业发展参与主体行为的研究

一、关于政府环境规制影响绿色畜牧业发展的研究

李翠霞（2003）在《绿色畜牧业发展理论与黑龙江省实践研究》一文中首次提到绿色畜牧业发展的必要性，开辟了国内关于绿色畜牧业发展的理论先河。[2] 其所带领的课题组围绕绿色畜牧业发展完成多项研究成果，如绿色畜牧业发展战略研究[3]，绿色畜牧业发展的优势和经验分析[4]、绿色畜牧业产业化发展对策研究[5]、畜牧业碳排放[6]、畜牧业产业集聚[7] 等等。因此，在资源安全和环境安全双重约束背景下，绿色畜牧业发展仍处于继续探索期，在这一过程中总结出了诸多参与主体行为的研究，与本书奶牛养殖业绿色转型驱动机理识别与驱动效应检验高度契合，在此分别就政府的环境规制、市场中的社会化服务组织嵌入以及养殖主体感知价值等研究成果进行系统梳理和归纳。

---

① 李健、李宁宁：《京津冀绿色发展政策模拟及优化研究》，《大连理工大学学报》（社会科学版）2021 年第 4 期。

② 李翠霞：《绿色畜牧业发展理论与黑龙江省实践研究》，博士学位论文，东北农业大学，2003 年。

③ 李翠霞：《黑龙江省绿色畜牧业发展战略研究》，黑龙江省，东北农业大学，2004 年 12 月 23 日。

④ 李翠霞：《黑龙江省绿色畜牧业发展的优势和经验分析》，《中国农村经济》2005 年第 2 期。

⑤ 李翠霞：《黑龙江省绿色畜牧业产业化发展对策研究》，黑龙江省，东北农业大学，2008 年 5 月 29 日。

⑥ 师帅、李翠霞、李媚婷：《畜牧业"碳排放"到"碳足迹"核算方法的研究进展》，《中国人口·资源与环境》2017 年第 6 期。

⑦ 许佳彬、李翠霞：《畜牧业产业集聚对县域经济增长的影响——黑龙江省例证》，《中国农业大学学报》2021 年第 10 期。

规制又称为政府规制或管制，是政府出于社会整体福利考虑，通过机制框架设计与行政干预，约束与限制被管制主体某些经济活动，旨在为市场运行和组织行为建立规则，弥补市场失灵，确保微观经济的有效运转，实现社会资源的再分配。[1][2]最早关注环境规制问题的是 Ingo Walter 和 Judith Ugelow 在 1979 年所提出的"污染天堂假说"，指出发达地区对环境质量的要求越来越严格，一些高污染、低效率的企业在这里失去比较优势，需要对外转移；不发达地区环境规制较为宽松，为发达地区污染密集型企业提供了转移条件。[3]从此，环境规制开始成为学术界探讨解决环境污染问题的热点话题。按照所属类型的分类，环境规制一般包括正式环境规制和非正式环境规制[4]，其中正式环境规制又包括命令型环境规制和市场激励型环境规制，非正式环境规制又包括公众参与型环境规制和自愿型环境规制。[5]就畜禽养殖业的环境规制内涵而言，虽未有明确的内涵界定，但通常意义上指由于养殖主体追求经济最大化而忽视生态最优化，迫使政府不得不采取必要的规制或管制手段，以约束、激励或引导的方式监督养殖主体实行养殖废弃物的资源化利用，减少对环境的损害。[6][7][8]

---

① 邵利敏、高雅琪、王森：《环境规制与资源型企业绿色行为选择："倒逼转型"还是"规制俘获"》，《河海大学学报》（哲学社会科学版）2018 年第 6 期。

② Joakim Kulin, and Ingemar Johansson Seva. "The Role of Government in Protecting the Environment：Quality of Government and the Translation of Mormative Views about Government Responsibility into Spending Preferences", *International Journal of Sociology*, 2019, issue2, pp.110-129.

③ Ingo Walter, and Judith Ugelow. "Environmental Policies in Developing Countries", *Technology*, *Development and Environmental Impact*, 1979, Vol.8, issue2-3, pp.102-109.

④ 原毅军、谢荣辉：《环境规制的产业结构调整效应研究——基于中国省际面板数据的实证检验》，《中国工业经济》2014 年第 8 期。

⑤ 尹礼汇、吴传清：《环境规制与长江经济带污染密集型产业生态效率》，《中国软科学》2021 年第 8 期。

⑥ 曾昉、李大胜、谭莹：《环境规制背景下生猪产业转移对农业结构调整的影响》，《中国人口·资源与环境》2021 年第 6 期。

⑦ 谭莹、胡洪涛：《环境规制、生猪生产与区域转移效应》，《农业技术经济》2021 年第 1 期。

⑧ 谭永风、张淑霞、陆迁：《环境规制、技术选择与养殖户生产绿色转型——基于内生转换回归模型的实证分析》，《干旱区资源与环境》2021 年第 10 期。

学术界针对政府环境规制影响养殖主体废弃物资源化利用决策开展了深入的研究。养殖主体不仅是环境规制的干预对象，也是废弃物资源化利用的执行者和受益者。[①] 在被执行规制的过程中，政府向"减排"的养殖主体发放补贴以提高养殖主体的环保投资水平[②]，进一步激发养殖主体参与污染治理意愿[③]。随着研究的不断深入，相关文献开始讨论不同类型环境规制对养殖主体废弃物资源化利用决策的影响，如徐志刚等（2016）指出，在约束型环境规制难以有效发挥作用的农村地区，引导型环境规制可能在促进养殖主体自觉践行亲环境行为有显著效果。[④] 李乾和王玉斌（2018）发现，混合型环境规制（约束型环境规制 + 激励型环境规制）更有助于促进养殖主体废弃物资源化利用决策。[⑤] 而Li Qian等（2020）认为，约束型环境规制比激励型环境规制在促进养殖主体废弃物资源化利用决策时更有效。[⑥] 另外，还有学者将环境规制作为调节变量纳入分析框架中，如张郁和江易华（2016）[⑦]、于婷和于法稳（2019）[⑧]、王建华等（2022）[⑨]。

① 朱润、何可、张俊飚：《环境规制如何影响规模养猪户的生猪粪便资源化利用决策——基于规模养猪户感知视角》，《中国农村观察》2021年第6期。

② 虞祎、张晖、胡浩：《排污补贴视角下的养殖户环保投资影响因素研究——基于沪、苏、浙生猪养殖户的调查分析》，《中国人口·资源与环境》2012年第2期。

③ 宾幕容、覃一枝、周发明：《湘江流域农户生猪养殖污染治理意愿分析》，《经济地理》2016年第11期。

④ 徐志刚、张炯、仇焕广：《声誉诉求对农户亲环境行为的影响研究——以家禽养殖户污染物处理方式选择为例》，《中国人口·资源与环境》2016年第10期。

⑤ 李乾、王玉斌：《畜禽养殖废弃物资源化利用中政府行为选择——激励抑或惩罚》，《农村经济》2018年第9期。

⑥ Qian Li, Jingjing Wang, Xiaoyang Wang, Yubin Wang. "The Impact of Alternative Policies on Livestock Farmers' Willingness to Recycle Manure: Evidence from Central China", *China Agricultural Economic Review*, 2020, issue12, pp.583-594.

⑦ 张郁、江易华：《环境规制政策情境下环境风险感知对养猪户环境行为影响——基于湖北省280户规模养殖户的调查》，《农业技术经济》2016年第11期。

⑧ 于婷、于法稳：《环境规制政策情境下畜禽养殖废弃物资源化利用认知对养殖户参与意愿的影响分析》，《中国农村经济》2019年第8期。

⑨ 王建华、钭露露、王缘：《环境规制政策情境下农业市场化对畜禽养殖废弃物资源化处理行为的影响分析》，《中国农村经济》2022年第1期。

二、关于社会化服务组织嵌入影响绿色畜牧业发展的研究

社会化服务的发展源于消费者通过市场有购买该服务的需求，在环境规制作用下，当养殖户面临粪污处理困境时，则需要从市场上购买相应的服务来弥补自身的不足。① 因此，对于养殖主体而言，在解决粪污处理难题时，可以考虑由第三方治理企业提供相应社会化服务。第三方治理的引入不仅能够克服养殖户在环境污染处理方面的资金和技术难题②，同时还能够打通养殖废弃物资源化利用的"最后一公里"，深度挖掘"放错位置了的资源"的利用潜力。③

尽管国家大力支持畜禽养殖废弃物资源化利用第三方服务组织的介入，可在推广过程中受成本分摊不均、受益者服务机制不完善等问题的影响，导致养殖户对社会化服务支付意愿并不高。④ 许佳彬等（2021）对奶业社会化服务进行了研究，指出构建新型奶业社会化服务体系是实现奶业振兴发展的根本保障、是推进奶业利益相关主体协调发展的重要依托、是保证奶牛养殖主体节本增效的有效途径。⑤ 但总体来看，学术界对于畜牧业社会化服务的研究还处于探索期，相关理论和实践机制还尚未成熟，特别是对绿色畜牧业发展的驱动机理与驱动效应还有待深入研究。

虽然现有研究较少关注畜牧业社会化服务，但对于农业社会化服务的绿色转型驱动效果进行了充分的研究，但结论不一，形成了"驱动派"和"抑制派"两类。"驱动派"认为，农业社会化服务有利于推进农业绿色经济

① 郑微微、沈贵银、李冉：《畜禽粪便资源化利用现状、问题及对策——基于江苏省的调研》，《现代经济探讨》2017 年第 2 期。
② 成都市畜牧业发展研究课题组、郭晓鸣、李晓东：《中国畜牧业转型升级的挑战、成都经验与启示建议》，《农村经济》2016 年第 11 期。
③ 赵俊伟、尹昌斌：《青岛市畜禽粪便排放量与肥料化利用潜力分析》，《中国农业资源与区划》2016 年第 7 期。
④ 赵俊伟、陈永福、尹昌斌：《生猪养殖粪污处理社会化服务的支付意愿与支付水平分析》，《华中农业大学学报》（社会科学版）2019 年第 4 期。
⑤ 许佳彬、王洋、李翠霞：《构建新型奶业社会化服务体系初探——基于供需均衡视角》，《黑龙江畜牧兽医》2021 年第 4 期。

增长，服务规模经营是农药减量的重要途径。① 农业社会化服务对农户的绿色生产技术采纳意愿具有显著的促进作用②，通过服务外包促进专业化分工和精细化生产，有助于化肥投入减量。③④ 与此同时，农业社会化服务借助技术改进，以资本替代劳动，从而减少成本，提高粮食产出效率。⑤⑥ 就单项服务内容而言，育种服务、施肥服务等技术密集型服务依赖于技术改进效应，促进农业产量和生产效率的提高⑦⑧，而农机整地服务和收割服务等劳动密集型服务则作用于要素替代，有效提升农业生产效率。⑨

"抑制派"则认为，随着农业社会化服务组织商业化程度不断加深，农资销售贸易与服务组织之间形成合谋，为了获取合意利润、促进农资的销售而导致农户过量购买和施用化肥。⑩ 且受地理因素、经济环境、个体特征等

① 冀名峰：《农业生产性服务业：我国农业现代化历史上的第三次动能》，《农业经济问题》2018 年第 3 期。

② Blane D. Lewis, and Daan Pattinasarany. "Determining Citizen Satisfaction with Local Public Education in Indonesia：The Significance of Actual Service Quality and Governance Conditions", *Growth & Change*, 2010, Vol.40, issue1, pp.85-115.

③ 张露、罗必良：《农业减量化：农户经营的规模逻辑及其证据》，《中国农村经济》2020 年第 2 期。

④ 卢华、陈仪静、胡浩、耿献辉：《农业社会化服务能促进农户采用亲环境农业技术吗》，《农业技术经济》2021 年第 3 期。

⑤ Yumei Liu, Wuyang Hu, Simon Jette-Nantel, and Zhihong Tian. "The Influence of Labor Price Change on Agricultural Machinery Usage in Chinese Agriculture", *Canadian Journal of Agricultural Economics*, 2014, Vol.62, issue2, pp.219-243.

⑥ 潘经韬、陈池波：《社会化服务能提升农机作业效率吗？——基于 2004—2015 年省级面板数据的实证分析》，《中国农业大学学报》2018 年第 12 期。

⑦ Donkor Emmanuel, Enoch Owusu-Sekyere, Victor Owusu, and Henry Jordaan. "Impact of Agricultural Extension Service on Adoption of Chemical Fertilizer：Implications for Rice Productivity and Development in Ghana", *NJ-AS-Wageningen Journal of Life Sciences*, 2016, issue79, pp.41-49.

⑧ Simone Verkaart, Bernard G. Munyua, Kai Mausch, Jeffrey D. Michler. "Welfare Impacts of Improved Chickpe Adoption：A Pathway for Rural Development in Ethiopia?", *Food Policy*, 2017, Vol.66, pp.50-61.

⑨ 孙顶强、卢宇桐、田旭：《生产性服务对中国水稻生产技术效率的影响——基于吉、浙、湘、川 4 省微观调查数据的实证分析》，《中国农村经济》2016 年第 8 期。

⑩ 谢琳、廖佳华、李尚蒲：《服务外包有助于化肥减量吗？——来自荟萃分析的证据》，《南方经济》2020 年第 9 期。

影响，农业社会化服务对生产效率和农民收入的作用差异明显，难以得出肯定性结论。①②

三、关于养殖主体感知价值影响绿色畜牧业发展的研究

1998 年，瑟摩尔（Zeithamal）首先提出感知价值理论，其认为感知价值是消费者在产品或服务购买和消费过程中比较感知收益和感知付出以后对产品或服务效果大小做出的综合评价。③ 价值是对商品质量以及各种内在属性的一种正向评价，而价值也会负向地影响功能成本，这种成本可以是货币的或者非货币的，例如心理上、直觉上、时间或者精力的消耗。基于这一逻辑，感知价值来自主观的收益和放弃的损失，包括货币和心理上的利得或损失。④

而对于感知价值的形成机理，"层次模型"提供了较好的解释，基于个体对感知信息的处理，并产生 3 个认知层次：第一层是个体在某一产品、服务或行为的具体属性和结果中形成的价值感知；第二层是个体对某一商品、服务或行为可能带来的其他方面的收益和风险的评价（例如心理感受、社会舆论等）；第三层是个体基于自身所处的具体情境对上述两层认知的权衡，主要是出于对风险因素的考量。⑤ 另外，"权衡模型"认为感知价值是个体

---

① Catherine Ragasa，and John Mazunda. "The Impact of Agricultural Extension Services in the Context of a Heavily Subsidized Input System：The Case of Malawi"，*World Development*，2018，Vol.105，pp.25-47.

② Muhammad Awais Baloch，and Gopal Thapa. "The Effect of Agricultural Extension Services：Date Farmers' Case in Balochistan，Pakistan"，*Journal of The Saudi Society of Agricultural Sciences*，2018，Vol.17，issue3，pp.282-289.

③ Valarie A. Zeithaml. "Consumer Perceptions of Price，Quality and Value：A Means-end Model and Synthesis of Evidence"，*Journal of Marketing*，1988，Vol.52，issue3，pp.2-22.

④ Janine Fleith de Medeiros，Jose Luis Ribeiro，and Marcelo N Nogueira Cortimilia. "Influence of Perceived Value on Purchasing Decisions of Green Products in Brazil"，*Journal of Cleaner Production*，2016，Vol.110，pp.158-169.

⑤ Robert B. Woodruff. "Customer Value：The Next Source for Competitive Advantage"，*Journal of the Academy of Marketing Science*，1997，Vol.25，pp.139-153.

通过对利益和风险之间的权衡和比较之后形成的主观评价，当感知利益大于感知风险越多时，个体感知价值水平越高，其行为趋向性就越明显。①

　　感知价值决定了行为主体的行为决策，虽然目前鲜有文献综合探讨养殖主体感知价值及其对绿色畜牧业发展的影响，但既往研究已经对感知价值的某一方面特征对绿色畜牧业发展的影响进行了理论与实证分析。就行为态度来看，宾幕容等（2017）以计划行为理论为基础，实证分析了农户的行为态度、主观规范和认知行为控制对其畜禽养殖废弃物资源化利用意愿和行为的影响。② 就价值认知来看，Ahmad Yaghoubi Farani 等（2019）通过实证研究发现，养殖户心理认知既影响个体感知外界事物的方式，同时还影响个体的行为决策，养殖户对畜禽粪污制肥使用认知通过环境态度影响其亲环境行为决策。③ 张红丽等（2022）通过研究指出，养殖户价值认知能够显著提高其畜禽养殖废弃物资源化行为发生的概率，且生态价值作用更为明显。④ 赵佳佳等（2022）指出，受传统观念与政策趋于差异的影响，养殖户对粪污资源化处理行为认知较低，但风险认知中的风险原因认知正向影响养殖户行为。⑤

　　就环境意识来看，Adam Baumgart-Getz 等（2012）指出，环境风险意识是影响农户从事环境友好型生产的关键因素，这种意识既取决于环境风险认知水平的高低，同时还取决于环境风险认知对农户内心形成的震慑力强

---

① A. Parasuraman，and Dhruv Grewal. "The Impact of Technology on the Quality-value-loyalty Chain：A Research Agenda"，*Journal of The Academy of Marketing Science*，2000，Vol.28，issue1，pp.168 174.

② 宾幕容、文孔亮、周发明：《湖区农户畜禽养殖废弃物资源化利用意愿和行为分析——以洞庭湖生态经济区为例》，《经济地理》2017 年第 9 期。

③ Ahmad Yaghoubi Farani，Yaser Mohammadi，and Fatemeh Ghahremani. "Modeling Farmers' Responsible Environmental Attitude and Behaviour：A Case from Iran"，*Environmental Science and Pollution Research*，2019，Vol.26，issue27，pp.28146-28161.

④ 张红丽、韩平新、滕慧奇：《价值认知能够改善农户畜禽粪污资源化行为吗？——基于生计策略调节作用的分析》，《干旱区资源与环境》2022 年第 5 期。

⑤ 赵佳佳、刘灵芝、起建凌：《环境规制、风险认知对养殖户环境友好行为的影响研究》，《生态与农村环境学报》2022 年第 8 期。

弱。① 王安邦等（2019）研究发现，健康意识中的健康关注程度对生猪规模养殖户环保饲料支付意愿具有正向促进作用，健康变化感知对其意愿支付水平的影响正向显著。总体来看，目前就感知价值与亲环境行为的研究在种植业领域有所涉略，但就养殖主体感知价值的综合评价及其对绿色畜牧业发展的影响还鲜有研究。②

第四节　关于奶牛养殖业发展现实特征的研究

一、关于奶牛养殖福利效应的研究

动物福利的研究最早起源于西方国家，世界动物卫生组织（OIE）、世界贸易组织（WTO）、联合国粮农组织（FAO）和国际标准化组织（ISO）把动物福利作为产品质量管理的重要内容。③ 所谓动物福利，则是指动物如何适应其所处的环境，满足其基本的自然需求④，而奶牛福利的评价标准同样遵循农场动物福利委员会（FAWC）倡导的动物福利"5F"评价基准，包括生理福利、环境福利、心理福利、卫生福利与行为福利 5 个子系统。⑤ 伴随奶牛养殖规模化、集约化和标准化比重不断提升，利益最大化驱使掠夺经营方式日益明显，导致奶牛平均福利下降，对奶牛遗传生产力、生产性疾

---

① Adam Baumgart-Getz, Linda Stalker Prokopy, and Kristin Floress. "Why Farmers Adopt Best Management Practice in the United States: A Meta-analysis of the Adoption Literature", *Journal of Environmental Management*, 2012, Vol.96, issue1, pp.17-25.

② 王安邦、何可、张俊飚：《健康意识对规模养殖户亲环境行为的影响——基于生猪环保饲料支付意愿的视角》，《浙江农业学报》2019 年第 10 期。

③ 李怀政、陈俊：《欧盟动物福利标准对我国肉类产品出口的影响》，《商业研究》2013 年第 2 期。

④ 于法稳、黄鑫、王广梁：《畜牧业高质量发展：理论阐释与实现路径》，《中国农村经济》2021 年第 4 期。

⑤ 姜冰：《基于动物福利视角的规模化奶牛养殖场经济效应分析》，《中国畜牧杂志》2021 年第 1 期。

病防控和奶牛利用产生消极影响。①②③ 由于奶牛的繁育率低、繁殖速度慢，优良奶牛的数量在短期内很难有大幅度提升，因此必须用"奶牛福利"的理念指导中国奶牛养殖。④

二、关于奶牛养殖业布局的研究

以往对奶牛养殖业布局研究主要采用布局指数⑤、概率优势分析法⑥、市场集中度与空间集聚度⑦、区域重心分析法⑧⑨ 等方法或指标加以度量，基本得出的一致观点是：奶牛养殖业的布局与区域资源禀赋、市场环境、交通条件等因素直接相关，奶牛养殖的重心呈现出"先东南再西南"的轨迹转移，优化奶牛养殖业布局需要加大对奶牛养殖优势区域的激励与支持，重点建设优势区域产业带，整合区域资源优势，因地制宜发展比较优势区域，引导非优势区域向比较优势区域转移。整体而言，深入辨识各区域奶牛养殖成本的比较优势，有助于各级政府制定科学合理的奶牛养殖业发展战略，促进奶牛养殖区域的合理布局和相关生产要素的优化整合，持续推进中国奶业国际竞

---

① Henry Buller, Harry Blokhuis, Per Jensen, and Linda Keeling. "Towards Farm Animal Welfare and Sustainability", *Animals*, 2018, Vol.8, issue6, pp.81-94.

② Tessa Derkley, Duan Biggs, Matthew Holden, and Clive Phillips. "A Framework to Evaluate Animal Welfare Implications of Policies on Rhino Horn Trade", *Biological Conservation*, 2019, Vol.235, pp.236-249.

③ 包军：《中国畜牧业的"动物福利"》，《农学学报》2018 年第 1 期。

④ 乔建平：《追求奶牛福利是种趋势》，《中国畜牧兽医报》2015 年 5 月 10 日。

⑤ 卫龙宝、张非：《我国奶牛养殖布局变迁及其影响因素研究——基于我国省级面板数据的分析》，《中国畜牧杂志》2012 年第 18 期。

⑥ 于海龙、李秉龙：《中国奶牛养殖的区域优势分析与对策》，《农业现代化研究》2012 年第 2 期。

⑦ 张强、花俊国：《中国奶业增长与奶业市场集中和空间集聚的实证分析》，《河南农业大学学报》2018 年第 1 期。

⑧ 薛晓聪、樊斌：《中国奶牛养殖生产布局时空演变分析》，《中国畜牧杂志》2019 年第 11 期。

⑨ 郎宇、王桂霞、吴佩蓉：《我国奶牛养殖区域布局的变动与成因——基于全国省级面板数据的实证研究》，《中国农业资源与区划》2021 年第 1 期。

争力水平提升。①

三、关于奶牛适度规模养殖的研究

农业适度规模经营是指在既定条件下扩大生产经营规模，促使土地、资本、劳动力等重要生产要素合理配置，以达到农业最佳经营效益。② 以适度规模经营推动农业现代化是中国农业发展的必经之路③，奶牛养殖业同样如此，推行奶牛规模化养殖有助于加速奶牛养殖业的转型升级。④ 奶业发达国家（美国、澳大利亚、新西兰、荷兰等）的奶牛养殖主体在规模化过程中呈现渐进式整合特征，逐步向适度规模养殖主体演进。⑤ 相关研究表明，奶业发达国家（地区）奶牛养殖场的经营收益、盈利水平和生产率等指标与养殖规模呈正相关。⑥⑦ 值得注意的是，不同国家和地区因资源禀赋、地理环境、产业优势、奶业发展历史等因素的差异，奶牛养殖场的平均规模也会存在显著差异。⑧ 适度规模不是一个确定的养殖规模，而是与资源条件相匹配、既经济有效又有利于农村农民发展的规模区间，推进规模化养殖要稳步退出散养户、壮大中等规模经营主体、发展多元化规模经营模式。⑨

---

① 于海龙、李秉龙：《中国奶牛养殖的区域优势分析与对策》，《农业现代化研究》2012 年第 2 期。

② 夏益国、宫春生：《粮食安全视阈下农业适度规模经营与新型职业农民——耦合机制、国际经验与启示》，《农业经济问题》2015 年第 5 期。

③ 陈锡文：《构建新型农业经营体系刻不容缓》，《求是》2013 年第 22 期。

④ 刘成果：《逐步推进产业一体化是解决奶业深层次矛盾，构建奶业持续健康发展机制的根本举措——在首届中国奶业大会上的讲话》（摘录），《中国乳业》2010 年第 6 期。

⑤ 魏艳骄、朱晶：《乳业发展的国际经验分析：基于供给主体视角》，《中国农村经济》2019 年第 2 期。

⑥ Roberto Mosheim, and C. A. Knox Lovell. "Scale Economies and Inefficiency of U.S. Dairy Farms", *American Journal of Agricultural Economics*, 2009, Vol.91, issue3, pp.777-794.

⑦ Marta Guth. "Determinants of Milk Production in FADN Dairy Farms in the Regions of the European Union with Predominance of Intensive Production in 2011", *Management*, 2016, Vol.20, issue2, pp.473-486.

⑧ 魏艳骄、朱晶：《乳业发展的国际经验分析：基于供给主体视角》，《中国农村经济》2019 年第 2 期。

⑨ 刘长全、韩磊、张元红：《中国奶业竞争力国际比较及发展思路》，《中国农村经济》2018 年第 7 期。

四、关于奶牛养殖废弃物处理与资源化利用的研究

快速发展的畜牧业在保障基本畜产品有效供给的同时，也为环境治理带来巨大压力。[①] 据相关数据统计，中国畜禽养殖每年产生粪污约 38 亿吨，其中60% 未能被有效处理和利用[②]，而奶牛作为第三大产污畜种，其粪污若得不到妥善处理会产生大量的臭气、固体垃圾和污水。[③] 研究表明，以牧场为基础，低投入奶牛生产系统比高投入奶牛生产系统更有利于环境管理，提高牧场主的管理实践能力与新技术的采用度可以实现奶牛养殖废弃物的处理，有效减少资源使用和减轻环境影响。[④] 对于如何"变废为宝"，研究发现，采用自然处理法与还田处理法相结合，处理后的废弃物符合还田标准可以直接还田，这种资源化利用模式既实现了牧场粪污的零排放，同时投资少、耗能低，但这种方式较适用于中国北方地区，需要有足够的土地消纳，排放口少，而且牧场规模较大。[⑤]

五、关于推进奶牛养殖业可持续发展的研究

中国奶牛养殖业规模化和标准化程度不断上升[⑥][⑦]，原料奶市场趋向规范

① 仇焕广、廖绍攀、井月、栾江：《我国畜禽粪便污染的区域差异与发展趋势分析》，《环境科学》2013 年第 7 期。

② 张羽飞、王丽霞、庞力豪、姜凯阳、邵蕾：《畜禽粪尿量概算及污染状况分析——以山东省为例》，《黑龙江畜牧兽医》2020 年第 3 期。

③ 尤震晨、黄锡霞、田月珍、王丹、张梦华、魏珍、胥磊、姜徽、赵番番：《奶牛场废弃物研究态势的全球文献计量分析》，《畜牧与兽医》2019 年第 10 期。

④ Judith Louise Capper, Roger A. Cady, and Dale Elton Bauman. "The Environmental Impact of Dairy Production: 1944 Compared with 2007", *Journal of Animal Science*, 2009, Vol.87, issue6, pp.2160-2167.

⑤ 许继飞、倪茹、张数礼、吕通、赵吉：《我国规模化奶牛养殖污染物的特征及其资源化利用》，《黑龙江畜牧兽医》2017 年第 6 期。

⑥ Bryan Lohmar, Fred Gale, Francis Tuan, and Jim Hansen. "China's Ongoing Agricultural Modernization: Challenges Remain after 30 years of Reform", 2009.

⑦ 于海龙、闫逢柱、李秉龙：《产业政策调整下我国乳业的新发展——基于产业链视角》，《农业现代化研究》2015 年第 3 期。

化①，但仍存在奶牛养殖结构矛盾、生产效率低下②、原料奶市场价格风险高③等问题，奶农在奶业产业链中仍是弱势群体。④ 因此，中国政府给予养殖户和养殖场大量资金支持和补贴，以推进原料奶生产由庭院式养殖、劳动密集型养殖向工业化养殖模式转化，推进奶牛养殖的标准化进程，促进奶农合作组织的发展，为奶农提供全面服务，突出了供给主体在奶业产业链中的重要地位。⑤ 另外，通过研究发现，提高奶牛养殖效率有利于降低养殖成本、提高奶牛养殖收益、推进奶牛养殖业可持续发展。⑥⑦

第五节　研究述评与创新之处

一、研究述评

从产业绿色转型的基础研究到畜牧业环境污染问题的研究，再到绿色畜牧业发展参与主体行为的深入探讨，以及对奶牛养殖业福利效应、布局、适度规模养殖、资源化利用、可持续发展等问题进行了广泛论证，已取得的

---

① Jing Huang, Chang-Chun Xu, Bradley George Ridoutt, Ji-Jun Liu, Hai-Lin Zhang, Fu Chen, and Yu-Li. "Water Availability Footprint of Milk and Milk Products from Large-scale Dairy Production Systems in Northeast China", *Journal of Cleaner Production*, 2014, Vol.79, pp.91-97.

② 于海龙、张振、尚旭东：《我国乳业转型发展的困境、形势与对策研究——基于供给侧改革视角》，《农业现代化研究》2018 年第 3 期。

③ 魏艳骄、李翠霞、朱晶、张玉娥：《我国奶牛养殖业市场价格风险评估研究》，《价格理论与实践》2016 年第 2 期。

④ 马彦丽、孙永珍：《中国奶产业链重构与纵向关联市场价格传递——奶农利益改善了吗》，《农业技术经济》2017 年第 8 期。

⑤ 魏艳骄、朱晶：《乳业发展的国际经验分析：基于供给主体视角》，《中国农村经济》2019 年第 2 期。

⑥ Daniel A. Sumner. "American Farms Keep Growing: Size, Productivity and Policy", *Journal of Economic Perspectives*, 2014, Vol.28, issue1, pp.147-166.

⑦ Simone Pieralli, Slike Huttel, and Martin Odening. "Abandonment of Milk Production under Uncertainty and Inefficiency: The Case of Western German Farms", *European Review of Agricultural Economics*, 2017, Vol.44, issue3, pp.425-454.

丰硕成果为本研究奠定了坚实的理论基础，提供了有益的经验借鉴。然而，仍然存在可进一步探索的空间，具体表现为：

一是在研究对象方面，目前对于产业绿色转型的研究主要集中在工业、制造业等领域，虽然既往研究已经开始关注绿色畜牧业发展问题，但研究仍处于初级探索阶段，针对畜牧业绿色转型理论与实证研究还较为缺乏。作为国民膳食营养的主要供给者和农业污染物的主要排放者，在经济社会发展全面绿色转型的关键时期，探索畜牧业绿色转型问题是助绿农业强国建设的关键所在。

二是在研究内容方面，虽然已有研究针对工业、制造业绿色转型的内涵进行了系统分析与界定，但是对于畜牧业绿色转型的理论本质问题还鲜有研究，既往微观研究也更多关注的是养殖主体行为问题，并未充分考虑行为产生的后果是什么，这是研究畜牧业绿色转型的核心。与此同时，虽然既往研究已经发现政府的环境规制、市场中社会化服务组织的嵌入、养殖主体的感知价值可以影响绿色畜牧业发展方向，但一方面这些研究大多集中于单一主体行为的探究，鲜有研究将政府、社会化服务组织、养殖主体等关键行为要素统一纳入到一个逻辑框架内进行系统论述，这就涉及了畜牧业绿色转型影响机理的识别、影响效应的检验、驱动情景的模拟以及驱动机制的构建。

三是在研究方法方面，首先是对产业绿色转型的评价方法目前已经做了大量研究，但评价方法不一，大多研究采用绿色全要素生产率度量产业绿色转型情况，但就畜牧业而言，仅凭绿色全要素生产率的变化很难准确反映畜牧业绿色转型的实际特征以及养殖主体生产绿色转型情况，其次是对绿色转型理论本质的分析，目前鲜有结合经济学的基本理论、采用数理模型的方法加以细致研究；最后是针对绿色转型影响效应的检验，还需加强对基准回归模型、中介效应模型、调节效应模型等的应用，以准确识别政府行为、社会化服务组织行为、养殖主体行为所发挥的显著作用。

综上所述，以上不足之处为本研究提供了选题的思想来源和继续深入探索的空间。首先，在研究对象上，本研究聚焦畜牧业及畜牧业系统内具有典型代表性的奶牛养殖业，围绕畜牧业绿色转型的理论与实践展开研究，弥补现有产业绿色转型下针对畜牧业绿色转型问题的研究不足。其次，在研究内容上，为深入浅出地解构畜牧业绿色转型，本研究结合现有文献、经典理论、实践经验构建了"理论本质—影响机理—影响效应—驱动情景—驱动机制"的逻辑框架，围绕此框架开展一系列科学问题的探索，注重理论研究与实证研究相结合，旨在探索科学的、完整的、易于实现的中国畜牧业绿色转型方式、方法，为实现畜牧业绿色转型、高质量发展、推动乡村生态振兴提供理论参考与经验借鉴。最后，在研究方法上，应用数理模型诠释畜牧业绿色转型的理论本质，构建畜牧业绿色转型评价指标体系综合评价畜牧业绿色转型水平，采用 Tobit 回归模型、内生转换回归模型、中介效应模型、调节效应模型等逐一检验政府、社会化服务组织、养殖主体行为表现对畜牧业绿色转型的影响效果，并采用情景分析法进行驱动情景的模拟和预测。

二、本研究创新之处

与既往研究相比，本研究存在的创新之处体现在以下三个方面：

一是，本研究通过数理模型推导的方式系统论证了畜牧业绿色转型的理论本质，科学地构建了畜牧业绿色转型的评价指标体系。传统经济理论认为，产业发展过程中的"减排"与"增效"有时是相悖的，即经济增长和生态环境保护往往不能同时推进。但畜牧业绿色转型要求不以牺牲生态环境换来产业经济增长，为此必须要既实现了"减排"，又达到了"增效"，本研究恰好在这一内容上给出了翔实的论证。随后，通过博弈关系分析可以发现，养殖主体是否参与生产绿色转型本质上是其生产行为的转变，然而现有研究在探讨农户绿色生产行为问题时更多关注的是其是否采用了绿色生产技术、是否转变了生产方式等，忽视了行为产生的结果。本研究在现有行为研究的基础上，在"减排"和"增效"双赢思想的指引下，构建了行为结果，即畜牧业绿色转型评价指标体系，这是对以往研究的进一步深化。

二是，本研究是以"过去—现在—未来"为时间主线，全方位、综合性地考察畜牧业绿色转型问题，研究内容更具系统性和完整性。从"过去"的时间轴来看，本研究以奶牛养殖为例，评价了 2005—2020 年奶牛养殖业绿色转型水平，并据此对 2021—2025 年综合水平进行预测，同时对于理论预期与预测值进行对比，探寻二者之间是否存在差距。从"现在"的时间节点来看，本研究选择了全国具有代表性的 12 个省（自治区）、52 个市（区）、578 个奶牛养殖场测度 2021 年度奶牛养殖业绿色转型水平，并找寻到影响绿色转型的关键因素。从"未来"的时间轴来看，本研究结合探寻得出的奶牛养殖业绿色转型影响因素，模拟未来诸多驱动因素调整至多大程度方可实现 2025 年奶牛养殖业绿色转型的预期目标。总体而言，畜牧业绿色转型是一项长期性任务和系统性工程，应准确把握驱动畜牧业绿色转型的历史方位和战略定位，进一步完善体制机制和政策体系，以更有力的举措统筹各类资源要素，汇聚更强大的力量来驱动畜牧业绿色转型，助绿农业强国建设。

三是，本研究构建了畜牧业绿色转型的驱动机制，可为推动畜牧业绿色转型提供科学依据与政策参考。影响畜牧业绿色转型的因素众多，如何在众多因素中找寻到关键因素至关重要。通过实地调查、理论分析、实证检验，从政府、社会化服务组织、养殖主体三个维度深入挖掘了影响畜牧业绿色转型的关键因素，探索出畜牧业绿色转型将依托于政府环境规制、社会化服务组织嵌入、养殖主体感知价值的多维驱动路径，并依据影响效应结果进一步模拟出了未来各主体行为的改进方向及最佳策略组合，据此构建了"分工协作、各尽其责"的畜牧业绿色转型驱动机制。短期来看，即从当前到"十四五"规划结束，有序实现畜牧业绿色转型的阶段性战略目标。长期来看，即从阶段性战略目标完成以后，再设定更高层级的发展定位，届时将根据实际情况适时调整推进战略。

本章对畜牧业绿色转型研究学术史进行了全面、系统的梳理。通过研究得出的基本结论是：（1）从产业绿色转型的相关研究出发，高度概括产业绿色转型的内涵，探索产业绿色转型的评价方法和重要影响因素，发现对于产业绿色转型的评价尚未形成一致观点，单一指标测度和综合指标评价均有研究，而环境规制是众多学者关注的核心影响因素；（2）对畜牧业环境污染进行系统回顾，包括畜牧业对环境的影响、环境污染核算以及环境污染减排路径，发现畜牧业将对水、农田土壤、大气等带来不同程度破坏，针对环境污染核算和减排路径均从面源污染和碳排放两个维度展开；（3）对绿色畜牧业发展参与主体行为进行总结，发现政府环境规制、社会化服务组织嵌入、养殖主体感知价值均在不同方面影响着绿色畜牧业发展，这为后续探索畜牧业绿色转型的影响因素提供了重要基础支撑；（4）对奶牛养殖业发展现实特征进行提炼，发现目前学界对于奶牛养殖业的研究主要集中于奶牛养殖福利效应、产业布局、适度规模、废弃物处理与资源化利用以及推进产业可持续发展五个方面；（5）对国内外研究学术史进行总体评述，并提出本研究存在的创新之处。

第三章　畜牧业绿色转型的经济学理论基础

畜牧业绿色转型既是国家政策导向下产业发展模式的一种变革，也是经济学发展过程中长期关注的如何打破资源过度消耗对环境产生不利影响的一个研究缩影。无论是对畜牧业绿色转型理论本质的分析，还是对其影响机理的论证，都离不开经典的经济学理论支撑。本章将以绿色经济增长理论为核心，联合外部性理论、专业分工理论、农户行为理论等，系统阐述畜牧业为什么要绿色转型，畜牧业是如何在政府环境规制约束、社会化服务组织帮扶以及养殖主体行为的转变过程中实现绿色转型，未来如何通过多元主体的协同实现绿色转型水平的稳步提升，更好地助绿农业强国建设。

第一节　绿色经济增长理论与畜牧业绿色转型

一、传统经济增长理论的发展

一般来说，经济增长是指一个国家或一个地区生产商品和劳务能力的增长。如果考虑到人口增加和价格的变动情况，经济增长还应包括人均福利的增长。美国经济学家库兹涅茨给经济增长下了一个经典的定义："一个国家的经济增长，可以定义为给居民提供种类日益繁多的经济产品的能力长期上升，这种不断增长的能力是建立在先进技术及所需要的制度和思想意识之相应的调整的基础上的。"① 经济增长理论200余年的发展历史其实就是经济学200多

---

① ［美］西蒙·库兹涅茨：《各国的经济增长》，常勋等译，中国商务出版社1999年版，第3—23页。

年的发展史。以拉姆齐 1928 年的经典论文为分水岭，可以把经济增长理论一分为二，1928 年以前是经济增长理论的奠基阶段，这一阶段的增长理论称之为古典经济增长理论；1928 年以后是经济增长理论的成熟阶段，这一阶段的增长理论包括新古典增长理论、内生增长理论以及绿色经济增长理论。

古典经济学理论为经济增长理论的发展奠定了基础。从经济学的发展角度来看，古典增长理论先后跨越了古典经济学、新古典经济学两个范式，所以古典经济增长理论其实包括了很多特征完全不同的增长理论。亚当·斯密在《国民财富的性质和原因的研究》中提出了"分工促进经济增长"，认为推动国民财富增长、实现经济增长的决定性因素是分工。[①] 托马斯·罗伯特·马尔萨斯在《人口原理》中提出了"人口的力量比地球上生产人类生存所需的力量要大无限倍"，认为人口增长的速度要远超于人类产出增长的速度。[②] 威廉·配第在《关于税收与捐献的论文》中提出了"劳动是财富之夫、土地是财富之母"，认为劳动和土地共同创造价值，土地和劳动结合推动国民财富增长。[③] 这些经典的论著和观点都属于古典经济学范式的增长理论，所以说古典增长理论是一个丰富多彩的思想库，而这些思想或理论又有着不同的分析框架、不同的研究思路。但是，古典经济学忽视了技术进步的作用，因此具有较强的局限性。

以马歇尔为代表的新古典经济学家在古典经济增长理论局限性的基础上，重新反思了经济增长的规律，提出了"效用价值论"来分析经济增长问题。马歇尔学说虽然解释了劳动力、资本和技术水平对经济增长的作用，但未对生产率进行分析。Rebort Merton Solow（1954）引入柯布道格拉斯生产函数，提出了新古典经济增长模型，并于 1956 年发现，经济增长是由三大

---

① [英] 亚当·斯密：《国民财富的性质和原因的研究》，郭大力、王亚南译，商务印书馆 1983 年版，第 6-12 页。

② [英] 托马斯·罗伯特·马尔萨斯：《人口原理》，朱泱等译，商务印书馆 1992 年版，第 33-36 页。

③ [英] 威廉·配第：《关于税收与捐献的论文》，陈冬野译，商务印书馆 1963 年版，第 15 页。

动力源决定，分别是资本增长率、劳动增长率和边际生产力。[1] 在经济增长模型的基础上，Rebort Merton Solow（1957）和 James Edward Meade（1961）共同提出索罗 – 米德模型，表明经济增长不仅取决于上述三大动力源，还需考虑随时间变化而变化的技术进步。[2][3] 但是，在索罗 – 米德模型中认为技术变化是"中性"的，未将技术进步纳入经济增长模型中，这也是新古典经济学最大的缺陷。而内生经济增长理论正是建立在新古典经济学缺陷的基础上，强调经济增长是内生的，并将人力资本、技术创新以及专业分工等因素引入模型中，拓宽了经济增长的理论内涵，探索到了更多驱动因素。

无论是古典经济增长理论还是新古典经济增长理论、内生经济增长理论，衡量经济增长的标准都是国内生产总值和人均收入水平，投入要素都是资本、劳动力或技术。[4] 但是，随着环境的不断恶化，全社会的福利都将受到影响，仅仅使用 GDP 或人均收入水平已不能准确反映经济增长的质量。因此，有必要将资源要素投入和环境影响纳入现有的经济增长理论中，绿色经济增长理论框架初步形成。

二、绿色经济增长理论的主要内容

在全球资源加速消耗、环境日趋恶化的现实背景下，资源环境问题不仅仅是某一个产业、某一个个体的问题，而是上升到了政治层面亟待解决的政治问题，关乎着人们福祉和社会福利。所以此时经济学家们也意识到应将资源环境因素作为经济增长的内生变量加以细致研究，据此提出了绿色经济

---

[1]　Rebort Merton Solow. "A Contribution to the Theory of Economic Growth", *Quarterly Journal of Economics*，1956，Vol.70，issue1，pp.65-94.

[2]　Robert Merton Solow. "Technical Chance and the Aggregate Production Function", *The Review of Economics and Statistics*，1957，Vol.39，issue3，pp.312-320.

[3]　James Edward Meade：*A Neo-classical Theory of Economic Growth*，London：Allen and Unwin，1961.

[4]　渠慎宁、李鹏飞、李伟红：《国外绿色经济增长理论研究进展述评》，《城市与环境研究》2015 年第 1 期。

增长理论。①② 与新古典经济学理论和内生经济增长理论不同的是，绿色经济增长理论的核心框架是建立在可持续发展理论的结构内，更加强调资源可持续的重要性。

联合国亚太经济社会委员会（UNESCAP）2005 年举行的第五届亚洲及太平洋环境与发展部长会议正式被官方提出了绿色增长概念"在亚洲及太平洋实现环境可持续的经济增长（绿色增长）"，为了将一种低碳可持续的发展模式引入快速发展的亚洲国家，目的是改善经济增长的环境可持续性、提高污染控制的环境业绩和生态系统管理以及促进环境作为经济增长和发展的动力。而后经济合作与发展组织（OECD）在 2011 年经合组织部长理事会会议上对绿色增长概念进行了界定："在确保自然资产能够继续为人类幸福提供各种资源和环境服务的同时，促进经济增长和发展。"绿色增长具有代表性的绿色经济增长内涵是由 OECD 和 UNEP 提出的。2011 年，OECD 在一份名为 *Towards green growth*：*A summary for policy makers* 的报告中指出，"经济增长是指在确保自然资产能够继续为人类提供各种资源和环境服务的同时，促进经济增长和发展"③。同年，UNEP 也发布报告 *Towards a green economy*：*Pathways to sustainable development and poverty eradication*，提到"绿色经济增长是指在改善人类福祉和社会公平的同时，降低环境风险和生态稀缺性的经济发展模式"④。不难发现，绿色经济增长是将经济增长质量放在首位，突出强调资源、环境、经济协调发展的重要性。

系统梳理绿色经济增长理论演变过程，大致可划分为四个阶段：第一阶段处于第三次工业革命之前，即在 1960 年以前，此时全球经济水平处于低位，各国发展重心侧重于提升经济增速，忽视了环境保护，无论是发达国家

---

① Graciela Chichilnisky, Geoffrey Heal, and Andrea Beltratti. "The green golden rule", *Economics Letters*, 1995, Vol.49, issue2, pp.175-179.

② Alain D. Ayong Le Kama. "Sustainable Growth, Renewable Resources and Pollution", *Journal of Economic Dynamics and Control*, 2001, Vol.25, issue12, pp.1911-1918.

③ OECD：*Towards green growth*：*A summary for policy makers*, Paris：OECD, 2011.

④ UNEP：*Towards a Green Economy*：*Pathways to Sustainable Development and Poverty Eradication*, Nairobi：UNEP, 2011.

还是发展中国家，都在无限地从资源环境中掠夺财富，为绿色经济增长理论的诞生埋下了伏笔；第二阶段处于 1960 年到 1972 年，第三次工业革命给全球经济增长带来了新的契机，但也给环境可承载度带来了新的压力，矛盾的激化让各国不得不考虑要减少资源的获取，有意识地保护环境，也就是呈现出"浅绿色"的特征，绿色经济增长理论已展露苗头；第三阶段处于 1972 年到 1992 年，新的转机是伴随 1972 年斯德哥尔摩人类环境研讨会的召开，各国已经意识到如果再不对资源环境开展有条理的保护，将会遭受自然的反击，为此各国开始将可持续发展纳入本国经济发展模式中，逐渐推进绿色发展、循环发展、可持续发展，环保理念的加深进一步缓解了资源紧张的约束，绿色经济增长理论逐渐成熟；第四阶段是从 1992 年至今，1992 年在里约召开的环境与发展大会深化了可持续发展的理论内涵，促使环境可持续发展向经济、社会、资源、环境等的全面可持续发展转变，相继提出了一系列绿色经济增长理念，如绿色发展理念、循环经济理念、低碳经济理念等，以及当前中国步入第十四个五年规划期所提出的绿色转型理念，使得绿色经济增长理论愈加成熟，指导资源、环境和经济之间的协调发展。

三、绿色经济增长理论对畜牧业绿色转型的实践指导

总体来看，绿色经济增长理论的本质要求在于以最少的资源消耗和最小的环境代价来实现资源、环境与经济之间的协调发展。[1] 大连理工大学"绿色增长理论与实践的国际比较研究"课题组认为，绿色增长的主线思路是：绿色化→绿色转型→绿色增长→绿色发展，在这一内涵框架中，最少的资源消耗与最小的环境代价是"生产方式绿色化"的体现，"生活方式绿色化"则体现在供给侧与需求侧的绿色化供给与需求，而"生产方式绿色化"与"生活方式绿色化"实现的首要前提是需要对绿色化进行认知，即"绿色

---

[1]　于连超：《环境规制对生猪养殖业绿色全要素生产率的影响研究》，博士学位论文，西南大学，2020 年，第 14 页。

化的价值取向",这便是绿色增长中的"绿色转型",而"绿色发展"最终必须要实现经济的绿色增长①,具体如图 3-1 所示。

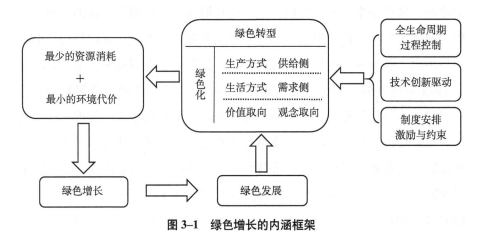

图 3-1　绿色增长的内涵框架

与此同时,课题组给出了绿色增长的理论内涵是:通过绿色技术创新驱动与制度安排,用最小的资源消耗和环境代价,创造出资源效率、环境友好、社会包容与和谐的经济增长与最大发展效益,即除了包含在保护自然资源的前提下追求经济增长这一基本内涵外,还包括创造基于绿色产业与绿色技术的新的就业机会,减少贫富差距,实现社会公平,培育绿色需求,创造基于绿色市场的新的增长引擎,实现资源公平、有效分配,以达到帕累托最优。

绿色经济增长理论是本研究探究畜牧业绿色转型的重要理论基础,从畜牧业绿色转型的概念界定到畜牧业绿色转型的理论本质分析,均是在绿色经济增长理论框架下分析问题。其实,从中国经济发展演变历程来看,从改革开放到新世纪初,中国经济发展实现了一次又一次跨越,全面性、协调性和可持续性明显增强,但成绩显赫的背后多是对生态资源的无限开采。作为"满足国民膳食营养需要"的重要产业之一,加速推进畜牧业绿色转型是

---

① 武春友、郭玲玲:《绿色增长理论与实践的国际比较研究》,《中国国情国力》2020 年第 5 期。

新时代实现中国经济高质量发展的题中之意，也是助绿农业强国建设的重要
基础。

第二节　外部性理论与畜牧业绿色转型

一、外部性理论的提出与演进

外部性又称外部成本、外部效应、外部经济等，最早有关外部性的概
念是由著名的新古典经济学家 Alfred Marshall（1920）在《经济学原理》中
提出，指出企业的生产成本取决于企业所处的社会环境所带来的"外部经
济"和自身组织管理效率提升所带来的"内部经济"。[1] 后来，福利经济学
之父阿瑟·塞西尔·庇古（1924）在其《福利经济学》一书中从社会资源优
化配置的角度，首次提出"外部不经济"的概念，对外部性的相关研究进一
步完善，最终形成外部性理论。[2]

所谓的外部性就是指企业的经济行为对其他主体的福利产生影响，但
却没有承担这种影响给他人带来的利益或损失。当经济主体的生产活动对他
人的利益带来负向影响，而利益受到损失的人却没有得到任何补偿，则称为
负外部性；而当经济主体的生产活动增加了他人的福利，则称该经济活动具
有正外部性。准确来讲，外部性的产生就是由于经济活动的边际私人成本和
边际社会成本不一致，市场机制的资源配置无法达到帕累托最优。

在马歇尔和庇古之后，外部性理论的研究一直受到经济学者的关注，
主要沿三条路径演进：一是针对外部性内部化的方式，经济学家 Ronald
Coase（1960）在《社会成本问题》中批判了庇古理论，并指出外部性往往
是双向的，可以通过市场机制解决外部性问题。[3] Kenneth J. Arrow（1969）

---

① Alfred Marshall：*Principles of Economics*，London：Macmillan，1920，pp.53.

② ［英］阿瑟·塞西尔·庇古：《福利经济学》，金镝译，华夏出版社 2017 年版，第 108 页。

③ Ronald Coase. "The Problem of Social Cost"，*Journal of Law and Economics*，1960，Vol.3，
pp.1-44.

也指出创造市场可以解决外部不经济问题；① 二是沿袭马歇尔动态外部经济的研究，如 John S Chipman（1970）发表了《规模的外在经济与竞争均衡》②，Paul M. Romer（1986）建立了具有外部性效应的动态均衡模型，分析了经济增长的驱动要素；③ 三是沿袭庇古的理论，众多学者如 William Jack Baumol（1972）、David W. Pearce 和 Giles D. Atkinson（1993）对交通拥挤、环境污染等外部不经济问题进行了分析。④⑤

二、绿色发展中外部不经济及其内部化

现实生活中，经济发展离不开生产和消费，在这一过程中会产生外部性问题。经济的增长给人类带来了财富增加和生活便利性提升的正外部性，但同时也产生了环境质量下降、健康问题增多等负外部性问题。如果经济活动产生的负外部性没有通过货币补偿或市场机制等方式实现内部化，将会导致资源错配和不公平⑥，社会的不稳定性也会随之增加。

针对环境问题而言，企业或个人的生产或消费行为只顾追求自身利益最大化，对自然资源进行掠夺开采，产生了环境污染，但却将治污的成本转嫁给社会，引起了社会成本的增加和他人福利的损失，导致生产的边际私人成本和边际社会成本存在差异，造成环境污染负外部性问题。具体而言，企

① Kenneth J. Arrow. "The Organization of Economic Activity：Issues Pertinent to the Choice of Market versus Non-market Allocation", in：The Analysis and Evaluation of Public Expenditure：The PPB System", *Joint Economic Committee*, *Washington：Government Printing Office*, 1969, Vol.1, pp.59-73.

② John S Chipman. "External Economies of Scale and Competitive Equilibrium", *Quarterly Journal of Economics*, 1970, Vol.84, pp.347-385.

③ Paul M. Romer. "Increasing Returns and Long-run Growth", *Journal of Political Economy*, 1986, Vol.94, issue5, pp.1002-1037.

④ William Jack Baumol. "On Taxation and the Control of Externalities", *American Economic Review*, 1972, Vol.62, issue3, pp.307-322.

⑤ David W. Pearce, and Giles D. Atkinson. "Capital Theory and the Measurement of Sustainable Development：An Indicator of "Weak" Sustainability", *Ecological Economics*, 1993, Vol.8, issue2, pp.103-108.

⑥ 王金南：《中国环境税收政策设计与效应研究》，中国环境出版社 2015 年版，第 37 页。

业在生产活动中会产生一定的废弃物，而对废弃物的不同处置方式产生的环境负外部性也不同。如果企业将废弃物处理达标后再排放，则产生的负外部性较小；而如果企业为了避免环境处理成本对废弃物直接排放，则会对土壤、大气、水资源等带来一定损害，对居民的健康也会产生危害，对全社会而言，环境问题带来的损失成本远高于废弃物的处置成本，这就是绿色发展中外部不经济现象。

当存在外部不经济现象时，企业经济活动对社会造成的负面影响难以计入企业的生产成本，会造成市场失灵现象，仅仅依靠市场机制进行资源配置无法实现帕累托最优，会产生效率损失的问题。因此，需要引入政府干预对负外部性进行矫正。外部不经济的内部化就是指企业或个人生产或消费活动所产生的外部费用全部由自己承担，使得经济行为达到帕累托最优的行为。

针对外部不经济问题，庇古强调了政府的主导作用，提出可以通过征收"庇古税"来矫正企业或个人的生产行为，实现负外部性内部化。William Jack Baumol（1972）、David W. Pearce 和 Giles D. Atkinson（1993）也指出环境税可以解决环境负外部性的问题。[1][2] 而 Ronald Coase（1960）则强调了市场的调节作用，提出可以通过界定产权和协商谈判方式来解决外部不经济问题。[3] 庇古税理论和科斯产权理论为后来环境规制的制定和使用提供了理论依据。

众多学者在外部性归纳的基础上提出可以通过如下方式实现绿色发展中外部不经济的内部化：一是管制。福利经济学认为环境污染负外部性是"市场失灵"的典型现象，因此需要引入政府直接干预经济主体的经济活动。面对环境污染问题，政府通过法律法规等强制性手段进行直接管制，虽然具

---

[1] William Jack Baumol. "On Taxation and the Control of Externalities", *American Economic Review*, 1972, Vol.62, issue3, pp.307-322.

[2] David W. Pearce, and Giles D. Atkinson. "Capital Theory and the Measurement of Sustainable Development: An Indicator of "Weak" Sustainability", *Ecological Economics*, 1993, Vol.8, issue2, pp.103-108.

[3] Ronald Coase. "The Problem of Social Cost", *Journal of Law and Economics*, 1960, Vol.3, pp.1-44.

有权威和迅速有效的优点，但也存在效率低下的缺陷①，不当的管制还可能导致环境污染的负外部性。二是征税。庇古理论为环境税的制定提供了理论基础。政府通过向造成环境污染负外部性的经济主体征收环境税或收费等手段，增加其生产负外部性的成本，从而使其边际私人成本与边际社会成本一致，实现外部不经济的内部化。三是自愿协商。自愿协商的理论依据是来自科斯的产权理论。当产权明确且交易费用为零时，理性的经济主体在进行经济活动时不会存在社会成本，所以负外部性问题可以通过自愿协商来解决，但如何确定产权的边界是自愿协商的难题。四是社会准则。有关环保的社会准则或价值的宣传对环境污染负外部性的内部化也具有一定作用②，该方法依靠道德约束对企业或个人的经济活动进行约束，由于不具有强制性，因此只能作为辅助手段。

三、外部性理论对畜牧业绿色转型的解释

以具体图例来解释畜牧业绿色转型过程中外部性的影响。图 3-2 表示的是无外部性的情形下市场均衡情况，此时在绝对的供需平衡状况下，市场需求量等于市场供给量，私人成本等于社会成本，市场配置是绝对有效的。

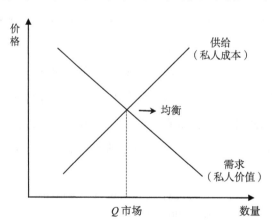

图 3-2　无外部性情形下的市场均衡

---

① 赵晓兵：《污染外部性的内部化问题》，《南开经济研究》1999 年第 4 期。

② 赵晓兵：《污染外部性的内部化问题》，《南开经济研究》1999 年第 4 期。

但是，无外部性情形并不会持续很久，甚至在市场运行规律中基本不会存在。当畜禽养殖生产过程存在负外部性时，此时畜禽养殖的社会成本等于畜禽养殖主体私人成本加上受到环境污染负向影响的社会公众的外部成本，具体如图 3-3 所示。此时，市场实际供需量超过最优供需量，即畜禽养殖场向外界排放的污染物量超过周围环境所能承载量，但畜禽养殖场却不需要因为污染物排放给周边社会公众带来的负向影响而付费，产生较强的负外部性，进而导致社会公众的边际私人成本小于边际社会成本。

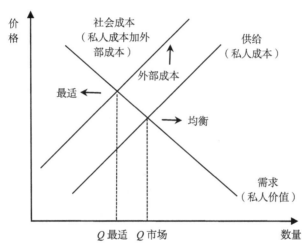

图 3-3 存在负外部性情形下的市场均衡

实施畜牧业绿色转型战略将会产生正的外部性。绿色转型的手段是推动一个又一个环保型养殖场替代污染型养殖场，进而实现"减排"和"增效"双赢。绿色转型所带来的良好生态环境，对自然环境和人类身心健康都将产生积极影响，但此时对于畜禽养殖场而言，不能因为执行污染物处理给周围环境带来积极影响而获得相应的收益，所产生的边际社会价值大于边际私人价值，市场的最优供需量大于私人市场决定的数量，在畜禽养殖的过程中可以看作是污染物的资源化利用量小于社会需要的总资源化利用量，具体如图 3-4 所示。

因此，推动畜牧业的绿色转型需要将外部成本内部化，而解决途径或以公共政策手段解决，或为以私人手段解决。公共政策主要依赖政府的行政

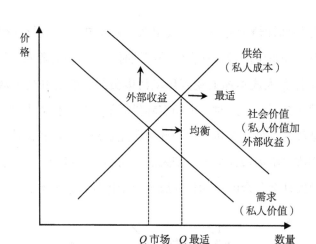

图 3-4　存在正外部性情形下的市场均衡

命令或控制决策对行为主体进行管制，最直接的方式是征税，这也是福利经济学家庇古所提倡的对负外部性行为征税，也称为庇古税（Pigovian taxes），这一税额恰好等于负外部性所引起的外部成本。而与负外部性征税相对应的是正外部性补贴，也就是为了维护社会公平，解决边际私人收益小于边际社会收益问题，需要给予行为主体一定的补贴，补贴额度恰好等于正外部性所带来的外部收益。同时，庇古认为，以污染治理者向污染排放者出售既定数量的排放许可，即通过可交易的许可证也能实现与征税具有相同结果的外部成本内部化。所以西方经济学家提倡建设污染自由权交易市场，通过市场机制实现配置的有效性。但就目前畜牧业绿色转型而言，由于转型处于起步阶段，同时由于畜禽养殖自身排污特征，污染物排放的准确量化较难操作，产权不明晰成为阻碍排污权交易市场成立的重要原因。

　　私人手段在解决外部性问题时与公共政策手段截然不同，其主张通过道德规范、社会约束以及慈善行为等方式将外部成本内部化，在畜禽养殖过程中主要表现为生产环境周边的社会舆论所带来的场户声誉问题。但就如何将外部成本内部化，新制度经济学家罗纳德·科斯给出了行之有效的方案，他认为，只要产权明晰、交易成本为零或无穷小，则不论最初产权的分配状况如何，行为主体与社会公众之间总能达成一种使每个人的状况均变好的协议，这一协议使资源达到最优配置，这也是经典的经济学理论——科斯定理

(Coase theorem)。但仔细分析发现，科斯定理中的"交易成本为零或无穷小"几乎不可能实现，因为交易成本是市场运行规律必不可少的要素，是交易双方在达成协议或遵守协议的过程中产生的成本，很难将其绝对消除。

外部性理论为研究绿色发展中外部不经济现象提供了重要的理论基础，而庇古、科斯等经济学家有关外部不经济内部化的方法为环境规制的发展提供了相关依据，例如：管制在环境治理过程中发展为应用最为广泛的命令性环境规制，庇古税、自愿协商和社会准则等负外部性内部化的方法也对应着环境规制中的环境税、排污税交易等市场激励性环境规制和自愿参与型环境规制。本研究将以外部性理论为基础支撑，详细阐述畜禽养殖污染物排放对环境产生的负外部性，以及实施畜牧业绿色转型战略对外界产生的正外部性效应。由于外部性的存在导致了市场失灵，需要在政府环境规制的作用下将外部性问题内部化，以达到资源的有效配置，实现经济的更高质量发展。

第三节　专业分工理论与畜牧业绿色转型

一、经济学家的专业分工思想

《新帕尔格雷夫经济学大辞典》对于分工给出了明确的定义，强调分工其实就是对一种工序的细分，是将某一项生产活动或工作划分成若干个细小的环节，不同个体负责并完成每个细小环节的任务。由于每个个体具有不同的社会知识背景和技能，每个个体所掌握的知识和技能又具有差异性，因而分工就是要让每个个体充分发挥其比较优势，进而形成生产的专业化。[1] 从分工动态演进视角来看，个体层面就表现为单个个体专业化与独立化地完成某个环节工作的不断强化的过程，行业或部门层面就表现为内部职业或职能的细分，整个社会层面就表现为各个行业、部门、企业之间的职能细分。[2]

---

① ［英］亚当·斯密：《国民财富的性质和原因的研究》，郭大力、王亚南译，商务印书馆1983年版，第6—12页。

② 盛洪：《分工、生产费用和交易费用》，《上海经济研究》1992年第2期。

古希腊著名哲学家柏拉图是第一个对劳动分工进行分析的学者。柏拉图对分工的研究集中体现在他的著作《理想国》中。但是，当时的人们从《理想国》中看到的只是一些关于国家的理论和乌托邦的思想，而很少关注到其中对社会分工的论述。其实，《理想国》中的分工理论虽然很难辨别，但是其内容却有着重要意义。柏拉图对分工的论述包括以下三方面：一是分工的根源。柏拉图总结分工源于人类的需要和人类的天性。人类的需要包括物质生活需要和精神生活需要，而某一个个体不可能满足自己所有的需求，这就产生了分工。因为人与人之间存在差别，每个人的专长不同，因此分工的出现是合理的。二是分工的本质。柏拉图认为分工的本质特征是专业化，这是由人的天性决定的，而且专业化还能使工作的熟练程度增加。同时，分工还具有整体性和层次性。三是分工是阶级和国家的基础。柏拉图认为，分工使得人们之间的联系越来越紧密，由此形成了国家。总之，虽然柏拉图对分工的分析是浅显的，但这些猜想为后继者研究打下了基础。

继柏拉图之后，亚当·斯密对分工理论做了更加深入和系统的研究，其在《国民财富的性质和原因的研究》中提出了分工理论，进一步揭示了分工出现的深层次原因。亚当·斯密指出："有了分工，同数工人都能完成比过去多得多的工作量，其原因有三：第一，工人的技巧因专而日进；第二，由一种工作转移到另一种工作，通常需损失不少时间，有了分工，就可以免除这种损失；第三，许多简化劳动和缩减劳动的机械发明，使一个人能够做许多人的工作。"亚当·斯密揭示出分工提高劳动生产率的一个重要原因是能节约时间成本，另一个原因是分工很容易导致新技术的出现。同柏拉图一样，亚当·斯密也发现了人的差异性与分工的关系，但是与柏拉图观点不一致的是，亚当·斯密认为人的差异性是分工导致的，而不是人的差异性导致分工。另外，亚当·斯密研究了分工与交换的关系，指出二者是相辅相成、步调一致的关系，可是亚当·斯密把交换夸大为分工产生和发展的根源，这是不正确的。

马克思和恩格斯对分工问题也进行了充分的研究，揭示了分工和经济发展之间的关系，主要是从结果追溯原因，由现象探究本质，然后从原因推导结果，由本质说明现象的过程，这主要体现在《1844年经济学哲学手稿》和《德意志意识形态》两部著作中。马克思对企业内分工和社会分工进行区分，强调规模报酬递增决定了企业内分工，最小经济规模决定了社会分工，企业内分工和社会分工两者之间是互相影响、互相作用的因果关系，它们决定了社会经济的自发演进。马克思研究分工的主要目的是为了揭示分工与社会组织结构之间的关系，进而揭露资本的本质。

杨格基于亚当·斯密的劳动分工思想推进了分工理论，提出了杨格定理。他首先提出了"迂回生产"的概念，杨格认为人是否决定参加分工决定了市场，然后最重要的分工形式是生产迂回程度的加强及新行业的出现。产业间的分工使得迂回生产链加长，也使得市场规模扩大，而扩大的市场会促进分工的进一步扩大。杨格所关注的递增规模并不是局限于一个企业或部门的规模，他认为是专业化和分工决定了报酬递增，即：第一，分工就是个人专业化，当个人专注于一件事情上，那么他的个人专业化水平就提升了；第二，分工就是迂回生产程度；第三，分工就是每条迂回生产链中的中间产品种类的数量。很明显，这三方面的描述是相互依存，并且与规模经济概念有所不同。杨格还补充完善了亚当·斯密有关"分工受市场范围的限制"的论断，他认为市场容量由人工数量和购买力同时决定，而购买力由生产率决定，生产率反过来又依赖于分工程度。

到了20世纪80年代以后，以罗森、贝克、杨小凯、博兰、黄有光为代表的一批经济学家用非线性规划的"超边际分析法"，重新将古典经济学中关于"分工和专业化"的精辟思想转化为经济数学模型，掀起一股用现代数学方法复活古典经济学的思想，即所谓由"超边际分析法"发展而来的新兴古典经济学。新兴古典经济学从分工水平和专业化程度入手，导出需求和供给，使供给和需求分析不但包括资源分配问题，也包括经济组织问题。这里的经济组织形式不但与个人专业化方向和程度有关，而且与社会分工模式、技术结构和产业结构、企业制度的设计、市场发育程度和市场容量的大小、宏观经济周期等具有关系。新兴古典经济学的理论框架有如下特点：每个决策者既可以成为生产者，也可以成为消费者；每个决策者既可以进入要素市场，也可以进入产品市场，厂商或者企业不是外生给定的，而是在一定专业化和分工格局的条件下内生决定的。

二、专业分工与农业社会化服务

产权是农业可实施分工的基础，而农户参与农业分工的方式是购买农业社会化服务。罗必良（2017）指出，在农业分工深化的情况下，即使家庭农户不主动投入新要素参与农业生产，只要有企业经营的经营性主体和生产性主体的参与，农户就可以通过参与专业化分工、提高迂回程度将新要素与新技术引入到农业生产中，加速实现农业现代化的进程。[1] 近年来，诸多理论与实证研究勾勒出一条重要的研究主线，即社会化服务是农户参与农业分工的"助推器"。

作为中国语境特有的概念，"农业社会化服务"在国外称谓不一，通常称之为"农业服务""农村服务""支农服务"，但无论称谓如何，其产生的真正目的源于对实现农业现代化的现实需求。列宁早在《论合作制》一文中提出，"公社、劳动组合耕种制、农民协作社"是"摆脱小经济的弊病的出路"。[2] 黄宗智同样认为，"东亚"农协模式堪称高人口密度小农经济成功现代化的典范。[3] 但同时，马克思主义政治经济学的经典理论又进一步阐释，生产关系一定要与一定历史阶段的生产力状况相适应、相适合，这是社会历史发展的规律。[4] 从新中国成立到改革开放之前，中国政府曾尝试通过成立互助组、农业生产合作社、人民公社等合作组织的方式来实现农业现代化，但由于脱离了当时的农业生产力发展水平而没有实现预期目标。[5] 可尽管如

---

① 罗必良：《论服务规模经营：从纵向分工到横向分工及连片专业化》，《中国农村经济》2017 年第 11 期。

② 列宁：《列宁全集》第 35 卷，人民出版社 1985 年版，第 53 页。

③ 黄宗智：《农业内卷和官僚内卷：类型、概念、经验概括、运作机制》，《中国乡村研究》2021 年第 18 期。

④ 马昀、卫兴华：《用唯物史观科学把握生产力的历史作用》，《中国社会科学》2013 年第 11 期。

⑤ 孔祥智：《合作经济与集体经济：形态转换与发展方向》，《政治经济学评论》2021 年第 4 期。

此，中国政府在这一时期仍建立起了从种子、植保、农机到林业、水利、畜牧兽医等较为齐全的农业服务组织。[1]

1983 年，中央一号文件首次提出"社会化服务"的概念，指出"当前，各项生产的产前产后的社会化服务，诸如供销、加工、贮藏、运输、技术、信息、信贷等各方面的服务，已逐渐成为广大农业生产者的迫切需要"。进入 20 世纪 90 年代后，中央明确提出要"建立健全农业社会化服务体系"，并将农业社会化服务提到与稳定家庭联产承包经营同等重要的高度。2004 年以来，中央多份一号文件都对"健全农业社会化服务体系"提出了新要求，其中党的十七届三中全会作出了"构建新型农业社会化服务体系"的重大部署，并明确了新型农业社会化服务体系的发展方向、依靠力量和实现路径，加快了我国农业社会化服务体系建设的步伐。从整体演进历程来看，中国农业社会化服务体系经历了 20 世纪 80 年代的服务内涵拓展期、20 世纪 90 年代的服务体制机制调整期和 21 世纪以来的战略定位全面提升期，初步形成了以公共服务机构为依托、合作经济组织为基础、龙头企业为骨干、其他社会力量为补充的，公益性和经营性服务相结合、专项服务和综合服务相协调的基本格局。

学术界对中国农业社会化服务体系构建的政策演变进行了详细的梳理和分析，并对农业社会化服务的发展逻辑进行深刻论述。高强和孔祥智（2013）将1978—2013 年中国农业社会化服务体系建设的演变轨迹分为"社会化服务"内涵拓展、"社会化服务体系"逐渐完善和"新型农业社会化服务体系"发展三个阶段；[2] 曹峥林和王钊（2018）将中国农业服务外包的发展轨迹分成了萌芽产生与内涵拓展、快速发展与逐渐完善、成熟稳定与全面深化三个阶段；[3] 穆娜娜和钟真（2022）依据农业社会化服务战略定位的变化，认为农业社会化服务是中国农村基本经营主体稳定发展的重要保障（改

---

[1]　王西玉：《中国农业服务模式》，中国农业出版社 1996 年版，第 58 页。

[2]　高强、孔祥智：《我国农业社会化服务体系演进轨迹与政策匹配：1978—2013 年》，《改革》2013 年第 4 期。

[3]　曹峥林、王钊：《中国农业服务外包的演进逻辑与未来取向》，《宏观经济研究》2018 年第 11 期。

革开放至 20 世纪 90 年代初）、巩固提升的重要支撑（20 世纪 90 年代末至 2012 年）和创新完善的重要路径（党的十八大以来）。① 面向新的历史时期，农业社会化服务的发展逻辑是理论、历史和实践"三个逻辑相统一"的逻辑集合②，构建具有中国特色的农业社会化服务体系需要拓宽服务领域丰富社会化服务内涵、创新多元形式提升农业综合生产能力、应用先进技术实现农业高质量发展、坚持共享共生构建现代农业经营体系。③

农户从事农业生产分离出各种生产环节，交由给专业的社会化服务组织来完成，社会化服务水平和市场化程度越高，农户购买服务成本也就越低，交易效率也就越高，进而全面提升了家庭经营效率。农户通过购买社会化服务融入分工经济，使得交易密度、交易半径和交易容量同时提升，农户收益与组织化程度、社会化服务规模与服务边界也会同步提升。另外，农业社会化服务组织又能够促进农业分工深化，加快农业生产方式的转变。随着农业社会化服务体系的不断完善，交易费用会显著降低，农户参与农业分工的积极性、主动性会随之提升，进一步强化了农户微观主体的市场角色，通过改变微观经营方式实现改造小农经济的目的，最终形成依靠农业分工实现现代农业的长效发展。

三、专业分工与畜牧业绿色转型的四个有机统一

向国成和韩绍凤（2007）基于马克思分工经济学理论认为分工是社会生产和组织关系的综合，结合新分工经济学思想，可以将分工从宏观上界定为劳动专业化、专业多样化、生产迂回化和经济组织化的统一④，这一观点

---

① 穆娜娜、钟真：《中国农业社会化服务体系构建的政策演化与发展趋势》，《政治经济学评论》2022 年第 5 期。

② 郭晓鸣、温国强：《农业社会化服务的发展逻辑、现实阻滞与优化路径》，《中国农村经济》2023 年第 7 期。

③ 张红宇、胡凌啸：《构建有中国特色的农业社会化服务体系》，《行政管理改革》2021 年第 10 期。

④ 向国成、韩绍凤：《分工与农业组织化演进：基于间接定价理论模型的分析》，《经济学》2007 年第 2 期。

也恰好吻合了由专业分工衍生出的社会化服务助力畜牧业实现绿色转型升级的过程。由于专业分工细分了畜牧业生产环节，每一环节中都将体现社会化服务的深度融合，为此，专业分工与畜牧业绿色转型实现了四个有机统一。

首先，劳动专业化促成减量提质的专业化生产。劳动的专业化是指在资源能够充分利用的条件下所从事的专业数越少，专业化水平越高。比较优势是选择分工的原因，分工带来的改进不是静止的，会随着分工组织的深化不断演进，是增进知识积累和提高生产效率的不竭动力。随着劳动的专业化，专门的人用专门的设备长期从事专门的产品，势必技艺纯熟，培育出综合比较优势，由"粗制滥造"转变为"减量提质"。总的来说，劳动的专业化至少可以带来四个方面的递增效应：一是规模报酬递增；二是学习效应递增，也可以理解为平均成本递减；三是创新效应递增；四是知识外溢效应递增。劳动专业化带来的四个递增效应，正是实现基于资源承载力和生态环境保护和建设下，认清绿色资源创造、转化、实现的规律，以社会化服务为媒介，促成畜禽在养殖过程中将绿色资源通过绿色技术转化为绿色产品，保障经济的高质量可持续运行，最终增进全社会乃至全人类福祉的关系所在。因此，劳动的专业化对应的是畜牧业绿色转型过程中所要求的结构优化和质量提升。

其次，专业多样化促成服务内容的差异特色化。劳动的专业化和专业的多样化是专业分工的两个方面，二者相互依存，互相促进。从直观感受可以发现，在过去没有多少分工的情形下，畜禽养殖主要依赖养殖主体自主经营、自我服务。随着专业分工的迅速发展，劳动的专业化会带来诸多专业社会化服务供养殖主体选择，养殖主体能够通过提供不同服务内容的社会化服务组织之间的分工，来获得服务的多样化，也即社会化服务组织通过完善供给结构产生替代效应和互补效应，满足养殖主体在绿色转型过程中对服务的多样化需求。因此，社会化服务组织在嵌入畜牧业绿色转型的过程中应该通过劳动的专业化和专业的多样化，专注于自身所长，开创具有解决实际绿色生产需要的服务内容，发挥综合比较优势，服务组织与服务组织之间形成良性互补而不是恶性低价竞争，使得服务内容具有差异特色化，加速推进畜牧业绿色转型升级。

第三，生产迂回化创新绿色生产技术和繁荣中间产品。庞巴维克早已提出，迂回的方式比直接的方式能得到更大的成果。社会化服务组织的产生也和迂回经济有关，迂回经济一般认为有三种类型：第一种是通过中间产品提高了最终产品的数量；第二种是通过中间产品提高了最终产品的种类；第三种是通过中间产品扩展了生产链条。另外，迂回生产还将内生出技术进步，使用新的技术和新的工具创造出新的中间产品，最终产品的质量由于中间产品数量、种类数的增加以及质量的提升而得到改进。生产迂回化对应的是畜牧业绿色转型中最为核心的创新绿色技术，只有内生出绿色技术，繁荣中间产品，才能转变养殖模式，调整绿色产业布局，而社会化服务组织在整个链条下是最核心的创新和研发主体，其具有让生态环境成为新的生产力、以高科技推动绿色高质量发展的潜质。

第四，经济组织化开拓更大绿色化市场。在新分工经济学看来，经济组织化即经济的各个主体之间通过分工合作交易链条的联系与协调，组成一个相互依赖的动态整体。在畜牧业绿色转型的过程中，专业服务公司、服务型合作社、有服务能力的大规模主体都是经济组织化的重要形式。经济组织化是组织团队化与组织市场化的统一，从本质上讲，组织化加强了人与人之间、人与组织之间、组织与组织之间的往来联系，每一组织的专业化水平、服务能力都将增加，服务结构也将得到进一步优化，市场范围也在逐步扩大。由于组织的缔结，长期稳定的关系得以实现，能够减少大量过去在市场上搜索信息的成本、执行短期合约的成本、谈判成本等，使得交易成本降低，交易机会增加，交易效率也随之提升。经济组织化对应的是畜牧业绿色、可持续发展，开拓的是更大的绿色化市场。

虽然现有成熟的理论研究集中在种植业领域的社会化服务，但社会化服务的本质在于专业分工，畜牧业社会化服务也是基于传统专业分工理论逐步衍生出来的。畜牧业发展由传统一家一户小规模养殖逐步发展到当前的千头养殖场、万头养殖场，并实现稳定的生产效率、生产效益双提升局面，离不开专业的社会化服务组织嵌入。本研究也恰是依托专业分工理论，一方面对畜禽养殖不同环节进行精准划分，以准确识别出社会化服务组织嵌入的突破口，另一方面探索社会化服务能否成为推动畜牧业绿色转型的"新引擎"。

第四节　农户行为理论与畜牧业绿色转型

一、农户行为理论"三大学派"

农户行为理论是关于农户生产、经营、投资、消费等经济行为的理论，主要研究农户决策及行为选择的相关问题。农户行为具有一般经济单位（如企业、个体消费者等）的共性，同时，作为集生产与消费于一体的经济共同体（农户既是生产者，又是消费者），农户行为又具有不同于一般经济单位的独立性。对农户行为理论的发展进行梳理发现，农户行为理论的代表性研究主要集中于"三大学派"。

首先，是以舒尔茨为代表的"理性小农"学派。舒尔茨基于改造传统小农视角对小农经济行为进行了研究，认为传统小农是理性经济人，与资本主义企业一样会根据市场合理配置资源，从而实现生产利润的最大化。[①] 因此，舒尔茨认为，传统小农生产是有效率的，理性的小农会自然地选择少投入、多产出的经济行为，对传统生产要素的投入行为也证实了小农生产行为的"理性"。为了更加全面地理解理性小农理论，借助图解进行详细分析，具体如图 3–5 和图 3–6 所示。

假设在短期内，农户唯一能改变的生产投入要素是劳动力，在图 3–5 和 3–6 中，L 代表劳动力，Y 代表产量。图 3–5 中的 Y_1 和 Y_2 分别表示传统农业下的生产函数和投入新农业生产要素之后的生产函数，TC 代表投入的劳动力成本。图 3–6 中的 MC 表示边际成本，MP_1 和 MP_2 分别表示传统农业下的边际收益和投入新农业生产要素之后的边际收益。基于新古典经济理论可知，当边际收益等于边际成本时，即 $MP=MC$ 时可达到利润最大化，在图

---

① ［美］西奥多·W.舒尔茨：《改造传统农业》，梁小民译，商务印书馆1999年版，第18页。

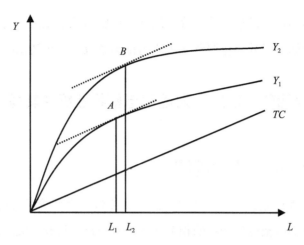

图 3–5　理性小农理论模型

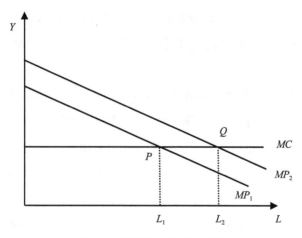

图 3–6　利润最大化理论模型

3–5 中对应为点 A 和点 B，分别表示为传统生产方式下和投入新农业生产要素下的最优生产决策点。从图 3–5 中可以发现，Y_1 位于 Y_2 下方，投入新农业生产要素的生产函数比传统农业生产方式更具优势，因此作为理性经济人的农户会将劳动投入增加到 L_2，在点 B 进行农业生产以达到产量的最大化。

　　其次，是以恰亚·诺夫为代表的"道义小农"学派。恰亚·诺夫基于"劳动—消费均衡论"和"家庭生命周期论"，从微观层面分析农户家庭经济活动的运行机制。在《农民经济组织》一书中，恰亚·诺夫指出，农户在实际生产过程中，并不是以追求利益最大化为目标，而是为了满足家庭消费需求，以家庭效用最大化理论为核心。① 然而，满足家庭消费也就等同于自给自足的自然经济，以生产低风险为农业生产目标而不是利益最大化。消费的满足和劳动的供给是农户生产决策的主要依据，只有当付出劳动的辛苦程度和消费的满足程度二者之间达到均衡时，家庭的经济活动量便会趋于稳定，不会再增加劳动投入。

绘制"劳动—消费均衡论"示意图（如图 3-7 所示），设纵坐标 Y 表示农户投入劳动的辛苦程度，横坐标 w 表示农户获得的收入。曲线 M_1 表示边际消费满足程度，曲线 TP_1 表示边际劳动辛苦程度，则 M_1 和 TP_1 的交点 A 就是农户付出劳动的最优点，即劳动和消费的均衡点。在 A 点左侧，消费满足程度始终高于劳动辛苦程度，因此需要增加劳动付出直至点 A；在点 A 右侧，消费满足程度一直低于劳动辛苦程度，此时付出的劳动是没有必要的。在此基础上进一步说明均衡点的变迁，主要从劳动生产率提高和家庭消费需求上升两个方面入手。劳动生产率的提高意味着同样的劳动辛苦程度能够获得相较于原来更高的收入，因此曲线 TP_1 向右移动到 TP_2，出现新的均衡点 B，从而出现边际劳动收入增加且边际劳动辛苦度降低的情况。同样，

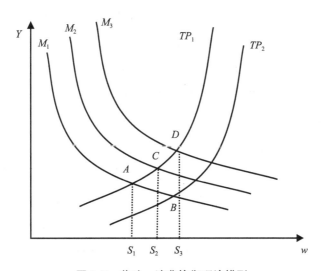

图 3-7 劳动—消费均衡理论模型

① ［俄］恰亚·诺夫：《农民经济组织》，萧正洪译，中央编译出版社 1996 年版，第 36 页。

家庭消费需求上升则代表付出同样的劳动辛苦程度所得到的收入需要满足更高程度的需求，因此要付出更多的劳动满足更高的需求，曲线 M_1 需要向右移动。

再次，是以马克思为代表的"受剥削小农"学派。马克思的"受剥削小农"则明显带有强烈的价值取向，农民阶级与地主阶级的对立只是马克思所认为的一整套阶级对立关系中的一个，认为地主与农民之间是剥削与被剥削关系。小农的生产剩余主要是通过地租（包括劳役、实物和货币地租）和赋税形式而被地主及其国家所榨取。

二、经典小农理论范式的反思与重构

黄宗智在舒尔茨理性小农、恰亚·诺夫生存小农、马克思受剥削小农等一系列理论的基础上，提出综合小农理论，认为农户既追求经济利益最大化，同时又追求家庭效用最大化。① 在耕地不足和缺乏就业的压力下，农户在边际报酬极低时仍然继续增加劳动，通常缺少边际报酬意识。家庭剩余劳动力过多，劳动力生产成本几乎为零，农业家庭经营处于"过密化"阶段。农户在依靠农业收入的同时还应将非农就业收入作为家庭收入的补充。黄宗智将非农就业收入形象地比喻为农业收入的"拐杖"，认为只有依靠这只特别的"拐杖"，过密化生产的小农才能维持生活。

黄宗智在《华北的小农经济与社会变迁》中指出，革命前的中国小农具有三种不同的面貌：首先，中国小农在一定程度上是为自家消费而生产，其生产上的抉择取决于家庭需要。其次，中国小农也是一个追求利润者，小农家庭的农场也具备一些类似资本主义的特点。最后，小农又是阶级社会和政权体系下的成员，其剩余产品用来供给非农业部门的消费需要。黄宗智认为形式主义、实体主义、马克思主义都只是看到了小农的一个方面，不能对中国小农进行有效解释。所以要真正了解中国的小农，必须进行综合的分析和研究，需要把小农的三个方面视为密不可分的统一体，即小农既是一个追

---

① 黄宗智：《华北的小农经济与社会变迁》，中华书局 1986 年版，第 17 页。

求利润者，又是维持生计的生产者，当然更是受剥削的耕作者，三种不同面貌各自反映了这个统一体的一个侧面。而且，不同阶层的小农，其行为选择往往也会不同。一个经济地位上升的、雇佣长工且生产有相当剩余的富农或经营式农场主，较之于一个经济地位下降的、付出高额地租和领取低报酬的佃、雇农而言，前者更符合形式主义分析模式中的形象，后者则更符合马克思主义的分析模式。而一个主要为自家消费进行生产的自耕农，则更接近于实体主义所描绘的小农。

黄宗智这种小农阶层的划分是与农民自家农业的商品化程度相关的。商品化程度高的富裕的家庭农场，会更多考虑利润；而商品化程度低的贫穷的家庭农场，则更多考虑生计。在研究长江三角洲小农问题时，黄宗智根据中国小农的三种面貌区分了三种不同类型的商品化。对应"维持生计者"，他提出了"生存推动的商品化"，一个重要表现是农民为了支付生产和维持生活的直接开支到市场上出售细粮而买回粗粮。对应"利润追求者"，他提出"谋利推动的商品化"，主要表现在为谋利而出售满足租税、生产费用和消费需求之后的剩余农产品。对应"受剥削的耕作者"，他提出了"剥削推动的商品化"，表现在农民以现金或实物向通常不在村庄的地主缴租使农产品进入市场。

以上这些经典小农理论范式在解读小农问题上都各有局限。形式主义小农理论假设小农与资本主义企业家没有本质区别，都是理性算计的"追求利润者"。实体主义小农理论强调前资本主义社会小农的传统性和非现代性特质，假设传统小农是"维持生计者"。马克思主义小农理论假设小农是"宗法系统中被剥削的耕作者"，强调小农在封建生产关系中的被剥削性以及对宗法关系的依附性。黄宗智试图综合以上三种理论范式——假设小农既是"追求利润者""维持生计者"，又是"被剥削的耕作者"，是三种面貌的统一。但这几种理论范式也存在一些共性的问题，即都强调的是"传统小农"的形象。

首先，形式主义小农理论的问题在于，以现代社会为经验基础的理论来解释前资本主义社会，其预设是非现代社会的小农与现代社会的企业家有共同的理性思维和价值信念。所以舒尔茨主张对传统农业的改造是千方百计地提供小农可以运用的现代生产要素。其次，实体主义小农理论强调不能以研究资本主义学说的理论来理解传统社会的小农，不能将"功利的理性主义"世界化。强调一种前资本主义的"本土性视角"和"地方性知识"。然而这种强调是对比意义上的，是在与西方资本主义社会对比的基础上，强调传统小农的保守性、非现代性。再次，马克思主义小农理论认为商品化的扩展，市场经济的延伸将大大削弱小规模的家庭生产，即现代化的社会大生产将消灭传统小农。但这与中国乃至整个东南亚农民社会的实际情况大相径庭。最后，黄宗智试图整合上述三种理论范式，但他也明确指出长江三角洲经济的商品化不是按照舒尔茨的逻辑而是按照恰亚·诺夫的逻辑推动的。简言之，黄宗智更倾向于实体主义小农论。

上述这四种理论范式都把"传统小农"作为研究对象：舒尔茨所说的"农业改造"的对象，斯科特所说的"道义共同体"中的农民，马克思所说"宗法共同体"中被剥削的对象，黄宗智所强调的"革命前"中国小农的三种面貌。而且这些理论所言说的传统小农的"传统性"是与"现代性"相对的。即这四种理论研究都是一种被生存之忧困扰的缺乏现代性要素的传统小农的理想类型。而这种理想类型的设定是建立在传统与现代对立基础上的，是在传统、现代二者对立的话语体系下的一种设定。而这种设定很难用于解释处于现代化进程中的农民，尤其是处于市场转型过程中的中国小农。

市场转型过程中的中国农民无论是家庭人口数量，还是人均耕种的土地面积都呈现出愈"小"的趋向，但这并不意味着中国的小农所面对的社会仍然是封闭的自给自足的体系。处于转型过程中的中国小农已经被卷入一个高度开放、流动、分化的社会里，他们的生产方式、生活方式和交往方式日益社会化，不再局限于村落世界。马克思主义小农理论所理解的"社会化"总是和"大生产"紧密关联的，而今天中国社会转型过程中所出现的"小农"与"社会化"的契合这一悖论事实，需要我们对传统的经典小农理论进行彻底反思。

三、农户理性行为下的畜牧业绿色转型

农户行为理论的不同学派是在不同发展时期、不同经济环境的背景下产生的，对于现行的农户行为研究具有极其重要的借鉴价值，但随着时代的变迁也逐渐呈现出历史的局限性。现行对农户行为理论的研究更多是"半无产化"折中观点，甚至要偏向于舒尔茨的理性行为的观点。当前，生态文明建设呼声越来越高，特别是中国经济社会进入"换道超车"的新时代，绿色转型的必要性与紧迫性已经成为新时代发展的主旋律。作为"高质量产品供给"和"高污染排放"为特征的畜牧业，必须同经济社会一道加速实现绿色转型，这便需要养殖主体在养殖过程中转变养殖决策，提高环境认知，做到不以损伤生态环境为代价追求经济效益。

在当前的市场竞争环境中，为了获取生存资本，养殖主体的生产决策行为是保持经济理性的。相较于传统养殖模式，绿色转型的过程体现出更高的技术管理需求、更高的生产要素成本以及更高的交易流通成本，同时在更高端的市场细分中也具有一定的议价能力，养殖主体往往会比较收益的提升能否抵过成本的提升。但也必须承认的是，在不同制度与市场情景下，无论是追求经济理论最大化还是生产风险最小化，养殖主体无法保持完全理性，"社会人"属性使其在生产决策过程中考虑到不同的环境因素，例如绿色发展战略导向、生态环境问题等，其实这也可以理解为农户对于感知利益和感知风险的权衡。

农户行为理论为畜牧业绿色转型实证检验奠定良好理论基础，特别是在感知价值对畜牧业绿色转型影响效应的实证检验中，以农户行为理论为重要依托，构建度量养殖主体感知价值的指标体系，以有效检验感知价值驱动畜牧业绿色转型的效果。

本章就支撑畜牧业绿色转型理论与实证研究的经济学理论进行全方位提炼，旨在说明各理论对畜牧业绿色转型研究的指导意义。通过研究得出的基本结论是：(1) 阐述绿色经济增长理论下的畜牧业绿色转型，从传统经济

增长理论发展的客观演进出发，溯源至绿色经济增长理论的提出并指出其主要内容，在此基础上分析绿色经济增长理论对畜牧业绿色转型的指导意义，发现绿色经济增长理论是支撑畜牧业绿色转型的概念界定和理论本质分析的重要理论；（2）阐述外部性理论下的畜牧业绿色转型，分别从外部性理论的提出与演进、绿色发展中外部不经济及其内部化和外部性理论对畜牧业绿色转型的解释三个维度展开论述，发现外部性理论是支撑政府环境规制对畜牧业绿色转型影响研究的重要理论；（3）阐述专业分工理论下的畜牧业绿色转型，重点在经济学家专业分工思想基础上引出农业社会化服务，并围绕农业社会化服务论证专业分工与畜牧业绿色转型的四个有机统一，发现专业分工理论是分析社会化服务组织嵌入对畜牧业绿色转型影响的重要理论；（4）阐述农户行为理论下的畜牧业绿色转型，系统回顾了农户行为理论"三大学派"，并就经典小农理论范式进行反思与重构，观察农户理性行为下的畜牧业绿色转型，发现农户行为理论是分析养殖主体感知价值对畜牧业绿色转型影响的重要理论。

第四章　畜牧业绿色转型的理论本质

厘清畜牧业绿色转型的理论本质是探索畜牧业绿色转型如何助绿农业强国建设的基础。必须清楚地意识到，推动畜牧业绿色转型的战略目标是为了产业的可持续发展，发展定位是兼顾经济效益与生态效益的双赢，具体策略是促进"减排"与"增效"。因此，本章首先对畜牧业绿色转型框架下的核心概念进行系统的边界限定，其次对畜牧业绿色转型的本质规定，包括畜牧业"减排"与"增效"关系辨析、畜牧业"减排"与"增效"双赢的理论机制以及畜牧业绿色转型的本质特征进行翔实论述，最后给出畜牧业绿色转型的评判标准。

第一节　畜牧业绿色转型的基本概念

一、畜牧业

畜牧业作为广义农业概念的重要组成部分，是以种植业为基础的第二产业[①]，主要是指用人工饲养、放牧、繁殖等方式以取得畜产品活役畜的生产部门，主要包括牲畜饲牧、家禽饲养等等。《国务院办公厅关于促进畜牧业高质量发展的意见》中指出，畜牧业是关系国计民生的重要产业，近年

---

① 刘刚、罗千峰、张利庠：《畜牧业改革开放 40 周年：成就、挑战与对策》，《中国农村经济》2018 年第 12 期。

来，我国畜牧业综合生产能力不断增强，在保障国家食物安全、繁荣农村经济、促进农牧民增收等方面发挥了重要作用。传统畜牧业主要以散户饲养为主，受限于农牧户家庭资源禀赋的制约，养殖模式相对落后，管理模式随意性较大。现代畜牧业则向着集约化、优质化和高效率的可持续方向发展，由自给自足的小型养殖逐步向现代生态型、规模化畜牧养殖转型。① 区别于自给自足家畜饲养，畜牧业的主要特点是集中化、规模化、并以营利为生产目的。

在畜牧业众多养殖种类下，奶牛养殖地位突出，具有保障国民"奶瓶子"功能的产业属性。奶牛是乳用品种的黄牛，是经过高度选育繁殖的优良品种。科普中国科学百科曾给出奶牛清晰的体态特征：奶牛头部轮廓清晰略长，颈薄有皱褶，皮薄，毛细短，皮下脂肪少，全身结构匀称，细致紧凑，棱角清晰。后躯较前躯发达，乳房庞大，重可达 11—28 公斤，乳静脉明显，耐热性较差，对饲养管理要求较高。世界上的奶牛品种主要包括荷斯坦牛、娟姗牛、更赛牛、爱尔夏牛等，但大多数国家均以荷斯坦牛为主要饲养品种，其中美国、日本荷斯坦牛占饲养奶牛总数的 90% 以上，英国占比也高达 64%，原因是荷斯坦牛具有产乳量高、饲料报酬高、生长发育快等特点。中国最原始的荷斯坦牛又名"黑白花"，在 1992 年才正式更名为"中国荷斯坦奶牛"，该品种是利用引进国外各种类型的荷斯坦牛与中国的黄牛进行杂交，并经过长期选育形成的稳定品种。虽然目前中国荷斯坦牛在产奶量上已经有了大幅提升，但依然面临乳脂率低、不耐粗饲等问题，亟待进行品种培优和饲养条件改善。

中国奶业发展已有近 200 年的历史②，但就奶牛养殖环节而言最早可追溯至新中国成立。1949—1957 年，虽然奶牛养殖条件相对简陋，管理也较为粗放，但在技术层面已经开始试验，逐步改善饲料生产，促进奶牛饲养。1958—1978 年，在计划经济时期，奶牛养殖向国营化发展，奶牛饲养技术

---

① 宋良媛、杜富林：《科技创新驱动草原畜牧业现代化》，《科学管理研究》2020 年第 2 期。

② 据刘成果《中国奶业史·专史卷》显示，自 1840 年中国就开始有计划地进行品种培育，也是奶业发展的初期阶段。

逐步应用，养殖水平普遍提升，国家开始有计划地供给"饲料粮"和"饲料地"。1979—2000 年，改革开放给所有行业带来了新的发展契机，奶牛养殖业开始朝着多体制、多模式方向转变，管理日趋规范，饲料供给逐步市场化，最重要的是奶牛饲养技术进步取得实效。2001—2011 年，中国加速推行"四化"，"四化"同步加快奶牛养殖方式不断转变，奶业科研和示范推广工作不断推进，新技术不断提升奶牛养殖现代化水平，资源的开发与利用不断优化奶牛日粮结构。但不可回避的是，2008 年"三聚氰胺"事件严重波及了奶牛养殖业健康、持续发展，奶牛养殖过程也开始实施了整顿与振兴。2012 年至今，在奶牛养殖规模化程度不断提升的同时，奶牛养殖对环境影响备受关注，在习近平生态文明思想指导下，加速推进奶牛养殖业绿色转型，已经成为新时代奶牛养殖的新方向。

上述对奶牛的基本特征以及奶牛养殖的演进历程进行了系统梳理，已经初步描绘出奶牛养殖业的基本轮廓，从中可以总结出的是，奶牛养殖业是奶业[①] 的一个重要分支。奶业是以奶牛产出的生鲜乳为产业链的中端，向前可以延伸至饲料的种植、运输等，向后可以延伸至生鲜乳的运输、加工、销售等。如果按照产业链的各个阶段划分，奶牛养殖业处于奶业全产业链的中端，职能范围是利用奶牛的生理机能，通过人工饲养、繁殖、管理，使其将牧草和饲料等植物能转变为动物能，以取得生鲜乳的生产。[②] 而从整个国民经济地位来看，奶牛养殖业又是典型的经济、高效、节粮型产业，是中国现代农业生产的重要组成部分，是奶业振兴、奶业高质量发展的后备军。对于奶牛养殖业内部构成而言，最主要的是产业内部成千上万的奶牛养殖主体，他们既是经济的创造者，也是行为的决策者；既包括奶牛养殖龙头企业，还包括奶牛养殖专业合作社、家庭牧场、养殖大户等。这些养殖主体是奶牛养殖业发展的动力源泉，是支撑奶业经济不可或缺的力量。

---

① 也有研究将其称之为"乳业"。但本书认为，奶业又是乳业的一个分支，"乳"的范围更广，不单单包括牛奶，还包括羊奶、驼奶等。
② 陈茹暄：《天津都市型奶牛养殖业现代化评价指标体系构建与应用研究》，硕士学位论文，天津农学院，2022 年，第 13 页。

综上所述，畜牧业是利用畜禽等已经被人类驯化的动物的生理机能，通过人工饲养、繁殖，使其将牧草和饲料等植物能转变为动物能，以取得肉、蛋、奶、羊毛、山羊绒、皮张、蚕丝和药材等畜产品的生产部门。而以奶牛养殖业为畜牧业典型代表的产业组织形式，其概念具有狭义概念属性，可以概括为：专指由一个又一个奶牛养殖主体构成的养殖产业集合，这些养殖主体在产业内部从事养殖活动，以奶牛为饲养对象，以植物能转变成动物能为手段，以获取生鲜乳并将其转化为可度量的货币价值为目标，全方位保证奶牛养殖活动健康、可持续发展。总体而言，奶牛养殖业的发展由奶牛养殖主体决定，奶牛养殖主体的生产决策决定了奶牛养殖业发展的走向。

二、产业绿色转型

《现代汉语词典》中对"转型"的解释是指事物的结构形态、运转模型和人们观念的根本性转变过程。而"绿色转型"一词由来已久，但自党的十九届五中全会以后才被重点关注。"十四五"规划指出，要促进经济社会发展全面绿色转型。这是深刻把握中国生态文明建设的新形势，着眼建设人与自然和谐共生的现代化作出的重大战略部署，是引领美丽中国建设的行动指南。绿色转型是推动高质量发展的内在要求，是指经济增长摆脱对高消耗、高排放、高污染的依赖，转向与资源节约、排放减少、环境友好相互促进的绿色发展方式，是发展方式的革命性变革，而非对传统模式的修补。①立足新发展阶段、贯彻新发展理念、构建新发展格局，必须以经济社会全面绿色转型倒逼高质量发展，进一步降低能源强度、碳排放强度，提高资源利用效率，走出一条有中国特色的绿色转型之路。

厘清产业绿色转型的内涵，必须对绿色转型的内涵加以细致研究，而绿色转型的概念又是由"绿色经济""绿色增长"和"绿色发展"衍生而来，在此需对这三个概念进行简要辨析。首先，绿色经济是一种可承受的经济发展模式，是指不能因过度追求经济增长而忽视生态资源的保护，超越生态危

---

① 王一鸣：《中国的绿色转型：进程和展望》，《中国经济报告》2019 年第 6 期。

机、社会分裂、自然资源枯竭的底线。① 其次，绿色增长是一种寻求兼具环境可持续性和社会包容性的经济增长模式，通过绿色增长，为适应气候变化、污染防治、健康维持、绿色就业、减少贫困等创造机遇。② 再次，绿色发展是一种可持续发展观，强调经济系统、社会系统和自然系统间的系统性、整体性和协调性。③

"十四五"规划提出"促进经济社会发展全面绿色转型"新命题，预示着从"十四五"时期开始，中国将全面进入绿色转型新阶段。准确理解绿色转型的丰富内涵，是推进生态文明建设的第一步。席艳玲（2021）认为，绿色转型是发展模式的一场系统性变革，它以发展绿色技术为先导、以绿色生产生活方式为主要内容、以绿色治理和绿色生态系统建设为基本手段、以绿色发展制度体系建设为制度保障。④ 黄润秋和寇江泽（2021）认为，"十四五"时期，要一如既往地贯彻新发展理念，坚持以经济社会全面绿色转型为契机和引领，不断深化减污降碳总方略，以生态优先、绿色低碳助力高质量发展。⑤

如果说绿色经济是宏观战略目标，绿色增长是实现绿色经济的动态过程，那么绿色发展和绿色转型就是绿色增长过程中的两个并驾齐驱的发展形态。绿色发展是从始至终一直需要坚持的理念，绿色转型是发展到了某一个阶段，需要再向更高层次迈进的一个转折点，更加强调"转"。绿色经济将自然资源中的生态系统服务价值统一纳入到绿色国民经济账户内，目的是降低经济发展对资源消耗的过度依赖，以自然资本投资达到生产要素的可持续利用，以效率、和谐、持续为战略目标，构建以生态农业、循环工业和持续

---

①　David Pearce, Anil Markandya, and Edward Barbier. *Blueprint for a Green Economy*, London: Earthscan Publication Limited, 1989.

②　GGGI: *Green growth potential Assessment—Methodology Report*, Seoul: Global Green Growth Institute, 2019.

③　胡鞍钢、周绍杰：《绿色发展：功能界定、机制分析与发展战略》，《中国人口·资源与环境》2014 年第 1 期。

④　席艳玲：《促进经济社会发展全面绿色转型》，《中国社会科学报》2021 年 2 月 4 日。

⑤　黄润秋、寇江泽：《促进经济社会发展全面绿色转型》，《人民日报》2021 年 4 月 12 日。

服务业为基本内容的经济结构和经济增长方式。① 因此，实现中国经济发展的绿色转型是一个相对漫长的过程，既需要有宏观战略的布局，也需要有中观产业的联动，同时需要微观个体的协同。

综上所述，借鉴"绿色经济""绿色增长""绿色发展"以及"绿色转型"的内涵，产业绿色转型可以进一步概括为：产业在发展过程中，以生态文明建设为指导，以循环经济为基础，以绿色管理为保障，发展模式向可持续发展转变，实现资源节约、环境友好、生态平衡，达到人与自然、社会和谐共生，其核心内容是从传统发展模式向科学发展模式转变，由单纯追求经济效益转向经济效益、生态效益兼顾的和谐发展格局。产业绿色转型强调的是一种动态过程，是产业永续发展的必经之路。

三、畜牧业绿色转型

现有文献对畜牧业绿色转型的概念鲜有研究，但对农业绿色转型问题有所涉略，且大多集中于对种植业农户生产绿色转型进行探讨。例如陈卫平（2018）、陈卫平和王笑丛（2018）、王笑丛和谭思（2018）基于新制度经济学理论，提出"农户生产绿色转型决策是以追求效率为标准"的观点[2][3][4]，但并未详细讨论农户生产绿色转型内涵。李晓静等（2021）对猕猴桃种植户生产绿色转型进行了界定，指出农户生产绿色转型是由传统生产方式向绿色生产方式转变的过程，突出强调绿色生产技术在其中发挥的重要作用。[5]莫经梅和张社梅（2021）指出，农业绿色转型其本质是农业生产方式的转

---

① 郑德凤、臧正、孙才志：《绿色经济、绿色发展及绿色转型研究综述》，《生态经济》2015年第2期。

② 陈卫平：《乡村振兴战略背景下农户生产绿色转型的制度约束与政策建议——基于47位常规生产农户的深度访谈》，《探索》2018年第3期。

③ 陈卫平、王笑丛：《制度环境对农户生产绿色转型意愿的影响：新制度理论的视角》，《东岳论丛》2018年第6期。

④ 王笑丛、谭思：《合法性视角下创新对农户绿色转型的影响研究》，《江西社会科学》2018年第2期。

⑤ 李晓静、陈哲、夏显力：《参与电商对猕猴桃种植户绿色生产转型的影响》，《西北农林科技大学学报》（社会科学版）2021年第4期。

变，强调农业生产过程和产成品的绿色化，注重农业资源节约与农业环境的保护。[①]

上述针对农户生产绿色转型理论内涵的界定具有重要参考意义，说明实现农业绿色转型的有效前提是农户在生产过程中实现了绿色转型。骆玲和史敦友（2020）在研究工业绿色化理论本质时曾提出"产业替代观"，即通过一种产业替代另一种产业以实现工业经济增长和生态环境保护的"双赢"。[②] 这种"产业替代观"可以借鉴到畜牧业绿色转型的研究中，但就一个产业内部的个体而言应该是"主体替代观"，即产业内部一个又一个环保型养殖主体替代污染型养殖主体，不断提升养殖主体参与生产绿色转型的积极性，使产业在整体上实现"减排"与"增效"双赢的过程。为此也从这一分析视角中衍生出了养殖主体生产绿色转型的概念内涵，即养殖主体生产绿色转型遵循"主体替代观"，重点强调生产、绿色和转型，基本特征分析如下。

第一，生产强调过程。生产是一个过程，即养殖的过程，如果更加细致地划分，可以将这一过程分为前端、中端和末端。前端要求减量，即减少容易产生有损生态环境的要素投入；中端要求控制，即增加无害化处理设施以及时处理排放的废弃物；末端要求利用，即充分利用这些放错位置了的资源，使其变废为宝，如生产有机肥。第二，绿色强调标准。从经济学视角审视绿色的概念内涵发现，绿色强调的是一种标准，这种标准要求处于经济环境中的各个主体不会因为盲目追求经济增长而引发生态危机和社会崩溃，在做大经济蛋糕的同时，需要筑牢绿色底蕴。就养殖本身而言，在养殖的过程中避免不了会排放大量污染物，但这些污染物如果肆意排放，则是放错位置了的资源，所以对于养殖绿色的标准应是不遗余力减量、力所能及控制、竭尽全力变废为宝。第三，转型强调的是动态结果。依据生产过程、绿色标

---

① 莫经梅、张社梅：《城市参与驱动小农户生产绿色转型的行为逻辑——基于成都蒲江箭塔村的经验考察》，《农业经济问题》2021年第11期。

② 骆玲、史敦友：《工业绿色化：理论本质、判定依据与实践路径》，《学术论坛》2020年第1期。

准，转型重点关注的是"转"，是一个动态的状态，最终想要得到的结果是通过环保型养殖主体替代污染型养殖主体，达到环保要求，符合经济增长规律。

另外，还需特别指明的是，养殖主体是构成畜牧业的基本单元，只有养殖主体的生产绿色转型才能构成畜牧业的绿色转型。由于研究本身的最终目标是通过微观个体的生产绿色转型促进中观产业的绿色转型，以进一步实现宏观经济的全面绿色转型，所以养殖主体的生产绿色转型必须要与畜牧业绿色转型有效衔接。中国社科院工业经济研究所课题组（2011）对工业绿色转型内涵的界定指出，绿色转型是工业迈向"能源资源利用集约、污染物排放减少、环境影响降低、劳动生产率提高、可持续发展能力增强"的过程，以资源集约利用和环境友好为导向，注重环境效益和经济效益的协调统一。[①] 万攀兵等（2021）对制造业绿色转型内涵的界定指出，制造业绿色转型是指制造业改变原有的生产经营方法进而兼顾减排和增效的过程。[②]

综上所述，借鉴工业、制造业绿色转型的定义，依据上述所提出的"主体替代观"，畜牧业绿色转型是指养殖主体在养殖过程中，通过政府、市场等的外部力量介入，推动一个又一个环保型养殖场替代污染型养殖场，进而实现"减排"和"增效"双赢的过程。而与之相对应的养殖主体生产绿色转型可以概括为：以绿色增长理论为基础支撑、以"主体替代观"为判定依据、以"减排"和"增效"为评价标准，严格遵守政府环境规制政策，寻求市场有效资源协助，全面提升环保意识和环保理念，渐进式推动畜牧业绿色转型。

---

① 　中国社会科学院工业经济研究所课题组、李平：《中国工业绿色转型研究》，《中国工业经济》2011 年第 4 期。

② 　万攀兵、杨冕、陈林：《环境技术标准何以影响中国制造业绿色转型——基于技术改造的视角》，《中国工业经济》2021 年第 9 期。

第二节　畜牧业绿色转型的本质规定

一、畜牧业"减排"与"增效"关系辨析

一般而言，在其他条件不变的情况下，一个产业产品的产出规模与污染物排放之间呈正相关关系，即产品产出规模越大，污染物排放越多；相反，产品产出规模越小，污染物排放越少；在极端情形下，产品产出规模为零，则污染物排放也为零。畜牧业同样遵循上述规律，其污染物排放量随着畜产品产量的提升不断增加。为了简化研究，假设畜产品产量与污染物排放之间是线性关系，则畜产品产量（Y）与污染物排放（W）之间的关系式为：

$$Y = f(W) = \mu W \tag{4-1}$$

式（4-1）中：μ 为单位污染物排放的畜产品产出系数，且当 $\mu > 0$ 时，μ 越大，表明单位污染物排放下的畜产品产量越大。以奶牛养殖产出品生鲜乳为例，中国是乳制品净进口大国，国内生鲜乳产量无法满足国人营养健康需求，不得不长期依赖进口。前几年，由于新冠疫情的影响，加上各国贸易保护主义、单边主义的频发，严重威胁了中国乳制品的进口。未来，随着社会主要矛盾变革不断深化，消费者对乳制品的需求将会进一步攀升，因此，需要奶牛养殖业确保生鲜乳产量能够保持一定的增长速度才能有效应对外部环境的不稳定性，成为乡村振兴乃至国民经济社会发展的支柱产业。所以，畜产品产量必须有一个最小值 $Y_{\min}$，即畜产品产量的约束不等式为：

$$Y \geq Y_{\min} \tag{4-2}$$

从环境经济学的角度来考虑，当畜牧业污染物排放越多时，生态环境质量越差；反之，当畜牧业污染物排放越少时，生态环境质量就会越高；当畜牧业污染物排放为零时，此时生态环境质量达到最大值。假设生态环境质量为 P，生态环境承载力为 E，生态环境质量与畜牧业污染物排放量呈线性关系，其表达式为：

$$P = E - \sigma W \tag{4-3}$$

式（4-3）中：σ 为单位畜牧业污染物排放对生态环境的损害系数，且当 $\sigma > 0$ 时，σ 越大，表明单位畜牧业污染物排放对生态环境的破坏越大。假设实际生活中居民对生态环境质量有一个最低的底线 P_{min}，当突破这一底线时，人们就会穷尽一切办法阻止畜牧业的继续存在，即生态环境质量约束不等式为：

$$P \geq P_{min} \tag{4-4}$$

因此，可以得到畜产品产量与生态环境质量之间关系的方程为：

$$Y = g(P) = \frac{\mu}{\sigma}(E - P) \tag{4-5}$$

可以发现，畜牧业产出与生态环境质量之间呈现负相关关系，μ/σ 衡量的是畜牧业产出对生态环境质量变动的弹性系数。假设 $\mu/\sigma = 2$，则式（4-5）就表明，生态环境质量相对于生态环境承载力每下降 1 个百分点，则畜牧业产出就会提升 2 个百分点。当然，弹性系数并非一个固定值，也绝不可能是一个固定值，它是随着环境治理程度的变化而不断变化，或者说是随着畜牧业绿色转型程度的变化而变化。

其实，之所以谈及畜牧业绿色转型问题，关键是由于人们对畜产品需求增加带动了畜禽养殖规模的扩张与集聚，加剧了环境资源承载压力，触碰了生态环境的底线，迫使产业要想可持续发展，就必须在关注经济增长的同时兼顾生态保护。因此，推进中国畜牧业养殖业绿色转型，解决"减排"与"增效"的不相容，是未来畜牧业发展过程中的一项重要任务。

二、畜牧业"减排"与"增效"双赢的理论机制

从历史发展的角度来看，任何产业经济总量的提升都会带来一定的生态环境损害。畜牧业的经济增长对生态环境同样会带来负向影响，只是具体到不同养殖场之间，由于资源禀赋、生态认知、环境归属的不同而对生态环境损害也存在显著差异。根据损害程度的不同，本研究将畜禽养殖场划分为环保型养殖场和污染型养殖场两类，以此通过主体替代（场域替代）的视角来探究实现畜牧业"减排"与"增效"双赢目标的理论机制。

依据式（4-1）构建的畜产品产量（Y）与污染物排放（W）之间的关系式进一步分解为环保型养殖场和污染型养殖场畜产品产量（Y）与污染物排放（W）之间的关系方程为：

$$\begin{cases} \Delta Y_e = f_e(W) = \mu_e \Delta W_e \\ \Delta Y_c = f_c(W) = \mu_c \Delta W_c \end{cases} \qquad (4\text{-}6)$$

式（4-6）中：μ_e 和 μ_c 分别代表环保型养殖场和污染型养殖场单位污染排放的畜产品产出系数，且 $\mu_e > \mu_c$；环保型养殖场畜产品产出 ΔY_e，生产 ΔY_e 需要排放的污染物为 ΔW_e；污染型养殖场畜产品产出 ΔY_c，生产 ΔY_c 需要排放的污染物为 ΔW_c。畜牧业污染物排放量与生态环境质量之间的关系方程不变，因此，畜产品产量的约束条件变为：

$$\Delta Y_e + \Delta Y_c \geq Y_{\min} \qquad (4\text{-}7)$$

根据式（4-5）可知，当畜产品产量取最小值时，生态环境质量达到最大值。但是我们知道，畜产品产量不可能无限小，那如何保证畜产品产量不减少而又保证生态环境质量尽可能大呢？也就是我们想要实现的"减排"与"增效"双赢。如果以一部分环保型养殖场替代一部分污染型养殖场，在畜产品产出最小的约束下，最大化生态环境质量将如何变化？

假设现实中所有养殖场均为污染型养殖场，此时最大化生态环境质量为：

$$P_{c,\max} = E - \frac{\sigma}{\mu_c} Y_{\min} \qquad (4\text{-}8)$$

为了提升环境质量，迫于环境规制、道德压力等，必然会有一部分环保型养殖场替代污染型养殖场，此时在畜产品产量最小产出约束下的最大化生态环境质量 $P_{ec,\max}$ 为：

$$P_{ec,\max} = E - \sigma \left(\frac{\Delta Y_e}{\mu_e} + \frac{\Delta Y_c}{\mu_c} \right) \qquad (4\text{-}9)$$

根据畜产品产量的最小约束条件 $\Delta Y_e + \Delta Y_c = Y_{\min}$ 和 $\mu_e > \mu_c$，最大化的生态环境质量 $P_{ec,\max}$ 可以变形为：

$$P_{ec,\max} = E - \sigma\left(\frac{\Delta Y_e}{\mu_e} + \frac{\Delta Y_c}{\mu_c}\right) > E - \sigma\left(\frac{\Delta Y_e}{\mu_c} + \frac{\Delta Y_c}{\mu_c}\right)$$

$$= E - \frac{\sigma}{\mu_c}(\Delta Y_e + \Delta Y_c) = E - \frac{\sigma}{\mu_c}Y_{\min} = P_{c,\max}$$

(4-10)

由此可以发现，在畜产品产量不变的情形下，通过使环保型养殖场替代掉一部分污染型养殖场可以实现生态环境质量的改善，进而可以有效满足人们对日益增长的美好生态环境的需要。相反，假设生态环境质量固定不变，污染型养殖场形成的最小生态环境质量约束下的最大畜产品产出量为：

$$Y_{c,\max} = \mu_c W_{c,\max}$$

(4-11)

当环保型养殖场替代一部分污染型养殖场以后，在生态环境质量最小约束下，由于污染物排放量与生态环境质量之间的关系方程不变且有 $\Delta W_{e,\max} + \Delta W_{c,\max} = W_{c,\max}$，此时最大畜产品产量 $Y_{ec,\max}$ 为：

$$Y_{ec,\max} = Y_{e,\max} + Y_{c,\max} = \mu_e \Delta W_{e,\max} + \mu_c \Delta W_{c,\max} > \mu_c \Delta W_{c,\max} + \mu_c \Delta W_{c,\max}$$

$$= \mu_c(\Delta W_{c,\max} + \Delta W_{c,\max}) = \mu_c W_{c,\max} = Y_{c,\max}$$

(4-12)

综上，在控制生态环境质量不变时，环保型养殖场替代污染型养殖场可以实现畜产品产量的有效增加，满足国人膳食营养的需求。总而言之，从主体替代视角，即环保型养殖场替代污染型养殖场，如果控制生鲜畜产品不变，则生态环境质量可以实现有效改善；如果控制生态环境质量不变，则畜产品产量可以实现有效增加。

上述数理关系的推导仅是从单一目标思考问题，即或是实现"减排"，或是"增效"，在环保型养殖场逐渐替代污染型养殖场的过程中，是否可以实现"减排"与"增效"双赢的目标，也就是说在数量关系上，是否存在这样一组畜产品产量与生态环境质量组合 (Y^*, P^*)，使得任意满足方程 (4-5) 的畜产品产量与生态环境质量的组合 (Y_c, P_c)，使得 $Y^* > Y_c$ 与 $P^* > P_c$ 同时成立？很显然，上述目标是可以实现的，因为在控制畜产品产量不变时，以环保型养殖场替代一部分污染型养殖场，生态环境质量可以得到明显的改善，那么在此基础上再增加一些环保型养殖场（如新进入养殖行业的养殖场环保标准更加严格，养殖更为规范，可直接认定其为环保型养殖场）替代污染型养殖场，并使"替代"的环保型养殖场与"新增"的环保型养殖场的污染排放总量要小于被替代的污染型养殖场的污染排放总量，由此，生态环境质量实现了改善，畜产品产量也实现了增加，即达到了"减排"与"增效"双赢的目标。

三、畜牧业绿色转型的本质特征

综合上述分析，畜牧业绿色转型的本质特征就是产业内部一个又一个环保型养殖场替代污染型养殖场的过程，使产业在整体上实现"减排"与"增效"双赢的过程。更进一步讨论，"减排"的条件是：在控制养殖产出不降低的情形下实现养殖物质要素投入和污染物排放同步减少的过程；"增效"的条件是：在控制养殖物质要素投入和污染物排放至少不增加的情形下实现养殖生产效益和效率的提升。在上述的论证中还可以清晰地发现，畜牧业绿色转型所需要满足的"减排"与"增效"条件在理论上是等价的。由此，在推进畜牧业绿色转型的过程中，只要是满足这两个条件的养殖场都可以作为畜牧业新经济增长点的重点培育对象加以扶持。

第三节　畜牧业绿色转型的评判标准

一、畜牧业绿色转型的评判依据

畜牧业绿色转型的理论本质强调，畜牧业绿色转型的过程就是在倒逼污染型养殖场或是参与绿色转型，或是退出养殖行列，使养殖业逐步实现"减排"与"增效"由不相容变为双赢的过程。因此，可以依据畜牧业绿色转型的理论本质制定一般性的判断依据。

假设养殖场生产函数为 $Y=Y(R,W,K)$，其中，Y 为养殖场的畜产品产出，R 为资源消耗，W 为污染物排放，K 为养殖资本投入，则养殖场的资源消耗函数为 $R=R(Y,W,K)$，污染物排放函数为 $W=W(Y,R,K)$。从养殖场生产函数来看，设存在两个不同的养殖场 1 和养殖场 2，其生产函数分别为：

$$Y_1 = Y(R, W, K_m)$$
$$Y_2 = Y(R, W, K_n)$$
$$\tag{4-13}$$

若满足以下关系：

$$Y_1(R, W, K_m) < Y_2(R, W, K_n) \tag{4-14}$$

则养殖场 2 相比于养殖场 1 就实现了养殖绿色转型，这是因为在相同的资源消耗和相同的污染物排放下养殖畜产品产出实现了增加，其经济含义是：增加养殖产出而不会造成资源消耗和污染物排放的同步增加，这样一个又一个养殖场的绿色转型就构成了畜牧业的绿色转型。方程（4-14）也可以称之为狭义的畜牧业绿色转型判定依据。

另外，还可以从养殖畜产品产出的资源消耗函数和污染物排放函数对畜牧业绿色转型进行判定，即与方程（4-14）等价的判定依据：

$$R_1(Y, W, K_m) > R_2(Y, W, K_n) \tag{4-15}$$
$$W_1(Y, R, K_m) > W_2(Y, R, K_n) \tag{4-16}$$

凡是满足方程（4-15）条件的，则养殖场 2 相对于养殖场 1 就实现了畜牧业绿色转型，其经济含义是：减少养殖资源消耗而不降低养殖畜产品产出，也没有增加养殖污染物排放量；凡是满足方程（4-16）条件的，则养殖场 2 相对于养殖场 1 就实现了畜牧业绿色转型，其经济含义是：减少养殖污染物排放而不降低畜产品产出，也没有增加资源消耗量。

更为一般地，如果不是单单考虑养殖畜产品产出这一单一生产环节，而是基于全生命周期视角来看，既包括养殖畜产品产出，还包括饲草料种植、畜产品消费等其他全部环节，此时便需要测度养殖全生命周期的生态环境损耗总量。假设基于全生命周期下的养殖场 1 和养殖场 2 的产品、要素与环境的关系函数分别为：

$$Y_1 = Y(\sum_{i=1}^{a} R_i, \sum_{i=1}^{b} W_i, \sum_{i=1}^{c} K_i)$$
$$Y_2 = Y(\sum_{i=1}^{m} R_i, \sum_{i=1}^{n} W_i, \sum_{i=1}^{p} K_i)$$
$$\tag{4-17}$$

其中，Y 表示养殖场从饲草料种植、畜产品生产、畜产品消费等全生命周期中形成的产品与服务总价值，$\sum\limits_{i=1}^{a} R_i$ 和 $\sum\limits_{i=1}^{m} R_i$ 分别表示养殖场 1 和养

殖场 2 基于全生命周期下的资源、能源、物质等实物要素的投入总价值，

$\sum\limits_{i=1}^{a} W_i$ 和 $\sum\limits_{i=1}^{m} W_i$ 分别表示养殖场 1 和养殖场 2 基于全生命周期下所排放的污

染物对生态环境损耗的总价值。那么，从主体替代视角来看，决定畜牧业能

否实现绿色转型，取决于如下判定条件：

$$Y_1(\sum_{i=1}^{a} R_i, \sum_{i=1}^{b} W_i, \sum_{i=1}^{c} K_{1i}) < Y_2(\sum_{i=1}^{m} R_i, \sum_{i=1}^{n} W_i, \sum_{i=1}^{p} K_{2i}) \tag{4-18}$$

方程（4-18）的经济含义为：在同等要素投入和同等生态环境损耗的条

件下，养殖场 2 相对于养殖场 1 实现了畜产品产出或相关服务产出的增加，

即要素利用效率和生态环境利用效率均实现了帕累托改进，也就实现了畜牧

业绿色转型。

同样地，与方程（4-18）相等价的是，还可以从养殖全生命周期的物质

要素投入和生态环境损耗两方面对畜牧业绿色转型进行判定，具体为：

$$R_1(\sum_{i=1}^{a} Y_i, \sum_{i=1}^{b} W_i, \sum_{i=1}^{c} K_{1i}) > R_2(\sum_{i=1}^{m} Y_i, \sum_{i=1}^{n} W_i, \sum_{i=1}^{p} K_{2i}) \tag{4-19}$$

$$W_1(\sum_{i=1}^{a} Y_i, \sum_{i=1}^{b} R_i, \sum_{i=1}^{c} K_{1i}) > W_2(\sum_{i=1}^{m} Y_i, \sum_{i=1}^{n} R_i, \sum_{i=1}^{p} K_{2i}) \tag{4-20}$$

方程（4-19）的经济含义为：在同等的畜产品（服务）产出和同等生态

环境损耗的条件下，养殖场 2 相对于养殖场 1 实现了要素投入的下降，即要

素利用效率实现了帕累托改进。方程（4-20）的经济含义为：在同等的畜产

品（服务）产出和同等要素投入的条件下，养殖场 2 相对于养殖场 1 实现了

生态环境损耗最少，即生态环境利用效率实现了帕累托改进。整体而言，凡

是养殖产业内环保型养殖场替代污染型养殖场满足方程（4-18）（4-19）和

（4-20）中任意一项，都属于促进了畜牧业绿色转型。

二、畜牧业绿色转型评价指标体系构建

任何产业的发展评价都需要依托经济学理论，构建符合客观规律与经济发展的评价指标体系，畜牧业绿色转型的评价同样如此。在此将依托经典的绿色经济增长理论和中国经济新发展格局下的新经济增长理论，同时融合畜牧业绿色转型理论本质的分析，对畜牧业绿色转型评价指标体系加以构建。

1."减排"：面源污染与碳排放的减少

理解"减排"的内涵要追溯至对"绿色经济"的研究。正如在文献综述部分阐述的，"绿色经济"可以概括为"通过有益于环境或与环境无对抗的经济行为，共同提升经济效益和环境效益，实现可持续增长"。从定义可以明显看出，绿色经济的核心是不以牺牲环境为代价的经济增长，而"不牺牲环境"就要求在发展过程中减少污染物的排放，不依靠占用更多的环境纳污容量来换取尽可能多的经济利润。

对于畜牧业"减排"而言，固然也可以理解为减少污染物的排放，从而精准识别出畜禽养殖污染物有哪些是首要问题。按照污染物的定义，一般是指进入环境后使得环境的正常组成发生改变，直接或间接危害人类的物质。更为具体地，农业污染物是指人类经济再生产活动连绵不断地从自然资源环境中获取生存必需品后产生的副产品，这些副产品进入环境后，一部分污染物质被生态环境系统吸收、转化、降解为无害形式，其他部分则对环境容量、生态景观、生态平衡调节等环境资源造成损害。由此可以推断出畜禽养殖污染物是指在畜禽养殖的过程中排放到生态系统中对水源、土壤、大气等造成污染的物质，通俗来讲包括"屎尿屁"。其中，"屎"和"尿"构成了面源污染，即粪污对水源、土壤的污染，"屁"构成了碳排放污染，即二氧化碳、甲烷、氧化二氮等对大气的污染。

现实条件下，畜禽养殖排放的粪污、碳排放可以通过系数法进行计量，但是在这里需要注意的是，如果单纯地以粪污量作为面源污染量将会高估畜禽养殖面源污染量、低估奶牛养殖碳排放量。事实上，正如何可（2016）对

农业污染物的定义，畜禽养殖所排放的粪污中一部分是可以被生态环境系统所吸收、转化和降解[1]，而真正会引起环境污染的是粪污中所富含的化学需氧量、总氮、总磷、氨氮等有机质[2]，是这些有机质过量排放至生态系统内，导致了水体富营养化、土壤板结、温室效应等，所以畜禽养殖面源污染的度量方式可以通过计算化学需氧量、总氮、总磷、氨氮的排放量进行有效估计。另外，畜禽粪便管理系统也会带来大量的碳排放，倘若仅以粪污量作为面源污染量的衡量结果，就容易造成碳排放的被低估。

综合上述分析，畜牧业的"减排"涵盖面源污染的减少和碳排放的减少，面源污染量可以用化学需氧量、总氮、总磷、氨氮的排放量进行度量，具体可依据《第二次全国污染源普查农业污染源产排污系数手册》中公布的排污系数加以计算；碳排放量可以借鉴国家发改委在 2011 年出版的《省级温室气体清单编制指南》及相关研究成果中畜禽养殖各个环节的温室气体排放系数进行估算。

2."增效"：效益和效率的增加

"增效"的内涵需要更加细致的辨析。传统经济增长理论认为，劳动力、土地和资本是经济增长的重要源泉，而没有考虑技术进步在经济发展中的作用。而新经济增长理论弥补了传统经济增长理论忽视技术进步的不足，强调不仅仅需要考虑劳动力、土地和资本，技术进步也是经济增长的核心。因此，综合新经济增长理论内涵、中国经济新发展格局以及畜牧业的实际特征，将"增效"具体划分为效益增加和效率增加。其中，效益增加强调畜禽养殖成本的降低和畜禽养殖所创造的经济价值的增加，回应了劳动力、土地和资本创造的价值。而效率增加可以运用全要素生产率综合评价，回应了技术进步在经济增长中的作用。

在这里需要进一步对效益和效率两个概念加以详细的解释。效益是指

---

[1]　何可：《农业废弃物资源化的价值评估及其生态补偿机制研究》，博士学位论文，华中农业大学，2016 年，第 69 页。

[2]　李丹阳、孙少泽、马若男、李国学、李恕艳：《山西省畜禽粪污年产生量估算及环境效应》，《农业资源与环境学报》2019 年第 4 期。

效果和收益，一般可以分为经济效益、社会效益和环境效益。在上述"减排"指标的度量中，已经充分考虑了社会效益和环境效益，所以此处的效益特指经济效益。经济效益是产业发展的关键指标，研究经济效益就要从成本和收益两个维度来考虑。从《全国农产品成本收益汇编资料》统计数据可以发现，畜禽养殖成本包括生产成本与土地成本，其中生产成本又可进一步划分为物质与服务费用（即资本投入）和人工成本，收益包括主产品产值和副产品产值。所以从畜禽养殖效益增加视角来看，要降低各项生产成本提高各项收益。

效率在经济学中的含义是生产要素投入与产出的比例关系，是指资源配置实现了最大的价值。本研究之所以用全要素生产率衡量效率的增加，有两方面原因：一方面，全要素生产率是衡量经济增长效率的指标，是对生产系统总体效率的度量，是产出增长率超出要素投入增长率的部分；另一方面，全要素生产率中的"全"不是指全部生产要素，而是指除有形生产要素（如劳动力、土地和资本）投入之外，能够影响产出增长的生产要素，例如品种改良、新技术推广、资源配置优化、产业结构调整、经营体制创新和调控政策改进等。全要素生产率可以直接理解为科学技术，在某种意义上全要素生产率可以近似代表科技进步水平。① 所以，虽然畜牧业全要素生产率测量指标的选取与成本收益指标相同，但因为代表意义不同，也难以避免造成同一体系下指标重复的嫌疑。

综合上述分析，畜牧业的"增效"涵盖了效益增加和效率增加，效益增加中包括降成本（即降低土地成本、劳动力成本和物质与服务费用成本）和增产值（即增加主产品产值和副产品产值）；效率采用全要素生产率度量，其中投入指标选择土地投入、劳动力投入和物质与服务费用投入，产出指标选择主产品产值和副产品产值。

经过上述两方面的分析，本章构建了畜牧业绿色转型评价指标体系，

---

① 钱加荣、毛世平：《中央农村工作会议系列解读⑧提高农业全要素生产率　加快建设农业强国》，2023 年 1 月 5 日，见 https://m.gmw.cn/baijia/2023-01/05/36281045.html。

具体如表 4–1 所示。其中，包含一级指标、二级指标和三级指标，并对三级指标计算方法给予详细阐释，注明各指标属性。需要特别指出的是，为了保证畜牧业绿色转型评价指标体系构建的科学性，本研究采用德尔菲法，邀请 10 位理论型专家和 5 位实践型专家对该评价体系进行 3 轮论证，具体论证过程见附录 1。

表 4–1　畜牧业绿色转型评价指标体系

一级指标	二级指标	三级指标	计算方法	属性
减排	面源污染减少	化学需氧量	基于排污系数计算化学需氧量排放总量（万吨）	−
		总氮	基于排污系数计算氮排放总量（万吨）	−
		总磷	基于排污系数计算磷排放总量（万吨）	−
		氨氮	基于排污系数计算氨氮排放总量（万吨）	−
	碳排放减少	碳排放量	基于养殖各个环节温室气体排放系数计算二氧化碳排放总量（万吨）	−
增效	效益增加	土地成本	单位养殖土地投入成本（元/头）	−
		劳动力成本	单位养殖劳动力投入成本（元/头）	−
		物质与服务费用成本	单位养殖物质与服务费用投入成本（元/头）	−
		主产品产值	单位养殖主产品产值（元/头）	+
		副产品产值	单位养殖除主产品产值外其他副产品产值（元/头）	+
	效率增加	全要素生产率	基于超效率 SBM-GML 指数测算养殖全要素生产率	+

　　本章是全书的理论性章节，系统阐释了畜牧业绿色转型的理论本质，包括对基本概念的界定、畜牧业绿色转型的本质规定和评判标准。通过研究得出的基本结论是：(1) 概念界定采取层级递进的方式，主要界定了畜牧业、产业绿色转型和畜牧业绿色转型的内涵，其中畜牧业可概括为将植物能转变为动物能，以取得肉、蛋、奶、羊毛、山羊绒、皮张、蚕丝和药材等畜产品的生产部门，产业绿色转型强调由单纯追求经济效益转向经济效益、生

态效益兼顾的和谐发展格局，畜牧业绿色转型更加强调"减排"和"增效"的双赢；（2）通过数理模型对畜牧业"减排"与"增效"关系进行辨析，并就畜牧业"减排"与"增效"双赢的理论机制进行分析，发现畜牧业绿色转型的本质特征就是产业内部一个又一个环保型养殖场替代污染型养殖场的过程，使产业在整体上实现"减排"与"增效"双赢的过程；（3）进一步利用数理模型探究畜牧业绿色转型的评判依据，并以"减排"和"增效"为一级指标，以碳排放减少、面源污染减少、效益增加、效率增加为二级指标，以及 11 项内容为三级指标，构建了畜牧业绿色转型评价指标体系，以供畜牧业绿色转型水平测度及相关实证研究奠定坚实的理论基础。

第五章　畜牧业绿色转型的影响机理

在上一章中已经明确了畜牧业绿色转型的"减排"与"增效"的理论本质，本章将继续深化对畜牧业绿色转型的理论研究，聚焦畜牧业绿色转型的影响机理，探索驱动畜牧业绿色转型的行为主体、行为方式和行为路径。首先分析畜牧业绿色转型参与主体经济行为，重点识别畜牧业绿色转型的参与主体及主体行为；其次探究畜牧业绿色转型参与主体间的博弈关系，包括政府与养殖主体间的博弈关系、社会化服务组织与养殖主体间的博弈关系和养殖主体与养殖主体间的博弈关系；最后分别从政府环境规制、社会化服务组织嵌入和养殖主体感知价值维度探索不同参与主体行为对畜牧业绿色转型的作用机理。

第一节　畜牧业绿色转型参与主体经济行为

一、畜牧业绿色转型参与主体识别

正如第四章中畜牧业绿色转型理论本质中所提到的，畜牧业绿色转型是实现"减排"与"增效"双赢目标的动态过程，是环保型养殖场替代污染型养殖场的结果，是由数以万计的养殖主体的生产绿色转型构成的整体产业的绿色转型。为此，在对畜牧业绿色转型参与主体识别时，还需以微观养殖主体为切入点，以微观个体生产绿色转型行为构建整体产业绿色转型的逻辑框架。

从理论上讲，实行畜牧业绿色转型战略最直接的两大利益群体是政府和养殖主体，其中政府的利益目标是促进畜禽养殖与生态环境之间耦合关系的改善，最终实现经济效益、社会效益和生态效益"三赢"的发展格局。[1][2] 然而对于追求自身利益最大化的养殖主体而言，其发展的首要目标是实现经济效益的最大化，往往容易忽视生态环境的保护。畜牧业既是资源消耗型产业，同时也是环境污染型产业，极易造成环境负外部性。为了实现环境负外部性内部化，政府需要通过激励性措施与养殖主体达成一致协议，共同为实现畜牧业绿色转型战略目标而努力，为此两大利益群体构成了基本的委托代理关系，即政府是契约的委托者，养殖主体是执行契约的代理者。

政府和养殖主体之间的委托代理关系本质上是一种经济利益关系，政府通过政策优化、资金直补、项目扶持以及技术服务等措施激励养殖主体实现自身效用最大化，此时也可以实现政府利益最大化的目标。但是由于信息不对称以及信息无效率等问题，政府和养殖主体的目标函数总是不一致的，存在一定的利益冲突，这就导致了激励不相容问题的出现。[3] 具体而言，实现这种契约激励的有效性需要养殖主体以效用最大化为原则开展具体行动，养殖主体执行契约以后的总收益不能低于期望收益，在养殖主体执行完契约以后，委托者的收益也能实现最大化。但是契约执行结果是由代理者（假设养殖主体为风险规避型且有"私人信息"）行为决策和外界不确定因素综合决定的，而委托者（假设政府为风险中立型且缺乏"私人信息"）无法直接获取到代理者的行为决策信息，仅能通过契约执行结果来推测代理者的行为决策，这就导致了委托者无法准确掌握契约执行结果是代理者的努力程度不足还是由于外界不确定因素所导致，在一定程度上为代理者提供了隐藏的"自我保护主义"机会，进而有动机也有可能做出损害委托者利益的

---

① 陈儒：《低碳农业研究的知识图谱及比较》，《华南农业大学学报》（社会科学版）2019 年第 3 期。

② 左志平、齐振宏：《供应链框架下规模养猪户绿色养殖模式演化机理分析》，《中国农业大学学报》2016 年第 3 期。

③ 于婷、于法稳：《环境规制政策情境下畜禽养殖废弃物资源化利用认知对养殖户参与意愿的影响分析》，《中国农村经济》2019 年第 8 期。

行为。①②

随着服务业在农业领域的渗入度不断提升，农业服务业正在成为农业现代化历史上的"第三次动能"③，畜牧业领域的社会化服务业也在呈现"渐进式"发展。因此，在社会化服务组织以市场化介入方式参与畜牧业绿色转型的实际行动时，政府、社会化服务组织、养殖主体之间的委托代理关系发生了显著变化。具体而言，政府由原来的"掌舵者"变成了"守夜人"，政府与社会化服务组织之间构成了新的委托代理关系，政府是委托者，社会化服务组织是代理者，此时社会化服务组织被赋予政府"随行者"的身份，协助政府监督养殖主体实现生产绿色转型目标，这是政府和社会化服务组织之间的委托代理关系。此外，社会化服务组织和养殖主体之间也会建立起委托代理关系，社会化服务组织是委托者，养殖主体是代理者，社会化服务组织将执行生产绿色转型的责任委托给养殖主体。在这种委托代理关系中，社会化服务组织和养殖主体之间同样存在着利益冲突和信息不对称。④⑤ 政府、社会化服务组织和养殖主体之间的委托代理关系如图 5–1 所示。

二、畜牧业绿色转型各参与主体经济行为分析

为了充分解释畜牧业绿色转型过程中各参与主体的经济行为，在此基于委托代理理论、期望效用理论、感知价值理论等经典理论，参考刘铮（2020）对肉鸡养殖户实施亲环境行为决策的研究⑥，通过构建数理模型，对

① 薛岩龙、郑风田、刘宁宁、杨浩：《组织形式、信息不对称与"一家两制"——基于农户蔬菜采摘行为的抽样调查》，《经济经纬》2015 年第 5 期。
② 周峰、徐翔：《政府规制下无公害农产品生产者的道德风险行为分析——基于江苏省农户的调查》，《南京农业大学学报》（社会科学版）2007 年第 4 期。
③ 冀名峰：《农业生产性服务业：我国农业现代化历史上的第三次动能》，《农业经济问题》2018 年第 3 期。
④ 杨果、陈瑶：《新型农业经营主体参与低碳农业发展的激励机制设计》，《中国人口·资源与环境》2016 年第 6 期。
⑤ 兰婷：《乡村振兴背景下农业面源污染多主体合作治理模式研究》，《农村经济》2019 年第 1 期。
⑥ 刘铮：《肉鸡养殖户亲环境行为研究》，博士学位论文，沈阳农业大学，2020 年，第 40—52 页。

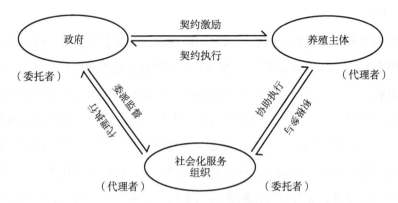

图 5-1 政府、社会化服务组织和养殖主体之间的委托代理关系

畜牧业绿色转型加以经济学阐述，为畜牧业绿色转型影响机理的逻辑框架建构奠定基础。在进行数理模型分析前，需要再次明确各主体在畜牧业绿色转型过程中所扮演的角色，其中政府的职责是指导和监督，社会化服务组织的职责是协调与服务，养殖主体的职责是执行与反馈，假设各主体在畜牧业绿色转型的过程中会一直存在，且政府和社会化服务组织为风险中立型，养殖主体为风险规避型，其是否参与生产绿色转型与其获得的长期效用密切相关。养殖主体的生产绿色转型有两种表现形式：参与生产绿色转型和不参与生产绿色转型。设养殖主体的养殖周期为 T ($T \geq 1$)，参与生产绿色转型获得的养殖收益为 w_1 ($w_1 > 0$)，参与生产绿色转型获得的政府补贴为 q，通过采用社会化服务而节省生产成本为 c[①]，参与生产绿色转型获得自我内心宽慰的无形收益为 k_1 ($k_1 > 0$)[②]，贴现因子为 θ ($0 < \theta < 1$)。假设养殖主体从第一期开始便参与生产绿色转型，则其效用函数为：

$$U = w_1 + q + c + k_1 \tag{5-1}$$

---

① 既往对于农业社会化服务的研究发现，农业社会化服务不仅仅可以帮助农户解决生产上的难题，同时还具有节本增效的功能。借鉴至本研究，认为畜禽养殖过程中的社会化服务同样具有节本增效的功能，为此假设采用社会化服务可以节省生产成本，并将所节省的生产成本默认为额外收入。

② 需要解释的是，参与生产绿色转型会带来良好的经济效益、社会效益和生态效益，一旦养殖主体参与生产绿色转型，责任感会显著提升，相较于未参与绿色转型的主体而言，会得到自我宽慰和价值的提升。

养殖主体参与生产绿色转型各期的期望效用流 U 可以表示为：

$$U \sim w_1 + q + c + k_1 \tag{5-2}$$

如果养殖主体参与生产绿色转型，则其预期总效用 E_1 可以表示为：

$$E_1 = U_1 + \theta U_2 + \theta^2 U_3 \cdots + \theta^{T-1} U_t = \frac{1-\theta^T}{1-\theta}(w_1 + q + c + k_1) \tag{5-3}$$

虽然政府、社会化服务组织和养殖主体三者之间建立起了两层委托代理关系，但是在实际养殖的过程中，限于时间成本和物质成本，政府不可能随时监督养殖主体是否参与了生产绿色转型，社会化服务组织也不能随时代理政府监督养殖主体，也不能随时为其提供相应的社会化服务。综合这两种情况，养殖主体如果不参与生产绿色转型有不被发现的概率，因此其就会有动机不参与生产绿色转型，例如过量使用抗生素，再如随意排放污染物等。

假设养殖主体不参与生产绿色转型会比参与生产绿色转型每期多获得收益 g，但是需要承担一定的心理成本 k_2 ($k_2 > 0$)①，并且在以后的每期中均不会再参与生产绿色转型，直到被政府或社会化服务组织所发现。设养殖主体不参与生产绿色转型被政府或社会化服务组织发现的概率为 p，不参与绿色转型被发现后的养殖收益为 w_1^* ($w_1^* < w_1$，原因是一旦被发现就可能面临着限期整改、关停等规制措施，此时的 w_1^* 甚至有可能降为 0)，不参与绿色转型被发现后支付罚款为 m。如果养殖主体从第一期开始就不参与生产绿色转型，则其各期养殖期望效用流可以表示为：

$$U \sim (1-p)(w_1 + g + q + c - k_2) + p(w_1^* - m - k_2) \tag{5-4}$$

如果养殖主体不参与生产绿色转型，则其预期总效用 E_2 可以表示为：

---

① 这里的心理成本是指未参与生产绿色转型的养殖主体无论是否被政府和社会化服务组织发现，其均清楚未参与生产绿色转型给环境会带来哪些负向影响，为此其内心会承担自责、愧疚、不安等心理成本。通常来讲，在多次不参与的情形下，心理成本会递减，但是这种成本又无法准确度量，为此本研究假设养殖主体的心理成本不变。

$$E_2 = U_1 + \theta U_2 + \theta^2 U_3 \cdots + \theta^{T-1} U_t$$

$$= \left[(1-p)(w_1 + g + q + c - k_2) + p(w_1^* - m - w_2) \right] (1 + \theta + \theta^2 + \cdots + \theta^{T-1})$$

$$= \frac{1 - \theta^T}{1 - \theta} \left[(1-p)(w_1 + g + q + c - k_2) + p(w_1^* - m - w_2) \right]$$
(5-5)

　　一般意义上讲，养殖主体处于畜牧业产业链的最上游且与畜牧业产业链上的其他主体一样均为理性经济人，其根本目标是实现自身效益最大化。通常认为畜禽养殖中的生产要素配置是经济有效的，养殖主体在养殖过程中受到利己主义动机的驱动，会追求自身效用最大化和付出最小化，最终根据期望效应的大小而作出相应的养殖决策。随着政府和社会化服务组织对养殖主体生产绿色转型的关注程度不断提高，养殖主体也会愈发关注自身的行为决策造成的环境外部性的影响。由于不参与生产绿色转型，养殖主体一旦被政府或社会化服务组织发现，就要承受经济上的损失，例如罚款、限期整改、关停、降低或不予补贴的情况，同时也会对养殖主体的身心和精神带来一定负向影响，例如被媒体曝光、遭受周边邻居歧视，需要承担较大的心理成本。

　　依据期望效用理论的基本观点可以得知，养殖主体在参与生产绿色转型后所获得的期望效用既是参与生产绿色转型产生的效用，同时也是在衡量各方面利得以后所获得的期望效用，也就是说养殖主体在行为决策过程中必然遵循效用最大化原则。[1] 因此，养殖主体是否参与生产绿色转型都会产生相应的感知价值，感知价值又包括感知利益和感知风险两个部分。由于养殖主体是否参与生产绿色转型是基于期望总效用而作出的决策，既往研究表明，感知价值是个体感知得失与感知利失之间的权衡，个体意向和行为响应与感知价值的大小显著正相关。[2][3] 因此，本节认为养殖主体是否参与生产

[1] 任立、甘臣林、吴萌、陈银蓉：《城市近郊区农户农地感知价值对其投入行为影响研究——以武汉、鄂州两地典型样本调查为例》，《中国土地科学》2018年第1期。

[2] 杨钢桥、龚晓晨、吴九兴、汪文雄：《基于感知价值的农民参与农地整理项目意愿影响因素研究》，《华中农业大学学报》（社会科学版）2014年第4期。

[3] 刘胜林、王雨林、卢冲、西爱琴：《感知价值理论视角下农户政策性生猪保险支付意愿研究——以四川省三县调查数据的结构方程模型分析为例》，《华中农业大学学报》（社会科学版）2015年第3期。

绿色转型在养殖主体的主观层面是由感知利益和感知风险两个维度共同决定的。如果养殖主体参与生产绿色转型的感知利益大于感知风险，则养殖主体参与生产绿色转型的感知价值相对较大、期望效用也相对较大，养殖主体会在养殖过程中持续参与生产绿色转型；反之，则不会参与生产绿色转型，其具体的行为决策可以表示为：

$$U_i = \begin{cases} 0, 当 U_{ib} + U_{ir} < 0, \ 不参与生产绿色转型 \\ 1, 当 U_{ib} + U_{ir} > 0, \ 参与生产绿色转型 \end{cases} \tag{5-6}$$

式（5-6）中：U_i 代表第 i 个养殖主体的行为决策，U_{ib} 代表第 i 个养殖主体感知利益所产生的效用，U_{ir} 代表第 i 个养殖主体感知风险带来的效用，进一步地，U_{ib} 和 U_{ir} 可以表示为：

$$U_{ib} = f_{ib}(X_{i1}, X_{i2}, \cdots, X_{in}) = \sum_{n=1}^{N} U(X_{in}) \tag{5-7}$$

$$U_{ir} = f_{ir}(Y_{i1}, Y_{i2}, \cdots, Y_{im}) = \sum_{m=1}^{M} U(Y_{im}) \tag{5-8}$$

式（5-7）和（5-8）中：n 和 m 是自然数；X_{in} 和 Y_{im} 分别是 U_{ib} 和 U_{ir} 的影响因素，感知利益的效用等于 X 的效用之和，感知风险的效用等于 Y 的效用之和。X_{in} 和 Y_{im} 共同决定第 i 个养殖主体的感知价值，通过期望效用的大小影响养殖主体生产绿色转型的决策。[①]

将式（5-7）和（5-8）分别代入式（5-6）中可以得到：

$$U_i = \begin{cases} 0, 当 \sum_{n=1}^{N} U(X_{in}) + \sum_{m=1}^{M} U(Y_{im}) < 0, \ 不参与生产绿色转型 \\ 1, 当 \sum_{n=1}^{N} U(X_{in}) + \sum_{m=1}^{M} U(Y_{im}) > 0, \ 参与生产绿色转型 \end{cases} \tag{5-9}$$

此时，第 i 个养殖主体参与生产绿色转型的概率可以表示为：

$$P_i = prob(U_i = 1) = prob\left(\sum_{n=1}^{N} U(X_{in}) + \sum_{m=1}^{M} U(Y_{im}) > 0 \right) \tag{5-10}$$

$$= f(X_{i1}, X_{i2}, \cdots, X_{in} \mid Y_{i1}, Y_{i2}, \cdots, Y_{im})$$

---

① 需要强调的是，本研究并没有考虑感知利益和感知风险相等的情况，这种情形下养殖主体参与生产绿色转型与不参与生产绿色转型的行为决策相同，但是这种情形的概率机会太小，可以忽略不计。

根据式（5-10）可知，养殖主体是否参与生产绿色转型是由其感知利益和感知风险共同作用的结果。通过参与约束和激励相容约束可以提高养殖主体的感知价值，进而激励养殖主体参与生产绿色转型。如果养殖主体在参与生产绿色转型的过程中能够显著增加预期效用，则其会参与且持续参与；反之，则不会参与。

根据式（5-3）和（5-5）可以进一步得到养殖主体不参与和参与生产绿色转型的预期总效用差值 ΔE。如果 ΔE 为正值，则表明养殖主体有不参与生产绿色转型的可能性，并且 ΔE 越大，养殖主体不参与的可能性就越大，ΔE 的计算表达式为：

$$\Delta E = E_2 - E_1 = \frac{1-\theta^T}{1-\theta}\left[(1-p)g + p(w_1^* - m - w_1 - q - c) - (k_1 + k_2)\right] \quad (5\text{-}11)$$

根据式（5-11）可知，养殖主体是否参与生产绿色转型受到以下因素影响：一是养殖主体不参与生产绿色转型获得的额外收益（g）、需要承担的心理成本（k_2）、被政府或社会化服务组织发现的概率（p）以及被发现后获得的养殖收益（w_1^*）与支付的罚款（m）；二是养殖主体参与生产绿色转型获得的养殖收益（w_1）、获得自我内心宽慰的无形收益（k_1）以及获得政府的补贴（q）和社会化服务组织的支持（c）；三是养殖主体养殖生产期数（T）和贴现因子（θ）。便于研究，养殖生产期数（T）和贴现因子（θ）对养殖主体是否参与生产绿色转型的影响不做细致研究。通过对式（5-11）中各变量进行求导可以观测到各变量对养殖主体生产绿色转型的影响。

$$\frac{d\Delta E}{dp} = \frac{1-\theta^T}{1-\theta}(w_1^* - m - w_1 - q - c - g) < 0 \quad (5\text{-}12)$$

根据式（5-12）可知，养殖主体不参与生产绿色转型与其被政府和社会化服务组织发现的概率呈负相关关系。政府和社会化服务组织对养殖主体的监管越严格，养殖主体不参与生产绿色转型就越容易被发现、需要付出的违规成本也就越高，养殖主体违背政府和社会化服务组织治理监管意愿的可能性越小；反之，政府和社会化服务组织对养殖主体的监管程度越低，养殖主体不参与生产绿色转型越容易隐藏，不参与的概率就越大。

$$\frac{d\Delta E}{dg} = \frac{1-\theta^{T}}{1-\theta}(1-p) > 0 \tag{5-13}$$

根据式（5-13）可知，养殖主体不参与生产绿色转型获得的额外收益越大，养殖主体受到经济利益驱动越大，不参与的可能性越大，实现激励相容约束越困难。

$$\frac{d\Delta E}{dw_{1}^{*}} = \frac{1-\theta^{T}}{1-\theta}p > 0 \tag{5-14}$$

根据式（5-14）可知，养殖主体不参与生产绿色转型被政府和社会化服务组织发现后获得的养殖收益越大，养殖主体不参与的可能性就越大，主要是因为如果养殖主体不参与生产绿色转型被政府和社会化服务组织发现后获得的养殖收益大于其所能承受的损失，则其便不会在意这些损失，加剧了其不参与生产绿色转型的概率。

$$\frac{d\Delta E}{dm} = -\frac{1-\theta^{T}}{1-\theta}p < 0 \tag{5-15}$$

根据式（5-15）可知，养殖主体不参与生产绿色转型被发现时支付的罚款越多，养殖主体不参与生产绿色转型获得的经济收益越小，理性经济人思维提醒养殖主体，为规避支付罚款对养殖造成的影响，应该参与生产绿色转型。

$$\frac{d\Delta E}{dw_{1}} = -\frac{1-\theta^{T}}{1-\theta}p < 0 \tag{5-16}$$

根据式（5-16）可知，养殖主体参与生产绿色转型获得的养殖收益越大，对养殖主体参与生产绿色转型的激励越高，而其不参与的机会成本就越高，倒逼其参与绿色转型的概率将会显著提升。

$$\frac{d\Delta E}{dq} = -\frac{1-\theta^{T}}{1-\theta}p < 0 \tag{5-17}$$

根据式（5-17）可知，养殖主体参与生产绿色转型获得的政府补贴越多，同样也会激发养殖主体参与生产绿色转型的积极性，充分享有政府给予的声誉补偿，进一步调动其参与生产绿色转型意愿。

$$\frac{d\Delta E}{dc} = -\frac{1-\theta^T}{1-\theta}p < 0 \tag{5-18}$$

根据式（5-18）可知，养殖主体参与生产绿色转型获得社会化服务组织的支持越多，越可以节省生产成本，也就越能够积极主动地参与生产绿色转型。需要特别指出的是，随着养殖专业分工的进一步明确，社会化服务组织嵌入成为衔接政府和养殖主体之间的"桥梁"，一方面代理政府监督养殖主体生产绿色转型，另一方面协助养殖主体实施生产绿色转型。

$$\frac{d\Delta E}{dk_1} = -\frac{1-\theta^T}{1-\theta} < 0 \tag{5-19}$$

根据式（5-19）可知，养殖主体参与生产绿色转型获得自我内心宽慰的无形收益越大，其参与生产绿色转型的概率就越大。虽然目前大部分养殖主体依旧以追求经济效益为主，往往容易忽视生态效益，但是随着乡村振兴、特别是农村人居环境整治行动的推进，养殖主体的"社会人"形象逐渐显现，参与生产绿色转型不仅可以赢得社会声誉，还可以提升自我认同感和满足感，这种反向激励又将持续推动其参与生产绿色转型。

$$\frac{d\Delta E}{dk_2} = -\frac{1-\theta^T}{1-\theta} < 0 \tag{5-20}$$

根据式（5-20）可知，养殖主体不参与生产绿色转型需要承担的心理成本越大，就越容易迫使其参与生产绿色转型。对于不参与生产绿色转型的养殖主体，可能会受到不可预知的环境因素影响，内心的恐慌和不安，将影响正常的养殖决策，降低感知价值。

综合一阶偏导的分析可以发现，养殖主体参与生产绿色转型获得的养殖收益越大、政府补贴越多、社会化服务组织帮助其节省成本越多、获得自我内心宽慰的无形收益越大，养殖主体参与生产绿色转型的积极性、主动性就越高。而养殖主体不参与生产绿色转型获得的额外收益越小、需要承担的心理成本越大、被政府和社会化服务组织发现的概率越大、被发现后支付的罚款越多、获得的养殖收益越少，其不参与生产绿色转型的动机就越弱，同时概率也就越小。

另外，根据式（5-12）可以发现，养殖主体不参与生产绿色转型被政府或社会化服务组织发现的概率还会影响其他因素对生产绿色转型的影响。因此，通过对式（5-12）各变量分别求二阶偏导来阐释养殖主体不参与生产绿色转型被政府或社会化服务组织发现的概率如何影响其他因素对于生产绿色转型的影响。

$$\frac{d^2 \Delta E}{dp dw_1^*} = \frac{1 - \theta^T}{1 - \theta} > 0 \tag{5-21}$$

根据式（5-21）可知，如果养殖主体不参与生产绿色转型被政府或社会化服务组织发现的概率下降，则 $\frac{d\Delta E}{dw_1^*}$ 下降，表明随着政府或社会化服务组织对养殖主体的监管力度下降，可以通过降低不参与生产绿色转型而获得的单位养殖收益来降低养殖主体不参与生产绿色转型的边际影响。

$$\frac{d^2 \Delta E}{dp dm} = -\frac{1 - \theta^T}{1 - \theta} < 0 \tag{5-22}$$

根据式（5-22）可知，如果养殖主体不参与生产绿色转型被政府或社会化服务组织发现的概率下降，则 $\frac{d\Delta E}{dm}$ 上升。由于 $\frac{d\Delta E}{dm} < 0$，则 $\left| \frac{d\Delta E}{dm} \right|$ 下降，表明随着政府或社会化服务组织对养殖主体的监管力度下降，加大对养殖主体不参与生产绿色转型的处罚力度所起到的抑制养殖主体不参与生产绿色转型的边际影响也随之降低。因此，政府或社会化服务组织对养殖主体的监管力度越弱，养殖主体不参与生产绿色转型逃避处罚的可能性也就越大。

$$\frac{d^2 \Delta E}{dp dw_1} = -\frac{1 - \theta^T}{1 - \theta} < 0 \tag{5-23}$$

根据式（5-23）可知，如果养殖主体不参与生产绿色转型被政府或社会化服务组织发现的概率下降，则 $\frac{d\Delta E}{dw_1}$ 上升。由于 $\frac{d\Delta E}{dw_1} < 0$，则 $\left| \frac{d\Delta E}{dw_1} \right|$ 下降，表明随着政府或社会化服务组织对养殖主体的监管力度下降，即使增加养殖主体参与生产绿色转型的收益，对其参与生产绿色转型的激励作用也会下降。

$$\frac{d^2\Delta E}{dpdq} = -\frac{1-\theta^T}{1-\theta} < 0 \qquad\qquad (5\text{-}24)$$

根据式（5-24）可知，如果养殖主体不参与生产绿色转型被政府或社会化服务组织发现的概率下降，则 $\frac{d\Delta E}{dq}$ 上升。由于 $\frac{d\Delta E}{dq} < 0$，则 $\left|\frac{d\Delta E}{dq}\right|$ 下降，表明随着政府或社会化服务组织对养殖主体的监管力度下降，即使增加养殖主体参与生产绿色转型的政府补贴，对其参与生产绿色转型的激励作用也会下降。

$$\frac{d^2\Delta E}{dpdc} = -\frac{1-\theta^T}{1-\theta} < 0 \qquad\qquad (5\text{-}25)$$

根据式（5-25）可知，如果养殖主体不参与生产绿色转型被政府或社会化服务组织发现的概率下降，则 $\frac{d\Delta E}{dc}$ 上升。由于 $\frac{d\Delta E}{dc} < 0$，则 $\left|\frac{d\Delta E}{dc}\right|$ 下降，表明随着政府或社会化服务组织对养殖主体的监管力度下降，即使社会化服务组织协助养殖主体参与生产绿色转型节省成本再多，对其参与生产绿色转型的激励作用也会下降。

$$\frac{d^2\Delta E}{dpdg} = -\frac{1-\theta^T}{1-\theta} < 0 \qquad\qquad (5\text{-}26)$$

根据式（5-26）可知，如果养殖主体不参与生产绿色转型被政府或社会化服务组织发现的概率下降，则 $\frac{d\Delta E}{dg}$ 上升，表明随着政府或社会化服务组织对养殖主体的监管力度下降，养殖主体不参与生产绿色转型所获得的额外收益的边际效用在增大，养殖主体不参与生产绿色转型的可能性也会随之增大。

综合二阶偏导的分析发现，如果政府或社会化服务组织对养殖主体生产绿色转型的监管力度下降，则养殖主体不参与生产绿色转型的概率就会显著增加，且其他政策举措（如增加参与生产绿色转型获得的养殖收益、提高参与生产转型获得的政府补贴、提高社会化服务组织协助养殖主体节省的成本、降低不参与生产绿色转型获得的额外收益和被发现后获得的养殖收益、提高不参与生产绿色转型后支付的罚款）的效果均会显著下降。因此，政府和社会化服务组织加大对养殖主体参与生产绿色转型的监管力度，而提高养殖主体不参与生产绿色转型被发现的概率是首要举措，也是其他举措得以有效实施的重要前提。

总体来看，虽然上述是基于微观养殖主体进行的分析，但全书一直持有的观点是"畜牧业是由一个又一个养殖主体所构成，养殖主体的生产绿色转型构成了畜牧业的绿色转型"。因此，从上述数理模型推导而来的经济学内涵是：养殖主体生产绿色转型受到多层次因素影响，具体可以概括为三个层面，分别是政府层面的环境规制、市场层面的社会化服务组织嵌入、养殖主体层面的感知价值，这也恰好与畜牧业绿色转型理论内涵遥相呼应，也再一次用经济学研究范式解释了畜牧业绿色转型理论内涵的科学性。

第二节　畜牧业绿色转型参与主体间博弈关系

一、政府与养殖主体间的博弈分析

生态环境作为公共物品具有典型的非排他性，这也是造成市场失灵的潜在因素。就畜禽养殖而言，当养殖主体不受约束、完全以追求经济利益最大化为目标时，所造成的环境污染是一种具有负外部性的公共物品；当养殖主体既考虑经济利益、又能积极主动参与生产绿色转型时，此时的环境污染将"变废为宝"，是一种具有正外部性的公共物品。但是，由于养殖主体选择参与生产绿色转型或不参与生产绿色转型面临着边际私人收益（或边际私人成本）与边际社会收益（或边际社会成本）不完全对等的情况，仅依靠市场自我调节难以实现资源的有效配置，需要政府通过对私人负外部性行为加以约束或者对私人正外部性行为加以激励来矫正边际私人成本或边际私人收益，促使外部效应内部化，将"不合作博弈"逐渐转化为"合作博弈"，进而实现帕累托最优。[1] 这也正是政府在畜牧业绿色转型的过程中需要承担的

---

[1]　何蒲明、魏君英：《试论农户经营行为对农业可持续发展的影响》，《农业技术经济》2003年第2期。

责任，即以环境规制手段约束或激励养殖主体参与生产绿色转型。

为了充分辨识政府的环境规制是如何激发养殖主体参与生产绿色转型，唤醒其生态自觉性，参考李乾和王玉斌（2018）的研究[①]，分别构建三种环境规制情境下政府与养殖主体的动态博弈分析框架，以对比三种环境规制效果。在此之前，需要给定的假设前提是，政府和养殖主体对对方的策略行为以及收益函数均是完全了解的，即博弈双方信息完全。

第一，构建激励型环境规制博弈分析框架。该情境下，政府将对参与生产绿色转型的养殖主体进行奖励，即政府实行激励型环境规制策略。假设政府仅采用单一的经济激励方式，即对参与生产绿色转型的养殖主体给予财政补贴 M，由于养殖规模、资源化利用方式、个人申报积极性等的差异，养殖主体获得补贴的概率为 θ_1，此时政府的规制成本为 C_1，同时假设如果政府不对养殖主体实行监管且养殖主体不参与生产绿色转型会导致政府的公信力损失 E_1，而养殖主体参与生产绿色转型时所需要的成本为 C_2，收益为 W，不参与生产绿色转型时社会声誉损失 E_2。由于不能保证政府和养殖主体不单方面偏离自己的行动，故采用混合策略纳什均衡进行求解，进一步假设政府实施激励型环境规制的概率为 p_1，不实施的概率为 $1-p_1$，养殖主体参与生产绿色转型的概率为 q_1，不参与的概率为 $1-q_1$，且有 p_1、$q_1 \in [0,1]$，则政府和养殖主体的博弈收益矩阵为：

表 5-1　激励型环境规制情境下政府和养殖主体的博弈收益矩阵

类型		政府	
		实施激励型环境规制（p_1）	不实施激励型环境规制（$1-p_1$）
养殖主体	参与生产绿色转型（q_1）	$-C_2+W+\theta_1 M$，$-C_1-\theta_1 M$	$-C_2+W$，0
	不参与生产绿色转型（$1-q_1$）	$-E_2$，$-C_1$	$-E_2$，$-E_1$

[①] 李乾、王玉斌：《畜禽养殖废弃物资源化利用中政府行为选择——激励抑或惩罚》，《农村经济》2018 年第 9 期。

假设在实行激励型环境规制情境下政府的期望效应是 U_{g1}，养殖主体的期望效应为 U_{f1}，则有：

$$U_{g1} = p_1[q_1(-C_1 - \theta_1 M) + (1 - q_1)(-C_1)] + (1 - p_1)[q_1 \times 0 + (1 - q_1)(-E_1)]$$

$$(5\text{-}27)$$

$$U_{f1} = q_1[p_1(-C_2 + W + \theta_1 M) + (1 - p_1)(-C_2 + M)] + (1 - q_1)[p_1 \times (-E_2) +$$

$$(1 - p_1)(-E_2)]$$

$$(5\text{-}28)$$

政府期望效应 U_{g1} 和养殖主体期望效应 U_{f1} 分别对实施激励型环境规制的概率为 p_1 和实行参与生产绿色转型的概率为 q_1，求一阶偏导并令其等于 0，则有：

$$\frac{\partial U_{g1}}{\partial p_1} = E_1 - q_1 \theta_1 M - C_1 - q_1 E_1 = 0$$

$$(5\text{-}29)$$

$$\frac{\partial U_{f1}}{\partial q_1} = p_1 \theta_1 M - C_2 + W + E_2 = 0$$

$$(5\text{-}30)$$

求得政府和养殖主体在激励型环境规制情境下博弈的混合策略纳什均衡解分别为：

$$p_1^* = \frac{C_2 - W - E_2}{\theta_1 M}$$

$$(5\text{-}31)$$

$$q_1^* = \frac{E_1 - C_1}{\theta_1 M + E_1}$$

$$(5\text{-}32)$$

基于上述混合策略纳什均衡解分析可以发现，当政策实施激励型环境规制概率大于 p_1^* 时，养殖主体会参与生产绿色转型，反之不参与；当养殖主体参与生产绿色转型的概率大于 q_1^* 时，政府不会实施激励型环境规制，反之会实施激励型环境规制，激发养殖主体参与生产绿色转型。当处在纳什均衡解上时，政府和养殖主体采取任何一种策略的结果都是相同的。对于 p_1^* 而言，政府对养殖主体的激励程度越高、养殖主体参与生产绿色转型的物质收益和非物质收益越高，此时养殖主体就会更加倾向于参与生产绿色转型；对于 q_1^* 而言，政府财政补贴支出和公信力认知的综合成本越高、监管成本越高，此时政府就会降低实施激励型环境规制。

第二，构建约束型环境规制博弈分析框架。该情境下，政府对不参与生产绿色转型的养殖主体给予一定行政惩罚，即政府实行约束型环境规制策略。假设政府对养殖主体的监管成本为 C_3（$C_3<C_1$）、罚款为 G，对不参与生产绿色转型被监管到且实行惩罚的概率为 θ_2。同理，假设如果政府不对养殖主体实行监管且养殖主体不参与生产绿色转型会导致政府的公信力损失 E_1，而养殖主体参与生产绿色转型时所需要的成本为 C_2，收益为 W，不参与生产绿色转型时社会声誉损失 E_2，被执行罚款为 G。同样求解混合策略纳什均衡，假设政府实施约束型环境规制的概率为 p_2，不实施的概率为 $1-p_2$，养殖主体参与生产绿色转型的概率为 q_2，不参与的概率为 $1-q_2$，且有 p_2、$q_2\in[0,1]$，则政府和养殖主体的博弈收益矩阵为：

表 5-2　约束型环境规制情境下政府和养殖主体的博弈收益矩阵

类型		政府	
		实施约束型环境规制（p_2）	不实施约束型环境规制（$1-p_2$）
养殖主体	参与生产绿色转型（q_2）	$-C_2+W$，$-C_3$	$-C_2+W$，0
	不参与生产绿色转型（$1-q_2$）	$-E_2-\theta_2 G$，$\theta_2 G-C_3$	$-E_2$，$-E_1$

假设在实行约束型环境规制情境下政府的期望效应是 U_{g2}，养殖主体的期望效应为 U_{f2}，则有：

$$U_{g2} = p_2[q_2(-C_3)+(1-q_2)(\theta_2 G-C_3)]+(1-p_2)[q_2\times 0+(1-q_2)(-E_1)]$$

(5-33)

$$U_{f2} = q_2[p_2(-C_2+W)+(1-p_2)(-C_2+W)]+(1-q_2)[p_2(-E_2-\theta_2 G)+$$

$$(1-p_2)(-E_2)]$$

(5-34)

政府期望效应 U_{g2} 和养殖主体期望效应 U_{f2} 分别对实施约束型环境规制的概率为 p_2 和实行参与生产绿色转型的概率为 q_2，求一阶偏导并令其等于 0，则有：

$$\frac{\partial U_{g2}}{\partial p_2} = \theta_2 G - q_2 \theta_2 G - C_3 - q_2 E_1 + E_1 = 0 \tag{5-35}$$

$$\frac{\partial U_{f2}}{\partial q_2} = W - C_2 + p_2 \theta_2 G + E_2 = 0 \tag{5-36}$$

求得政府和养殖主体在约束型环境规制情境下博弈的混合策略纳什均衡解分别为：

$$p_2^* = \frac{C_2 - W - E_2}{\theta_2 G} \tag{5-37}$$

$$q_2^* = \frac{\theta_2 G - C_3 + E_1}{\theta_2 G + E_1} \tag{5-38}$$

同理，基于上述混合策略纳什均衡解分析可以发现，当政策实施约束型环境规制概率大于 p_2^* 时，养殖主体会参与生产绿色转型，反之不参与；当养殖主体参与生产绿色转型的概率大于 q_2^* 时，政府不会实施约束型环境规制，反之会实施约束型环境规制，约束养殖主体参与生产绿色转型。当处在纳什均衡解上时，政府和养殖主体采取任何一种策略的结果都是相同的。对于 p_2^* 而言，政府对养殖主体的惩罚程度越高、养殖主体参与生产绿色转型的物质收益和非物质收益越高，此时养殖主体就会更加倾向于参与生产绿色转型；对于 q_2^* 而言，政府执行惩罚所得和公信力认知的综合效益越高、监管成本越小，此时政府就会提高实施约束型环境规制的积极性。

第三，构建混合型环境规制博弈分析框架。该情境下，政府对不参与生产绿色转型的养殖主体会根据不同时机采取不同策略，有时给予一定的补贴奖励，有时给予一定的行政惩罚，即政府实行混合型环境规制策略。假设政府对养殖主体的监管成本为 C_4 （$C_3 < C_4 < C_1$），其余假设条件与激励型环境规制和约束型环境规制相一致。同样求解混合策略纳什均衡，假设政府实施混合型环境规制的概率为 p_3，不实施的概率为 $1-p_3$，养殖主体参与生产绿色转型的概率为 q_3，不参与的概率为 $1-q_3$，且有 p_3、$q_3 \in [0,1]$，则政府和养殖主体的博弈收益矩阵为：

表 5-3 混合型环境规制情境下政府和养殖主体的博弈收益矩阵

类型		政府	
		实施混合型环境规制 (p_3)	不实施混合型环境规制 $(1-p_3)$
养殖主体	参与生产绿色转型 (q_3)	$-C_2+W+\theta_1 M$, $-C_4-\theta_1 M$	$-C_2+W$, 0
	不参与生产绿色转型 $(1-q_3)$	$-E_2-\theta_2 G$, $\theta_2 G-C_4$	$-E_2$, $-E_1$

假设在实行混合型环境规制情境下政府的期望效应是 U_{g3}，养殖主体的期望效应为 U_{f3}，则有：

$$U_{g3} = p_3[q_3(-C_4 - \theta_1 M) + (1-q_3)(\theta_2 G - C_4)] + \\ (1-p_3)[q_3 \times 0 + (1-q_3)(-E_1)] \tag{5-39}$$

$$U_{f3} = q_3[p_3(-C_2 + W + \theta_1 M) + (1-p_3)(-C_2 + W)] + \\ (1-q_3)[p_3(-E_2 - \theta_2 G) + (1-p_3)(-E_2)] \tag{5-40}$$

政府期望效应 U_{g3} 和养殖主体期望效应 U_{f3} 分别对实施混合型环境规制的概率为 p_3 和参与生产绿色转型的概率为 q_3，求一阶偏导并令其等于 0，则有：

$$\frac{\partial U_{g3}}{\partial p_3} = -q_3\theta_1 M + \theta_2 G - q_3\theta_2 G - C_4 + E_1 - q_3 E_1 = 0 \tag{5-41}$$

$$\frac{\partial U_{f3}}{\partial q_3} = p_3\theta_1 M - C_2 + p_3\theta_2 G + W + E_2 = 0 \tag{5-42}$$

求得政府和养殖主体在约束型环境规制情境下博弈的混合策略纳什均衡解分别为：

$$p_3^* = \frac{C_2 - W - E_2}{\theta_1 M + \theta_2 G} \tag{5-43}$$

$$q_3^* = \frac{\theta_2 G - C_4 + E_1}{\theta_1 M + \theta_2 G + E_1} \tag{5-44}$$

同理，基于上述混合策略纳什均衡解分析可以发现，当政策实施混合型环境规制概率大于 p_3* 时，养殖主体会参与生产绿色转型，反之不参与；

当养殖主体参与生产绿色转型的概率大于q_3*时，政府不会实施混合型环境规制，反之会实施混合型环境规制，以更加科学的手段激励或约束养殖主体参与生产绿色转型。当处在纳什均衡解上时，政府和养殖主体采取任何一种策略的结果都是相同的。对于p_3*而言，政府对养殖主体的补贴或惩罚程度越高、养殖主体参与生产绿色转型的物质收益和非物质收益越高，此时养殖主体就会更加倾向于参与生产绿色转型；对于q_3*而言，政府财政补贴和监管成本越低、执行惩罚所得和公信力认知越高，此时政府就会越愿意实施混合型环境规制。

在上述不同环境规制情境下政府和养殖主体博弈收益矩阵构建以及混合策略纳什均衡求解的基础上，进一步对比三种类型环境规制的作用效果。对于$p*$而言，对比可知p_3*是最小的，而p_1*和p_2*的大小取决于$\theta_1 M$和$\theta_2 G$的大小，也就是说取决于激励型环境规制和约束型环境规制的强度大小。对于$q*$而言，对比可知$q_3*<q_1*$，而q_2*和q_3*之间的大小取决于$\theta_2 G$和C_4、C_3的大小，如果说C_4与C_3相差较小或近似相等，则有$q_2*<q_3*<q_1*$。更进一步的分析：

$$q_2^* - q_3^* = \frac{\theta_2 G - C_3 + E_1}{\theta_2 G + E_1} - \frac{\theta_2 G - C_4 + E_1}{\theta_1 M + \theta_2 G + E_1}$$
$$= \frac{(E_1 + \theta_1 M)(C_4 - C_3) - \theta_2 G(C_3 - \theta_1 M)}{(\theta_2 G + E_1)(\theta_1 M + \theta_2 G + E_1)}$$

(5-45)

即：
$$\begin{cases} p_3^* < p_2^* < p_1^*, & if \quad \theta_2 G < \theta_1 M \\ p_3^* < p_2^* = p_1^*, & if \quad \theta_2 G = \theta_1 M \\ p_3^* < p_1^* < p_2^*, & if \quad \theta_2 G > \theta_1 M \end{cases}$$

(5-46)

此处忽略$p_2*=p_1*$的情形，在图5-2中的（1）和（2）分别给出了三种政策情景下混合策略纳什均衡解的组合分布。在两种情形下，纵轴上p_3*始终最小，此时养殖主体参与生产绿色转型的概率大于均衡解为p_1*与p_2*时，符合最优政策预期；与纵轴上p_3*相对应的，横轴上q_3*介于q_2*和q_1*之间，养殖主体参与生产绿色转型的概率越大，政府在效用最大化时不采取规制措施的概率就越大，尽可能让市场机制自行发挥调节作用。因此，在政府实施环境规制策略督促养殖主体生产绿色转型过程中，可以同时采用激励型环境规制和约束型环境规制相结合的混合型环境规制策略，以提高养殖主体参与生产绿色转型的积极性。同时采取混合型环境规制策略的成本要小于采取两种单一环境规制的成本之和，符合范围经济的逻辑。

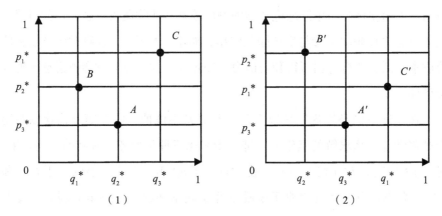

图5-2　三种政策情景下纳什均衡解比较

二、社会化服务组织与养殖主体间的博弈分析

社会化服务组织在养殖主体生产绿色转型过程中执行"双重"角色。一方面是政府的"代理人"，执行监督养殖主体是否参与生产绿色转型；另一方面是养殖主体的"帮扶者"，通过与养殖主体构建联合机制成为利益共同体，帮助养殖主体实现生产绿色转型。实践表明，社会化服务组织"帮扶者"身份占据主导地位，社会化服务组织通过向养殖主体输出"绿色"服务，以激发养殖主体参与生产绿色转型的热情。因此，社会化服务组织和养殖主体本身就形成了一种契约关系，这种契约关系的直接结果体现在养殖主体因采用了绿色服务而实现了绿色转型。

为了更加直观地体现养殖主体是否采用社会化服务组织提供的服务以及采用服务后社会化服务组织嵌入程度对其绿色转型的影响情况，在此将构建养殖主体是否采用社会化服务组织提供服务的博弈分析框架和社会化服务组织嵌入与养殖主体参与生产绿色转型的博弈分析框架。同样，需要给定的假设前提是，社会化服务组织和养殖主体对对方的策略行为以及收益函数均是完全了解的，即博弈双方信息是完全的。

第一，构建养殖主体是否采用服务博弈分析框架。该情景下，假设有甲和乙两个养殖主体参与是否采用服务的博弈局中。在未采用相关服务之前，甲和乙的平均收益为 W_0；甲和乙同时采用服务后的平均收益为 W_1，甲和乙一方采用服务时，加入方的收益为 W_2，未加入方的收益仍为 W_0。另外，在选择采用社会化服务组织提供的服务以后，所需要的生产成本为 C_1，未采用服务的生产成本为 C_2。一般认为，采用服务获得的净收益要大于未采用服务的净收益，采用服务所需的生产成本同样也大于未采用服务的生产成本，即 $W_2 > W_1 > W_0$，$C_1 > C_2$。

基于上述基本假设，当养殖主体甲和养殖主体乙均采用服务时，各自的净收益均为 $W_1 - C_1$；当养殖主体甲（乙）选择采用服务时，养殖主体乙（甲）不采用服务时，选择采用服务的养殖主体收益为 $W_2 - C_1$，而选择不采用服务的养殖主体收益为 $W_0 - C_2$；当养殖主体甲和乙均不采用服务时，各自的收益为 $W_0 - C_2$。养殖主体之间选择采用服务的博弈收益矩阵如表 5–4 所示。

表5–4　养殖主体之间选择采用服务的博弈收益矩阵

类型		养殖主体乙	
		采用社会化服务	不采用社会化服务
养殖主体甲	采用社会化服务	$W_1 - C_1$，$W_1 - C_1$	$W_2 - C_1$，$W_0 - C_2$
	不采用社会化服务	$W_0 - C_2$，$W_2 - C_1$	$W_0 - C_2$，$W_0 - C_2$

根据养殖主体甲和乙博弈模型的纳什均衡解的存在条件，"采用服务，采用服务"或"不采用服务，不采用服务"两种策略中定有一个为模型的纳什均衡，而 $W_1 - C_1 > W_0 - C_2$ 是养殖主体甲和乙选择"采用服务，采用服务"的重要前提。因此，对于社会化服务组织而言，只有不断增加养殖主体采用相关服务后的平均收益、降低采用服务所需的生产成本，确保采用服务后的纯收益大于采用前的纯收益，才会吸引更多养殖主体采用服务，促使其参与生产绿色转型。

第二，构建社会化服务组织嵌入[1]与养殖主体参与生产绿色转型的博弈分析框架。该情景下，在决定采用社会化服务以后，养殖主体与社会化服务组织之间便建立起了一种合作关系，这种合作关系的基础是养殖主体要配合社会化服务组织按照既定的方式方法执行绿色养殖。为了简化分析过程，假设仅有一个社会化服务组织和一个养殖主体进行单阶段的静态博弈。社会化服务组织和养殖主体均是理性经济人，二者均以追求自身利益最大化为目标。就社会化服务组织而言，其嵌入养殖场帮助养殖主体实现生产绿色转型的预期收益一定要大于未嵌入的预期收益，同时社会化服务组织不存在违约情况，社会化服务组织对养殖主体生产绿色转型进行帮扶是有效的。

假设社会化服务组织嵌入后和养殖主体参与生产绿色转型后获得的预期收益分别为 R_1 和 R_2，社会化服务组织嵌入成本为 C，养殖主体不按照社会化服务组织约定的生产方式预期收益降低为 R，同时导致社会化服务组织损失为 G，而由于自身违约受到社会化服务组织的经济惩罚为 H，惩罚的概率为 m[2]，由于违约使得声誉损失为 S。与此同时，假设社会化服务组织嵌入概率为 p，不嵌入的概率为 $1-p$，养殖主体参与生产绿色转型的概率为 q，不参与的概率为 $1-q$，且有 p、$q \in [0,1]$，则社会化服务组织与养殖主体的博弈收益矩阵为：

表5–5 社会化服务组织与养殖主体的博弈收益矩阵

类型		养殖主体	
		参与生产绿色转型（q）	**不参与生产绿色转型（$1-q$）**
社会化服务组织	嵌入（p）	R_1-C, R_2	$R_1-C-G+mH$, $R_2-mS-mH$
	不嵌入（$1-p$）	R_1, R_2	R_1, R_2-R

---

[1] "嵌入"是指行动者之间的社会关系和经济关系相重叠，或者某种社会联结镶嵌于其他社会联结中。这里社会化服务组织嵌入是指社会化服务组织不仅可以为养殖主体提供多种多样的社会化服务，还可以与养殖主体深度融合，真正形成利益联结关系。一般而言，社会化服务组织嵌入程度越高越契合政府和社会化服务组织之间、社会化服务组织与养殖主体之间的委托代理关系。

[2] 出于理性经济人假设的考虑，社会化服务组织对养殖主体的经济惩罚要远大于养殖主体不按其约定的生产方式而导致其损失，即 $mH>G$。

按照上述博弈收益矩阵可进一步求得社会化服务组织嵌入的概率和养殖主体参与生产绿色转型的概率。

对于社会化服务组织嵌入的概率而言，假设养殖主体的预期收益为：

$$U_{参与} = pR_2 + (1-p)R_2 = R_2 \qquad\qquad (5\text{-}47)$$

$$U_{不参与} = p(R_2 - mS - mH) + (1-p)(R_2 - R) = R_2 - R - p(mS + mH - R) \qquad (5\text{-}48)$$

当养殖主体参与生产绿色转型和不参与生产绿色转型的预期收益相等时，可以得到社会化服务组织嵌入的概率 p：

$$U_{参与} = U_{不参与} \qquad\qquad (5\text{-}49)$$

$$p^* = \frac{R}{R - mS - mH} \qquad\qquad (5\text{-}50)$$

由此可知，社会化服务组织嵌入的概率临界点为 $p^* = \dfrac{R}{R - mS - mH}$。当社会化服务组织嵌入概率 $p \in [0, \dfrac{R}{R - mS - mH}]$ 时，养殖主体不参与生产绿色转型是最优选择；当社会化服务组织嵌入概率 $p \in [\dfrac{R}{R - mS - mH}, 1]$ 时，养殖主体参与生产绿色转型是最优选择。对于社会化服务组织嵌入养殖主体生产绿色转型的概率来说，养殖主体不按照社会化服务组织约定的生产方式预期收益降低越大、社会化服务组织因养殖主体违约而惩罚的概率越大，社会化服务组织嵌入养殖主体生产绿色转型的概率越大。

对于养殖主体参与生产绿色转型的概率而言，假设社会化服务组织的预期收益为：

$$U_{嵌入} = q(R_1 - C) + (1-q)(R_1 - C - G + mH) = R_1 - C - (1-q)(G - mH) \qquad (5\text{-}51)$$

$$U_{不嵌入} = qR_1 + (1-q)R_1 = R_1 \qquad\qquad (5\text{-}52)$$

当社会化服务组织嵌入养殖主体生产绿色转型的预期收益等于不嵌入的预期收益时，可以得到养殖主体参与生产绿色转型的概率 q：

$$U_{嵌入} = U_{不嵌入} \qquad\qquad (5\text{-}53)$$

$$q^* = 1 - \frac{C}{mH - G} \tag{5-54}$$

由此可知，养殖主体参与生产绿色转型的概率临界点为 $q^* = 1 - \dfrac{C}{mH - G}$。

当养殖主体参与生产绿色转型的概率 $q \in [0, 1 - \dfrac{C}{mH - G}]$ 时，社会化服务组织嵌入养殖主体生产绿色转型是最优选择；当养殖主体参与生产绿色转型的概率 $q \in [1 - \dfrac{C}{mH - G}, 1]$ 时，社会化服务组织不嵌入是最优选择。对于养殖主体参与生产绿色转型的概率而言，降低社会化服务组织嵌入成本、提高社会化服务组织因养殖主体违约而惩罚的概率以及降低养殖主体不按照社会化服务组织约定的生产方式而导致社会化服务组织损失，将有助于提高养殖主体参与生产绿色转型。

为了更加细致地分析社会化服务组织嵌入与养殖主体参与生产绿色转型的关系，利用一组线性曲线解释社会化服务组织嵌入的实际功效，具体如图 5–3 所示。横坐标代表养殖主体参与生产绿色转型的积极性，养殖主体参与生产绿色转型的概率随着其积极性的提升而增加；纵坐标代表社会化服务组织嵌入后养殖主体获得的服务支持，K_a 代表斜率不变的情形下养殖主体参与生产绿色转型的积极性曲线。当社会化服务组织嵌入养殖主体生产绿色转型的程度越深，养殖主体所承担的生产成本越少，其参与生产绿色转型的积极性就越高。当社会化服务组织给予养殖主体服务支持一定时，社会化服务组织加大对养殖主体的监督与引导，养殖主体参与生产绿色转型的积极性曲线会从 K_a 向右平移至 K_b，养殖主体参与生产绿色转型的积极性显著增强，由原来的 OA 变为现在的 OC，此时养殖主体参与生产绿色转型的概率也相应增加。而当社会化服务组织嵌入程度更深时，养殖主体参与生产绿色转型的积极性会提升，使得 K_a 变为 K_c，此时养殖主体在获得同等服务 OF 支持下，参与生产绿色转型的积极性由 OB 提升至 OB'；当社会化服务组织嵌入程度降低时，养殖主体参与生产绿色转型的积极性会下降，使得 K_a 变为 K_d，此时养殖主体在获得同等服务 OG 支持下，参与生产绿色转型的积

极性由 OE 下降至 OE'。所以从理论上讲，社会化服务组织嵌入程度将会显著改变养殖主体参与生产绿色转型的程度。

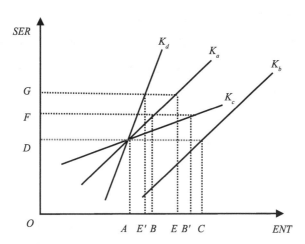

图 5–3　社会化服务组织嵌入程度与养殖主体生产绿色转型的关系

三、养殖主体与养殖主体间的博弈分析

畜牧业绿色转型的本质是养殖主体在养殖过程中实现"减排"与"增效"的双赢，体现了生态效益与经济效益的共赢。经济效益内化于养殖主体自身，经济效益越大，养殖主体养殖积极性越高；生态效益外化于养殖主体所处的社会环境，包括周边屯邻满意度、政府的生态补偿、畜产品绿色生产后价格的提升[1] 等等。为了简化分析，本节将以畜产品绿色生产具有溢价效果为例，借鉴刘铮（2020）的分析策略[2]，分析养殖主体间是否参与绿色转

---

[1]　在上文中也提到过，畜产品生产是畜禽养殖经济效益的最直接体现，随着新时代、新消费群体和新消费需求趋势的愈发明显，对于畜产品的有机、绿色、可追溯提出了更高的要求，特别是在信息壁垒完全打破的数字经济时代，一旦发生食品安全事件，几乎会成为众所周知的"丑闻"。而畜产品的绿色生产，是指在畜禽养殖过程中，养殖主体选用优质的良种、减少抗生素使用、实行饲料精准化配比、科学防疫、粪污无害化处理等一系列对生态环境无损伤、能够生产出优质、绿色畜产品的行为。

[2]　刘铮：《肉鸡养殖户亲环境行为研究》，博士学位论文，沈阳农业大学，2020 年，第 40—52 页。

型的博弈行为。

畜产品绿色生产的溢价效果需要在完全信息情景下才能得以体现。在完全信息情景下，消费者通过掌握畜产品绿色生产的积极信息，则参与生产绿色转型的养殖主体所生产出的畜产品将会以高于未参与生产绿色转型的养殖主体所生产出的畜产品价格出售。但是，如果存在信息不对称，也就是在不完全信息情景下，参与生产绿色转型与未参与的养殖主体生产出的畜产品并无法被消费者准确辨析，失去了畜产品绿色生产的溢价功能，这时便会导致市场上的"逆向选择"产生，参与生产绿色转型的养殖主体也会选择不参与。虽然有时养殖主体不能准确评价自己行为的得失，但是可以准确了解与其存在利益关系的其他养殖主体的行为决策，于是通过提升自身感知价值，模仿其他主体的最佳行为也就成为养殖主体最佳的策略选择。因此，本节将从不完全信息和完全信息两种情景下分析养殖主体间的博弈关系。

第一，不完全信息情景下养殖主体间的博弈。该情景下，假设只有养殖主体甲、乙处于博弈局中，二者行为决策分为参与生产绿色转型和未参与生产绿色转型。为了简化分析，假设无论是否参与生产绿色转型，养殖主体生产出的畜产品不存在显著差异且均能正常销售，收入均为 W，其中参与生产绿色转型的单位生产成本为 C_1，未参与的单位生产成本为 C_2，且有 $C_1 > C_2$。由于参与生产绿色转型的养殖主体具有较高的感知价值，这种感知价值加强了养殖主体之间的相互学习、交流和模仿，长期以来形成知识溢出效应，可以降低生产成本，假设成本下降了 D，且有 $C_1 - D < C_2$。

基于上述基本假设，当养殖主体甲和乙均参与生产绿色转型，各自收益为 $W - C_1 + D$；当养殖主体甲（乙）参与生产绿色转型，养殖主体乙（甲）未参与生产绿色转型，则不参与的养殖主体收益为 $W - C_2$，参与的养殖主体收益为 $W - C_1$，此时没有考虑成本的下降是由于只有单方面参与生产绿色转型，无法形成知识溢出效应，无法达到生产成本的下降；当养殖主体甲和乙均不参与生产绿色转型，则收益均为 $W - C_2$。不完全信息情景下养殖主体间的博弈矩阵如表 5–6 所示。

表 5-6　不完全信息情景下养殖主体间的博弈矩阵

类型		养殖主体乙	
		参与生产绿色转型	不参与生产绿色转型
养殖主体甲	参与生产绿色转型	$W-C_1+D$，$W-C_1+D$	$W-C_1$，$W-C_2$
	不参与生产绿色转型	$W-C_2$，$W-C_1$	$W-C_2$，$W-C_2$

利用进化博弈的复制动态求解该博弈的进化稳定策略。假设养殖主体参与生产绿色转型的概率为 p，不参与生产绿色转型的概率为 $1-p$，则养殖主体博弈双方的期望收益和群体平均期望收益分别为：

$$U_{参与} = p(W-C_1+D) + (1-p)(W-C_1) = W-C_1+D^*p \tag{5-55}$$

$$U_{未参与} = p(W-C_2) + (1-p)(W-C_2) = W-C_2 \tag{5-56}$$

$$E(U) = pU_{参与} + (1-p)U_{未参与} \tag{5-57}$$

进一步分析得出该博弈的复制动态方程为：

$$G(p) = \frac{dp}{dt} = p[U_{参与} - E(U)] = p(1-p)[(C_2-C_1)+D^*p] \tag{5-58}$$

由于养殖主体感知价值的作用，养殖主体群体所采取的某一策略比例是一个随时间变化而变化的函数。当 $G(p) = \frac{dp}{dt} = 0$ 时，表明养殖主体感知价值驱使其学习、交流和模仿的速度为 0，此时博弈达到了一种相对稳定的状态，可以求得博弈的三个稳定状态的解分别为：$p_1=0$、$p_2=1$、$p_3 = \frac{C_1-C_2}{D}$。当 $p_1=0$、$p_2=1$ 时，表明养殖主体群体都趋向于采取相同的选择策略，相对应的是纯策略均衡，即参与生产绿色转型和未参与生产绿色转型。当 $p_3 = \frac{C_1-C_2}{D}$ 时，表明参与生产绿色转型和未参与生产绿色转型的养殖主体各占一定比例。

进化稳定策略指的是一个稳定状态必须具有抗扰动功能，存在一个进化稳定策略的点 p^*，如果 p 偏离了 p^*，则复制动态会使 p 回归至 p^*，其数学含义表示为：当 $p<p^*$ 时，$\dfrac{dp}{dp}>0$，p 会上升至 p^*；当 $p>p^*$ 时，$\dfrac{dp}{dp}<0$，p 会下降至 p^*。

再进一步分析可知，$G'(p=0)=C_2-C_1<0$、$G'(p=1)=C_2-C_1+D<0$，此时 $p=0$ 和 $p=1$ 均是进化稳定策略，而 $G'(p=\dfrac{C_1-C_2}{D})=\dfrac{C_1-C_2}{D}\cdot(C_2-C_1+D)>0$，故 $p_3=\dfrac{C_1-C_2}{D}$ 为非进化稳定策略，不完全信息情景下养殖主体参与生产绿色转型进化博弈的复制动态相图如图 5–4 所示。

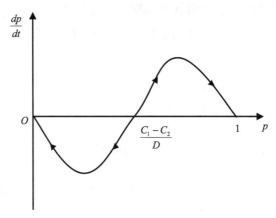

图 5–4　不完全信息情景下养殖主体参与生产绿色转型进化博弈的复制动态相图

从图 5–4 模拟出的不完全信息情景下养殖主体参与生产绿色转型的演化路径可以发现，当养殖主体中参与生产绿色转型的比例超过 $\dfrac{C_1-C_2}{D}$ 时，则其他养殖主体通过感知价值水平的进一步提升，最终所有养殖主体都会选择参与生产绿色转型策略；反之，所有养殖主体都将不会选择参与生产绿色转型策略。降低 $\dfrac{C_1-C_2}{D}$ 能够促使养殖主体参与生产绿色转型的策略变得更为容易，而 $\dfrac{C_1-C_2}{D}$ 的降低则意味着 C_1-C_2 相对变小，D 相对变大。所以综合来看，在养殖主体参与生产绿色转型的积极性较低时，不仅需要政府和社会化服务组织的干预，同时提升养殖主体的感知价值也是行之有效的方案。

第二，构建完全信息情景下养殖主体间的博弈。该情景下，同样假设只有养殖主体甲、乙处于博弈局中，但由于信息是完全的，此时参与生产绿色转型的养殖主体生产出的畜产品收益为 W_1，未参与的收益为 W_2。与不完全信息情境下博弈关系假设一致，参与生产绿色转型的单位生产成本为 C_1，未参与的单位生产成本为 C_2，且 $C_1>C_2$。同时参与生产绿色转型成本下降 D，且有 $C_1-D<C_2$。

基于上述基本假设，当养殖主体甲和乙均参与生产绿色转型，各自收益为 W_1-C_1+D；当养殖主体甲（乙）参与生产绿色转型，养殖主体乙（甲）未参与生产绿色转型，则不参与生产绿色转型的养殖主体收益为 W_2-C_2，参与生产绿色转型的养殖主体收益为 W_1-C_1；当养殖主体甲和乙均不参与生产绿色转型，则收益均为 W_2-C_2。完全信息情景下养殖主体间的博弈矩阵如表5-7所示。

表5-7 完全信息情景下养殖主体间的博弈矩阵

类型		养殖主体乙	
		参与生产绿色转型	不参与生产绿色转型
养殖主体甲	参与生产绿色转型	W_1-C_1+D, W_1-C_1+D	W_1-C_1, W_2-C_2
	不参与生产绿色转型	W_2-C_2, W_1-C_1	W_2-C_2, W_2-C_2

同理，利用进化博弈的复制动态求解该博弈的进化稳定策略。假设养殖主体参与生产绿色转型的概率为 p，不参与的概率为 $1-p$，则养殖主体博弈双方的期望收益和群体平均期望收益分别为：

$$U_{参与} = p(W_1-C_1+D)+(1-p)(W_1-C_1)=W_1-C_1+D^*p \tag{5-59}$$

$$U_{未参与} = p(W_2-C_2)+(1-p)(W_2-C_2)=W_2-C_2 \tag{5-60}$$

$$E(U) = pU_{参与}+(1-p)U_{未参与} \tag{5-61}$$

进一步分析得出该博弈的复制动态方程为：

$$G(p)=\frac{dp}{dt}=p[U_{参与}-E(U)]=p(1-p)[(W_1-C_1)-(W_2-C_2)+D^*p] \tag{5-62}$$

当 $G(p)=\dfrac{dp}{dt}=0$ 时，可以求得博弈的三个稳定状态的解分别为：$p_1=0$、

$p_2=1$、 $p_3=\dfrac{(W_2-C_2)-(W_1-C_1)}{D}$。由于 $p_3=\dfrac{(W_2-C_2)-(W_1-C_1)}{D}$ <0，表明养殖主体是否参与生产绿色转型的概率小于 0，不符合实际情况，故将其舍去。另外，按照进化稳定策略的内涵，$p_1=0$ 和 $p_2=1$ 并不都是进化稳定策略。

在此情况下进一步对进化稳定策略分析，$G'(p=0)=(W_1-C_1)-(W_2-C_2)>0$、$G'(p=1)=-[(W_1-C_1)-(W_2-C_2)+D]<0$，由此可知 $p=0$ 不是进化稳定策略，而 $p=1$ 是进化稳定策略。完全信息情景下养殖主体参与生产绿色转型进化博弈的复制动态相图如图 5–5 所示。从图 5–5 模拟出的完全信息情景下养殖主体参与生产绿色转型的演化路径可以发现，在养殖主体自身感知价值的驱使下，当某个养殖主体参与生产绿色转型以后，其他养殖主体也会出现模仿的行为，最终都将会参与生产绿色转型，进而实现全产业的绿色转型。

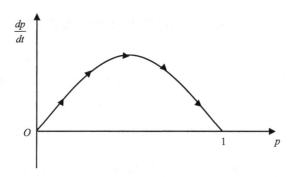

图 5–5 完全信息情景下养殖主体参与生产绿色转型进化博弈的复制动态相图

第三节 不同参与主体行为对畜牧业绿色转型的作用机理

一、政府环境规制对畜牧业绿色转型的作用机理

基于上述数理模型推导和政府与养殖主体博弈关系分析，已经初步明确政府环境规制可以驱动畜牧业绿色转型，且相比于激励型环境规制和约束性环境规制，理论上混合型环境规制对养殖主体生产绿色转型的驱动效应更

为明显。但是，政府环境规制将通过何种路径作用于养殖主体生产绿色转型还有待进一步分析。

新古典学派认为，环境规制增加了企业制度遵循成本，显现出"成本效应"，企业需为其生产过程中污染环境的行为缴纳排污费，因此加重了企业资金负担，挤占了企业用于绿色创新的资源。[1][2] 而"波特假说"认为，适宜的环境规制有助于企业绿色技术革新，形成超越环境规制成本的"补偿性收益"[3]，企业将绿色创新成果运用于生产过程，能够减少对原有污染性生产方式的依赖，有效规避环境监管成本[4]，显现出"创新补偿效应"。依据上述观点，环境规制通过"成本效应"和"创新补偿效应"作用于养殖主体的"减排"与"增效"，进而构成了对其生产绿色转型作用机理的理论基础。

第一，激励型环境规制通过绿色技术选择影响养殖主体生产绿色转型。环境规制之所以降低养殖主体的生产效益与生产效率源于忽视了其对生产过程的影响。而环境规制的"创新补偿效应"认为，在环境规制的倒逼影响下，为了维持和提高原有的市场优势，养殖主体会尝试采用新的生产技术和新的治污技术，淘汰污染落后产能，进而推动传统养殖模式向现代绿色养殖模式转型升级。从长期和动态分析角度看，合理的环境规制政策对于养殖主体改进生产技术并优化资源配置效率具有正向激励作用，是激发养殖主体"技术创新补偿"的重要来源，这种创新补偿效应会使得养殖主体加大对清

① Karen Palmer, Wallace E. Oates, and Paul R. Portney. "Tightening Environmental Standards: The Benefit-cost or the No-cost Paradigm?", *Journal of Economic Perspectives*, 1995, Vol.9, issue4, pp.119-132.

② Giorgio Petroni, Barbara Bigliardi, and Francesco Galati. "Rethinking the Porter Hypothesis: The under Appreciated Importance of Value Appropriation and Pollution Intensity", *Review of Policy Research*, 2019, Vol.36, issue1, pp.121-140.

③ Michael E. Porter, and Claas van der Linde. "Toward a New Conception of the Environment-competitiveness Relationship", *Journal of Economic Perspectives*, 1995, Vol.9, issue4, pp.97-118.

④ Pascual Berrone, Andrea Fosfuri, Liliana Gelabert, and Luis R. Gomez-Mejia. "Necessity as the Mother of Green' Inventions: Institutional Pressures and Environmental Innovations", *Strategic Management Journal*, 2013, Vol.34, issue8, pp.891-909.

洁生产技术的投入，升级养殖结构，逐步实现"环保型养殖场"替代"污染型养殖场"，从而持续推动养殖主体生产绿色转型。

第二，约束型环境规制通过治理投入变化影响养殖主体生产绿色转型。环境规制的"成本效应"体现在两方面：一方面，养殖主体被强制为污染排放承担一定的额外成本用于污染防治，从而提高了养殖主体的养殖成本，也被称之为"合规成本"；另一方面，养殖主体用于污染治理方面投资的增加，将会导致原本用于生产的资本、劳动、土地等要素方面的投入转移到环境污染的控制上，一定程度上挤压了其他生产性、盈利性投资，从而给养殖主体带来了额外的成本消耗。因此，从短期和静态分析视角来看，在环境规制约束下，养殖主体需要为治理污染物而支付一定的额外费用，为此对生产性投资带来一定挤出效应，进而带来养殖成本增加、非期望产出下降，可以有效减少污染的排放，但是却可能会抑制效率和效应的提升。

基于上述分析，环境规制对养殖主体生产绿色转型的作用机理如图 5–6 所示。总体而言，环境规制对养殖主体生产绿色转型的影响通过两条路径实现：一是通过创新补偿效应触发养殖主体对绿色技术选择，进而促进"减排"与"增效"作用于养殖主体生产绿色转型；二是通过成本效应触发治理投入变化，进而影响养殖主体生产绿色转型。

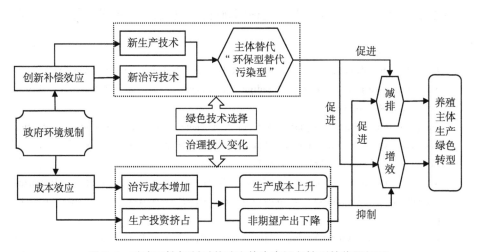

图5–6　政府环境规制对养殖主体生产绿色转型的作用机理

二、社会化服务组织嵌入对畜牧业绿色转型的作用机理

从经济学角度审视，畜牧业绿色转型本质是养殖模式的转变，而不同养殖模式归根结底又是劳动力、资本等生产要素投入组合及其内外部配置的某种特殊体现。要素本身之外的其他服务变量，例如良种繁育、饲料精准化配比、抗生素减量化投入、废弃物无害化处理等"服务流"，都属于"中间投入"，是生产力的重要源泉。[1] 畜牧业社会化服务本身属于服务的范畴，而服务也是一种生产力，即服务的手段、效果可以通过渗透到企业的具体经营活动中，提高运作效率从而转化为现实生产力。[2] 服务的规模、程度或质量对目标行业生产效率和生产方式将产生显著影响。[3][4] 因此，社会化服务可以看作是一种类似于舒尔茨所谓的"被隐藏的要素"，成为驱动畜牧业绿色转型的"新引擎"。

在上述的数理模型推导以及社会化服务组织与养殖主体博弈关系分析中，已经初步明确，在理论上社会化服务组织嵌入对畜牧业绿色转型有显著效果。此处，将进一步分析社会化服务组织嵌入是如何作用于养殖主体生产绿色转型的。其实从社会化服务本身含义便可以得知，其产生与发展的目的是解决传统一家一户养殖主体在养殖过程中"自己没办法干"或"自己干了不划算"的问题，正是因为这种"没法干"或"不划算"，催生了外界服务组织的嵌入，以精准化、高效化、透明化的服务模式解决养殖之困，从低效

---

[1]　V. Eldon Ball, Jean-Christophe Bureau, Richard Nehring, and Agapi Somwaru. "Agricultural Productivity Revisited", *American Journal of Agricultural Economics*, 1997, Vol.79, issue4, pp.1045-1063.

[2]　Xin Deng, Dingde Xu, Miao Zeng, and Yanbin Qi. "Does Outsourcing Affect Agricultural Productivity of Farmer Households? Evidence from China", *China Agricultural Economic Review*, 2020, Vol.12, issue4, pp.673-688.

[3]　Armando Calabrese. "Service Productivity and Service Quality: A Necessary Trade-off?", *International Journal of Production Economics*, 2012, Vol.135, issue2, pp.800-812.

[4]　Kanghwa Choi, DonHee Lee, and David L. Olson. "Service Quality and Productivity in the US Airline Industry: A Service Quality-adjusted DEA Model", *Service Business*, 2015, Vol.9, issue1, pp.137-160.

向高效转变，从污染向绿色转变，真正可以协助养殖主体实现生产绿色转型。从具体路径来看，社会化服务组织的嵌入通过整合养殖中的资源要素，改变了传统的要素投入结构，并通过物质资本和人力资本等现代要素的流入，实现了长期依靠过密劳动投入的要素替代，从而显著提升养殖主体生产绿色转型水平，其具体作用机理如下：

第一，社会化服务组织通过控制生产成本影响养殖主体生产绿色转型。生产者决策理论强调，养殖主体是否参与生产绿色转型是成本收益权衡的结果。绿色转型具有高成本、作用周期长、收益见效慢等特征。[①] 养殖主体要想实现绿色转型，需配备先进生产设备，资本是其购置或采用的基本条件，但是绝大部分养殖主体、特别是散养户会因资金约束、规模门槛限制、技术障碍等因素，无法购置或采用绿色生产机械与技术。[②] 社会化服务组织的嵌入将分散养殖转变为专业化养殖。一方面，社会化服务组织可以改善养殖主体禀赋约束，提高其组织化程度，有利于其依靠规模经济优势促进资本、劳动力等要素在各生产环节的重新整合与配置，提高要素投入的贡献度与协同效应，降低生产成本。同时，适度规模养殖更易使生产机械、技术和管理发挥经济效果，这种潜在规模效应不仅可以降低养殖成本、获取额外利润，还可以激发养殖主体生产性投资的积极性[③]，加速实现"减排"与"增效"。另一方面，社会化服务组织作为市场化主体，不仅可以提供相应服务，还可以作为风险管理的有效工具，无论是在良种繁育、饲料精准化配比等产前环节，还是在抗生素减量使用等产中环节，抑或是废弃物资源化、肥料化、能源化利用等产后环节，社会化服务组织均能分担养殖主体面临的市场风险和收益不确定性，降低风险规避成本，在稳定收入机制下激励养殖主体转变生

---

① 徐志刚、张骏逸、吕开宇：《经营规模、地权期限与跨期农业技术采用——以秸秆直接还田为例》，《中国农村经济》2018 年第 3 期。

② 蔡键、刘文勇：《农业社会化服务与机会主义行为：以农机手作业服务为例》，《改革》2019 年第 3 期。

③ 林文声、王志刚、王美阳：《农地确权、要素配置与农业生产效率——基于中国劳动力动态调查的实证分析》，《中国农村经济》2018 年第 8 期。

产方式以实现绿色转型。

　　第二，社会化服务组织通过引入先进生产技术影响养殖主体生产绿色转型。诱致性技术变迁理论强调，技术是支撑农业现代化、提高农民收益的关键，而养殖主体绿色技术采纳是驱动其生产绿色转型的微观基础。长期以来，农业技术大多源于政府的"自上而下"推广与宣传，但这种模式多以政府意图为主，政府供给与养殖主体需求之间存在严重的脱节①，加之新技术、新工艺存在一定风险，使得养殖主体的青睐度和采纳度均不高。社会化服务组织嵌入能够缓解养殖主体面临的技术约束和信息约束。一方面，社会化服务组织可能充当物质资本和人力资本的"传递器"，将高附加值的资本和技术引入生产过程②，不仅解决养殖主体技术之需，同时也可以降低由于新技术、新工艺引发的高风险、高成本等难题③，缩短技术采纳等待时间，促进技术采纳与扩散；另一方面，社会化服务组织不仅可以让外部资本注入养殖环节，还可以向养殖主体提供技术培训与指导、市场信息共享等服务，缓解养殖主体信息约束与风险规避程度，打破信息匮乏所导致的资源配置失效与技术采纳不确定性④，并提高其技术知识与经验的积累以及信息获取渠道的拓宽，使信息能够快速融入生产各环节，促使信息用最优化的结构配置技术要素。⑤与此同时，社会化服务组织还可通过利益共享与"锁定效应"为优质优价畜产品提供安全保障，倒逼养殖主体进行绿色技术采纳。

　　第三，社会化服务组织通过改善人力资本结构影响养殖主体生产绿色转型。人力资本理论强调，人的才能与其他任何种类的资本同样是重要的生

①　董莹、穆月英：《农户环境友好型技术采纳的路径选择与增效机制实证》，《中国农村观察》2019 年第 2 期。

②　杨子、饶芳萍、诸培新：《农业社会化服务对土地规模经营的影响——基于农户土地转入视角的实证分析》，《中国农村经济》2019 年第 3 期。

③　毛慧、周力、应瑞瑶：《风险偏好与农户技术采纳行为分析——基于契约农业视角再考察》，《中国农村经济》2018 年第 4 期。

④　张蕾、陈超、展进涛：《农户农业技术信息的获取渠道与需求状况分析——基于 13 个粮食主产省份 411 个县的抽样调查》，《农业经济问题》2009 年第 11 期。

⑤　刘铮、周静：《信息能力、环境风险感知与养殖户亲环境行为采纳——基于辽宁省肉鸡养殖户的实证检验》，《农业技术经济》2018 年第 10 期。

产手段，且伴随科学技术的迭代更新，人力资本的积累是社会经济增长的重要源泉。随着绿色生产技术不断渗入到养殖的各环节，对人力资本的要求越来越高。但是，从当前滞留于农村的劳动力结构特征来看，老龄化、妇女化、低受教育水平化趋势明显[1]，身体体能、知识储备和专业素质等方面的劣势使得养殖主体难以驾驭绿色生产技术和先进机械设备。社会化服务组织的嵌入改善了既往养殖过程中人力资本结构失衡。一方面，社会化服务组织可发挥知识溢出效应，示范带动养殖主体提升绿色养殖技能。社会化服务组织一般由专业服务公司、农民专业合作社、成熟的家庭农场或专业大户等新型农业经营主体构成[2]，是市场中先进生产力的典型代表，其专业化的经营模式将绿色生产知识与技能形成溢出效应，改变养殖主体自身理论知识与实践技能匮乏的局面，加速推进生产绿色转型。另一方面，社会化服务组织可通过共享机制，打通人力资本流动壁垒，向养殖主体输送专业技能型人才。社会化服务组织不仅可以将绿色要素导入养殖的各环节，还可以同养殖主体共享专业技能型人才。在专业化的生产实践中，例如废弃物的无害化处理，社会化服务组织往往会指派技术人员深入养殖场指导，形成科技人才的共享、共用，以高素质人力资本推动"减排"与"增效"的进程。

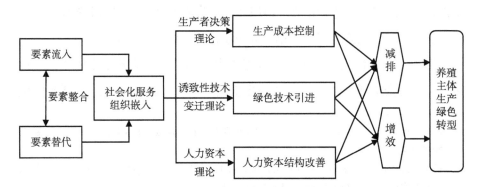

图 5-7 社会化服务组织嵌入对养殖主体生产绿色转型的作用机理

① 王亚华、苏毅清、舒全峰：《劳动力外流、农村集体行动与乡村振兴》，《清华大学学报》（哲学社会科学版）2022 年第 3 期。

② 许佳彬、王洋、李翠霞：《农业生产性服务业发展困境与路径创新：基于农户视角》，《中州学刊》2020 年第 9 期。

基于上述分析，社会化服务组织嵌入对养殖主体生产绿色转型的作用机理如图 5-7 所示。总体而言，社会化服务正努力成为推动畜牧业绿色转型的"新引擎"，社会化服务组织嵌入在理论上将通过成本控制、技术引进、人力资本结构改善作用于养殖的"减排"与"增效"，进而促进养殖主体生产绿色转型。

三、养殖主体感知价值对畜牧业绿色转型的作用机理

养殖主体生产绿色转型本身是行为决策的结果，是养殖主体个体行为的选择。计划行为理论认为，行为决策主要取决于其行为态度，而价值感知是行为态度形成的根本原因。根据感知价值理论可知，养殖主体参与生产绿色转型的行为选择是个体对其感知利益和感知风险的比较与权衡后的结果。同时根据动机理论可知，当养殖主体具备一定的价值感知以后，在自身条件受限或"自己干不划算"的情况下，会主动寻求"外部力量"协助其完成绿色转型的目标，此时社会化服务将作为最有力的"外部力量"介入，也就是说社会化服务将在养殖主体与绿色转型的因果关系之间起到中介作用。另外，政府行为对市场经济具有替代和补充的功能，不仅可以通过各项规制助推畜牧业绿色转型，还能通过其激励或约束等手段同化到养殖主体生产绿色转型的态度中，即政府的环境规制将在养殖主体感知价值对养殖主体生产绿色转型的影响中起到调节作用。接下来将具体分析不同层级之间的逻辑关系。

首先，感知价值对养殖主体生产绿色转型会产生重要影响。农户的经济行为选择是基于资源禀赋、农户认知以及外部条件综合作用的结果，是多方权衡产生的价值理解和感受，是一种"感性选择"的过程。[1] 农户的这种"感性选择"是农户在判断经济行为的价值能否满足自身期望后的结果。具体以环境价值感知为例，农户对生态环境价值感知度越高，越愿意参与保护和改善环境行为。[2] 而农户对某一经济行为的价值判断包括农户对经济行为

---

①　饶旭鹏：《农户经济理性问题的理论争论与整合》，《广西社会科学》2012 年第 7 期。

②　徐志刚、张骏逸、吕开宇：《经营规模、地权期限与跨期农业技术采用——以秸秆直接还田为例》，《中国农村经济》2018 年第 3 期。

的"感知利益"和"感知风险"的判断。"感知利益"和"感知风险"最早出现在 Zeithaml 于 1988 年提出的感知价值理论中，该理论提出提高个体的感知利益、降低个体的感知风险，从而提高个体对某一种经济行为的价值感知，是促进个体进行经济行为的有效途径。基于感知价值理论，养殖主体参与生产绿色转型是养殖主体对行为决策可获得利益和承担风险权衡后的结果。如果养殖主体感知经济行为决策能够为其带来较高的利益，就会增强其价值感知从而提升参与生产绿色转型的概率；相反，如果养殖主体感知经济行为决策能够为其带来较大的风险或损失，就会弱化其价值感知从而降低参与生产绿色转型的概率。

其次，感知价值将会通过促使养殖主体采用社会化服务间接影响生产绿色转型。价值其实是对商品的质量以及各种内外属性的一个正向评价，而价值也会负向地影响功能成本，这种成本可以是货币或者非货币，例如心理上、直觉上，或者是时间和精力的消耗。通过对这一逻辑的分析，感知价值来自主观的收益和放弃的损失，包括货币和心理上的利得或损失。[1][2] 对于养殖主体而言，无论是绿色转型产生感知利益还是感知风险，都会对感知的结果做出一定反应，这种反应则是寻求"外力"实现利益最大化和风险最小化。而从目前市场运行规律可以明显发现，增加农民收益、降低农民风险恰是社会化服务产生的初衷和发展的目标。[3] 上述第二节"二、社会化服务组织与养殖主体间的博弈分析"也深刻阐述了社会化服务组织嵌入对养殖主体生产绿色转型的影响。因此社会化服务也是养殖主体对生产绿色转型产生感知后最优的"外力"，也就是说养殖主体的感知价值会触发对社会化服务的选择。具体而言，当养殖主体感知到参与生产绿色转型可以增加其利益时，

---

[1] Valarie A. Zeithaml. "Consumer Perceptions of Price，Quality and Value：A Means-end Model and Synthesis of Evidence"，*Journal of Marketing*，1988，Vol.52，issue3，pp.2-22.

[2] Janine Fleith de Medeiros, Jose Luis Duarte Ribeiro, and Marcelo Nogueira Cortimiglia. "Influence of Perceived Value on Purchasing Decisions of Green Products in Brazil"，*Journal of Cleaner Production*，2016，Vol.110，pp.158-169.

[3] 许佳彬、王洋、李翠霞：《农业生产性服务业发展困境与路径创新：基于农户视角》，《中州学刊》2020 年第 9 期。

便会采用社会化服务协助其实现"减排"和"增效"的目标。当养殖主体感知到参与生产绿色转型会增加成本、时间、机会等风险后，将会有两种行为表现：一是既不参与生产绿色转型，也不会采用社会化服务；二是在外界压力下为了规避风险，也会采用社会化服务解决生产过程中的低效、高污染问题。总体而言，感知价值的提升会影响养殖主体社会化服务的采用，进而间接影响生产绿色转型。

再次，环境规制对感知价值—养殖主体生产绿色转型关系存在调节效应。任何经济活动都是在一定的制度框架下追求利益最大化的理性选择。鉴于养殖主体生产绿色转型中"减排"与"增效"的正外部性，政府通过环境规制的方式介入养殖主体生产绿色转型过程尤为重要。同时，政府采取惩罚和补贴双向规制更有利于多途径推动养殖过程的"减排"与"增效"协同。① 在上文中也细致讨论过，当前政府措施主要包括激励型环境规制、约束型环境规制以及二者兼有的混合型环境规制。而养殖主体生产绿色转型又属于一项复杂的系统工程，既需要新技术、新设备的开发以奠定生产力基础，又需要大力推广新技术将潜在的生产力转化为现实生产力，在这一过程中不仅仅需要提高养殖主体的感知价值以对个体行为起到内生激励的作用，还需要建立健全的政策体系以增强外部驱动力。总体而言，无论是激励型环境规制还是约束型环境规制，其主要目的是激励和规范养殖主体参与生产绿色转型，进而实现"减排"与"增效"的双赢。

由于社会化服务对养殖主体生产绿色转型会产生明显的作用，在此不再赘述。基于上述分析，感知价值对养殖主体生产绿色转型的作用机理如图 5-8 所示。其实不难看出，本章的整体逻辑建构形成了一个闭环，环境规制和社会化服务组织嵌入是外部力量，感知价值是养殖主体主观感受，此部分也恰好将三部分内容串联在一起，既分析了三者之间的逻辑关系，同时又捋顺了政府层面、市场层面、养殖主体层面对养殖主体生产绿色转型的作用

---

① 李乾、王玉斌：《畜禽养殖废弃物资源化利用中政府行为选择——激励抑或惩罚》，《农村经济》2018 年第 9 期。

机理。

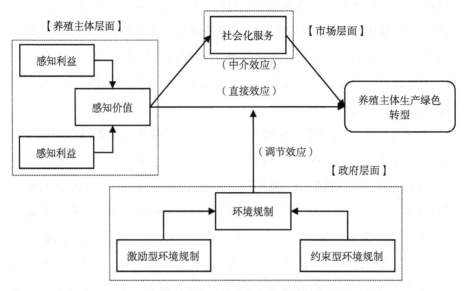

图 5-8　感知价值对养殖主体生产绿色转型的作用机理

　　作为承上启下的理论性章节，本章对畜牧业绿色转型的影响机理进行详细论述。通过研究得出的基本结论是：（1）通过对畜牧业绿色转型参与主体经济行为分析，得出养殖主体生产绿色转型受到多层次因素驱动，具体可以概括为三个层面，分别是政府层面的环境规制、市场层面的社会化服务组织嵌入、养殖主体层面的感知价值。（2）政府环境规制包括激励型环境规制、约束型环境规制和混合型环境规制。通过政府与养殖主体间的博弈分析发现，三种规制类型均会对养殖主体生产绿色转型产生重要影响，相比较而言，混合型环境规制的影响更为明显。从作用机理来看，政府环境规制将通过绿色技术选择和治理投入变化两条路径作用于养殖主体生产绿色转型。（3）通过社会化服务组织与养殖主体间的博弈分析发现，社会化服务组织通过向养殖主体输出"绿色"服务，以激发养殖主体参与生产绿色转型的热情，嵌入程度越高，生产绿色转型效果越好，而这种机理的传导源自治污成本控制、绿色技术引进和人力资本结构改善。（4）养殖主体感知价值包括感知利益和感知风险。通过养殖主体与养殖主体间的博弈分析发现，感知价值是感知利益和感知风险的权衡，感知利益越大，越容易促进生产绿色转型；感知风险越大，越容易抑制生产绿色转型。而养殖主体的感知价值又联动了社会化服务和政府环境规制，通过采用社会化服务间接影响生产绿色转型，同时感知价值对养殖主体生产绿色转型直接影响会受到政府环境规制的调节影响。

第六章　畜牧业绿色转型的水平测度

自本章至第十一章，将对畜牧业绿色转型进行一系列的实证研究。本章将基于畜牧业绿色转型评价指标体系的构建，综合考虑畜禽养殖品类的典型性和代表性、数据的全面性和可获得性，以"面源污染大户"和"碳排放大户"奶牛养殖为例，利用历年有关养殖规模、成本收益、污染排放系数等数据信息，综合测算奶牛养殖业绿色转型水平，借此表征畜牧业绿色转型的动态特征。首先，从面源污染排放、碳排放、成本收益变化、全要素生产率变化四个方面观察畜牧业绿色转型的"减排"与"增效"维度特征；其次选用熵权 TOPSIS 法评价畜牧业绿色转型水平；最后对畜牧业绿色转型水平进行趋势预测，对比预测结果与期望目标是否存在差值，为影响因素分析和情景模拟奠定基础。

第一节　畜牧业绿色转型的各维度特征

一、畜牧业面源污染排放特征

借鉴《第二次全国污染源普查排污系数手册·农业源》（以下简称《手册》）中的排污系数对奶牛养殖业面源污染排放情况进行计算。《手册》是在 2017 年开展的第二次全国污染源普查基础上，由生态环境部组织制定，内容主要涉及畜禽养殖业产排污系数及其核算方式。在《手册》的使用说明中详细解释了畜禽养殖产污系数和排污系数专业术语。其中，产污系数是指在典型的正常生产和管理条件下，一定时间内单个畜禽所排泄的粪便和尿液中所含的各种污染物量；排污系数是指在典型的正常生产和管理条件下，单个畜禽产生的原始污染物未资源化利用的部分经处理设施消减或未经处理利用而直接排放到环境中的污染物量。从二者概念界定以及在"减排"部分的陈述，应该选择排污系数作为奶牛养殖业面源污染的计算标准。

但对于排污系数的使用需要特别注意的是，《手册》中给出了规模化养殖场排污系数和养殖户排污系数，二者之间差异较大，选择适宜的排污系数对于计算奶牛养殖业面源污染至关重要。从现有公开统计数据和已有研究成果可以总结得出的是，规模化养殖奶牛已经是提高奶源质量、实现奶业振兴的重要措施。相较于散户养殖，规模化牧场管理规范、产奶量稳定、原奶质量高、抗风险能力强，有利于奶牛养殖业健康、可持续发展。自 2008 年"三聚氰胺"事件发生以后，政府及企业对奶牛质量关注度均大幅提升，大批小型养殖户破产退出，行业规模化程度不断提升。

根据统计资料显示，2020 年全国奶牛规模化牧场比重已经高达 67%。[①]上海已经完全实现了 100% 适度规模化、标准化奶牛养殖；[②] 宁夏奶牛规模化养殖率达 99%，高于全国平均水平近 30 个百分点；[③] 江苏省于 2019 年末存栏 100 头以上牧场占比达到 98%；[④] 黑龙江、内蒙古等奶业大省（区）百头以上规模奶牛养殖比例已经超过 80%。[⑤⑥] 所以，综合来看，为了简化计算

① 《奶牛养殖行业发展前景如何？养殖规模化比重持续提升》，2022 年 10 月 4 日，见 http：//oppo.yidianzixun.com/article/0j6Sr5II?s=oppobrowser&appid=oppobrowser&__publisher_id__=6PVAuvanFimW2A745e8yNA&ivk_sa=1024320u&_docId_=0j6Sr5II。

② 《2017 年度上海奶业发展报告（奶牛养殖部分）》，2018 年 3 月 16 日，见 https：//www.dac.org.cn/read/newgndt-18032611152614510024.jhtm。

③ 《宁夏奶牛规模化养殖比例达 99%》，2021 年 12 月 21 日，见 https：//baijiahao.baidu.com/s?id=1719735690303612809&wfr=spider&for=pc。

④ 《江苏省奶业发展报告》，2021 年 1 月 16 日，见 http：//njy.jsnjy.net.cn/web/share/new.action? newId=faadfbcf-542a-4b90-a32c-c0f99235df0d。

⑤ 《黑龙江奶牛养殖规模化接近八成　高品质生鲜乳供给年均增幅 24.5%》，2017 年 12 月 10 日，见 https：//www.gov.cn/xinwen/2017-12/10/content_5245637.htm。

⑥ 《内蒙古，冲向 350 万头奶牛！》，2022 年 6 月 14 日，见 https：//baijiahao.baidu.com/s?id=1735616533882717451&wfr=spider&for=pc。

过程，采用规模化养殖场排污系数较为合适。当然，这也可能会高估了奶牛养殖业面源污染的实际量，但从评价奶牛养殖业绿色转型的角度来看，全部区域整体的高估并不会对最终的结果产生较大的影响。各区域奶牛养殖排污系数如表6-1所示。

表6-1　各区域奶牛养殖排污系数

排污系数	化学需氧量（千克/头·年）	总氮（千克/头·年）	总磷（千克/头·年）	氨氮（千克/头·年）
北京市、天津市	1535.099	73.090	9.449	13.060
河北省	1535.331	73.096	9.450	13.062
山西省	1535.855	73.109	9.453	13.065
内蒙古自治区	1537.913	73.160	9.463	13.076
辽宁省、吉林省、黑龙江省	1488.171	61.447	10.941	7.109
上海市、江苏省、浙江省、安徽省、福建省	1696.002	62.468	9.407	4.060
山东省	1696.330	62.476	9.408	4.062
河南省、湖北省、湖南省、广东省、广西壮族自治区	1788.824	48.977	16.124	3.068
重庆市、四川省、云南省	1691.268	59.032	13.354	12.438
贵州省	1700.154	59.267	13.401	12.454
陕西省、甘肃省、青海省、宁夏回族自治区	2040.610	77.139	22.989	14.934
新疆维吾尔自治区	2044.085	77.254	23.001	14.946

数据来源：《第二次全国污染源普查农业污染源产排污系数手册》。

鉴于港、澳、台、西藏、海南、江西等地数据严重缺失，为此以2005—2020年为时间跨度①，基于上述排污系数，计算出2005—2020年全国28个区域奶牛养殖面源污染的排放量，具体如表6-2所示。

---

① 下文利用宏观数据部分亦是如此，不再赘述。

表 6-2　2005—2020 年奶牛养殖业面源污染排放量

时间	化学需氧量（万吨）		总氮（万吨）		总磷（万吨）		氨氮（万吨）	
	优势区	普通区	优势区	普通区	优势区	普通区	优势区	普通区
2005	1777.53	268.77	75.14	9.64	14.22	2.26	12.52	1.46
2006	1513.76	228.77	64.00	8.26	11.87	2.01	10.41	1.34
2007	1762.54	243.55	73.22	8.68	14.21	2.08	11.83	1.35
2008	1755.51	270.74	72.82	9.66	14.15	2.26	11.72	1.46
2009	1763.38	282.07	73.57	10.18	13.94	2.39	11.64	1.53
2010	1959.87	343.78	81.33	12.29	15.14	3.00	12.59	1.79
2011	2564.29	347.60	105.07	12.79	20.79	2.87	16.37	1.80
2012	2094.80	349.23	86.13	12.49	16.41	3.03	13.24	1.80
2013	2016.48	348.20	82.53	12.43	15.96	3.03	12.69	1.80
2014	2114.32	352.78	86.37	12.59	16.78	3.05	13.26	1.83
2015	2105.02	307.23	85.94	11.02	16.80	2.59	13.26	1.54
2016	2003.00	350.31	81.51	12.51	16.09	3.02	12.56	1.80
2017	1883.72	340.74	76.26	12.16	15.30	2.95	11.83	1.76
2018	1313.26	394.49	53.71	14.04	10.75	3.37	8.45	2.34
2019	1325.06	389.35	54.27	13.85	10.83	3.31	8.55	2.29
2020	1309.14	389.13	53.98	13.84	10.49	3.28	8.48	2.26

数据来源：根据作者统计计算所得。

　　总体而言，奶牛养殖业面源污染排放量呈现先增加后减少的倒"U"形演变趋势，2011 年面源污染排放总量达到最高峰，其中化学需氧量、总氮、总磷、氨氮的排放量分别达到 2911.89 万吨、117.86 万吨、23.66 万吨、18.17 万吨，这与奶牛养殖存栏总量有关。2011 年，新疆、黑龙江、内蒙古、河北等区域奶牛存栏量纷纷超过 200 万头，其中新疆奶牛存栏量最高，达到 285.30 万头。随后，由于奶牛存栏量的递减，加上规模化、集约化、标准化程度的不断提升，粪污处理技术应用效果明显增强，促使奶牛养殖业面源污染量得到有效控制。分养殖区域①来看，奶牛养殖优势区面源污染排放量要明显高于普通区，这与优势区奶牛存栏量多有关。但从计算结果的纵向比较发现，优势区面源污染排放增速要明显快于普通区，这可能与奶牛养殖产业布局变迁有关，同时也表明，虽然优势区具备得天独厚的资源优势，但在"减排"方面却面临较大的压力。

二、畜牧业碳排放特征

借鉴国家发改委在 2011 年出版的《省级温室气体清单编制指南》及相关研究成果中奶牛养殖各个环节的温室气体排放系数对碳排放量进行估算。② 参考励汀郁等（2022）的研究可知，奶牛养殖环节碳排放主要来源于奶牛胃肠道发酵、奶牛粪便管理系统和奶牛饲养环节耗能 3 个方面。③ 具体计算公式为：

$$E_{gt} = APP \times ef_1 \tag{6-1}$$

$$E_{cd} = APP \times (ef_2 + ef_3) \tag{6-2}$$

$$E_{dh} = APP \times \frac{cost_e}{price_e} \times ef_4 + APP \times \frac{cost_c}{price_c} \times ef_5 \tag{6-3}$$

式（6-1）至（6-3）中：E_{gt}、E_{cd}、E_{dh} 分别代表奶牛胃肠道发酵、奶牛

---

① 2003 年，农业部出台《奶牛优势区域发展规划（2003—2007 年）》，将北京、天津、上海、河北、山西、内蒙古、黑龙江等 7 个奶业优势省（区、市）划定为奶牛养殖优势区域。2008 年，农业部再次出台《全国奶牛优势区域布局规划（2008—2015 年）》，指出在上述优势主产区的示范带动下，山东、河南、新疆、陕西、宁夏、辽宁等 6 省（区、市）政府高度重视奶业发展，充分利用资源优势，巩固和发展了全国奶牛优势产业带，并将上述 13 个区域划定为奶牛养殖优势区。

② 此处需要特别说明的是，现有研究对于奶牛胃肠发酵和粪便管理系统的温室气体排放系数多采用 IPCC（2006）制定的温室气体排放系数，但是励汀郁等（2022）的研究指出，由于 IPCC 温室气体排放系数是以一个大洲的数据为依据进行测算，部分数据与中国国情有较大出入。为此本章在奶牛胃肠发酵和粪便管理系统碳排放量测算时，温室气体排放系数借鉴励汀郁等（2022）的研究，采用国家发展改革委在 2011 年发布的《省级温室气体清单编制指南》公布的系数结果。

③ 励汀郁、熊慧、王明利：《"双碳"目标下我国奶牛产业如何发展——基于全产业链视角的奶业碳排放研究》，《农业经济问题》2022 年第 2 期。

粪便管理系统和奶牛饲养环节耗能的碳排放量，单位为万吨；APP 代表奶牛年均饲养量，由于奶牛饲养周期大于或等于一年，故奶牛年末存栏量即为年均饲养量，单位为万头；ef_1 代表奶牛养殖胃肠道发酵 CH_4 排放因子，ef_2 和 ef_3 分别代表粪便管理系统 CH_4 排放因子和粪便管理系统 N_2O 排放因子，ef_4 和 ef_5 分别代表电能消耗和煤炭燃烧产生的 CO_2 排放系数；$cost_e$、$cost_c$ 分别代表每头奶牛所耗电费和煤费，单位为元 / 头；$price_e$、$price_c$ 分别代表奶牛饲养环节的电费单价和煤费单价。具体数值详见表 6–3。

表 6–3　奶牛养殖业各环节温室气体排放系数

环节	符号	排放系数	数值	单位	系数来源
奶牛胃肠发酵	ef_1	CH_4 排放系数	92.300	千克 /（头·年）	国家发展改革委 (2011)[1]
奶牛粪便管理系统	ef_2	CH_4 排放系数	6.490	千克 /（头·年）	
	ef_3	N_2O 排放系数	1.675	千克 /（头·年）	
奶牛饲养耗能	$price_e$	奶牛养殖电费单价	0.428	元 /（千瓦·时）	《全国农产品成本收益资料汇编》《中国能源统计年鉴》
	ef_4	电能消耗 CO_2 排放系数	0.973	吨 /（兆瓦·时）	
	$price_c$	奶牛养殖煤费单价	800.000	元 / 吨	
	ef_5	煤炭燃烧 CO_2 排放系数	1.980	吨 / 吨	
其他系数	GWP_{CH4}	CH_4 全球升温潜能值	21.000	—	孙亚男等 (2010)[2]
	GWP_{N2O}	N_2O 全球升温潜能值	310.000	—	

数据来源：根据既往研究整理所得。

将上述各环节碳排放量加总即可得到奶牛养殖业碳排放总量，具体计算公式为：

---

[1] 国家发展改革委应对气候变化司：《省级温室气体清单编制指南》，中国环境出版社 2011 年版。

[2] 孙亚男、刘继军、马宗虎：《规模化奶牛场温室气体排放量评估》，《农业工程学报》2010 年第 6 期。

$$E_T = E_{gt} + E_{cd} + E_{dh} = E_{gt} \cdot GWP_{CH_4} + (E_{mc} \cdot GWP_{CH_4} + E_{md} \cdot GWP_{N_2O}) + E_{dh}$$

$$(6\text{-}4)$$

式（6-4）中：E_T 为奶牛养殖业碳排放总量，是 CO_2 当量，单位为万吨；GWP_{CH_4} 为 CH_4 全球升温潜能值，GWP_{N_2O} 为 N_2O 全球升温潜能值，具体数值详见附表 3-4。

计算奶牛养殖业碳排放量的数据来自《全国农产品成本收益资料汇编》《中国能源统计年鉴》《中国农村统计年鉴》，具体计算结果如表 6-4 所示。与面源污染排放量有相同趋势的是，2005—2020 年，奶牛养殖业碳排放量同样呈现先增加后减少的倒"U"形演变趋势，2011 年碳排放总量达到峰值，为 4963.93 万吨，其中奶牛养殖优势区排放 4339.35 万吨，普通区排放 624.58 万吨。从具体环节来看，奶牛胃肠道发酵碳排放量最高，其次为奶牛粪便管理系统、奶牛饲养耗能。2011 年，三个环节碳排放量分别为 3335.81 万吨、1128.18 万吨、499.93 万吨。值得注意的是，奶牛养殖业碳排放与奶牛存栏量有直接关系，但同时与碳减排技术的应用也有较大联系，像河北、内蒙古、黑龙江、山东、新疆等奶牛养殖优势区在保障生鲜乳有效供给的同时，碳减排潜力巨大，要持续落实碳减排科技成果转化机制。

表 6-4　2005—2020 年奶牛养殖业碳排放量

时间	碳排放总量（万吨）		奶牛胃肠道发酵碳排放量（万吨）		奶牛粪便管理系统排放量（万吨）		奶牛饲养耗能排放量（万吨）	
	优势区	普通区	优势区	普通区	优势区	普通区	优势区	普通区
2005	2998.31	446.28	2043.82	294.52	691.23	99.61	263.27	52.15
2006	2549.24	373.33	1757.72	247.89	594.47	83.84	197.06	41.61
2007	3001.53	416.89	2021.77	266.78	683.77	90.23	296.00	59.88
2008	2962.05	475.42	2014.46	297.66	681.30	100.67	266.30	77.09
2009	3016.28	498.26	2050.57	308.80	693.51	104.44	272.20	85.03
2010	3394.22	584.13	2296.92	370.82	776.83	125.41	320.46	87.91
2011	4339.35	624.58	2944.28	391.54	995.77	132.42	399.30	100.62

续表

时间	碳排放总量（万吨）		奶牛胃肠道发酵碳排放量（万吨）		奶牛粪便管理系统排放量（万吨）		奶牛饲养耗能排放量（万吨）	
	优势区	普通区	优势区	普通区	优势区	普通区	优势区	普通区
2012	3712.46	609.60	2430.24	378.94	821.92	128.16	460.30	102.50
2013	3554.77	609.67	2328.96	377.46	787.66	127.66	438.14	104.55
2014	3776.37	625.74	2436.25	383.78	823.95	129.80	516.18	112.16
2015	3769.52	555.44	2421.13	337.65	818.84	114.20	529.56	103.59
2016	3536.98	625.46	2295.92	381.26	776.49	128.94	464.58	115.26
2017	3344.96	607.54	2144.34	370.02	725.22	125.14	475.40	112.38
2018	2350.30	739.83	1489.97	432.05	503.91	146.12	356.41	161.66
2019	2371.44	763.46	1505.48	427.20	509.16	144.48	356.81	191.78
2020	2349.05	816.09	1501.79	427.78	507.91	144.68	339.35	243.63

数据来源：根据作者统计计算所得。

三、畜牧业成本收益变化特征

通过《全国农产品成本收益资料汇编》获得奶牛养殖成本收益变化情况，具体如图6-1至图6-5所示。需要特别指出的是，为了避免价格波动幅

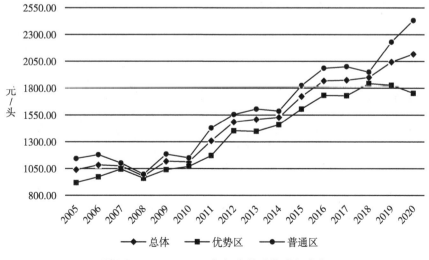

图6-1　2005—2020年奶牛养殖劳动力成本

度过大的影响，以 2005 年为基期，利用奶类生产价格指数对奶牛养殖成本收益数据进行平减，下述全要素生产率测算同样采用平减后的结果。总体来看，2005—2020 年，单位奶牛养殖劳动力成本、物质与服务费用成本、主产品产值、副产品产值均呈现递增态势，唯有土地成本呈现先递减又递增的趋势，但整体幅度并不大。分养殖区域来看，2005—2020 年，优势区内单

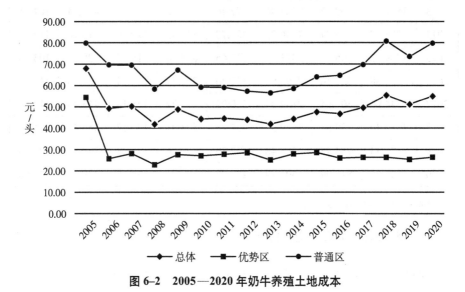

图 6-2　2005—2020 年奶牛养殖土地成本

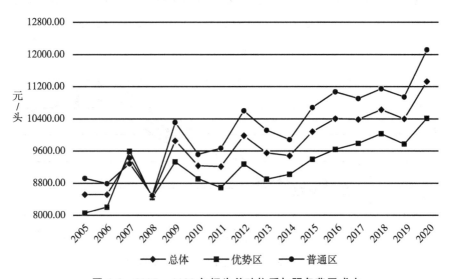

图 6-3　2005—2020 年奶牛养殖物质与服务费用成本

位奶牛养殖劳动力成本、土地成本、物质与服务费用成本均低于普通区，但普通区内单位奶牛养殖主产品产值要高于优势区，副产品产值也在部分年份高于优势区，这说明虽然养殖优势区具备得天独厚的资源禀赋条件，稳定了成本，但也需要继续发挥资源优势，释放奶牛养殖产值提升的潜力。

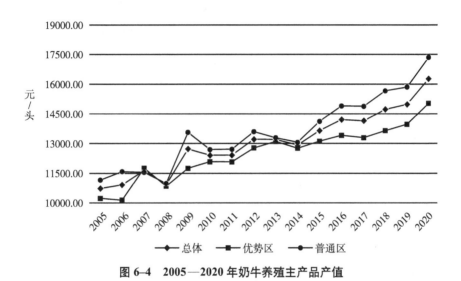

图 6-4　2005—2020 年奶牛养殖主产品产值

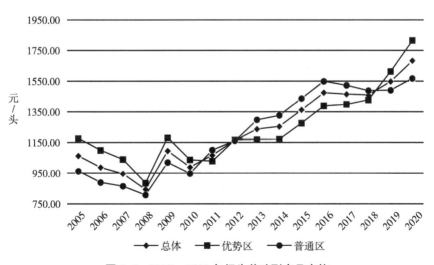

图 6-5　2005—2020 年奶牛养殖副产品产值

四、畜牧业全要素生产率变化

基于超效率 SBM-GML 指数测算奶牛养殖业全要素生产率。数据包络分析模型（DEA）可用于评价多投入、多产出具有复杂生产关系的决策单元（DMU）的效率，但其最大的缺陷在于没有对相关指标"松弛"变化的影响进行评价。2001 年，Kaoru Tone 首次提出了 SBM 模型，可以克服"松弛偏差"，解决输入、输出冗余的问题。[1] 2002 年，Kaoru Tone 对 SBM 进一步改进，建立了超效率 SBM 新模型（Super-SBM），该模型不仅能够测度不同样本的效率值，还能通过允许有效样本的效率值大于 1 来比较其效率的高低。[2] 其实对于奶牛养殖业而言，每一年度的投入产出变化并不是特别大，效率变化并不是特别明显，Super-SBM 能够克服传统 DEA 模型测度精度不高、效率值不大于 1 而无法对样本准确排序的问题。为此将采用规模报酬可变假设下的 Super-SBM 模型测算效率，模型具体形式如下：

$$\min\theta = \min_{x,y,\lambda} \frac{\frac{1}{m}\sum_{i=1}^{m}\frac{\overline{x_i}}{x_{io}}}{\frac{1}{s}\sum_{r=1}^{s}\frac{\overline{y_r}}{y_{ro}}}$$

$$s.t. \begin{cases} \overline{x} = \sum_{j=1,\neq 0}^{n}\lambda_j x_j + s_j^- \\ \overline{y} = \sum_{j=1,\neq 0}^{n}\lambda_j y_j - s_j^+ \\ \sum_{j=1,\neq 0}^{n}\lambda_j = 1 \\ \overline{x} \geq x_o, \overline{y} \leq y_o, \overline{x} \geq 0, \overline{y} \geq 0, \lambda \geq 0 \end{cases} \quad (6\text{-}5)$$

式（6-5）中：$x_o=(x_{io})$ 和 $y_o=(y_{io})$ 分别表示第 i_o 个 DMU 投入资源向量和产出成果向量；$\overline{x}$ 和 $\overline{y}$ 分别表示将 (x_o, y_o) 排除在 (x, y) 之外的投入与

---

[1]　Kaoru Tone. "A Slacks-based Measure of Efficiency in Data Envelopment Analysis", *European Journal of Operational Research*，2001，Vol.130，issue3，pp.498-509.

[2]　Kaoru Tone. "A Slacks-based Measure of Super-efficiency in Data Envelopment Analysis", *European Journal of Operational Research*，2002，Vol.143，issue1，pp.32-41.

产出矩阵；s_j^- 和 s_j^+ 分别为投入和产出松弛变量，分别表示第 j 个 DMU 投入冗余和产出不足；λ_j 表示第 j 个 DMU 的权重系数；模型中的下标"o"表示被评价 DMU 对应的投入产出；目标函数 θ 是关于松弛变量 $s+$ 和 $s-$ 严格递减的，并且 $\theta>0$。对于某个 DMU，当 $\theta \geq 1$ 时说明绩效评价有效；当 $\theta<1$ 时说明 DMU 无效，需要改进投入或产出。

由于 Super-SBM 模型是从静态角度计算效率值，仅能反映当期的生产情况，未能反映效率纵向发展变化趋势。基于此，本节在效率值测算的基础上，为了更加清晰地反映出奶牛养殖过程中的"增效"变化趋势，参照 Dong-hyun Oh 和 Almas Heshmati（2010）提出的 GML 指数[1]，充分利用 GML 指数能够有效解决线性规划无可行解问题，对奶牛养殖全要素生产率进行测算，将 GML 指数定义为：

$$GML^{t,t+1}(x^{t+1},y^{t+1},b^{t+1};x^t,y^t,b^t)=\frac{1+D_G^T(x^t,y^t,b^t)}{1+D_G^T(x^{t+1},y^{t+1},b^{t+1})} \tag{6-6}$$

式（6-6）中：如果 $GML^{t,t+1}<1$，则说明产出减少，奶牛养殖全要素生产率低于上期水平；反之如果 $GML^{t,t+1}>1$，则说明产出增加，奶牛养殖全要素生产率较上期有所提升。GML 指数可以进一步分解为技术进步（GTC）和技术效率（GEC）两部分，即：

$$GML^{t,t+1}(x^{t+1},y^{t+1},b^{t+1};x^t,y^t,b^t)$$

$$=\frac{1+D_C^T(x^t,y^t,b^t)}{1+D_C^T(x^{t+1},y^{t+1},b^{t+1})}\times\left\{\frac{\left[1+D_G^T(x^t,y^t,b^t)\right]/\left[1+D_C^T(x^t,y^t,b^t)\right]}{\left[1+D_G^T(x^{t+1},y^{t+1},b^{t+1})\right]/\left[1+D_C^T(x^{t+1},y^{t+1},b^{t+1})\right]}\right\} \tag{6-7}$$

$$=\frac{TE^{t+1}}{TE^t}\times\left(\frac{BPG_{t+1}^{t,t+1}}{BPG_t^{t,t+1}}\right)=GEC^{t,t+1}\times GTC^{t,t+1}$$

式（6-7）中：$GML^{t,t+1}$、$GEC^{t,t+1}$ 和 $GTC^{t,t+1}$ 的取值均大于 0，其值大于 1 时，代表奶牛养殖全要素生产率提高、技术效率改进和技术进步；反之其值小于 1 时，代表奶牛养殖全要素生产率下降、技术效率降低和技术退步。

---

[1] Dong-hyun Oh, and Almas Heshmati. "A Sequential Malmquist-luenberger Productivity Index: Environmental Sensitive Productivity Growth Considering the Progressive Nature of Technology", *Energy Economic*, 2010, issue32, pp.1345-1355.

　　以单位奶牛养殖劳动力投入、土地投入、物质与服务费用投入作为投入变量，以主产品产值和副产品产值作为产出变量，利用超效率 SBM-GML 指数对奶牛养殖业全要素生产率进行测算，投入产出数据均来源于《全国农产品成本收益资料汇编》，具体测算结果如图 6-6 所示。从奶牛养殖业全要素生产率变化趋势来看，无论是总体还是分区域，均无明显的规律性特征，波幅较大。但可以发现的是，大部分年份奶牛养殖业全要素生产率值大于1，说明其全要素生产率在提升，技术效率也在提升，有技术进步的趋向。比较养殖优势区和养殖普通区奶牛养殖全要素生产率可以发现，绝大部分年份普通区高于优势区，但在 2019 年、2020 年，优势区奶牛养殖业全要素生产率稳步提升，说明其在要素投入、资源配置、技术改进等方面逐渐优化。

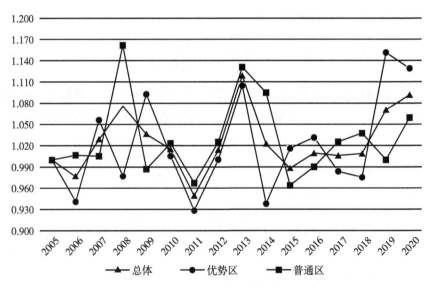

图 6-6　2005—2020 年奶牛养殖业全要素生产率变化

第二节　畜牧业绿色转型评价与结果分析

一、畜牧业绿色转型评价方法

根据畜牧业绿色转型的本质特征以及评价指标体系的构建，将基于现有多维度指标评价常用的熵权 TOPSIS 法来综合评价奶牛养殖业绿色转型。首先利用熵权法进行客观赋权，目的是避免因主观偏误导致权重偏差；而后基于熵权法确定的指标权重，采用 TOPSIS 法重新拟定各方案的最优解与最劣解，从而对原有权重结果进行修正以提高评价结果准确度。

1. 熵权法评价过程

首先，熵权法根据样本中各项指标数据自身信息量的大小计算出指标权重，从而有效避免指标选择和赋权的主观性[①]，与传统专家打分等主观赋权法相比更具可信性。其次，客观赋权法中的主成分分析和因子分析容易使相关性较弱的重要信息被遗漏，同时对样本容量要求较高。[②] 最后，考虑到奶牛养殖业绿色转型评价指标体系众多，且呈现非线性，属于耗散结果系统，可以采用熵权法进行赋权分析。[③] 熵权法具体计算步骤如下：

第一，将各项指标数据按照正向指标和负向指标进行标准化：

$$Y_{ij} = \frac{X_{ij} - \min(X_{ij})}{\max(X_{ij}) - \min(X_{ij})} \qquad （X_{ij} \text{ 为正向指标时}）（6\text{-}8）$$

$$Y_{ij} = \frac{\max(X_{ij}) - X_{ij}}{\max(X_{ij}) - \min(X_{ij})} \qquad （X_{ij} \text{ 为负向指标时}）（6\text{-}9）$$

其中，X_{ij} 为原始数据，$\min(X_{ij})$ 为该指标统计值的最小值，$\max(X_{ij})$ 为该指标统计值的最大值，Y_{ij} 为该指标标准化后的结果值。

第二，计算 i 省份 j 指标所占比重 R_{ij}：$R_{ij} = Y_{ij} / \sum\limits_{i=1}^{n} Y_{ij}$ （6-10）

第三，计算 i 指标的熵权 E_{ij}：$E_{ij} = -\dfrac{1}{\ln(n)} \sum\limits_{i=1}^{n} R_{ij} \ln(R_{ij})$ （6-11）

第四，计算 j 指标的权重 W_{ij}：$W_{ij} = (1 - E_{ij}) / \sum\limits_{j=1}^{m} (1 - E_{ij})$ （6-12）

① 颜双波：《基于熵值法的区域经济增长质量评价》，《统计与决策》2017 年第 21 期。

② 郑珍远、刘婧、李悦：《基于熵值法的东海区海洋产业综合评价研究》，《华东经济管理》2019 年第 9 期。

③ 刘云菲、李红梅、马宏阳：《中国农垦农业现代化水平评价研究——基于熵值法与 TOPSIS 方法》，《农业经济问题》2021 年第 2 期。

第五，计算奶牛养殖业绿色转型程度 G_i：$G_i = \sum_{j=1}^{m} W_{ij} E_{ij}$　　　　　　(6-13)

2. TOPSIS 法修正过程

虽然熵权法可以克服主观赋权存在的缺陷，但不能解决因某个指标的数据离散程度较大导致的指标权重偏误问题，容易造成评价结果过于依赖指标选取与数据准确性。为此，本节在熵权法赋权的基础上，通过引入欧式距离测量各指标方案与其最优（劣）解之间的相对距离，进而得到综合评价指数，从而充分利用数据信息，减少数据信息的损失并降低样本容量限制与参考序列选择对结果的干扰[①]，以更准确地表达出奶牛养殖业绿色转型水平的变动趋势。TOPSIS 法具体计算步骤如下：

第一，计算各指标的加权标准化矩阵 P_{ij}：$P_{ij} = W_{ij} Y_{ij}$　　　　(6-14)

第二，拟定最优解 S_j^+ 与最劣解 S_j^-：$S_j^+ = \max(P_{ij}), S_j^- = \min(P_{ij})$　(6-15)

第三，计算各方案与最优解欧式距离：

$$sep_i^+ = \sqrt{\sum_{j=1}^{n}(S_i^+ - P_{ij})^2}, sep_i^- = \sqrt{\sum_{j=1}^{n}(S_i^- - P_{ij})^2} \qquad (6\text{-}16)$$

第四，计算各方案的综合评价指数：$C_i = \dfrac{sep_i^-}{sep_i^+ + sep_i^-}, C_i \in [0,1]$　(6-17)

二、畜牧业绿色转型评价结果分析

基于熵权 TOPSIS 法对奶牛养殖业绿色转型进行评价，评价结果如图 6–7 所示。从整体趋势来看，2005—2020 年全国 28 省（市、区）奶牛养殖业绿色转型呈波动上升趋势，由 2005 年的 0.292 上升至 2020 年的 0.540，这说明考察期内奶牛养殖业绿色转型综合水平呈现向好趋势，基本按照"减排"与"增效"兼顾的双赢目标发展。从演变趋势可以将这一过程划分为四个阶段，分别是初探期（2005—2008）、成长期（2009—2014）、过渡期（2015—2017）、改革期（2018—2020）。2008 年以前，奶牛养殖业发展处

---

① 高延雷、张正岩、王志刚：《基于熵权 TOPSIS 方法的粮食安全评价：从粮食主产区切入》，《农林经济管理学报》2019 年第 2 期。

于"自我成长"阶段，农业农村发展的重心放在提高粮食产量、增加农民收入上，对奶牛养殖业关注度不高。2008 年之后，中国奶业发展格局发生了较大变化，也波及了上游奶牛养殖主体，掀起了一场奶业整顿风潮。

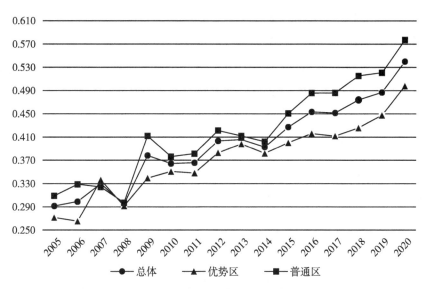

图 6-7　2005—2020 年奶牛养殖业绿色转型演变趋势

2008 年 11 月，国家发展改革委等制定《奶业整顿和振兴规划纲要》，提出提升养殖水平、推进规模化和标准化、做好奶牛养殖技术指导和服务的重点任务，促使在 2009 年之后一直到 2014 年，奶牛养殖业绿色转型持续升级，综合水平增速较快。2015—2017 年，奶牛绿色转型综合水平基本处于小幅波动上升的态势。2017 年 11 月党的十九大胜利召开，全会提出实施乡村振兴战略，其中生态振兴作为"五大振兴"之一上升至国家战略层面，出台的《乡村振兴战略规划（2018—2022 年)》更是指导了奶牛养殖业绿色转型快速升级，使奶牛养殖业步入了改革发展阶段，奶牛养殖业绿色转型综合水平显著提升。未来，随着乳制品消费升级的深化，加上生态文明建设的持续推进，奶牛养殖业绿色转型有望进一步提升。

分养殖区域来看，优势区和普通区奶牛养殖业绿色转型演变趋势与总体保持高度一致，均呈现波动上升趋势，同样表明优势区和普通区奶牛养殖业也呈现快速绿色转型发展。按照理论预期，优势区奶牛养殖业应更具比较优势，奶牛养殖业绿色转型水平应高于比较优势相对较弱的普通区。但是，依据实际测算结果发现，普通区奶牛养殖业绿色转型水平要明显高于优势区。进一步对优势区奶牛养殖业绿色转型综合水平低于普通区、低于总体的原因进行剖析，可以作出如下解释：虽然农业农村部在 2003 年和 2008 年分别制定并实施了《奶牛优势区域发展规划（2003—2007 年）》和《全国奶牛优势区域布局规划（2008—2015年）》[①]，但其实所划定的区域大多集中在中原、西北、东北及内蒙古地区，这些区域虽然具备得天独厚的自然资源优势，但是与大都市郊区相比相差的是更高层级的物质投入和技术创新。

将 13 个优势区再进一步划分为京津冀郊区优势区、中原优势区、东北及内蒙古优势区和西北优势区，各区域奶牛养殖业绿色转型演变趋势如图 6-8 所示。从中可以发现：第一，京津冀郊区优势区奶牛养殖业绿色转型综

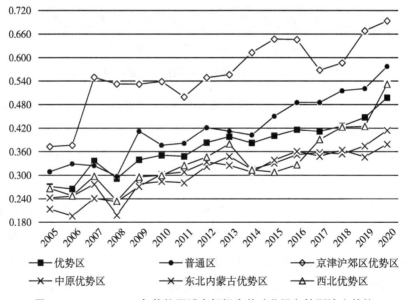

图 6-8　2005—2020 年优势区域内部奶牛养殖业绿色转型演变趋势

① 本节沿用了 2008 年所划定的奶牛养殖优势区，虽历时较长，但这些区域仍具奶牛养殖潜力。从 2020 年全国奶产品产值来看，除天津、上海、北京奶产品产值排在第 18、19、22 位外，其余 10 省（市、区）仍位居前 10，其中内蒙古排在首位，奶产品产值为 235.5 亿元，位居第 2、第 3 的分别是黑龙江（190.4 亿元）、河北（170.0 亿元）。

合水平不仅高于优势区内部其他区域，甚至高于普通区；第二，在优势区域内部，中原优势区、东北及内蒙古优势区、西北优势区奶牛养殖业绿色转型综合水平均要明显低于优势区平均值。基于这两方面分析也进一步证实了上述的解释，并非具备资源禀赋就一定可以实现奶牛养殖业绿色转型的"减排"与"增效"目标，外界推力和拉力也是影响转型效果的关键因素。

更进一步地，参照杜宇能等（2018）、刘云菲（2022）的研究①②，并结合奶牛养殖业绿色转型的现实特征，本节设置了奶牛养殖业绿色转型实现程度标准参考值，具体如表 6-5 所示。综合来看，2008 年以前中国奶牛养殖业绿色转型基本处于低等水平阶段，奶牛养殖业未得到足够重视。2008 年的"三聚氰胺事件"殃及奶牛养殖端，在某种程度上加速了奶牛养殖模式的改变，大量散养户退出养殖行列，产业标准被重新定义。自 2009 年开始，奶牛养殖业绿色转型水平不断提升，一直持续到 2019 年，均处于中低等水平阶段。2020 年，奶牛养殖业绿色转型水平达到 0.540，正式步入转型的中等阶段。当前，中国奶牛养殖业正处于蓬勃发展期，在环境的约束下，在政府的激励下，在市场的调度下，在养殖主体的配合下，奶牛养殖业绿色转型水平也会持续提升。

表 6-5　奶牛养殖业绿色转型实现程度标准参考值

奶牛养殖业绿色转型实现程度（C_i）	评价值范围
绿色转型低等水平阶段	$0.00 < C_i \leq 0.30$
绿色转型中低等水平阶段	$0.30 < C_i \leq 0.50$
绿色转型中等水平阶段	$0.50 < C_i \leq 0.60$
绿色转型中高等水平阶段	$0.60 < C_i \leq 0.80$
绿色转型高水平阶段	$0.80 < C_i \leq 1.00$

---

① 杜宇能、潘驰宇、宋淑芳：《中国分地区农业现代化发展程度评价——基于各省份农业统计数据》，《农业技术经济》2018 年第 3 期。

② 刘云菲、李红梅、马宏阳：《中国农垦农业现代化水平评价研究——基于熵值法与TOPSIS 方法》，《农业经济问题》2021 年第 2 期。

第三节　畜牧业绿色转型水平预测

一、畜牧业绿色转型水平预测方法

在上述研究的基础上，为了进一步观察奶牛养殖业绿色转型发展走向，以及按照当前发展走向能否实现政策期许、市场需求、养殖利益等，在此将对 2021 年至 2025 年奶牛养殖业绿色转型综合水平进行预测，并与既定时点的期望目标相比较，对比二者之间是否存在差距。之所以选择预测到 2025 年具有如下原因：一是，"十四五"规划纲要提出，要促进经济社会发展全面绿色转型，到 2025 年，"十四五"规划的既定任务应高质量完成，以此时间节点来观测奶牛养殖业绿色转型综合水平更具有现实意义；二是，出于现在数据的可获得性，当前仅可获得 2005—2020 年 16 期短时间序列数据[1]，对更长时间的预测也将无意义，所以在现有研究内容和目标的综合考量下，预测至 2025 年更具科学性。

考虑到奶牛养殖业绿色转型受地区经济发展、养殖结构和产业结构、养殖方式等诸多因素影响，有的因素是确定的，有的因素不确定，因此可以将其看作是一个灰色系统。[2] 灰色系统 GM（1,1）预测模型是一阶、一个变量的微分方程模型，是将离散的随机序列经过一次累加成弱随机性的新序列，通过一阶线性微分方程，估计出方程中的未知参数，得到所需的预测模型，再将运算结果还原的一种方法。[3] 该模型具有样本需求量小、建模过程简单等优点，具体计算过程如下：

---

① 这里之所以称之为时间序列数据是因为仅考虑 28 省（市、区）奶牛养殖业绿色转型平均值，也即上述图 6–7 演变趋势中的数值。

② 黄晓慧、杨飞：《化肥农药零增长行动的农业减污降碳协同效应及脱钩效应分析》，《生态经济》2024 年第 2 期。

③ 张田野、孙炜琳、王瑞波：《化肥零增长行动对农业污染的减量贡献分析——基于 GM（1，1）模型及脱钩理论》，《长江流域资源与环境》2020 年第 1 期。

设奶牛养殖业绿色转型原始序列为：

$$X^{(0)} = \left\{ X^{(0)}(1), X^{(0)}(2), \cdots, X^{(0)}(n) \right\} \tag{6-18}$$

对其进行一次累加生成新序列：

$$X^{(1)} = \left\{ X^{(1)}(1), X^{(1)}(2), \cdots, X^{(1)}(n) \right\} \tag{6-19}$$

$$X^{(1)}(k) = \sum_{i=1}^{k} X^{(0)}(i), k = 1, 2, \cdots, n \tag{6-20}$$

则 GM（1,1）模型相应的微分方程为：

$$\frac{dX^{(1)}}{dt} + \alpha X^{(1)} = \mu \tag{6-21}$$

式（6-21）中：α 为发展参数，μ 为内生控制灰数，这是需要通过计算得到的参数。

使用该模型之前需要对数据进行级比检验，计算参数 $\lambda(k)$：

$$\lambda(k) = \frac{X^{(0)}(k-1)}{X^{(0)}(k)}, k = 2, 3, \cdots, n \tag{6-22}$$

当参数 $\lambda(k)$ 的值在 $(e^{-\frac{2}{n+1}}, e^{-\frac{2}{n+2}})$（$e$ 为自然常数）区间内，说明通过检验，可以使用该模型对奶牛养殖业绿色转型进行预测。

二、畜牧业绿色转型预测结果

采用灰色预测 GM（1,1）模型对 2021 年至 2025 年奶牛养殖业绿色转型综合水平进行预测，数据通过了级比检验，说明可以采用此模型进行预测。依据预测结果发现，以当前的政策环境、经济形式、市场结构，2021—2025 年奶牛养殖绿色转型综合水平将分别为 0.529、0.546、0.562、0.579、0.596。总体而言，奶牛养殖业绿色转型依旧可能会保持平稳速度缓慢提升。

三、畜牧业绿色转型水平预测结果与期望目标比较

以《"十四五"奶业竞争力提升行动方案》《"十四五"推进农业农村现代化规划》《"十四五"全国农业绿色发展规划》为主要参考标准，以中国农

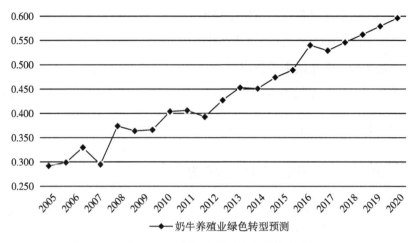

图 6-9　2021—2025 年奶牛养殖业绿色转型水平预测

业科学院农业信息研究所发布的《2021—2030 年中国奶制品市场展望报告》为辅助参考标准，提炼总结与奶牛养殖业绿色转型评价指标相关的结论性观点，以综合评判到 2025 年奶牛养殖业绿色转型的理论预期值，具体参考标准及推断结果如下：

一是，到 2025 年，全国奶类产量达到 4100 万吨左右，至此推断到 2025 年，全国奶牛存栏量将达到 1242 万头，由此可以推断出奶牛养殖业"减排"中的化学需氧量、总氮、总磷、氨氮、二氧化碳分别为 2140.00、79.48、17.10、11.12、4175.46 万吨；二是，到 2025 年，农村居民收入稳步增长，增速同 GDP 增长基本同步，为 3.8%，由此可以推断出奶牛养殖业"增效"中奶产品产值和副产品产值大致可提升至 17696.07 元 / 头、2660.38 元 / 头[①]；三是，到 2025 年，饲草料等投入成本进一步降低，按照与 GDP 增速相同的速率进行降成本，由此可以推断出奶牛养殖业"增效"中土地成本、劳动力成本、物质与服务费用成本分别为 53.87 元 / 头、2135.63 元 / 头、10135.60 元 / 头；四是，到 2025 年，养殖场现代化设施装备水平大幅提升，按照同农业科技进步贡献率提升 4% 计算，到 2025 年奶牛养殖全要素生产

————————

① 以 2005 年价格为基期平减后的结果，下述单位奶牛养殖成本亦是如此。

率将提升至 1.25。综合上述推断结果，计算到 2025 年奶牛养殖业绿色转型综合水平为 0.645。

总体而言，上述研究已经对奶牛养殖业绿色转型的理论本质、评判标准进行了细致分析与论述，特别是通过构建相应评价体系对奶牛养殖业绿色转型进程进行准确研判，并提出未来的发展定位。可以发现，如果按照现行发展模式不采取行之有效的手段驱动奶牛养殖业绿色转型，将不能达到期望目标，无法如期完成"十四五"战略布局。为此，接下来有必要针对当前中国奶牛养殖业绿色转型的驱动机理、驱动效应加以细致研究。

本章依托畜牧业绿色转型评价指标体系的构建，以奶牛养殖数据为例，从宏观层面对畜牧业绿色转型水平进行了测度。通过研究得出的基本结论是：（1）从畜牧业绿色转型各维度特征来看，面源污染量和碳排放量均呈现先增加后减少的倒"U"形演变趋势，而劳动力成本、物质与服务费用成本、主产品产值、副产品产值均呈现递增态势，唯有土地成本呈现先递减又递增的趋势，但整体幅度并不大，而全要素生产率的变化无明显的规律性特征，波幅较大；（2）利用熵权 TOPSIS 法对奶牛养殖业绿色转型综合水平评价发现，2005—2020 年全国 28 省（市、区）奶牛养殖业绿色转型呈波动上升趋势，由 2005 年的 0.292 上升至 2020 年的 0.540。分养殖区域来看，优势区和普通区奶牛养殖业绿色转型演变趋势与总体保持高度一致，均呈现波动上升趋势，但普通区奶牛养殖业绿色转型水平要明显高于优势区；（3）基于现有数值预测发现，2021—2025 年奶牛养殖绿色转型综合水平将分别为 0.529、0.546、0.562、0.579、0.596，依旧可能会保持平稳速度缓慢提升。但是，结合"十四五"战略布局要求来看，到 2025 年奶牛养殖业绿色转型的理论预期为 0.645，预测结果与期望目标之间仍有差距，这就需要进一步识别出影响奶牛养殖业绿色转型的关键因素，找到提升奶牛养殖业绿色转型综合水平的突破点。

第七章　畜牧业绿色转型的影响因素初探

识别影响畜牧业绿色转型的关键因素有助于精准提供畜禽养殖"减排"和"增效"协同的路径与对策。本章结合影响机理的分析，先从宏观层面初步检验政府行为、市场行为以及养殖主体行为对畜牧业绿色转型的驱动作用，为微观层面的具体验证提供先行经验。除此之外，在众多影响畜牧业绿色转型的因素中，考虑到产业集聚作为一种特殊的产业空间组织形式，可以通过分工专业化、资源共享、知识溢出和人力资本积累等途径降低交易成本、促进技术创新，进而影响环境治理效应，特此以奶牛养殖为例，探究产业集聚对奶牛养殖碳排放和环境效率的影响机理和作用机制，为宏观层面畜牧业绿色转型影响因素的研究提供新思路。

第一节　畜牧业绿色转型的影响因素分析

一、影响畜牧业绿色转型的因素识别

机制设计理论指出，机制是研究在自由选择、自愿交换、信息不完全及决策分散化的条件下，能否设计出一套规则或制度来达到既定目标的理论。[1]

---

[1]　瑞典皇家科学院 2007 年 10 月 15 日在斯德哥尔摩宣布，将 2007 年诺贝尔经济学奖授予美国明尼苏达大学经济学教授利奥·赫尔维茨（Leonid Hurwicz）、新泽西普林斯顿高等研究院教授埃瑞克·马斯金（Eric S. Maskin）以及芝加哥大学经济学教授罗格·迈尔森（Roger B. Myerson），以表彰他们为"机制设计理论（Mechanism Design Theory）奠定了基础"。

而机制设计者既包含了宏观经济政策制定者或制度设计者，还包括微观经济部门的从业者，这为构建畜牧业绿色转型机制需要依托于"政府—市场—养殖主体"纵向一体化逻辑结构提供理论遵循。为此，将从政府、市场、养殖主体三个层面识别各因素对畜牧业绿色转型的影响情况。

第一，政府层面的因素。政府在畜牧业绿色转型过程中充当"掌舵者"角色。亚当·斯密 1776 年在《国民财富的性质和原因研究》中指出，市场中存在"看不见的手"使市场的资源配置总能达到最优的结果。但是一旦市场失灵，资源配置往往不能达到最优配置，这就是典型的外部性即市场失灵问题。当行为主体从事一种影响旁观者福利，而对这种福利既不付报酬又得不到报酬的活动时，就产生了外部性。就畜禽养殖而言，在养殖过程中养殖主体向生态环境排放废弃物，导致生态环境承载力增压，属于典型的负外部性行为。实现畜牧业绿色转型的核心目标是实现"减排"与"增效"的双赢，理论意蕴是将负外部性成本内部化，具体策略主要包括公共政策和私人解决方法两种。公共政策即通过政府的命令与控制政策对行为执行主体在市场条件下进行管制，这一观点的主要代表人物是福利经济学之父庇古。庇古主张通过对负外部性行为征税，即经典的庇古税，其所征税额应该等于负外部性引起的外部成本。同样，为解决边际私人收益小于边际社会收益的问题，可对正外部性行为进行补贴，其补贴额度应该等于正外部性所带来的外部收益。借鉴庇古的经济学主张，在此认为，政府对畜牧业绿色转型的作用手段一方面表现为出台相关环境约束政策，另一方面表现为采取经济激励措施支持改善养殖环境。为此，选择环境约束政策和环境规制水平两个变量作为政府层面影响畜牧业绿色转型的待检验因素。

第二，市场层面的因素。市场在畜牧业绿色转型过程中充当"传递者"角色。按照亚当·斯密的设想，市场这只看不见的手在理想情境中能够有效配置资源。但现实世界是不理想的，总存在各种各样的约束，使得市场不能充分发挥完全的自主性，要在政府的指导下完成资源的有效配置。所以在畜牧业绿色转型的过程中，市场是政府和养殖主体之间的桥梁和纽带，传递政府的行政指令，辅助养殖主体实现绿色转型。因此，市场层面的因素应包含四个方面：一是社会化服务水平。冀名峰（2018）指出，农业生产性服务业已经成为中国农业现代化历史上的第三次动能，可以有效解决小农户对接大市场和机械替代人畜力问题。[①] 社会化服务水平的提升，将不断优化养殖结构，合理利用有限资源创造更高产值。二是产业集聚。产业集聚是经济活动在空间集聚的重要地理特征，其本质主要是资本要素的空间范围内合理流动并逐渐归集的过程。[②] 产业集聚有助于形成规模经济效应，节约人力、物力、财力等成本[③]，加速推进畜牧业绿色转型。三是地区生产结构。原则上，当一个地区内某一产业产值占 GDP 比重越高，区域发展对该产业黏性越大，长期以来越容易引发环境污染。[④] 畜牧业也是如此，畜牧业大省保障畜产品有效供给的同时也产生了大量的污染物，因此畜产品产值占 GDP 比重越高推动畜牧业绿色转型的难度越大。四是城镇化率。城镇化对农业绿色发展的影响方向存在争议，大部分学者支持城镇化将诱导农户改变传统粗放式经营方式向绿色生产方式转型，进而推动区域农业绿色发展。[⑤][⑥] 在此也将城镇化率纳入探索影响畜牧业绿色转型市场层面的待检验因素。

第三，养殖主体层面的因素。养殖主体在畜牧业绿色转型过程中既充当"执行者"角色，还充当"反馈者"角色。之所以称之为"执行者"是由于在政府的激励与约束下，在市场对资源的有效配置下，养殖主体的环境素

---

① 冀名峰：《农业生产性服务业：我国农业现代化历史上的第三次动能》，《农业经济问题》2018 年第 3 期。

② 唐建荣、房俞晓、张鑫和、唐雨辰：《产业集聚与区域经济增长的空间溢出效应研究：基于中国省级制造业空间杜宾模型》，《统计与信息论坛》2018 年第 10 期。

③ 许佳彬、李翠霞：《畜牧产业集聚对县域经济增长的影响——黑龙江省例证》，《中国农业大学学报》2021 年第 10 期。

④ 王勇、陈诗一、朱欢：《新结构经济学视角下产业结构的绿色转型：事实、逻辑与展望》，《经济评论》2022 年第 4 期。

⑤ 周洁红、唐利群、李凯：《应对气候变化的农业生产转型研究进展》，《中国农村观察》2015 年第 3 期。

⑥ Zhe Chen, Apurbo Sarkar, Airin Rahman, Xiaojing Li, and Xianli Xia. "Exploring the Drivers of Green Agricultural Development (GAD) in China: A Spatial Association Network Structure Approaches", *Land Use Policy*, 2022, Vol.112, p.105827.

养不断提升，变"污染大户"为"清洁标兵"，数以千个养殖场的绿色生产转型构成了畜牧业的绿色转型。之所以称之为"反馈者"是因为可以通过养殖主体最终表现出的生态价值、社会价值以及经济价值来反馈畜牧业绿色转型结果。外部性理论还强调，除了针对外部性的公共政策，私人解决方法例如自身能力的提升、生态约束以及基础设施投入等也是解决外部性问题的重要途径。所以，在此认为养殖主体的三个方面行为将会对畜牧业绿色转型产生影响：一是养殖能力水平的提升将有助于推动畜牧业绿色转型。余威震等（2019）的研究指出，在市场经济下，农户能力的培育和提升有助于促进环境建设。同样，畜禽养殖主体能力的提升也是促进产业绿色转型的关键要素。[1] 二是非生态行为将抑制畜牧业绿色转型。非生态行为是农户环保意识重要的度量指标[2]，非生态行为发生越多，畜牧业绿色转型难度越大，相应地绿色转型综合水平也就越低。三是基础设施投入将显著提升畜牧业绿色转型综合水平。基础设施投入是改善畜禽养殖环境的必要保障，随着环境约束的趋紧，对于废弃物处理设备更新的要求越来越高，养殖主体增加基础设施投入为废弃物处理提供可靠条件，从而也更容易推动畜牧业绿色转型。

最终，政府宏观调控、市场运行机制、养殖主体行为共同作用，三者相辅相成，各类细化因素融会贯通，诱发畜牧业"减排"与"增效"协同推进，实现畜牧业绿色转型。

二、影响畜牧业绿色转型的模型构建与变量说明

在影响因素识别的基础上，将通过模型检验进一步辨识各因素对畜牧业绿色转型的影响效应，需进行实证模型构建。在此同样以奶牛养殖业为例，被解释变量为第六章测度出的奶牛养殖业绿色转型，考虑到其结果是采用熵值 TOPSIS 法计算所得，是介于 0 和 1 之间的数值，属于典型的两端截断"受限被解释变量"，因此采用 Tobit 截断回归模型探究各因素对奶牛养

---

① 余威震、罗小锋、李容容：《孰轻孰重：市场经济下能力培育与环境建设？——基于农户绿色技术采纳行为的实证》，《华中农业大学学报》（社会科学版）2019 年第 3 期。

② 李翠霞、曹亚楠：《中国奶牛养殖环境效率测算分析》，《农业经济问题》2017 年第 3 期。

殖业绿色转型的影响，具体模型构建如下：

$$DFGT_{it} = \alpha + \sum_{i=1}^{n} \beta_i GOV_{it} + \sum_{i=n+1}^{m} \beta_i MAR_{it} + \sum_{i=m+1}^{k} \beta_i BRE_{it} + \mu_{it} \qquad (7\text{-}1)$$

式（7-1）中：$DFGT_{it}$ 代表第 t 年第 i 省份奶牛养殖业绿色转型；GOV_{it} 代表影响奶牛养殖业绿色转型政府层面的因素，包括环境约束政策、环境规制水平；MAR_{it} 代表影响奶牛养殖业绿色转型市场层面的因素，包括奶业社会化服务水平、产业集聚、地区生产结构、城镇化率；BRE_{it} 代表影响奶牛养殖业绿色转型养殖主体层面的因素，包括养殖能力水平、非生态行为、基础设施投入；β_i 为各变量的估计系数，α 为常数项，μ_{it} 为随机误差项。具体变量含义与描述性统计如表 7-1 所示。

表 7-1　变量含义与描述性统计

变量名称	符号	变量说明	均值	标准差
被解释变量				
奶牛养殖业绿色转型	$DFGT$	根据熵值 TOPSIS 法综合评价所得	0.47	0.09
政府层面解释变量				
环境约束政策	ECP	各地区针对畜牧业环境污染问题出台的约束性政策（个）①	44.22	44.20
环境规制水平	ENV	各地区经济发展水平乘以中线到边界的内部距离倒数	37.30	19.43
市场层面解释变量				
奶业社会化服务水平	SIV	各地区奶产品产值比上农林牧渔业总产值后再乘以农林牧渔服务业产值（亿元）	3.69	5.62
产业集聚	AGG	根据区位熵指数法测算所得	1.57	1.72
地区生产结构	REG	各地区奶产品产值占 GDP 比重（%）	0.38	0.55

---

① 以"畜牧""畜禽""奶牛""养殖""环境"等为关键词，在中国知网法律法规数据库进行检索各区域 2005—2020 年出台的关于畜牧业环境整治的法律法规、政策文件、指导意见等。

续表

变量名称	符号	变量说明	均值	标准差
城镇化率	*URB*	各地区年末城镇人口数占总人口数比重（%）	55.50	14.32
养殖主体层面解释变量				
养殖能力水平	*TEC*	各地区每单位劳动力创造的奶牛养殖产值（元/d）	5.66	0.73
非生态行为	*NEB*	各地区化肥使用率比上有效灌溉面积（吨/公顷）	0.91	0.34
基础设施投入	*INV*	各地区农户固定资产投资总额（亿元）	283.18	222.24

三、影响畜牧业绿色转型的实证结果分析

以 2005—2020 年为时间跨度，选取《中国统计年鉴》《中国农村统计年鉴》《中国环境统计年鉴》《中国人口与就业统计年鉴》、EPS 数据平台、中国知网法律法规数据库等公布的中国 28 个省（市、区）相关数据，用于检验影响奶牛养殖业绿色转型的因素，具体回归结果如表 7–2 所示。

首先采用 OLS 进行初步回归，模型（1）报告了 OLS 回归结果，初步辨识了政府层面、市场层面、养殖主体层面各因素对奶牛养殖业绿色转型的影响。其中，政府层面的环境约束政策、环境规制水平变量分别在 1% 和 5% 水平上通过显著性检验，且系数符号分别为负、正，表明环境约束政策越多越不利于推动奶牛养殖业绿色转型，而环境规制水平越高奶牛养殖业绿色转型水平越高。市场层面的奶业社会化服务水平、产业集聚、地区生产结构变量均在 1% 水平上通过显著性检验，且系数符号分别为负、正、负，表明奶业社会化服务水平越高、奶产品产值占 GDP 比重越高反而越不利于推动奶牛养殖业绿色转型，而提升产业集聚水平有助于改善奶牛养殖业绿色转型水平。养殖主体层面的养殖能力水平、非生态行为分别在 1% 和 5% 水平上通过显著性检验，且系数符号分别为正、负，表明养殖主体养殖技能越强、越关注生态环境，奶牛养殖业绿色转型水平越高。

对于面板截断数据而言，最精准的估计方法是采用面板 Tobit 模型进

行估计。通常情况下面板 Tobit 模型包括混合 Tobit 回归、随机效应的面板
Tobit 回归以及固定效应的面板 Tobit 回归。由于固定效应的 Tobit 回归占不
到个体异质性的充分统计量，无法进行条件最大似然估计，如果采用类似于
LSDV 法进行估计，所得的固定效应估计量也是不一致的。因此在使用面
板 Tobit 模型时一般先进行混合 Tobit 回归，再进行随机效应的面板 Tobit 回
归，通过比较 LR 检验确定何种方式最优。[1] 模型（2）选用聚类稳健标准误
的混合 Tobit 回归进行估计，模型（3）选用随机效应的面板 Tobit 回归进行
估计，其中，LR 检验的结果均强烈拒绝原假设，表明个体效应存在，使用
随机效应的面板 Tobit 模型估计更为准确，为此，以模型 3 为最终实证结果
分析。

　　从模型（3）估计结果来看，其影响系数方向与模型（1）：OLS 回归高
度一致，但显著性存在差异。环境约束政策在 10% 水平下负向影响奶牛养
殖业绿色转型，表明并非环境约束政策越多越好，政策出台的核心目的是
解决实际问题，当前中国畜禽养殖污染防治政策存在严重的"重出台、轻
落实"现象[2]，为此未来针对畜牧业环境约束政策应该注重落实。环境规制
水平在 1% 水平下正向影响奶牛养殖业绿色转型，表明环境规制加强的情形
下，养殖主体被迫通过加大技术投入、完善环境保护减排措施以加速实现奶
牛养殖业绿色转型。

　　产业集聚在 1% 水平下正向影响奶牛养殖业绿色转型，表明伴随产业集
聚水平的提升，奶牛养殖逐步趋于标准化和规模化，容易实现各类资源的优
化与配置，达到"减排"与"增效"的目的。地区生产结构在 1% 水平下负
向影响奶牛养殖业绿色转型，奶产品产值占 GDP 比重越高，发生养殖污染
的可能性越大，越不利于实现绿色转型。王善高等（2019）的研究同样指
出，要加强对畜禽养殖大省环境污染的监督管理，科学地处理养殖所产生的

---

[1]　陈强：《高级计量经济学及 Stata 应用》（第 2 版），高等教育出版社 2014 年版，第 223—
　　249 页。

[2]　金书秦、韩冬梅、吴娜伟：《中国畜禽养殖污染防治政策评估》，《农业经济问题》2018 年
　　第 3 期。

污染物。① 城镇化率在 1% 水平下正向影响奶牛养殖业绿色转型，随着城镇化率的提高，基础设施、环境规制、低碳技术、环保意识等不断完善，有利于改善环境②，进而也会加速实现奶牛养殖业绿色转型。

养殖能力水平在 1% 水平下正向影响奶牛养殖业绿色转型，表明加强技术创新投入，提升奶牛养殖主体养殖技能，有助于奶牛养殖场利用更少的投入产生更高的产值，且单位产值下对环境带来的危害也更少。非生态行为在 5% 水平下负向影响奶牛养殖业绿色转型，表明化肥等非环保型生产要素投入越多，越背离种养结合的农业生态循环理念，越不利于粪污的资源化利用，也会抑制奶牛养殖业绿色转型的进程。基础设施投入在 10% 水平下正向影响奶牛养殖业绿色转型，表明加强基础设施投入有助于加速粪污处理设备的更新迭代，以提升粪污资源化利用率。

在众多影响因素中唯独奶业社会化服务水平未通过显著性检验，且在回归结果中影响系数为负，这与理论预期相悖。李翠霞等（2021）的研究指出，农业绿色生产社会化服务将通过增加农业生产收入、减少农业面源污染的途径显著提升农业绿色生产效率③，据此推测奶业社会化服务水平越高奶牛养殖业绿色转型水平也将会越高。但理论与实证相反，可能的原因是：此部分是基于宏观数据验证奶业社会化服务水平对奶牛养殖业绿色转型的影响，宏观数据从全域视角审查二者之间的关系具有一定战略高度，但是由于当前统计口径并未直接公布奶业社会化服务数据，采用系数法估算奶业社会化服务水平存在一定误差，为此可能造成估计结果有违理论预期，这一问题还需结合微观实际加以验证。

①　王善高、田旭、张晓恒：《生猪养殖产业集聚对环境效率影响的研究》，《农业现代化研究》2019 年第 3 期。

②　邵帅、张可、豆建民：《经济集聚的节能减排效应：理论与中国经验》，《管理世界》2019 年第 1 期。

③　李翠霞、许佳彬、王洋：《农业绿色生产社会化服务能提高农业绿色生产率吗》，《农业技术经济》2021 年第 9 期。

表 7-2　奶牛养殖业绿色转型影响因素的回归结果

变量名称	模型 (1)：OLS 回归		模型 (2)：混合 Tobit 回归		模型 (3)：随机效应的面板 Tobit 回归	
	系数	稳健标准误	系数	稳健标准误	系数	稳健标准误
ECP	−0.0002***	0.0001	−0.0002**	0.0001	−0.0001*	0.0001
ENV	0.0007**	0.0003	0.0007	0.0007	0.0019***	0.0007
SIV	−0.0034***	0.0006	−0.0034**	0.0014	−0.0007	0.0008
AGG	0.0098***	0.0035	0.0098	0.0071	0.1582***	0.0044
REG	−0.0954***	0.0109	−0.0954***	0.0207	−0.0934***	0.0148
URB	0.0001	0.0003	0.0001	0.0007	0.0034***	0.0005
NEB	0.0475***	0.0059	0.0475***	0.0136	0.0300***	0.0043
INV	−0.0218**	0.0111	−0.0218	0.0272	−0.0410**	0.0181
NEB	0.0000	0.0000	0.0000	0.0000	0.0000*	0.0000
_cons	0.2251***	0.0283	0.2251***	0.0596	0.0858**	0.0373
/sigma_u					0.0708***	0.0112
/sigma_e					0.0411***	0.0014
F	43.23		13.75			
Prob>F	0.0000		0.0000	0.0000		
LR test of sigma_u=0					275.33	
Prob>= chibar2					0.0000	
N	448	448	448	448	448	448

注：*、**、*** 分别表示该参数至少在 10%、5% 和 1% 水平上显著。

　　为检验上述回归结果的稳健性，将采取两种策略进行稳健性检验：其一是截取 2009—2019 年数据。考虑到"三聚氰胺"事件的影响，2008 年以后奶牛养殖业监管更为严格，为此以 2009 年为考察起始期。同时，新冠疫情的暴发，一时间对动物福利、乳制品需求的关注大幅提升，相应政策环境、市场环境、养殖主体本身更加有利于推动奶牛养殖业绿色转型，为了规避特殊年份的影响，稳健性检验的时间截点截取到 2019 年。从模型 (6) 回归结果来看，除个别变量（环境约束政策、基础设施投入）显著性有所改变以外，其他变量的显著结果与模型（3）基本一致，证实奶牛养殖业绿色转型影响因素回归结果较为稳健。其二是增加解释变量。从政府层面来看，政府环境支出也可能会对奶牛养殖业绿色转型产生影响，为此采取增加政府环境支出解释变量的手段进行稳健性检验，其中政府环境支出采用各地区环境污染治理投资占 GDP 比重进行度量。从模型（9）回归结果来看，所有变量的影响方向及显著性与模型（3）高度一致，可以充分表明奶牛养殖业绿色转型影响因素回归结果是稳健的，政府宏观调控、市场运行机制、养殖主体发力共同作用是推动奶牛养殖业绿色转型的重要突破点。

需要强调的是，既往研究指出，增加污染治理投资可以显著提升污染治理效率[1]、促进产业绿色转型。[2] 理论上政府环境支出应该对奶牛养殖业绿色转型有显著正向影响，本部分研究中在增加政府环境支出变量以后虽然未改变其他变量的影响效应，但是该变量却未通过显著性检验，分析其可能的原因是：当前环境污染治理投资主要用于工业、制造业污染治理上，针对畜牧业、特别是奶牛养殖业环境污染的治理投资相对较少，针对奶牛养殖业的环境治理效果不明显[3]，这也可能是导致其未通过显著性检验的关键因素。

表 7–3　奶牛养殖业绿色转型影响因素的稳健性检验回归结果

变量名称	截取 2009—2019 年数据			增加解释变量		
	模型（4）：OLS 回归	模型（5）：混合 Tobit 回归	模型（6）：随机效应的面板 Tobit 回归	模型（7）：OLS 回归	模型（8）：混合 Tobit 回归	模型（9）：随机效应的面板 Tobit 回归
ECP	− 0.0001 (0.0001)	− 0.0001 (0.0001)	0.0000 (0.0001)	− 0.0002*** (0.0001)	− 0.0002** (0.0001)	− 0.0001* (0.0001)

[1]　杨冕、晏兴红、李强谊：《环境规制对中国工业污染治理效率的影响研究》，《中国人口·资源与环境》2020 年第 9 期。

[2]　雷玉桃、张淑雯、孙菁靖：《环境规制对制造业绿色转型的影响机制及实证研究》，《科技进步与对策》2020 年第 23 期。

[3]　李翠霞、曹亚楠：《中国奶牛养殖环境效率测算分析》，《农业经济问题》2017 年第 3 期。

续表

变量名称	截取 2009—2019 年数据			增加解释变量		
	模型（4）：OLS 回归	模型（5）：混合 Tobit 回归	模型（6）：随机效应的面板 Tobit 回归	模型（7）：OLS 回归	模型（8）：混合 Tobit 回归	模型（9）：随机效应的面板 Tobit 回归
ENV	0.0007** (0.0003)	0.0007 (0.0007)	0.0015** (0.0007)	0.0006*** (0.0003)	0.0006 (0.0007)	0.0019*** (0.0007)
SIV	−0.0040*** (0.0007)	−0.0040** (0.0016)	−0.0007 (0.0011)	−0.0039*** (0.0007)	−0.0039*** (0.0014)	−0.0007 (0.0009)
AGG	0.0062 (0.0040)	0.0062 (0.0070)	0.0091* (0.0053)	0.0076** (0.0038)	0.0076 (0.0064)	0.0158*** (0.0044)
REG	−0.0945*** (0.0123)	−0.0945*** (0.0200)	−0.0792*** (0.0185)	−0.0935*** (0.0112)	−0.0935*** (0.0206)	−0.0933*** (0.0149)
URB	−0.0003 (0.0004)	−0.0003 (0.0008)	0.0034*** (0.0006)	0.0002 (0.0003)	0.0002 (0.0007)	0.0034*** (0.0005)
NEB	0.0461*** (0.0065)	0.0461*** (0.0141)	0.0368*** (0.0057)	0.0463*** (0.0060)	0.0463*** (0.0139)	0.0300*** (0.0044)
INV	−0.0334*** (0.0124)	−0.0334 (0.0295)	−0.0178 (0.0231)	−0.0216** (0.0110)	−0.0216 (0.0270)	−0.0410** (0.0181)
NEB	−0.0000 (0.0000)	−0.0000 (0.0000)	0.0001** (0.0000)	0.0000* (0.0000)	0.0000 (0.0000)	0.0000* (0.0000)
GEE				0.0130*** (0.0044)	0.0130 (0.0088)	0.0003 (0.0047)
_cons	0.2881*** (0.0304)	0.2881*** (0.0615)	0.0362 (0.0498)	0.2154*** (0.0283)	0.2154*** (0.0594)	0.0858** (0.0373)
/sigma_u			0.0672*** (0.0100)			0.0708*** (0.0112)
/sigma_e			0.0373*** (0.0016)			0.0411*** (0.0014)
F	32.64	11.68		41.51	13.13	
Prob > F	0.0000	0.0000		0.0000	0.0000	
LR test of sigma_u=0			207.04			268.40

续表

变量名称	截取 2009—2019 年数据			增加解释变量		
	模型（4）：OLS 回归	模型（5）：混合 Tobit 回归	模型（6）：随机效应的面板 Tobit 回归	模型（7）：OLS 回归	模型（8）：混合 Tobit 回归	模型（9）：随机效应的面板 Tobit 回归
Prob>=chibar2					0.0000	0.0000
N	308	308	308	448	448	448

注：*、**、*** 分别表示该参数至少在 10%、5% 和 1% 水平上显著，括号内为稳健标准误。

第二节　产业集聚对奶牛养殖碳排放的影响分析

一、产业集聚对奶牛养殖碳排放影响的理论分析

1. 产业集聚对奶牛养殖业碳排放的影响机理

产业集聚理论最早是在 20 世纪 80 年代由美国哈佛商学院的竞争战略和国际竞争领域研究权威学者麦克尔·波特创立。早期其基本内涵是指在一个特定区域的一个特别领域，集聚着一组相互关联的公司、供应商、关联产业和专门化的制度、协会，通过区域集聚形成有效的市场竞争，构建出专业化生产要素集聚洼地，使企业间联合发展，共享区域公共设施、市场环境和外部经济，以降低信息交流和物流成本，形成区域集聚规模效应、外部效应和竞争效应。借鉴产业集聚理论的经典内容，具体分析产业集聚对奶牛养殖业碳排放的影响机理如下：

第一，产业集聚通过发挥规模效应影响奶牛养殖业碳排放。从理论上讲，产业集聚在推动区域奶牛养殖业生产规模扩大、稳定农村劳动力就业、缩小城乡收入差距等方面具有显著成效。但不可忽视的是，由于奶牛养殖业污染排放总量的庞大，特别是产业本身发展并不能为地方政府带来财政创

收，反而是在环境分权特殊体制背景下加剧了地方政府治理污染的压力①，由此极有可能陷入"高耗能、高污染、低质量"的产业集聚"怪圈"，固化了传统粗放型发展模式，加剧了产业集聚"规模效应"所带来的负向影响。

第二，产业集聚通过发挥外部效应影响奶牛养殖业碳排放。产业集聚的外部性得益于专业分工的实现，奶牛养殖产业集聚体现在专业化集聚和多样化集聚。专业化集聚强调知识、技术、信息在奶牛养殖主体间进行广泛扩散与共享，推动资源利用效率提升与产业结构升级；多样化集聚是指加强奶牛养殖主体间技术合作与交流，增加养殖技能的可获得性与多样化选择。奶牛养殖业通过专业化集聚和多样化集聚的技术外部性嵌入，有效破除了"高耗能、高污染、低质量"的粗放式发展模式对产业绿色转型的"锁定效应"，创新了养殖结构内部的碳减排路径。

第三，产业集聚通过发挥竞争效应影响奶牛养殖业碳排放。虽然奶牛养殖产业集聚可以增强区域内养殖主体间的沟通与协作，但产业整体进入高集聚状态以后也极易引发"恶性竞争"。一方面，公共基础设施和社会化服务具有一定的竞争性，过多主体的使用会产生"拥挤"问题；②另一方面，产品市场的竞争反作用于产品生产环节碳减排的压力。所以，产业集聚的"竞争效应"也极易打开高碳排放的卡口，给本地甚至邻地区域的生态环境承载力带来巨大压力。

综合上述分析，产业集聚通过发挥规模效应、外部效应和竞争效应作用于奶牛养殖业碳排放量，但是各效应的作用方向并不一致，其中外部效应表现为可以促进碳减排，规模效应和竞争效应表现为增加了碳排放量，但是最终的作用方向取决于三种效应的合力，可能会在不同集聚阶段表现出不同的影响特征。因此，本节提出第一个有待验证的假说：

H_1：依据产业集聚理论，产业集聚对奶牛养殖业碳排放的影响存在非线

---

① 秦天、彭珏、邓宗兵、王炬：《环境分权、环境规制对农业面源污染的影响》，《中国人口·资源与环境》2021 年第 2 期。

② Todd Sandler, and John T. Tschirhart. "The Economic Theory of Clubs: An Evaluative Survey", *Journal of Economic Literature*, 1980, Vol.18, issue4, pp.1481-1521.

性特征。

2.产业集聚对奶牛养殖业碳排放非线性影响曲线形状研判

产业集聚发展遵循生命周期规律，呈现明显的阶段性特征。Gunther Tichy（1998）对产业集群生命周期的划分得到学术界的普遍认同，包括产生、成长、成熟和衰退 4 个阶段。[1] 因此，根据产业集群生命周期理论，产业集聚在不同阶段呈现的特征不同，对碳排放的影响可能表现出异质性特征。具体来看：①产生阶段。奶牛养殖产业集聚受制于政府政策的引导、区域禀赋的吸引、养殖主体的认知等多因素影响，通过多要素驱动形成集聚区域，适度发展奶牛养殖业。②成长阶段。随着产业集聚水平的提升，集聚的规模效应逐渐显现，在汇集大量资金、技术、劳动力等要素的基础上，加足马力推动区域奶牛养殖业迅速扩张。但是，在产业成长期内，大多以追求经济效益为主，忽略了生态效益，随之而来的是碳排放量也会显著增加。③成熟阶段。通过市场的"优胜劣汰"，集聚区内奶牛养殖主体之间形成良性协同发展格局，集聚的外部效应发挥主导作用，产业本身发展更加注重分工合作，较高水平的专业化集聚和多样化集聚带来的技术外部性嵌入，提高产业生产效率的同时实现碳减排的战略目标。④衰退阶段。当产业集聚水平达到一定程度以后，不仅会带来公共基础设施和社会化服务以及原料乳销售在要素市场和产品市场上的过度竞争，提高养殖主体养殖环节成本，压缩利润空间，阻断养殖主体之间协作与技术交流，抑制污染处理技术升级[2]，同时为了防止集聚规模的进一步扩大引发的更为严重的恶性竞争，集群的自阻碍机制会阻止新的养殖主体的进入与成长。[3] 此时产业集聚的竞争效应将会再次使奶牛养殖业碳排放量回弹，使产业走向衰退。具体特征如图 7-1 所示。

---

[1] Gunther Tichy. "Clusters：Less Dispensable and More Risky Than Ever"，*Clusters and Regional Specialization*，1998，Vol.1，pp.211-225.

[2] Brakman，Garretsen H，Van Marrewijk C：*An Introduction to Geographical Economics：Trade，Location and Growth*，Cambridge University Press，2001.

[3] Ron Martin，and Peter Sunley. "Path dependence and regional economic evolution"，*Journal of Economic Geography*，2006，Vol.6，issue4，pp.395-437.

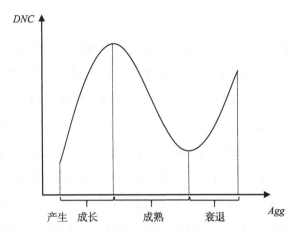

图7-1 产业集聚对奶牛养殖业碳排放的非线性影响特征

综合上述分析，产业集聚所处不同阶段对奶牛养殖业碳排放的作用方向也会表现出异质性特征，在集聚初期，会显著增加碳排放量；在集聚成熟阶段，会降低碳排放量；而在集聚衰退阶段，又再次引发碳排放量的回弹。因此，本节提出第二个有待验证的假说：

H_2：依据产业集群生命周期理论，产业集聚对奶牛养殖业碳排放的影响可能存在"N"形的非线性关系。

3. 产业集聚对奶牛养殖业碳排放影响的空间溢出机理

新经济增长理论指出，开放主体的经济增长不仅取决于内部因素，更容易受到外界环境的影响，呈现出较强的外生性，这种影响被称为溢出。[1]产业集聚对奶牛养殖业碳排放影响的空间溢出效应表现为产业集聚不仅会对本地奶牛养殖业碳排放产生影响，也会因为产业集聚表现出的规模效应、外部效应、竞争效应引起邻近地区的学习与效仿，进而触发邻近地区碳排放量发生变动。同时，邻近地区产业集聚也会对本地区碳排放量产生一定的反馈效应。从具体路径来看，这种空间溢出效应又可表现为如下两方面效应：①涓滴效应，即本地产业集聚通过形成学习示范效应和竞合效应，影响周边地区奶牛养殖业碳排放量。区域与区域之间的养殖技术流动和共享有利于集

---

① 王铮、武巍、吴静：《中国各省区经济增长溢出分析》，《地理研究》2005年第2期。

体学习，这种集体学习又会扩大知识溢出效应，从而不断激发奶牛养殖业碳减排模式创新。需要特别指明的是，本地区内良性的集聚环境使奶牛养殖所需生产要素得以自由流动，更容易促进区域间的合作，扩大"朋友圈"的同时实现减排与增效的双赢。②虹吸效应，即本地产业集聚通过形成可循环的发展路径，吸引邻近地区资金、技术、劳动力等生产要素向本地聚集，给邻近地区碳减排带来一定压力。但其实，虹吸效应发挥对优质生产要素吸引的同时，也极易吸引邻近地区奶牛养殖主体向本地的聚集，也有可能会增加本地的碳减排压力。

综合上述分析，产业集聚在影响本地奶牛养殖业碳排放的同时，也会受涓滴效应和虹吸效应的作用触发对邻近地区奶牛养殖业碳排放的影响。因此，本节提出第三个有待验证的假说：

H_3：依据新经济增长理论，产业集聚对奶牛养殖业碳排放的影响在空间上存在溢出效应。

二、产业集聚对奶牛养殖碳排放影响的模型构建

根据上述所提出的拟解决科学问题，将综合运用核密度估计、全局空间自相关、空间杜宾模型等方法分别探索中国各省（市、区）奶牛养殖业碳排放的动态演进特征、产业集聚与奶牛养殖业碳排放量是否具有空间自相关性，以及产业集聚对奶牛养殖业碳排放的影响及其空间溢出效应。具体模型构建过程如下：

1. 核密度估计法

核密度估计是在概率论中用来估计未知的密度函数，属于非参数检验法之一。它是基于数据本身出发，不对其分布附加任何假定，是通过估计随机变量的概率密度并拟合出一条光滑且连续的曲线来分析问题的一种方法。① 核密度曲线能够直观地揭示随机变量的分布位置、形态和延展性等信

---

① 武鹏、金相郁、马丽：《数值分布、空间分布视角下的中国区域经济发展差距（1952—2008）》，《经济科学》2010 年第 5 期。

息，具体计算公式为：

$$f(x) = \frac{1}{nh}\sum_{i=1}^{n}k(\frac{x_i - x}{h}) \tag{7-2}$$

式（7-2）中：$k(x) \geq 0$ 为核函数，h 为带宽，n 为观测值个数，x_i 为观测点值，x 为均值。为保证 $f(x)$ 作为概率密度函数的合理性，一般要求核函数满足 $k(x) \geq 0$ 且 $\int k(x)dx = 1$。核函数的表达形式往往不同，通常分为三角（Triangle）、四次（Quartic）、余弦（Cosinus）和高斯（Gausss）等类型。高斯函数的平滑性较好，且现有研究大多采用高斯核函数[1][2]，故本节将选择高斯核函数来分析中国奶牛养殖业碳排放的动态演进特征。

另外，与核函数的形状相比，带宽对模型光滑程度的影响作用比较大，因此带宽的确定在核密度估计中至关重要。带宽过大或过小都将使核密度估计出现偏误，最佳带宽的选择应该同时考虑核密度估计的方差和偏差。[3]带宽 h 是样本的观测值个数 n 的函数，即满足 $\lim_{n\to\infty}h(n) = 0, \lim_{n\to\infty}nh(n) = n \to \infty$。

2. 全局空间自相关

全局空间自相关可以衡量区域之间整体上的空间关联与空间差异程度，一般采用莫兰指数（Moran's I）来反映一个区域在空间上与其他相邻区域间的相关程度。[4]本节将采用莫兰指数（Moran's I）来分别衡量产业集聚水平的空间自相关性和奶牛养殖业碳排放的空间自相关性，具体计算公式为：

---

[1]　Haibin Han, Zhangqi Zhong, Changcun Wen, and Huiguo Sun. "Agricultural Environmental Total Factor Productivity in China under Technological Heterogeneity: Characteristics and Determinants", *Environmental Science and Pollution Research*, 2018, Vol.25, pp.32096-32111.

[2]　Dongdong Liu, Xiaoyan Zhu, and Yafei Wang. "China's Agricultural Green Total Factor Productivity Based on Carbon Emission: An Analysis of Evolution Trend and Influencing factors", *Journal of Cleaner Production*, 2021, Vol.278, p.123692.

[3]　Bernard. W. Silverman: *Density Estimation for Statistics and Data Analysis*, Routledge, 2018.

[4]　Bo Wang, Yefei Sun, and Zhaohua Wang. "Agglomeration Effect of CO2 Emissions and Emissions Reduction Effect of Technology: A Spatial Econometric Perspective Based on China's Province-level Data", *Journal of Cleaner Production*, 2018, Vol.204, pp.96-106.

$$I = \frac{n\sum\limits_{i=1}^{n}\sum\limits_{j=1}^{n}W_{ij}(Y_i - \overline{Y})(Y_j - \overline{Y})}{(\sum\limits_{i=1}^{n}\sum\limits_{j=1}^{n}W_{ij})\sum\limits_{i=1}^{n}(Y_i - \overline{Y})^2} \tag{7-3}$$

$$S^2 = \frac{1}{n}\sum_{i=1}^{n}(Y_i - \overline{Y})^2 \tag{7-4}$$

式（7-3）至（7-4）中：I 为莫兰指数（Moran's I），n 为空间单元的总个数，Y_i 与 Y_j 分别表示第 i 个空间单元和第 j 个空间单元的属性值，$\overline{Y}$ 为空间单元属性均值，W_{ij} 为空间权重值。对于空间矩阵的设置，考虑奶牛养殖业自身发展的实际特征，本节采用邻接空间权重矩阵加以刻画，具体为：

$$W_{ij} = \begin{cases} 1, & i = j \\ 0, & i \neq j \end{cases} \tag{7-5}$$

莫兰指数（Moran's I）值域为 $[-1,1]$，当 I 取值落在 $[0,1]$ 之间时，研究区域空间正相关（集聚程度），且数值越接近 1 正相关性越强；当 I 取值落在 $[-1,0]$ 之间时，研究区域空间负相关（离散程度），且数值越接近 -1 负相关性越强；当 I 取值趋近于 0 或者等于 0 时，研究区域为独立随机分布。

3. 空间杜宾模型

根据空间体现方式不同，可采用空间滞后模型（SAR）、空间误差模型（SEM）和空间杜宾模型（SDM）。其中，SDM 模型同时包含了被解释变量和解释变量滞后项，是 SAR 模型的拓展。J. Paul Elhorst（2010）指出，如果同时存在空间误差和空间滞后效应，并且 LM 检验拒绝了 OLS 模型，则应选择 SDM 模型。[①] 采用极大似然估计（ML）对 SDM 模型进行估计，具体公式为：

$$Y_{it} = \alpha_i + \beta\sum_{j=1}^{n}W_{ij}Y_{it} + \delta X_{it} + \gamma\sum_{j=1}^{n}W_{ij}X_{it} + \mu_i + \lambda_t + \varepsilon_{it} \qquad \varepsilon_{it} \sim N(0,\sigma^2 I) \tag{7-6}$$

式（7-6）中：i、j 表示不同省份，t 表示各年份；Y_{it} 和 X_{it} 分别为奶牛养

[①] J. Paul Elhorst. "Applied Spatial Econometrics：Raising the Bar", *Spatial economic analysis*, 2010，Vol.5，issue1，pp.9-28.

殖业碳排放量与产业集聚，其中碳排放采取生命周期法（LCA）进行核算，具体计算过程详见 Xu Jiabin 等（2023）的研究[①]，$\delta \sum\limits_{j=1}^{n} W_{ij} Y_{it}$ 和 $\gamma \sum\limits_{j=1}^{n} W_{ij} X_{it}$ 分别为奶牛养殖业碳排放量与产业集聚的空间滞后项，W_{ij} 为空间权重矩阵；β、γ 为相应的空间自回归系数；μ_i 和 λ_t 表示双固定效应，ε_{it} 表示随机误差项。

当空间面板模型存在空间滞后项时，应该使用微积分方法将总效应划分为直接效应和间接效应，以避免利用点估计方法检验空间溢出效应所导致的偏误。[②] 因此，可以将 SDM 模型改写成如下向量形式：

$$Y_t = (I - \beta W)^{-1}(\delta X_t + \gamma W X_t) + (I - \beta W)^{-1} \varepsilon_t \tag{7-7}$$

对式（7-7）以第 k 个解释变量为自变量进行求导，可得到偏微分矩阵：

$$\left[\frac{\partial Y}{\partial X_{1k}} \cdots \frac{\partial Y}{\partial X_{Nk}} \right]_t = (1 - \beta W)^{-1} \begin{bmatrix} \delta_k & w_{12}\lambda_k & \cdots & w_{1N}\lambda_k \\ w_{21}\lambda_k & \delta_k & \cdots & w_{2N}\lambda_k \\ \vdots & \vdots & \ddots & \vdots \\ w_{N1}\lambda_k & w_{N2}\lambda_k & \cdots & \delta_k \end{bmatrix} \tag{7-8}$$

式（7-8）中：右端矩阵对角线上元素的均值为直接效应，即为本地效应，具体包括本地产业集聚对本地奶牛养殖业碳排放的影响和本地奶牛养殖业碳排放受邻近地区产业集聚的反馈效应。反馈效应是指本地产业集聚对邻近地区奶牛养殖业碳排放产生影响之后又反向影响本地奶牛养殖业碳排放的作用力，可称之为区域内溢出效应。非对角线上的元素均值为间接效应，即为空间溢出效应，是指邻近地区产业集聚对本地奶牛养殖业碳排放的影响程度，可称之为区域间溢出效应。

以 2004—2020 年为时间跨度，选取 2005—2021 年《中国统计年鉴》

---

① Jiabin Xu，Jingjing Wang，Tianyi Wang，and Cuixia Li．"Impact of Industrial Agglomeration on Carbon Emissions from Dairy Farming—Empirical Analysis Based on Life Cycle Assessmsent Method and Spatial Durbin Model"，*Journal of Cleaner Production*，2023，Vol.406，p.137081.

② James LeSage，and Robert Kelley Pace：*Introduction to Spatial Econometrics*，Chapman and Hall/CRC，2009.

《中国农村统计年鉴》《全国农产品成本收益资料汇编》中公布的28个省（市、区）（鉴于港、澳、台、西藏、海南、江西等省（区）数据严重缺失，为此将其剔除）奶牛养殖统计数据，变量具体含义及其描述性统计如表7-4所示。

表7-4　变量含义与描述性统计

变量名称	符号	变量说明	均值	标准差
被解释变量				
奶牛养殖业碳排放量	DNC	基于生命周期法测算所得（万吨）	156.96	218.38
核心解释变量				
奶牛养殖产业集聚	Agg	根据区位熵指数法测算所得	1.57	1.727
奶牛养殖产业集聚二次项	Agg^2	根据区位熵指数法测算所得结果的平方	5.44	9.934
奶牛养殖产业集聚三次项	Agg^3	根据区位熵指数法测算所得结果的立方	24.54	62.81
控制变量				
奶牛养殖个体特征	Ind_c	各地区奶牛年单产水平（t/头/年）	2.95	1.26
养殖规模	Sca	各地区奶牛存栏量（万头）	44.99	64.47
地区生产结构	Reg_p_s	各地区奶产品产值占GDP比重（%）	0.38	0.551
养殖能力水平	Tec_l	各地区每单位劳动力创造的奶牛养殖产值（元/d）	5.6	0.75
城镇化率	Urb	各地区年末城镇人口数占总人口数比重（%）	54.86	14.57
环境规制	Env_r	各地区经济发展水平乘以中线到边界的内部距离倒数	37.03	19.34

三、产业集聚对奶牛养殖碳排放影响的实证结果分析

1.中国奶牛养殖业碳排放量估算结果分析

（1）奶牛养殖业碳排放量的时空比较。基于生命周期法对中国28个省

（市、区）2004—2020 年奶牛养殖业碳排放量进行测算，具体结果如表 7-5
所示。受篇幅所限，仅汇报 2004 年和 2020 年相关结果，并给出 17 年间的
变化率情况。从整体来看，2004 年，28 省（市、区）奶牛养殖业碳排放量
为 3693.39 万吨；2020 年，奶牛养殖业碳排放量达到 3744.55 万吨，变化率
为 1.38%。从不同区域来看，与 2004 年相比，2020 年有 13 个省（市、区）
碳排放量显著降低，其中降幅最为明显的是贵州、北京和重庆，下降率分
别为 73.32%、65.17% 和 60.64%；而其余 15 个省（市、区）碳排放量均有
不同幅度的增加，其中增幅最为明显的是四川、安徽和宁夏，上涨率高达
578.15%、359.33% 和 212.27%。究其上述区域奶牛养殖业碳排放量有较大
幅度变动的原因是由于奶牛养殖规模的变化，例如四川 2004 年奶牛存栏量
为 16.98 万头，到 2020 年已增长至 78.90 万头。从具体年份的核算结果来看，
2011 年奶牛养殖业碳排放量达到历史峰值，为 5803.73 万吨。另外特别需要
关注的是，河北、内蒙古、黑龙江、山东、新疆等奶牛养殖优势区在保障生
鲜乳有效供给的同时，碳减排潜力巨大。

表 7-5　中国 28 省（市、区）奶牛养殖业碳排放量比较（单位：万吨）

地区	2004 年	2020 年	变化率(%)	地区	2004 年	2020 年	变化率(%)
北京	75.91	26.44	−65.17	河南	83.79	128.31	53.13
天津	61.27	38.93	−36.46	湖北	19.54	21.96	12.38
河北	540.95	424.00	−21.62	湖南	9.39	15.60	66.13
山西	86.00	131.79	53.24	广东	16.06	37.68	134.62
内蒙古	680.99	475.25	−30.21	广西	8.91	19.74	121.55
辽宁	74.44	98.15	31.85	重庆	8.08	3.18	−60.64
吉林	41.63	48.73	17.06	四川	56.66	384.24	578.15
黑龙江	479.29	370.56	−22.69	贵州	16.98	4.70	−72.32
上海	22.74	26.18	15.13	云南	61.66	61.40	−0.42
江苏	57.66	56.36	−2.25	陕西	149.33	106.55	−28.65
浙江	27.57	18.81	−31.77	甘肃	49.90	118.54	137.56

续表

地区	2004 年	2020 年	变化率（%）	地区	2004 年	2020 年	变化率（%）
安徽	14.63	67.20	359.33	青海	58.48	60.40	3.28
福建	25.40	19.24	−24.25	宁夏	60.45	188.77	212.27
山东	251.55	339.24	34.86	新疆	654.13	452.59	−30.81
合计	3693.41	3744.55	1.38	—	—	—	—

数据来源：基于生命周期法测算所得。

　　表 7-6 呈现了 2004—2020 年奶牛养殖业各环节碳排放情况。从各环节碳排放情况可以清晰地发现，奶牛胃肠发酵是碳排放的主要来源。2004 年奶牛胃肠发酵产生的碳排放量高达 2134.36 万吨，到 2011 年达到 3335.81 万吨，2020 年下降至 1929.58 万吨，但仍排在所有环节的首位。以 2011 年奶牛养殖业碳排放量达到顶峰为例，奶牛胃肠发酵产生的碳排放量是饲料种植环节的 1.38 倍、饲料运输加工环节的 42.78 倍、粪便管理系统的 2.96 倍、奶牛饲养耗能环节的 6.72 倍、生鲜乳运输加工环节的 3032.55 倍。上述结果也表明了奶牛养殖业的每一环节都可采取必要的措施减少碳排放，从奶牛养殖业可持续发展视角来考虑，可以通过产业集聚加强优质饲料的供应、改善粪便管理系统基础设施、降低奶牛饲养环节耗能等来减少奶牛养殖业碳排放量。

表 7-6　2004—2020 年奶牛养殖业各环节碳排放情况（单位：万吨）

年份	E_{cp}	E_{gp}	E_{gt}	E_{cd}	E_{dh}	E_{mp}	C_s	E_T	DNC
2004	1510.55	48.87	2134.36	721.85	308.73	0.67	−1031.63	4725.03	3693.41
2005	1630.30	52.74	2338.35	790.84	312.36	0.82	−1113.41	5125.41	4011.99
2006	1439.13	46.56	2005.60	678.30	237.71	0.96	−982.85	4408.26	3425.41
2007	1650.37	53.39	2288.55	773.99	352.09	1.06	−1127.12	5119.44	3992.33
2008	1684.56	54.50	2312.11	781.97	339.56	1.07	−1150.47	5173.77	4023.29
2009	1745.94	56.49	2359.37	797.95	356.08	1.06	−1192.39	5316.88	4124.49

年份	E_{cp}	E_{gp}	E_{gt}	E_{cd}	E_{dh}	E_{mp}	C_s	E_T	DNC
2010	1927.89	62.37	2667.74	902.24	407.30	1.07	−1316.65	5968.61	4651.96
2011	2410.26	77.98	3335.81	1128.18	496.49	1.10	−1646.08	7449.82	5803.73
2012	2113.03	68.36	2809.18	950.07	561.18	1.12	−1443.10	6502.95	5059.85
2013	2078.69	67.25	2706.43	915.32	541.14	1.06	−1419.64	6309.89	4890.25
2014	2197.66	71.10	2820.03	953.75	626.31	1.12	−1500.89	6669.97	5169.07
2015	2214.99	71.66	2758.78	933.03	630.63	1.12	−1512.73	6610.22	5097.49
2016	2189.39	70.83	2677.18	905.43	577.69	1.08	−1495.24	6421.60	4926.36
2017	2130.72	68.93	2514.36	850.37	586.08	0.91	−1455.18	6151.37	4696.20
2018	1688.92	54.64	1922.02	650.03	517.59	0.92	−1153.45	4834.12	3680.67
2019	1680.70	54.37	1932.68	653.64	545.09	0.95	−1147.84	4867.44	3719.60
2020	1655.18	53.55	1929.58	652.59	583.04	1.03	−1130.40	4874.95	3744.55

数据来源：基于生命周期法测算所得。

（2）奶牛养殖业碳排放量的动态演进。上述奶牛养殖业碳排放量的时空比较主要是基于时序变化的发展态势，由于奶牛养殖业碳排放受到多种因素的影响，其变化趋势有一定的差异，因此为了更加直观展现中国 28 省（市、区）奶牛养殖业碳排放量的动态分布及演进过程，在此以 2004 年、2008 年、2014 年、2018 年、2020 年五个不同年份作为考察时点，利用核密度估计法对其进行估计，并通过观察核密度主峰的中心位置、形状以及延展性等来分析奶牛养殖业碳排放量的动态演进特征，具体如图 7–2 所示。总体来看，中国奶牛养殖业碳排放的动态演进有如下四个特征：

从分布位置来看，以 2011 年为分界点，核密度年度曲线中心位置呈现先右移后左迁移，曲线覆盖面积呈现先增加后减少，这一变化比较直观地反映出 2004—2020 年奶牛养殖业碳排放量呈倒"U"形曲线演进趋势，表明在 2011 年以后，绿色发展理念正在倒逼奶牛养殖业尽快实现产业结构转型升级，低碳减排工作取得阶段性成果。

从主峰形态来看，主峰高度经历下降、上升、再下降的趋势，意味着

2004—2020 年奶牛养殖业碳排放量离散程度先上升、后下降、再上升的态势，这是因为不同区域的产业基础大小不同，实现碳减排的路径选择与难易程度存在较大差异，为此波动幅度较大。

从分布延展性来看，曲线均呈现向右拖尾现象。曲线右尾的延长度经历了从 2004 年到 2011 年的增加，又经历了从 2011 年到 2020 年的缩短。说明在 2011 年以前，各个区域奶牛养殖业碳排放总量不断增加，且省际差距有持续扩张的态势。而在 2011 年以后，各个区域奶牛养殖业碳排放总量呈现下降趋势，省际差距明显缩小。2020 年曲线延长度已经达到历年最小，表明奶牛养殖业碳排放量呈现收敛趋势，碳排放量较高的区域与平均水平更加接近。

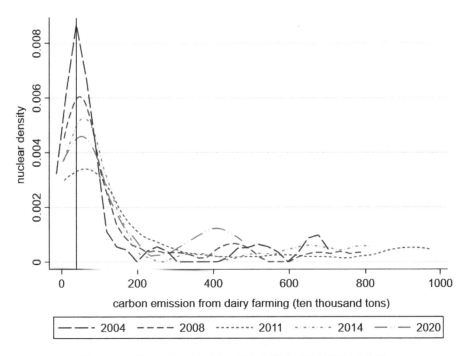

图 7-2　中国 28 省（市、区）奶牛养殖业碳排放核密度估计

从波峰数目来看，2011 年以前，曲线整体呈现多峰特征，说明奶牛养殖业碳排放量出现明显的多极化现象。2011 年以后，特别是到 2020 年，曲线由多峰逐渐演化为双峰，且侧峰隆起幅度并不高，说明此时奶牛养殖业碳

排放量多极化现象逐渐消失，呈现两极化的发展趋势。

2. 产业集聚对奶牛养殖业碳排放影响的实证结果分析

（1）全局空间自相关检验。在进行空间实证检验之前，需要事先判断各变量之间是否存在空间自相关性。在此重点考察的是产业集聚对奶牛养殖业碳排放的影响，为此仅对关键的核心解释变量和被解释变量进行全局空间自相关检验，其莫兰指数测算结果如表 7-7 所示。从检验结果可以发现，产业集聚的莫兰指数在所有年份均通过了显著性检验，表明产业集聚的空间关联效应较强且相对较为稳定。而碳排放量仅有 2018 年、2019 年未通过显著性检验，其余年份同样均通过了显著性检验，同样表明碳排放量也存在空间关联效应。从二者的演变轨迹来看，产业集聚和碳排放量的莫兰指数均有呈现"先上升—再下降—又上升"的趋势，充分表明二者之间可能存在非线性关系，需进一步进行实证检验。

表 7-7　全局空间自相关检验结果

年份	产业集聚			年份	碳排放量		
	Moran's I	Z 值	P 值		Moran's I	Z 值	P 值
2004	0.385***	3.689	0.000	2004	0.146**	1.658	0.049
2005	0.376***	3.651	0.000	2005	0.140**	1.658	0.049
2006	0.378***	3.715	0.000	2006	0.136**	1.719	0.043
2007	0.418***	4.017	0.000	2007	0.147**	1.708	0.044
2008	0.394***	3.823	0.000	2008	0.152**	1.743	0.041
2009	0.365***	3.564	0.000	2009	0.200**	2.130	0.017
2010	0.407***	3.861	0.000	2010	0.234***	2.505	0.006
2011	0.366***	3.514	0.000	2011	0.209**	2.192	0.014
2012	0.373***	3.567	0.000	2012	0.225***	2.356	0.009
2013	0.370***	3.493	0.000	2013	0.228***	2.344	0.010
2014	0.348***	3.340	0.000	2014	0.208**	2.156	0.016
2015	0.351***	3.361	0.000	2015	0.187**	1.984	0.024
2016	0.375***	3.571	0.000	2016	0.218**	2.245	0.012

年份	产业集聚			年份	碳排放量		
	Moran's I	Z 值	P 值		Moran's I	Z 值	P 值
2017	0.278***	2.757	0.003	2017	0.162**	1.817	0.035
2018	0.210**	2.189	0.014	2018	0.097	1.196	0.116
2019	0.228***	2.343	0.010	2019	0.094	1.156	0.124
2020	0.244***	2.520	0.006	2020	0.136*	1.494	0.068

注：***、**、* 分别表示在 1%、5%、10% 的水平下显著。

（2）LM、LR、Wald 以及 Hausman 检验。通过全局空间自相关检验发现，产业集聚与奶牛养殖业碳排放量之间均存在明显的空间依赖特征，适合采用空间计量模型进行实证分析，但如何选择适宜的空间计量模型仍需一系列检验。首先，需要通过 LM、LR 和 Wald 检验判断空间计量模型的一般形式，即空间杜宾模型（SDM）是否会退化为空间滞后模型（SAR）和空间误差模型（SEM）；其次，需要通过 Hausman 检验进一步明确是应该采用固定效应模型还是随机效应模型进行结果的估计。空间计量模型检验结果如表 7-8 所示，从中可以发现：LM（Robust）检验在 1% 显著水平下表现出了强烈的空间效应，从统计意义上应该选择空间误差模型（SEM）；而 LR 检验和 Wald 检验均在 1% 水平下显著拒绝原假设，即空间杜宾模型（SDM）不会退化为空间滞后模型（SAR）和空间误差模型（SEM）。与此同时，Hausman 检验在 1% 显著水平下显著拒绝原假设，即应采取固定效应空间杜宾模型进行实证检验。

表 7-8　空间计量模型检验结果

检验	统计量-P 值	检验	统计量-P 值
LM（error）test	330.769*** (0.000)	LR（sdm sar）test	127.76*** (0.000)
Robust LM（error）test	129.976*** (0.000)	LR（sdm sem）test	197.36*** (0.000)
LM（lag）test	204.166*** (0.000)	Wald spatial lag test	77.41*** (0.000)

续表

检验	统计量－P 值	检验	统计量－P 值
Robust LM (lag) test	3.373* (0.066)	Wlad spatial error test	76.19*** (0.000)
Hausman test	156.95*** (0.000)	—	—

注：***、* 分别表示在 1%、10% 的水平下显著。

（3）空间杜宾模型实证检验。在上述一系列检验的基础上，进一步采用空间杜宾模型进行实证检验。通过比较个体、时间、双向固定效应的 R^2 发现，虽然时间固定效应和双向固定效应 R^2 均大于 0.6，但是时间固定效应 R^2 更大，因此以时间固定效应估计结果进行分析更为准确，具体如表 7–9 所示。

表 7–9　空间杜宾模型实证检验结果

变量名称	个体固定效应	时间固定效应	双向固定效应	变量名称	个体固定效应	时间固定效应	双向固定效应
Agg	1.264*** (0.130)	1.393*** (0.111)	1.313*** (0.126)	$WAgg$	−0.065 (0.261)	0.736*** (0.262)	0.659** (0.282)
Agg^2	−0.303*** (0.032)	−0.449*** (0.040)	−0.310*** (0.031)	$WAgg^2$	−0.041 (0.073)	−0.412*** (0.102)	−0.195*** (0.076)
Agg^3	0.023*** (0.003)	0.038*** (0.004)	0.023*** (0.002)	$WAgg^3$	0.003 (0.006)	0.040*** (0.010)	0.014** (0.006)
Ind_c	−0.191*** (0.015)	−0.026 (0.025)	−0.193*** (0.015)	$WInd\_c$	−0.007 (0.028)	0.111** (0.050)	−0.056 (0.036)
Sca	0.003*** (0.001)	0.007*** (0.001)	0.003*** (0.001)	$WSca$	0.003*** (0.001)	0.009*** (0.002)	0.002** (0.001)
Reg_p_s	−0.029 (0.080)	0.331*** (0.113)	0.027 (0.079)	$WReg\_p\_s$	0.355*** (0.134)	0.686*** (0.230)	0.217 (0.151)
Tec_l	−0.262*** (0.025)	−0.233*** (0.049)	−0.297*** (0.026)	$WTec\_l$	0.207*** (0.045)	0.051 (0.112)	0.011 (0.062)
Urb	−0.005 (0.005)	−0.014*** (0.003)	−0.002 (0.005)	$WUrb$	0.002 (0.006)	−0.004 (0.005)	0.022** (0.009)

续表

变量名称	个体固定效应	时间固定效应	双向固定效应	变量名称	个体固定效应	时间固定效应	双向固定效应
Env_r	0.003 (0.011)	0.013*** (0.003)	0.016 (0.010)	$WEnv\_r$	0.056*** (0.018)	−0.035*** (0.005)	0.034* (0.017)
个体效应	YES	NO	YES	个体效应	YES	NO	YES
时间效应	NO	YES	YES	时间效应	NO	YES	YES
N	476	476	476	N	476	476	476
R^2	0.4868	0.8006	0.6394	R^2	0.4868	0.8006	0.6394

注：***、**、* 分别表示在 1%、5%、10% 的水平下显著。

从实证结果来看，产业集聚对奶牛养殖业碳排放的影响在 1% 水平下通过显著性检验，且一次项系数为正、二次项系数为负、三次项系数为正。由此表明，产业集聚对奶牛养殖业碳排放的影响是非线性的且存在"N"形关系，即产业集聚对奶牛养殖业碳排放具有提高、降低、再提高的三阶段特征，区域内产业集聚水平每提升 1%，奶牛养殖业碳排放量将增加 $e^{1.393\%}$，在此验证了研究假说 H_1、H_2 的成立。具体而言：在产业集聚成长阶段，集聚规模效应激发奶牛养殖主体追求经济效益最大化的动机，呈现越集聚、碳排放越多的局面；在产业集聚成熟阶段，市场机制进一步规范了奶牛养殖业发展格局，在专业化集聚和多样化集聚的共同作用下不断降低碳排放量，确保产业实现可持续发展；由于成熟期积攒的实践经验，促使奶牛养殖主体之间开始有意识地提高警惕心理，呈现相互竞争甚至恶性竞争的格局，又再次促使碳排放量回弹。

控制变量方面，奶牛养殖规模、地区生产结构、环境规制均在 1% 水平下通过显著性检验，且系数符号为正，养殖能力水平、城镇化率也在 1% 水平下通过了显著性检验，但系数符号为负，这表明奶牛养殖规模越大、奶产品产值占 GDP 比重越高、环境规制越强越容易增加奶牛养殖业碳排放量，养殖能力水平越高、城镇化率越高越容易降低奶牛养殖业碳排放量。奶牛养殖规模、地区生产结构、养殖能力水平、城镇化率显著影响碳排放量容易理解，但理论上环境规制越强，奶牛养殖业碳排放量应该显著下降，而实证结果并非如此，可以解释为：

新古典经济学理论从静态角度出发，认为在短期内环境规制措施的实施会使得生产和增加污染治理成本和清洁技术研发投入，并对其它的盈利性投资产生"挤出效应"，进而对环境造成负面影响，即环境规制的"遵循成本"效应。[①] 而以 Michael E. Porter 和 Claas van der Linde（1995）为代表的观点则从动态角度考察，认为恰当的环境规制在长期内可以激励生产者采用清洁生产技术，优化要素配置效率，部分乃至全部抵消其"遵循成本"，达到经济增长与环境保护的双重目标，也即环境规制的"创新补偿效应"。[②] 而就中国奶牛养殖业发展而言，它本身属于脆弱型产业，产业盈利能力和稳定性远不及工业和制造业，所以在短期内，政府提升环境规制标准会造成企业环境治理成本提升，在一定程度上限制了企业生产技术改进，不利于企业通过技术创新来促成碳排放的减少，"遵循成本"效应大于"创新补偿"效应，所以才会出现在环境规制作用下奶牛养殖业碳排放"不降反升"。

根据上述空间杜宾模型时间固定效应的检验结果，采取对产业集聚变量求偏导数的策略，进而求得产业集聚"N"形曲线的拐点。经计算发现，第一个拐点值为 2.124，第二个拐点值为 5.753，由此绘制出了中国 28 省（市、区）奶牛养殖业碳排放量在"N"形曲线上所处的不同阶段，具体如图 7-3 所示。从图中可以清晰地发现，目前仍有 19 个省（市、区）产业集聚水平处于第一个拐点左侧，仍处于产业集聚的成长阶段，产业集聚对奶牛养殖业碳排放有显著的负向影响；介于第一个拐点和第二个拐点之间的新

---

① Anthony J Barbera, and Virginia D McConnell. "The Impact of Environmental Regulations on Industry Productivity: Direct and Indirect Effects", *Journal of Environmental Economics and Management*, 1990, Vol.18, issue1, pp.50-65.

② Michael E. Porter, and Claas van der Linde. "Toward a new conception of the environment-competitiveness relationship", *Journal of Economic Perspectives*, 1995, Vol.9, issue4, pp.97-118.

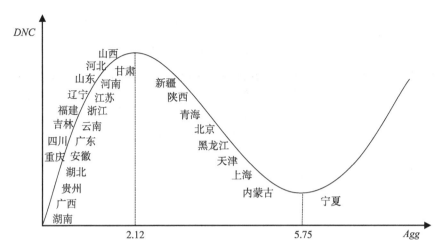

图 7-3 中国 28 省（市、区）奶牛养殖业碳排放量在"N"形曲线上所处的不同阶段

疆、陕西、青海、北京、黑龙江、天津、上海、内蒙古等 8 个省（市、区）（除青海省之外其余均为奶牛养殖优势区）处于产业集聚的成熟阶段，通过产业集聚优势实现了奶牛养殖业碳减排的目标；而宁夏作为唯一一个刚刚跨越第二个拐点的奶牛养殖优势区，为进一步促使奶牛养殖业的可持续发展，要预防集聚规模的再扩张。

（4）稳健性检验。为证明上述实证结果的科学性与合理性，本节进行如下稳健性检验：①替换被解释变量。采用未考虑碳汇功能的广义奶牛养殖业碳排放量作为被解释变量进行实证检验。②截取 2008—2020 年数据。考虑到"三聚氰胺"事件的影响，2008 年以后奶牛养殖业监管更为严格，改变了奶牛养殖产业集聚水平的同时也可能会改变奶牛养殖业碳排放量。同样采用空间杜宾模型对上述两种策略进行估计，具体稳健性检验回归结果如表 7-10 所示。无论是替换被解释变量还是截取 2008—2020 年数据，产业集聚对奶牛养殖业碳排放的"N"形影响关系稳健未发生改变，同时产业集聚的一次项、二次项和三次项系数变动幅度非常小，进一步证实了采用空间杜宾模型进行结果估计的科学性以及产业集聚对奶牛养殖业碳排放的"N"形影响的合理性。

表 7-10　稳健性检验结果

变量名称	稳健性检验 1：替换被解释变量			稳健性检验 2：截取 2008—2020 年数据		
	个体固定效应	时间固定效应	双向固定效应	个体固定效应	时间固定效应	双向固定效应
Agg	1.233*** (0.132)	1.388*** (0.111)	1.290*** (0.127)	0.963*** (0.161)	1.368*** (0.127)	0.925*** (0.159)
Agg^2	−0.295*** (0.032)	−0.446*** (0.040)	−0.304*** (0.031)	−0.233*** (0.037)	−0.445*** (0.045)	−0.221*** (0.036)
Agg^3	0.022*** (0.003)	0.038*** (0.004)	0.023*** (0.002)	0.018*** (0.003)	0.039*** (0.004)	0.017*** (0.003)
$Control$	YES	YES	YES	YES	YES	YES
$WAgg$	−0.022 (0.263)	0.755*** (0.261)	0.722** (0.284)	0.667* (0.342)	0.552* (0.306)	0.825** (0.350)
$WAgg^2$	−0.045 (0.073)	−0.414*** (0.101)	−0.203*** (0.076)	−0.200** (0.087)	−0.323*** (0.121)	−0.229*** (0.088)
$WAgg^3$	0.003 (0.006)	0.040*** (0.010)	0.014** (0.007)	0.015** (0.007)	0.031** (0.012)	0.018** (0.007)
$WControl$	YES	YES	YES	YES	YES	YES
个体效应	YES	NO	YES	YES	NO	YES
时间效应	NO	YES	YES	NO	YES	YES
N	476	476	476	364	364	364
R^2	0.4934	0.7997	0.6432	0.4354	0.8481	0.4743

注：***、**、* 分别表示在 1%、5%、10% 的水平下显著。

3. 产业集聚对奶牛养殖业碳排放的空间溢出效应

在明确产业集聚对奶牛养殖业碳排放影响的基础上，可以采取求偏微分法将空间杜宾模型估计结果进一步分解为直接效应、间接效应和总效应，具体如表 7-11 所示。从分解结果来看，产业集聚的直接效应和间接效应均在 1% 水平下通过显著性检验，表明其对奶牛养殖业碳排放具有明显的溢出效应，据此研究假设 H_3 得到验证。从具体作用力来看，邻近地区产业集聚水平每增加 1%，会促使本地奶牛养殖业碳排放量增加 $e^{0.749\%}$，而本地产业集聚对邻近地区产生影响后因受反馈作用自身奶牛养殖业碳排放量还会增加

$e^{0.004\%}$。同时从空间溢出效应分解结果还可以发现，产业集聚的二次项、三次项的直接效应和间接效应也均在 1% 水平下通过显著性检验，系数符号分别为负、正，表明产业集聚对奶牛养殖业碳排放的影响同样存在着"N"形空间溢出效应。其他部分控制变量同样存在一定的空间溢出效应，限于文章篇幅，在此不做过多赘述。

表 7–11　空间溢出效应分解结果

变量名称	直接效应		间接效应		总效应	
	系数	稳健标准误	系数	稳健标准误	系数	稳健标准误
Agg	1.397***	0.113	0.749***	0.233	2.147***	0.204
Agg^2	− 0.452***	0.041	− 0.419***	0.095	− 0.871***	0.092
Agg^3	0.039***	0.004	0.041***	0.010	0.080***	0.010
Ind_c	− 0.027	0.024	0.110**	0.047	0.083	0.052
Sca	0.007***	0.001	0.010***	0.001	0.017***	0.001
Reg_p_s	0.331***	0.113	0.672***	0.230	1.003***	0.287
Tec_l	− 0.232***	0.050	0.057	0.114	− 0.175	0.130
Urb	− 0.014***	0.003	− 0.004	0.005	− 0.018***	0.005
Env_r	0.013***	0.002	− 0.035***	0.005	− 0.021***	0.006

注：***、** 分别表示在 1%、5% 的水平下显著。

第三节　产业集聚对奶牛养殖环境效率的影响分析

一、产业集聚对奶牛养殖环境效率影响的理论分析

产业集聚是经济活动在空间集聚的地理特征，是资本要素在一定空间范围内从合理流动到逐渐归集的过程。[①] 借鉴许佳彬和李翠霞（2021）对畜

---

① 唐建荣、房俞晓、张鑫和、唐雨辰：《产业集聚与区域经济增长的空间溢出效应研究：基于中国省级制造业空间杜宾模型》，《统计与信息论坛》2018 年第 10 期。

牧业产业集聚的概念①，界定奶牛养殖产业集聚是指：在政策驱动和利益驱动的情形下，奶牛养殖业以及与之相关联的上下游企业，在一定区域内以特定的方式促进产业的有机集合。如同硬币的两面，奶牛养殖产业集聚对环境效率的影响通常具有双重效应，即"规模效应"促进奶牛养殖环境效率的提升，"拥挤效应"抑制奶牛养殖环境效率的提升。

从规模效应来看，奶牛养殖产业集聚有助于实现规模报酬递增、资源有效共享以及技术溢出效应，进而缓解资源环境压力，提升奶牛养殖环境效率。具体而言：第一，奶牛养殖产业集聚符合适度规模化经营的宏观战略目标。根据规模报酬递增理论可知，奶牛养殖产业集聚水平的适度提升，有助于降低奶牛养殖所需的生产要素价格，降低奶牛养殖成本，从投入要素视角改善奶牛养殖环境效率。第二，奶牛养殖产业集聚实现了区域内资源的有效共享。根据区位理论可知，一方面，奶牛养殖产业集聚度的提高为基础设施建设和服务业的兴起提供了有利的条件，与此同时基础设施建设和服务业的兴起又将进一步促进产业规模的扩张；另一方面，资源有效共享降低了养殖主体在养殖过程中的交易成本，通过分工与合作改善要素间配置结构，同样从投入要素视角改善奶牛养殖环境效率。第三，奶牛养殖产业集聚进一步释放了技术的溢出效应。根据区域创新理论可知，奶牛养殖产业集聚带来的产业空间邻近性为产业知识和技术的溢出提供了便利的条件，技术溢出降低了技术革新的壁垒，更加容易破解环境压力，降低污染物的不合理排放，从产出要素视角改善奶牛养殖环境效率。因此，在上述三条路径的共同作用下释放奶牛养殖产业集聚的"规模效应"，有助于稳步提升奶牛养殖环境效率，推动奶牛养殖业绿色转型。

从拥挤效应来看，奶牛养殖产业过度集聚会带来一定的规模报酬递减、资源共享不足和技术无效锁定，对区域资源无限掠夺、生态环境过度挤压，造成奶牛养殖环境效率的不升反降。具体而言：第一，当奶牛养殖产业过度

---

① 许佳彬、李翠霞：《畜牧业产业集聚对县域经济增长的影响——黑龙江省例证》，《中国农业大学学报》2021 年第 10 期。

集聚以后便会导致规模报酬递减，变良性循环为恶性竞争。以奶牛养殖成本占比最高的饲料为例，企业为了降低生产成本，不乏会出现饲料添加剂的过量投入或非法投入，一方面容易引发食品安全事件，另一方面抗生素过量或致药物残留对环境将会带来严重的损伤，从期望产出和非期望产出双要素视角影响了奶牛养殖环境效率。第二，奶牛养殖产业过度集聚还会引发资源共享不足，变资源共享为资源争夺。以奶牛养殖粪污处理为例，较大程度上依赖发酵池、厌氧池等粪污资源化、无害化处理基础设施建设以及第三方服务组织介入协助奶牛养殖场完成粪污处理，基础设施建设和社会化服务的短缺显然会加大粪污处理难度和处理效果，进而从非期望产出要素视角影响了奶牛养殖环境效率。第三，奶牛养殖产业过度集聚同样会带来技术锁定效应。"锁定效应"是产业集群在其生命周期演进过程中产生的一种"路径依赖"现象。再以奶牛养殖粪污处理为例，为了有效解决粪污带来的环保压力，政府和市场不断创新粪污处理技术模式，但由于技术锁定效应以及成本压力，奶牛养殖主体并不愿意积极采纳新技术，进而粪污处理效果并不能达到预期效果，从非期望产出视角影响了奶牛养殖环境效率。同样，在上述三条路径的作用下，奶牛养殖产业集聚的"拥挤效应"将被释放，降低了奶牛养殖环境效率，抑制了奶牛养殖业绿色转型进程。

　　奶牛养殖产业集聚对环境效率的影响机理如图7-4所示。奶牛养殖产业集聚对环境效率的综合影响取决于"规模效应"和"拥挤效应"的合力，何种效应占主导地位取决于产业集聚本身所处的阶段。考虑奶牛养殖业自身发展的事实特征，本节认为，在产业集聚的适度阶段，"规模效应"先发挥作用，占据主导地位，此时提高奶牛养殖产业集聚有助于提升奶牛养殖环境效率。随着集聚水平进一步提升，达到资源环境无法承受的阈值以后，"拥挤效应"将会占据主导地位，产业集聚水平的再提升将会降低奶牛养殖环境效率。为此本节提出第一个有待检验的假说：

　　H_1：奶牛养殖产业集聚对环境效率的影响是非线性的，二者之间存在明显的倒"U"形关系，即在倒"U"形拐点之前，奶牛养殖产业集聚发挥"规模效应"可以显著提升环境效率，在倒"U"形拐点之后，奶牛养殖产

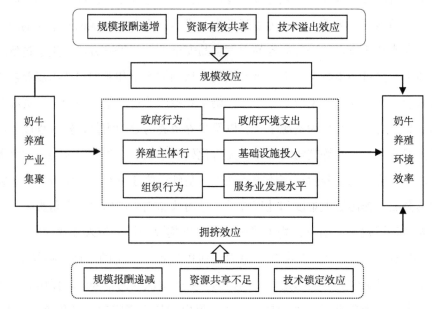

图7-4 奶牛养殖产业集聚对环境效率的影响机理与传导机制

业集聚发挥"拥挤效应"将会显著降低环境效率。

上述分析从理论上阐释了奶牛养殖产业集聚对环境效率的影响机理，但是奶牛养殖产业集聚影响环境效率的传导机制还有待进一步分析，即奶牛养殖产业集聚通过什么方式作用于环境效率。从理论上讲，奶牛养殖产业集聚将会触发政府、养殖主体、第三方服务组织多主体行为的改变，进而影响奶牛养殖环境效率。

首先，"有为政府"的约束强调，政府不仅是"守夜人"，还应承担经济调节、市场监管、社会管理、公共服务、生态环境保护等职能，为市场发展提供制度环境和宏观治理。当区域奶牛养殖产业集聚水平显著提升以后，在促进地区经济增长的同时也会带来一定的环境损害，此时政府将作为环境污染的监督者和治理者，一方面约束奶牛养殖主体及时处理养殖废弃物，另一方面不断加强环境污染治理力度，进而提升奶牛养殖环境效率。但是，政府的持续支出并不是解决奶牛养殖环境污染问题的有效手段，政府的过度干预会带来严重的"市场失灵"[1]，化解奶牛养殖产业集聚对环境造成的负向影响还需回归市场的自主运行，也就是说政府的环境支出仅在奶牛养殖产业集聚初期发挥明显的正向效应。

其次，奶牛养殖产业集聚也会改变奶牛养殖主体的投资行为。奶牛养殖属于典型的高投入、低产出的产业，经济回报周期相对较长，经济效益明显滞后，为此在产业集聚初期，奶牛养殖主体的投资欲望可能并非十分强烈。随着产业集聚水平的不断提升，经济效应也在逐渐显现[2]，加上受制于政府的严格监管，奶牛养殖主体环境治理意识得以提升，相应基础设施投入（如粪污治理设备等）也会不断增加，以改善当前资源环境约束趋紧的紧张局面。与政府行为不同的是，养殖主体的投资行为在奶牛养殖产业集聚初期发挥的是负向效应，而在跨越集聚拐点以后，将会发挥明显的正向效应。

再次，奶牛养殖产业集聚还会改变市场运行机制，激发服务组织活力，而其中最值得关注的组织行为是服务业的发展。近年来，随着农业专业分工程度的不断深化，服务业已经成为推动农业发展的"第三次动能"。[3] 对于奶牛养殖污染治理而言，其治理链条长，分工专业化明显，在奶牛养殖产业集聚初期，服务主体面临"想进有风险"的难题，难以作出迅速介入的举动，更多采取观望的态度，等待市场时机的成熟。随着奶牛养殖业集聚水平的进一步提升，市场机制愈加完善，服务主体也将不断提高服务水平，释放解决环境污染的潜能。

奶牛养殖产业集聚影响环境效率的传导机制同样如图 7-4 所示。同时结合上述分析，本节提出第二个有待检验的假说：

H_2：政府环境支出、基础设施投入、服务业发展水平在奶牛养殖产业集

---

[1]　黄祖辉、李懿芸、马彦丽：《论市场在乡村振兴中的地位与作用》，《农业经济问题》2021年第 10 期。

[2]　李博伟、邢丽荣、徐翔：《农业生产集聚能否促进农民增收——来自淡水养殖的经验证据》，《农业技术经济》2019 年第 5 期。

[3]　冀名峰：《农业生产性服务业：我国农业现代化历史上的第三次动能》，《农业经济问题》2018 年第 3 期。

聚对环境效率的影响中起到中介作用，决定了奶牛养殖产业集聚影响环境效率的最终合力的大小和方向。

二、产业集聚对奶牛养殖环境效率影响的模型构建

1. 奶牛养殖产业集聚对环境效率影响的模型构建

本节重点探讨奶牛养殖产业集聚对环境效率的影响，其中被解释变量是由 SBM 模型所测度出的奶牛养殖环境效率[①]，是介于 0 和 1 之间的数值，属于典型的两端截断"受限被解释变量"，因此采用 Tobit 截断回归模型探究奶牛养殖产业集聚对环境效率的影响，考虑到奶牛养殖产业集聚对环境效率的非线性影响，因此加入了奶牛养殖产业集聚度二次项，具体模型构建如下：

$$TE_{it} = \alpha + \beta_1 Agg_{it} + \beta_2 Agg_{it}^2 + \sum_{j=1}^{n} \delta_{jt} X_{jt} + \mu_{it} \tag{7-9}$$

式（7-9）中：TE_{it} 代表第 t 年第 i 省份奶牛养殖环境效率值；Agg_{it}、Agg_{it}^2 分别为核心解释变量奶牛养殖产业集聚度和奶牛养殖产业集聚度二次项；X_{jt} 为控制变量，包括奶牛养殖个体特征、养殖技术水平、养殖规模、地区生产结构、城镇化水平、环境规制等变量；β_1、β_2、δ_{jt} 为各变量的估计系数，α 为常数项，μ_{it} 为随机误差项。

2. 奶牛养殖产业集聚对环境效率影响的中介效应模型构建

在探究奶牛养殖产业集聚对环境效率影响的基础上，为进一步探究奶牛养殖产业集聚作用于环境效率的传导机制，基于理论分析，选取政府环境支出、基础设施投入和服务业发展水平作为中介变量的代理变量，利用温忠麟等（2004）、Jeffrey R Edwards 和 Lisa Schurer Lambert（2007）的调节路径

---

① 对于奶牛养殖环境效率，采用 SBM 模型进行测度投入变量包括精饲料投入、青粗饲料投入、劳动力投入、固定资产投入等。期望产出变量包括两种，分别是主产品产量和副产品产值。其中主产品产量指原料奶产量，副产品产值指除了原料奶以外其他产品的总产值。非期望产出采用奶牛养殖过程中污染物排放总量来衡量，包括化学需氧量、总氮、总磷、铜和锌等。

分析法对中介效应进行识别与检验[1][2]，具体模型构建如下：

$$TE_{it} = \alpha + \beta_1 Agg_{it} + \beta_2 Agg_{it}^2 + \beta_3 M_{it} + \beta_3 Agg_{it} \times M_{it} + \sum_{j=1}^{n} \delta_{jt} X_{jt} + \mu_{it} \quad (7\text{-}10)$$

$$M_{it} = \sigma + \theta_1 Agg_{it} + \theta_2 Agg_{it}^2 + \sum_{j=1}^{n} \eta_{jt} X_{jt} + \mu_{it} \quad (7\text{-}11)$$

式（7-10）和式（7-11）中：M_{it} 分别代表第 t 年第 i 省政府环境支出、基础设施投入和服务业发展水平；θ_1、θ_2、η_{jt} 为各中介变量的估计系数，σ 为中介变量常数项，其他变量系数符号与上述相同。

本节以 2004—2019 年为时间跨度，选取 2005—2020 年《中国统计年鉴》《中国农村统计年鉴》《中国环境统计年鉴》《全国农产品成本收益资料汇编》（以下简称"《汇编》"）以及《第一次全国污染源普查畜禽养殖业源产排污系数手册》（以下简称"《手册》"）中公布的 28 个省（市、区）（鉴于港、澳、台、西藏、海南、江西等省（市、区）数据严重缺失，为此将其剔除）奶牛养殖统计数据，统计数据中所有涉及价格的指标，均采用当年《中国统计年鉴》对应产品的价格指数进行相应平减，以规避价格波动幅度较大对数据平稳性的影响。对于部分省（市、区）的少部分年份数据有缺失，则采用插值法或加权平均法进行相应补充。变量具体含义及其描述性统计如表7–12 所示。

表 7–12　变量含义与描述性统计

变量名称	符号	变量说明	均值	标准差
投入变量				
精饲料投入	Con_f_I	粮食、豆类、配合饲料、混合饲料等的总投入（kg）	3096.03	512.92
青粗饲料投入	Gre_r_I	青绿饲料、青贮饲料、干草、秸秆等的总投入（元）	2304.04	1360.15

[1] 温忠麟、张雷、侯杰泰、刘红云：《中介效应检验程序及其应用》，《心理学报》2004 年第5 期。

[2] Jeffrey R Edwards, and Lisa Schurer Lambert. "Methods for Integrating Moderation and Mediation: A General Analytical Framework Using Moderated Path Analysis", *Psychological Methods*, 2007, Vol.12, issue1, p.1.

续表

变量名称	符号	变量说明	均值	标准差
劳动力投入	Lab_I	自用工和雇工总和（d）	37.16	11.74
固定资产投入	Fix_a_I	固定资产折旧费用（元）	1602.87	641.97
期望产出变量				
主产品产量	Ma_p_O	原料奶总产量（kg）	5936.48	1036.17
副产品产值	By_p_O	除原料奶外其他产品产值（元）	1000.50	329.35
非期望产出变量				
污染物排放量	$Cont\_OB$	污染物排放总量（kg/ 头—年）	2185.93	404.36
核心解释变量				
奶牛养殖产业集聚	Agg	根据区位熵指数法测算所得	1.55	1.70
奶牛养殖产业集聚二次项	Agg^2	根据区位熵指数法测算所得结果的平方	5.29	9.46
控制变量				
奶牛养殖个体特征	Ind_c	各地区奶牛年单产水平（t/ 头 / 年）	2.92	1.25
养殖规模	Sca	各地区奶牛存栏量（万头）	45.58	65.64
地区生产结构	Reg_p_s	各地区奶产品产值占 GDP 比重（%）	0.38	0.55
养殖能力水平	Tec_l	各地区每单位劳动力创造的奶牛养殖产值（元 /d）	5.57	0.74
城镇化率	Urb	各地区年末城镇人口数占总人口数比重（%）	53.71	14.34
环境规制	Env_r	各地区经济发展水平乘以中线到边界的内部距离倒数	37.09	19.46
中介变量				
政府环境支出	GEE	各地区环境污染治理投资占 GDP 比重（%）	1.39	0.71
基础设施投入	INV	各地区农户固定资产投资总额（亿元）（取对数）	5.13	1.20
服务业发展水平	SID	各地区农林牧渔服务总产值（亿元）（取对数）	4.11	1.27

三、产业集聚对奶牛养殖环境效率影响关系的初步辨识

1. 奶牛养殖环境效率测算结果分析

正如前文分析，奶牛养殖环境效率是以经济利益和环境保护为"双赢"目标的效率，要求奶牛养殖主体在更低物质和资源投入、更低污染物排放的前提下，提供更高价值。采用 DEA-SOLVER Pro5.0 测算 2004—2019 年中国 28 个省（市、区）奶牛养殖环境效率，并分析其演变趋势（见图 7-5）可以发现，无论是全国平均水平还是优势区域和普通区域的奶牛养殖环境效率，演变规律基本一致，整体均呈震荡下降的趋势，2019 年与 2004 年相比，分别下降了 0.06、0.07、0.06。

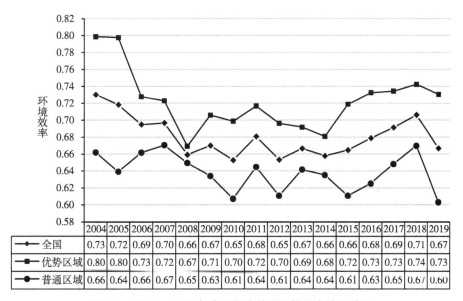

图 7-5　2004—2019 年中国奶牛养殖环境效率演变趋势

	2004	2005	2006	2007	2008	2009	2010	2011	2012	2013	2014	2015	2016	2017	2018	2019
全国	0.73	0.72	0.69	0.70	0.66	0.67	0.65	0.68	0.65	0.67	0.66	0.66	0.68	0.69	0.71	0.67
优势区域	0.80	0.80	0.73	0.72	0.67	0.71	0.70	0.72	0.70	0.69	0.68	0.72	0.73	0.73	0.74	0.73
普通区域	0.66	0.64	0.66	0.67	0.65	0.63	0.61	0.64	0.61	0.64	0.64	0.61	0.63	0.65	0.67	0.60

奶牛养殖环境效率的提升对于推进生态文明建设至关重要，其决定要素也是多元的。一方面表现为奶牛养殖主体自身环保意识的提升，通过加大废弃物资源化利用的投入力度以解决环境污染问题；另一方面表现为政府的环境支出，政府是奶牛养殖环境污染治理的"守夜者"，通过加强环境污染的治理投资以解决关系民生的重大社会问题。与此同时，近年来随着第三方

服务组织在资源配置方面成效的显著提升，逐步介入到畜牧业乃至奶牛养殖业的发展进程中来，作为政府的辅助力量和奶牛养殖主体的攻坚力量，架构起从政府到奶牛养殖主体的桥梁，成为解决环境污染问题的重要"协调者"。但其实，无论是奶牛养殖主体的自我投资，还是政府的环境治理投资，以及第三方服务组织的介入投资，其关键的动能都是来自于产业的集聚效应。由此可见，在推进奶牛养殖业高质量发展的过程中应继续、持续关注生态文明问题，多举措、多渠道、多模式加快生态文明建设，增强产业的可持续性。

2. 奶牛养殖产业集聚度测算结果分析

2004—2019年中国奶牛养殖产业集聚度平均值分布如图7-6所示。从整体来看，中国奶牛养殖产业集聚整体呈现出"高者居高、低者居低"的基本态势。宁夏、内蒙古奶牛养殖产业集聚度平均值已经超过了5，属于典型的"高集聚"地区。天津、上海、黑龙江、青海、北京、陕西、新疆、山西、河北、甘肃等区域奶牛养殖产业集聚度平均值介于1至4之间，同样表现出较高的态势，属于典型的"中等集聚"地区。而其他区域奶牛养殖产业集聚度平均值均小于1，属于典型的"低集聚"地区。

奶牛养殖产业集聚主要由两方面因素决定：一是与区域资源禀赋有着较

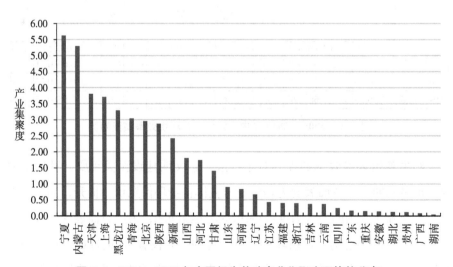

图7-6　2004—2019年中国奶牛养殖产业集聚度平均值分布

大的关联，例如地处"四大黄金奶源带"的内蒙古、新疆、黑龙江、河北，凭借得天独厚的资源条件和地理区位，大力发展奶牛养殖业。以黑龙江省为例，粮食产量已经连续 11 年居全国第一（以 2021 年为截点），其中饲料粮的主要来源之一玉米产量更是连续多年占粮食总产量的比重超过了 50%，具备较强的饲料供给能力。再如宁夏、甘肃、青海、山西等西北地区是苜蓿、燕麦等奶牛"口粮"的重要产区，同样具备"养牛"和"产奶"的优势。二是与区域资源调控与配置有关，例如北京、天津、上海等城市虽不具备资源禀赋优势，但是这些区域在资源的调控与配置中具有典型的"高效率、低耗能"特征，政策统筹力强、组织执行力强、主体运作力强，在不具备资源优势的情况下同样保持了较好的奶牛养殖效果。

2003 年，农业农村部组织制定并实施了《奶牛优势区域发展规划（2003—2007 年）》，将北京、天津、上海、河北、山西、内蒙古、黑龙江等 7 个奶业优势省（市、区）设定为奶牛养殖优势区域，政策与资金扶持到位，产业发展迅速，农民增收效果显著，丰富了国内乳制品市场供给，并示范带动了山东、河南、新疆、陕西、宁夏、辽宁等 6 个省（区）对奶业发展的重视。2009 年农业农村部研究制定了《全国奶牛优势区布局规划（2008—2015 年）》，并将上述 13 个省（市、区）的 313 个奶牛养殖基地县（团场）作为新的奶牛养殖优势区域。多年来，这些区域加速资源整合，创新养殖模式，以"增产、增收、增速"为发展目标，取得突出成绩。

与其他普通区域相比，奶牛养殖优势区域产业集聚水平明显较高（如表 7-13 所示），2019 年奶牛养殖优势区域产业集聚度均值达到 3.24，而普通区域仅有 0.49。除辽宁、山东、河南以外，其他优势区域的产业集聚水平均较高，特别是北京、上海、宁夏的集聚水平增速明显，但内蒙古和黑龙江的集聚水平呈现下降趋势。需要特别指出的是，在普通区域内的甘肃和青海的奶牛养殖产业集聚度也较高，特别是青海，未来有望跻身奶牛养殖优势区域行列。

表 7-13 2004—2019 年中国奶牛养殖产业集聚度的演变趋势

优势区域	2004	2010	2016	2019	普通区域	2004	2010	2016	2019
北京	2.90	2.54	2.83	4.97	吉林	0.42	0.81	0.29	0.24
天津	3.29	3.60	3.43	3.91	江苏	0.59	0.37	0.36	0.48
河北	1.47	1.86	1.55	1.73	浙江	0.55	0.31	0.40	0.45
山西	1.92	1.57	2.00	1.85	安徽	0.10	0.12	0.19	0.17
内蒙古	6.44	5.38	4.79	3.42	福建	0.55	0.29	0.41	0.37
					湖北	0.14	0.11	0.16	0.10
辽宁	0.77	0.46	0.69	1.08	湖南	0.06	0.04	0.05	0.04
黑龙江	4.22	3.34	3.03	2.62	广东	0.17	0.11	0.20	0.24
					广西	0.10	0.07	0.07	0.09
上海	2.41	2.73	3.86	6.96	重庆	0.42	0.14	0.09	0.08
山东	0.90	0.75	0.95	1.22	四川	0.29	0.23	0.22	0.26
河南	0.39	1.04	0.97	0.77	贵州	0.23	0.08	0.10	0.09
陕西	2.96	3.08	3.21	2.90	云南	0.42	0.38	0.37	0.32
宁夏	5.49	4.74	6.03	7.28	甘肃	1.45	1.13	1.74	1.39
新疆	3.17	1.79	2.34	3.37	青海	3.66	2.59	3.32	3.06
均值	2.79	2.53	2.74	3.24	均值	0.61	0.45	0.53	0.49

3. 奶牛养殖产业集聚与环境效率关系拟合

为了初步辨识奶牛养殖产业集聚与环境效率的关系,本节在进行实证检验之前,对二者关系进行了初步的拟合,拟合示例图如图 7-7 所示。根据拟合效果可以发现,奶牛养殖产业集聚与环境效率之间如理论分析一样,并非是简单的线性关系,而是呈现"先上升再下降"的倒"U"形趋势,为此有必要在实证检验公式中加入二次项,以检验奶牛养殖产业集聚对环境效率的非线性影响。与此同时,根据拟合曲线还可以发现,拐点位置大概在 4 左右,即产业集聚度小于 4 时,奶牛养殖产业集聚水平的提升可以显著提升环境效率,即"规模效应"发挥作用;当产业集聚度超过 4 时,奶牛养殖产业集聚水平提升将会抑制环境效率的提升,甚至环境效率开始下降,即"拥挤

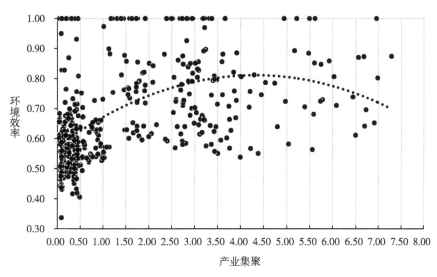

图7-7　奶牛养殖产业集聚与环境效率关系拟合示例图

效应"起到抑制作用。但是从散点图分布来看，大部分区域奶牛养殖产业集聚度低于4，"规模效应"仍起主导作用。然而奶牛养殖产业集聚与环境效率的关系以及拐点值仅是粗略观测而得，具体影响效应和拐点值的确定还有待通过实证检验加以验证和测算。

四、产业集聚对奶牛养殖环境效率影响效应的进一步检验

1. 奶牛养殖产业集聚对环境效率影响的检验

（1）基准回归分析。首先采用OLS进行初步回归，结果如表7-14所示。模型（1）报告了未加入产业集聚二次项的回归结果，模型（2）报告了加入产业集聚二次项的回归结果，依据模型（2）估计结果可以发现，产业集聚、产业集聚二次项均在1%水平下通过显著性检验，且系数符号相反，初步断定奶牛养殖产业集聚与环境效率之间显著的倒"U"形关系，进一步计算拐点值为6.26。对于面板截断数据而言，最精准的估计方法是采用面板Tobit模型进行估计。通常情况下面板Tobit模型包括混合Tobit回归、随机效应的面板Tobit回归以及固定效应的面板Tobit回归。由于固定效应的Tobit回归占不到个体异质性的充分统计量，无法进行条件最大似然估计，

如果采用类似于 LSDV 法进行估计，所得的固定效应估计量也是不一致的。因此在使用面板 Tobit 模型时一般先进行混合 Tobit 回归，再进行随机效应的面板 Tobit 回归，通过比较 LR 检验确定何种方式最优。①

模型（3）和模型（4）选用聚类稳健标准误的混合 Tobit 回归进行估计，模型（5）和模型（6）选用随机效应的面板 Tobit 回归结果，结果如表 7-14 所示。LR 检验的结果均强烈拒绝原假设，表明个体效应存在，使用随机效应的面板 Tobit 模型估计更为准确。依据模型（5）和模型（6）随机效应的面板 Tobit 回归估计结果进行分析可以发现，奶牛养殖产业集聚对环境效率的影响在 1% 的水平下通过显著性检验，且系数为正，在加入产业集聚二次项以后这一结果依旧稳健成立，产业集聚二次项对环境效率的影响在 1% 的水平下通过显著性检验，且系数为负，再次证实了奶牛养殖产业集聚与环境效率二者之间显著的倒"U"形关系，验证了研究假说 F_1 的成立，说明在奶牛养殖产业集聚初期，"规模效应"发挥显著作用，当集聚水平达到一定阈值以后，再提升产业集聚水平不仅不会提升环境效率，反而会降低环境效率，此时"拥挤效应"发挥显著作用。进一步计算拐点值为 7.51，要高于 OLS 回归结果，同时更是高于二者关系初步拟合的拐点值，可能是由于二者之间存在内生性，影响了估计结果，还需要进一步加以修正和检验。

依据模型（6）估计结果可以发现，控制变量中奶牛养殖个体特征、养殖规模、城镇化率等均在 1% 水平下通过显著性检验，且系数符号均为负，这表明奶牛单产水平越高、地区养殖规模越大、城镇化率越高越不利于环境效率的提升。奶牛单产水平的提高是资源要素大量投入的结果，可能在短期内无法规避"高产"与"高耗"的矛盾。养殖规模越大，环境压力越大，越会增加提升环境效率的阻力。城镇化率的提升降低了农村地区劳动生产率，大量青年劳动力的外流改变了人力资本投入结构，不利于奶牛养殖环境效率的提升。而养殖能力水平在 1% 水平下通过显著性检验，且系数符号为正，

---

① 陈强：《高级计量经济学及 Stata 应用》（第 2 版），高等教育出版社 2014 年版，第 223—249 页。

充分说明每单位劳动力创造的奶牛养殖产值越高，奶牛养殖主体投身于养殖过程的积极性就越高，越容易提升环保意识，进而提升奶牛养殖环境效率。

表 7-14　奶牛养殖产业集聚影响环境效率的基准回归结果

变量名称	模型（1）：OLS 回归	模型（2）：OLS 回归	模型（3）：混合 Tobit 回归	模型（4）：混合 Tobit 回归	模型（5）：随机效应的面板 Tobit 回归	模型（6）：随机效应的面板 Tobit 回归
Agg	0.0978*** (0.0068)	0.1628*** (0.0105)	0.1070*** (0.0182)	0.1776*** (0.0285)	0.0625*** (0.0117)	0.1247*** (0.0235)
Agg^2		−0.0130*** (0.0016)		−0.0143*** (0.0040)		−0.0083*** (0.0029)
Ind_c	−0.0474*** (0.0053)	−0.0410*** (0.0052)	−0.0519*** (0.0132)	−0.0450*** (0.0120)	−0.0330*** (0.0078)	−0.0337*** (0.0077)
Sca	0.0001 (0.0001)	−0.0004*** (0.0001)	−0.0002 (0.0003)	−0.0005* (0.0003)	−0.0007** (0.0003)	−0.0007*** (0.0003)
Reg_p_s	−0.1475*** (0.0227)	−0.1196*** (0.0198)	−0.1636*** (0.0564)	−0.1300*** (0.0435)	−0.0206 (0.0376)	−0.0326 (0.0373)
Tec_l	0.0623*** (0.0127)	0.0558*** (0.0128)	0.0694** (0.0281)	0.0619** (0.0256)	0.0409*** (0.0130)	0.0423*** (0.0128)
Urb	−0.0041*** (0.0007)	−0.0044*** (0.0007)	−0.0046** (0.0020)	−0.0049*** (0.0018)	−0.0043*** (0.0011)	−0.0047*** (0.0010)
Env_r	−0.0009* (0.0005)	0.0010** (0.0004)	0.0011 (0.0013)	0.0012 (0.0011)	0.0004 (0.0011)	0.0004 (0.0010)
_cons	−0.5683*** (0.0569)	0.4958*** (0.0545)	0.5635*** (0.1141)	0.4848*** (0.1176)	0.7111*** (0.0610)	0.6350*** (0.0636)
/sigma_u					0.1045*** (0.0158)	0.0900*** (0.0139)
/sigma_e					0.1033*** (0.0039)	0.1033*** (0.0039)
F	54.27	61.93	14.36	13.78		
Prob>F	0.0000	0.0000	0.0000	0.0000		
LR test of sigma_u=0					175.11	136.58

续表

变量名称	模型（1）：OLS 回归	模型（2）：OLS 回归	模型（3）：混合 Tobit 回归	模型（4）：混合 Tobit 回归	模型（5）：随机效应的面板 Tobit 回归	模型（6）：随机效应的面板 Tobit 回归
Prob>=chibar2					0.0000	0.0000
N	448	448	448	448	448	448

注：*、**、*** 分别表示该参数至少在 10%、5% 和 1% 水平上显著，括号内为稳健标准误。

（2）内生性处理。内生性问题是在进行因果关系估计时常见的结果偏差，由于解释变量与被解释变量互为因果或者是存在遗漏变量，就会导致内生性的存在。本节可能存在的内生性来源：一是，依据产业集聚理论，奶牛养殖产业集聚带来环境效率提升的同时，可能促使区域政策支持力度的显著提升，进而会吸引更多养殖主体的迁入，从而提高产业集聚度，即二者互为因果关系；二是，考察产业集聚对区域环境效率的影响时，遗漏变量产生的内生性难以避免，例如不同区域间会基于本地环评标准设定不同环保政策，不仅通过奶牛养殖主体决策行为影响产业集聚水平，同时还与区域养殖环境效率密切相关，但这些政策的差异往往难以准确度量。所以，当回归方程具有内生性时，传统面板数据回归方法不能保证参数估计的无偏性，此时就需要运用工具变量来解决内生性问题。

借鉴王永进、盛丹（2013）[①] 和孙晓华等（2018）[②] 的研究，本节选择每个省份的运输旅途建设情况作为地区奶牛养殖产业集聚程度的工具变量，由于加入产业集聚二次项，需至少选择两个工具变量，具体指标为单位面积的公路里程数和单位面积的铁路里程数，即公路密度和铁路密度，具体原因包括：一是，依据 Krugman 的新经济地理学指出，发达的运输旅途设施能够

---

① 王永进、盛丹：《地理集聚会促进企业间商业信用吗?》，《管理世界》2013 年第 1 期。

② 孙晓华、郭旭、王昀：《产业转移、要素集聚与地区经济发展》，《管理世界》2018 年第 5 期。

显著降低运输成本，带来规模经济效应，吸引奶牛养殖主体及其上下游企业在同一区域内不断集中，同时完善的运输旅途建设具有空间向心力①，能够改变经济活动的空间分布程度②，吸引资本和就业人员的不断集聚。二是，运输旅途建设是模型的外生变量，无论是公路还是铁路在短时间内不会有较大幅度的变动，且其变化一般都是在政府部门的推动下进行修建和增建，与模型设定无关。虽然经济发达地区的运输旅途建设水平相对较高，但是其与奶牛养殖环境效率之间没有直接的因果关系，即其为外生变量，与误差项相互独立。三是，已有研究已经证明公路密度可以作为产业集聚的工具变量是合理的，以此类推，铁路密度也对处理奶牛养殖集聚与环境效率之间的内生性具有一定的作用。

对于含有内生解释变量的 Tobit 模型，常采用工具变量 Tobit（IV Tobit）对结果进行估计。通常情况下会采用最优效应的 MLE 估计，然而尽管 MLE 最有效率，但在数值计算时，可能不易收敛，特别是在多个内生解释变量的情形下。③ 因此本节采用两步法④，即首先进行 IV Tobit 估计，通过 Wald 检验观测是否存在内生变量，其次进行两步法 IV Tobit 估计。在第一步 IV Tobit 估计结果中，引入产业集聚一次项和二次项以及控制变量以后，Wald 值为 13.85，在 1% 水平下通过了显著性检验，拒绝外生性原假设，即存在内生变量。进一步采用两步法 IV Tobit 估计，结果如表 7–15 所示。模型（7）和模型（8）分别为未引入产业集聚二次项和引入产业集聚二次项结果，以模型（8）估计结果进行分析，其中在第一步回归中产业集聚一次项和二次项系数分别在 5% 和 10% 的水平下通过显著性检验，且 F 值为 255.26，

① Philip McCann, and Daniel Shefer. "Location, Agglomeration and Infrastructure", *Fifty Years of Regional Science*, 2004, pp.177-196.

② Adelheid Holl. "Transport Infrastructure, Agglomeration Economies, and Firm Birth: Empirical Evidence from Portugal", *Journal of Regional Science*, 2004, Vol.44, issue4, pp.693-712.

③ 陈强：《高级计量经济学及 Stata 应用》（第 2 版），高等教育出版社 2014 年版，第 178 页。

④ Whitney K. Newey, and Daniel McFadden. "Large Sample Estimation and Hypothesis Testing", *Handbook of Econometrics*, 1994, Vol.4, pp.2111-2245.

表明不存在弱工具变量。同时，Wald 检验再次拒绝了外生性的原假设。整体来看，在去除内生性影响以后，奶牛养殖产业集聚与环境效率二者之间依旧存在显著的倒"U"形关系，进一步计算拐点值为 3.10，此时与初步拟合结果相接近，估计结果更为科学、准确。

表 7-15　奶牛养殖产业集聚影响环境效率的内生性处理回归结果

变量名称	模型 7：IV Tobit 回归		模型 8：IV Tobit 回归	
	系数	稳健标准误	系数	稳健标准误
Agg	0.1325***	0.0155	0.3040***	0.0459
Agg^2			− 0.0490***	0.0118
Control	已控制		已控制	
_cons	0.5624***	0.0579	0.2933***	0.0983
F	255.26		255.26	
Prob>F	0.0000		0.0000	
R-squared	0.8231		0.8231	
Adj R-squared	0.8198		0.8198	
Wald test	3.71		17.09	
Prob>chi2	0.0541		0.0002	
N	448		448	

注：*、**、*** 分别表示该参数至少在 10%、5% 和 1% 水平上显著。

（3）稳健性检验。为检验上述回归结果的稳健性，本节采取两种策略进行稳健性检验：其一是替换被解释变量。在《手册》中给出畜禽养殖排污系数包括化学需氧量、总氮、总磷、铜和锌等，其中化学需氧量排放量最大，占 90% 以上，为此参考刘安轩等（2019）的研究[①]，以化学需氧量排放总量度量奶牛养殖的非期望产出，重新测算环境效率，并作为被解释变量采

———————————

① 刘安轩、钟涛、罗建章：《规模化养殖和区域差异视角下中国生猪养殖环境效率测算分析——关于中国 18 个生猪养殖优势省份的研究》，《新疆农垦经济》2019 年第 2 期。

用两步法的 IV Tobit 对结果进行估计；其二是截取 2009—2019 年数据。考虑到"三聚氰胺"事件的影响，2008 年以后奶牛养殖业监管更为严格，改变了奶牛养殖产业集聚水平的同时也可能会改变奶牛养殖环境效率，为此截取 2009—2019 年数据进行稳健性检验。同样采用两步法的 IV Tobit，进一步观测奶牛养殖产业集聚与环境效率的关系。具体稳健性检验回归结果如表 7–16 所示。

　　无论是替换了被解释变量还是截取 2009—2019 年数据，产业集聚均在 1% 水平下通过了显著性检验，且系数符号均为正，产业集聚二次项分别在 1% 和 10% 水平下通过显著性检验，且系数符号均为负，既说明结果的稳健性，又再次证实了奶牛养殖产业集聚与环境效率之间存在着显著的倒"U"形关系，即在集聚初期，"规模效应"发挥显著作用，当达到一定阈值以后，"拥挤效应"开始发挥作用。进一步测算两种策略的拐点值分别为 3.27 和 2.69，第一种稳健性检验结果拐点值与上述 3.10 无较大差异，而第二种略有降低，原因是"三聚氰胺事件"发生以后的严格监管，奶牛养殖集聚水平有所降低，但环境效率有所提升，这便使得拐点提前出现。但这并不影响奶牛养殖产业集聚与环境效率倒"U"形关系的稳健性。

表 7–16　奶牛养殖产业集聚影响环境效率的稳健性检验回归结果

变量名称	替换被解释变量				截取 2009—2019 年数据			
	模型（13）：IV Tobit 回归		模型（14）：IV Tobit 回归		模型（15）：IV Tobit 回归		模型（16）：IV Tobit 回归	
	系数	稳健标准误	系数	稳健标准误	系数	稳健标准误	系数	稳健标准误
Agg	0.1113***	0.0158	0.2392***	0.0420	0.1168***	0.0142	0.3074***	0.1054
Agg^2			−0.0366***	0.0108			−0.0572*	0.0307
$Control$	已控制		已控制		已控制		已控制	
_cons	0.5270***	0.0581	0.3265***	0.0896	0.2849***	0.0759	0.2770**	0.1314
F	255.26		255.26		139.78		139.78	
Prob>F	0.0000		0.0000		0.0000		0.0000	

变量名称	替换被解释变量				截取 2009—2019 年数据			
	模型（13）：IV Tobit 回归		模型（14）：IV Tobit 回归		模型（15）：IV Tobit 回归		模型（16）：IV Tobit 回归	
	系数	稳健标准误	系数	稳健标准误	系数	稳健标准误	系数	稳健标准误
R-squared	0.8231		0.8231		0.7890		0.7890	
Adj R-squared	0.8198		0.8198		0.7834		0.7834	
Wald test	29.04		40.60		1.95		8.23	
Prob>chi2	0.0000		0.0000		0.1625		0.0163	
N	448		448		448		448	

注：*、**、*** 分别表示该参数至少在 10%、5% 和 1% 水平上显著。

（4）区域异质性分析。为了检验优势区域和普通区域奶牛养殖产业集聚与环境效率之间是否依然存在着稳健的倒"U"形关系，本节同样采用两步法的 IV Tobit 回归对区域异质性进行检验，结果如表 7–17 所示。就奶牛养殖优势区域而言，在模型（10）中，产业集聚和产业集聚二次项均在 1% 水平下通过显著性检验，且二者系数符号相反，表明在奶牛养殖优势区内，产业集聚与环境效率之间依然存在着倒"U"形关系，拐点值为 4.19，表明对于优势区域而言，要控制产业集聚水平在 4.19 以下才能发挥"规模效应"的作用。对于奶牛养殖普通区域而言，在模型（12）中，产业集聚一次项和二次项分别在 5% 水平下和 10% 水平下通过显著性检验，且二者系数符号相反，表明在奶牛养殖优势区内，产业集聚与环境效率之间的倒"U"形关系同样成立，但是拐点值仅为 1.40，表明对于普通区域而言，并非产业集聚水平越高越好，当前大部分区域产业集聚水平都低于 1，还尚未达到拐点。

表 7-17 奶牛养殖产业集聚影响环境效率的分区域回归结果

变量名称	养殖优势区				养殖普通区			
	模型（9）：IV Tobit 回归		模型（10）：IV Tobit 回归		模型（11）：IV Tobit 回归		模型（12）：IV Tobit 回归	
	系数	稳健标准误	系数	稳健标准误	系数	稳健标准误	系数	稳健标准误
Agg	0.0967***	0.0292	0.4764***	0.1150	0.2617*	0.1386	0.2828**	0.1397
Agg^2			−0.0569***	0.0157			−0.1008*	0.0613
$Control$	已控制		已控制		已控制		已控制	
_cons	0.7613***	0.0774	−0.0292	0.2517	0.4336***	0.0902	0.2838**	0.1304
F	58.78		58.78		482.73		482.73	
Prob>F	0.0000		0.0000		0.0000		0.0000	
R-squared	0.7026		0.7026		0.9436		0.9436	
Adj R-squared	0.6907		0.6907		0.9416		0.9416	
Wald test	0.40		26.61		0.00		0.76	
Prob>chi2	0.5245		0.0000		0.9755		0.6831	
N	208				240			

注：*、**、*** 分别表示该参数至少在 10%、5% 和 1% 水平上显著。

2. 奶牛养殖产业集聚对环境效率影响的中介效应检验

奶牛养殖产业集聚影响环境效率的中介效应检验回归结果如表 7-18 所示。此处同样采用两步法的 IV Tobit 回归对中介效应进行结果估计，由于引入交互项，产业集聚和中介变量均做了中心化处理，接下来将逐一分析政府环境支出、基础设施投入和服务业发展水平在奶牛养殖产业集聚作用于环境效率时的传导机制。

首先，对于政府环境支出的中介效应，依据模型（17）估计结果可以发现：产业集聚一次项和二次项对环境治理支出的影响均在 5% 的水平下通过显著性检验，且系数符号相反，表明产业集聚与环境治理支出之间存在倒"U"形关系，可以解释为，在奶牛养殖产业集聚初期，由于要素市场不完善、集聚成本较高、资源配置效率低，必须依靠政府的环境治理投资才能够解决奶牛养殖的环境污染问题，随着集聚效应效果的进一步显现，政府逐渐由"掌舵者"变成了"服务者"，依靠市场力量和养殖主体自身力量解决环境污染问题；在引入政府环境支出及其与产业集聚交叉项以后，奶牛养殖产业集聚与环境效率之间的倒"U"形关系依然成立，原因是政府环境支出在奶牛养殖产业集聚对环境效率的影响仅表现为部分中介效应；政府环境支出对环境效率的影响显著为负，且与产业集聚交叉项的影响显著为正，说明产业集聚与政府环境支出的倒"U"形关系会经由政府行为的中介效应以及产业集聚与政府环境支出的交叉项同时传导至环境效率。

其次，对于基础设施投入的中介效应，依据模型（18）估计结果可以发现：产业集聚一次项和二次项对基础设施投入的影响均在1%水平下通过显著性检验，且系数符号相反，表明产业集聚与基础设施投入之间存在"U"形关系，可以解释为，在奶牛养殖产业集聚初期，由于经济效应的不显著或是经济效应的滞后显现，基础设施投入并没有倾向于奶牛养殖产业，但是随着产业集聚程度的进一步深入，经济效应有所提升，基础设施投入开始向奶牛养殖产业倾斜；在引入基础设施投入及其与产业集聚交叉项以后，奶牛养殖产业集聚与环境效率之间的倒"U"形关系依旧稳健，同样表明基础设施投入在奶牛养殖产业集聚对环境效率的影响仅表现为部分中介效应；基础设施投入对环境效率的影响为正，但未通过显著性检验，基础设施投入与产业集聚交叉项的影响显著为负，说明产业集聚与基础设施投入的"U"形关系会经由产业集聚与基础设施投入的交叉项同时作用于环境效率。

再次，对于服务业水平的中介效应，依据模型（19）估计结果可以发现，产业集聚一次项和二次项对服务业发展水平的影响均在1%水平下通过显著性检验，且系数符号相反，表明产业集聚与服务业发展水平之间存在"U"形关系，与基础设施投入相类似，在奶牛养殖产业集聚初期，第三方服务组织并不会深度介入奶牛养殖业的发展中，而是随着集聚的不断深入各项配套均已完善，服务业的投入力度才会显著提升；在引入服务业发展水平及其与产业集聚交叉项以后，奶牛养殖产业集聚与环境效率之间稳健的倒

"U"形关系依旧没有改变，再次表明了服务业发展水平在奶牛养殖产业集聚对环境效率的影响仅表现为部分中介效应；服务业发展水平对环境效率的影响显著为正，服务业发展水平与产业集聚交叉项的影响显著为负，说明产业集聚与服务业发展水平的"U"形关系会经由市场行为的中介效应以及服务业发展水平与产业集聚交叉项同时作用于环境效率。

综合上述中介效应检验回归结果的分析，验证了研究假设 H_2 政府环境支出、基础设施投入以及服务业发展水平在奶牛养殖产业集聚影响环境效率的中介效应，也进而捋清了奶牛养殖产业集聚影响环境效率的传导机制，同时也进一步发现政府行为、养殖主体行为以及市场行为是奶牛养殖产业集聚影响环境效率的可能渠道，政府环境支出的无效扩张、基础设施投入的不足以及服务业发展水平的偏低会显著抑制奶牛养殖产业集聚对环境效率的提升作用。

表 7-18　奶牛养殖产业集聚影响环境效率的中介效应检验回归结果

变量名称	模型（17）：IV Tobit 回归		模型（18）：IV Tobit 回归		模型（19）：IV Tobit 回归	
	GEE	TE	INV	TE	SID	TE
Agg	0.1080** (.0460)	0.2627*** (0.0354)	−0.4742*** (0.0919)	0.3228*** (0.0712)	−0.3630*** (0.0794)	0.4026*** (0.0938)
Agg^2	−0.0242** (0.0119)	−0.0445*** (0.0095)	0.1048*** (0.0237)	−0.0541*** (0.0163)	0.0878*** (0.0205)	−0.0694*** (0.020)
GEE		−0.3424** (0.1395)				
$Agg \times GEE$		0.1614*** (0.0598)				
INV				0.1318 (0.1141)		
$Agg \times INV$				−0.3532*** (0.1377)		
SID						0.4135* (0.2128)

续表

变量名称	模型 (17)：IV Tobit 回归		模型 (18)：IV Tobit 回归		模型 (19)：IV Tobit 回归	
	GEE	*TE*	*INV*	*TE*	*SID*	*TE*
Agg × SID						−0.5845** (0.2625)
Control	已控制	已控制	已控制	已控制	已控制	已控制
_cons	0.0935 (0.0790)	0.7835*** (0.0729)	0.2354*** (0.1579)	0.6499*** (0.0841)	−0.2301* (0.1365)	0.6632 (0.1020)
F	255.26	370.65	255.26	257.48	255.26	240.47
Prob>F	0.0000	0.0000	0.0000	0.0000	0.0000	0.0000
R-squared	0.8231	0.8945	0.8231	0.8549	0.8231	0.8462
Adj R-squared	0.8198	0.8921	0.8198	0.8516	0.8198	0.8427
Wald test	13.33	16.72	87.90	12.60	123.91	21.41
Prob>chi2	0.0013	0.0002	0.0000	0.0018	0.0000	0.0000
N	448		448		448	

注：*、**、*** 分别表示该参数至少在 10%、5% 和 1% 水平上显著。

　　本章从宏观层面先对影响畜牧业绿色转型的关键因素进行识别。通过研究得出的基本结论是：(1) 畜牧业绿色转型受政府宏观调控、市场运行机制、养殖主体行为多重因素影响，实证研究表明，政府层面的环境约束政策、环境规制水平，市场层面的产业集聚、地区生产结构、城镇化率，养殖主体层面的养殖能力水平、非生态行为、基础设施投入，均会对畜牧业绿色转型产生重要影响，构建"政府—市场—养殖主体"纵向一体化逻辑结构是未来加速实现畜牧业绿色转型的核心出路；(2) 产业集聚对奶牛养殖碳排放具有显著影响，这种影响呈现"N"形的非线性关系，即随着产业集聚水平的不断提升，奶牛养殖业碳排放量呈现"先增、后减、再增"的三阶段特征，进一步求得"N"形曲线的拐点值分别为 2.124 和 5.753，另外，产业集聚对奶牛养殖碳排放的影响存在显著的空间溢出效应，表现为区域间溢出和区域内溢出兼并；（3）奶牛养殖产业集聚与环境效率之间存在显著的倒"U"形关系，即"规模效应"先发挥作用，在跨越产业集聚拐点以后，"拥挤效应"将起到抑制作用，且政府行为、养殖主体行为以及组织行为是奶牛养殖产业集聚影响环境效率的可能渠道，政府环境支出的无效扩张、基础设施投入的不足以及服务业发展水平的偏低会显著抑制奶牛养殖产业集聚对环境效率的提升作用。

第八章　畜牧业绿色转型的政府环境规制影响效应检验

　　宏观层面政府在畜牧业绿色转型过程中充当"掌舵者"角色得以证实，其微观层面的环境规制影响效应及相关机制有待检验。本章将利用微观奶牛养殖主体调查数据，聚焦政府环境规制对养殖主体生产绿色转型的驱动效果，比较不同环境规制强度的作用力，考察政府环境规制与奶牛养殖主体生产绿色转型之间的中介效应问题。对于上述问题的解决主要用到了 Tobit 回归模型和中介效应模型。与此同时，本章还将通过数理模型的推导进一步探讨政府环境规制强度是否越大越好，有助于深入理解政府环境规制在畜牧业绿色转型中的显著作用，为制定差异化政策提供必要参考。

第一节　政府环境规制影响畜牧业绿色转型的研究设计

一、研究假说提出

　　结合第五章影响机理分析，本章中需要验证的研究假说如下：

　　H_1：政府环境规制对奶牛养殖主体生产绿色转型具有显著影响。

　　H_{1a}：激励型环境规制对奶牛养殖主体生产绿色转型具有正向影响。

　　H_{1b}：约束型环境规制对奶牛养殖主体生产绿色转型具有正向影响。

　　H_{1c}：混合型环境规制对奶牛养殖主体生产绿色转型具有正向影响。

　　H_2：相比于单一的激励型环境规制和约束型环境规制，混合型环境规制对奶牛养殖主体生产绿色转型的驱动效果更好。

H_3：政府环境规制将通过绿色技术选择和治理投入变化两种途径作用于奶牛养殖主体生产绿色转型。

H_{3a}：绿色技术选择在激励型环境规制与奶牛养殖主体生产绿色转型之间起到中介作用。

H_{3b}：治理投入变化在约束型环境规制与奶牛养殖主体生产绿色转型之间起到中介作用。

二、数据来源与样本特征

本章包括下文中的第九、十、十一章均采用微观数据进行相应的实证研究，这些数据均来源于东北农业大学绿色食品产业发展战略研究团队于2022年1—3月和7—8月开展的"中国奶牛养殖业绿色转型微观调查（2021年）"（简称CDMG）。下面将详细介绍调查区域选择、调查实施过程与调查样本特征。

1. 调查区域选择

2007年，《全国奶牛优势区域布局规划（2008—2015年）》确定了北京、天津、上海、河北、山西、内蒙古、黑龙江、山东、河南、新疆、陕西、宁夏、辽宁等13个区域为奶牛养殖优势区；2021年，中国奶业协会发布生鲜乳产量数据，指出河北、内蒙古、黑龙江、江苏、安徽、山东、河南、四川、陕西、宁夏等10个区域为产奶大省；另外，根据《中国奶业年鉴（2020）》统计数据发现，甘肃在奶牛口粮苜蓿、燕麦的种植上具有得天独厚的优势，适宜大力发展奶牛养殖业。因此，为了充分掌握中国奶牛养殖业发展实际、特别是奶牛养殖业绿色转型现实特征，遵循全面性、代表性原则，调查省份选取了北京、天津、河北、内蒙古、黑龙江、山东、河南、宁夏等8个奶牛养殖优势区，江苏、安徽、四川、甘肃等4个奶牛养殖普通区，这些区域也恰好覆盖了中国5大奶业产区，即东北内蒙古产区（黑龙江、内蒙古）、华北产区（山东、河北、河南）、西北产区（甘肃、宁夏）、南方产区（安徽、江苏、四川）、大城市周边产区（北京、天津）。

　　在明确调查省份以后，依据对现有公开统计资料和既往研究文献的梳理，确定调查样本区域。[①] 具体来看：

　　（1）东北内蒙古产区。位于国际公认的黄金奶源带，内蒙古自治区具有得天独厚的奶牛养殖资源，内蒙古自治区人民政府印发的《奶业振兴三年行动方案（2020—2022年)》指出，在以呼和浩特市为核心的沿黄地带、呼伦贝尔市岭东和兴安盟等嫩江流域及通辽市、赤峰市西辽河流域，建设优质高产、高标准、高质量奶源基地，为此课题组在呼和浩特市、呼伦贝尔市、兴安盟、通辽市、赤峰市5个区域开展调查。《黑龙江省人民政府办公厅关于推进奶业振兴保障乳品质量安全的实施意见》指出，以哈尔滨、齐齐哈尔、大庆、绥化市等奶业大县和农场作为奶业发展优势产区；王磊等（2021）也指出，上述区域奶牛养殖集约化程度较高，奶牛存栏量占全省的77.88%[②]，为此课题组以上述4个区域为调研区域。

　　（2）华北产区。《山东省"十四五"奶业高质量发展提升行动方案》指出，在奶源区域布局上，将重点培育胶东半岛东部沿海优质奶源基地、济南都市圈中部奶业隆起带和沿黄地区奶业优势产区，为此课题组选择了青岛市、济南市、潍坊市、烟台市、德州市5个区域作为调研区域。河北省是奶业大省，目前形成了以唐山市、石家庄市、张家口市、保定市为中心的四大奶牛优势产区[③]，课题组在上述4个区域内展开调查。《河南省奶业振兴行动计划》指出，要继续推进沿黄区域绿色奶业示范带建设，兼顾以商丘、南阳

[①] 需要特别强调的是，限于奶牛养殖的环境要求、区域资源禀赋限制以及生鲜乳收购的复杂性，导致奶牛养殖具有明显的"区域集中性"，为此奶牛养殖场的调查不同于种植业中农户的调查，农户调查可以详细到样本县、样本村，甚至可以在一个村落内调查到多位农户，掌握翔实的种植信息。但是，以2020年为例，全国奶牛存栏量仅为1043万头，根据企业查数据显示，全国登记在册的奶牛养殖场数量刚刚过万，所以调查区域以县、村为限定区域不符合客观事实，但为了符合典型抽样与随机抽样的原则，可以选择典型的样本市（区）为调查区域，并在此区域随机选择一定数量的奶牛养殖场进行实地调研。

[②] 王磊、朱雪晴、李翠霞：《基于碳排放约束视角的牧场适度规模养殖研究——以黑龙江省156个规模化奶牛养殖场为例》，《黑龙江畜牧兽医》2021年第16期。

[③] 张艳新、赵慧峰、刘希、张曼玉、李彤、刘秀娟：《河北省奶牛养殖场富余奶问题研究》，《中国畜牧杂志》2016年第8期。

为重点的传统区和以驻马店为重点的潜力区，加快形成"一带三片"产业布局，要推进郑州等 10 个主产市奶业发展，为此，课题组选取了郑州市、商丘市、南阳市、驻马店市 4 个区域作为调研区域。

（3）西北产区。近年来，奶产业已经成为甘肃省强县域、促经济的一项重要富民产业，据公开统计资料显示①，目前甘肃省奶畜养殖逐步形成了 5 个优势产区，共涉及 11 个市（州）28 个县（区），形成了河西走廊优质奶业优势区，为此课题组对武威市、金昌市、张掖市、3 个区域展开调查。资料显示②，宁夏奶产业迈进高质量发展新时代，立足资源禀赋，发挥比较优势，宁夏持续推动奶产业布局区域化，现基本形成了以银川、吴忠为核心，石嘴山、中卫为两翼的"一核两翼"奶产业集群，为此课题组以上述 4 个区域为调查样本点。

（4）南方产区。《安徽省人民政府办公厅关于推进奶业振兴保障乳品质量安全的实施意见》指出，要重点发展蚌埠、合肥、淮南、马鞍山等奶牛生产优势区。汪浩（2018）也指出，安徽省奶牛分布区域化明显，全省 80% 的奶牛饲养主要集中在蚌埠、合肥、淮南、马鞍山等四大城市的城区及附近郊县。③ 为此，课题组对上述 4 个区域展开调查。《江苏省人民政府办公厅关于推进奶业振兴保障乳品质量安全的实施意见》指出，要巩固发展徐宿淮、沿海奶牛产区。还红华等（2022）指出，从江苏省奶业产业布局来看，养殖量比较大的地区有徐州、苏州、盐城、宿迁和南京，这 5 个区域的奶牛养殖量和牛奶产量占全省比重 60% 以上，部分年份产奶量比重达 70% 以上④。综合考虑，课题组选择徐州市、宿迁市、淮安市、盐城市、连云港市 5

① 《甘肃省奶畜存栏 122 万头，已形成五大优势产区》，2022 年 10 月 4 日，见 https：//business. sohu.com/a/590163811_121118715。

② 《宁夏奶产业迈进高质量发展新时代》，2022 年 8 月 24 日，见 https：//baijiahao.baidu.com/s?id=1742039917222439666&wfr=spider&for=pc。

③ 汪浩：《安徽省奶牛产业链整合与效益提升研究》，硕士学位论文，安徽农业大学，2018 年，第 24—26 页。

④ 还红华、程金花、王慧利：《江苏省奶牛养殖结构与成本收益变迁研究》，《江苏农业科学》2022 年第 23 期。

个区域作为调查区域。《四川省人民政府办公厅关于推进奶业振兴保障乳品质量安全的实施意见》指出，要鼓励安宁河流域和川西高原的河谷地带发展奶牛养殖，为此课题组选择了成都市、眉山市 2 个区域作为调研区域。

（5）大城市周边产区。在疏解非首都功能、促进产业转型升级背景下，北京市奶牛产业作为污染较重的产业，从 2015 年开始向河北进行疏解。① 目前，全市共有奶牛养殖场 49 个，课题组在延庆区、顺义区、通州区、密云区、房山区、昌平区、大兴区、平谷区 8 个区域内展开随机调查；天津市奶牛养殖场数量也在逐年减少。② 目前全市共有奶牛养殖场 71 个，课题组在武清区、宁河区、北辰区、静海区、宝坻区、蓟州区 6 个区域内展开随机调查。

2. 调查实施过程

为了保证调查数据的精准性，课题组先后组织近百名调研员协助完成对奶牛养殖场的调研工作，调研分阶段进行：2022 年 1 月初，由本书作者牵头，设计调查问卷，并邀请畜牧经济管理领域的相关专家、学者对问卷内容的科学性、合理性进行论证；2022 年 1 月中旬，课题组前往黑龙江省安达市、克东县对 12 个奶牛养殖场决策者进行"一对一"问卷调查，通过预调研对问卷中的部分内容进行修正；2022 年 1 月下旬，开展调研员的培训，主要招募具有农业经济管理专业知识背景的研究生和本科生作为调研员，并采取逐题讲解的形式对其进行培训，重点强调座谈方式和记录整理方式，以提高数据获取的便捷度和准确度；2022 年 2—3 月，调研员有针对性地对奶牛养殖场开展实地调查，如有奶牛养殖场不方便接待，部分问卷辅以电话调查，调查对象均为奶牛养殖场主或奶牛养殖场具有决策权的工作人员；2022 年 7—8 月，对部分未完成调研的样本区域继续开展调研。

问卷录入采取四次核查法进行录入与核对。第一，由调研员自行整理调查问卷，核对调查问卷信息的完整性；第二，交由调研组其他成员依次进

---

① 徐永洞、王子涵、路永强、郭江鹏、刘志丹：《北京市奶牛粪污管理及资源化利用技术现状》，《中国乳业》2021 年第 11 期。

② 陈茹暄、张淑荣、马毅：《天津现代都市型奶牛产业发展现状与建议》，《中国乳业》2022 年第 1 期。

行相互检查；第三，经过上述两次核对后提交调研团队负责人（即本书作者）进行三次检查，经过负责人核对无误后进行数据录入；第四，在数据全部录入后由小组专门负责人员对录入数据和纸质数据进行统一核查，保证录入数据与问卷记录数据完全一致。在上述问卷核对与录入过程中，如发现异常数据或奶牛养殖主体提供信息不完全、不可靠时，可以通过电话回访的方式进行核对。经最终样本核实与数据校正，在剔除信息不全面、数据不合乎逻辑的样本后，最终获得 578 份有效样本用于实证研究。调查样本区域及样本数量概况如表 8–1 所示。

表 8–1 调查样本区域及样本数量概况

调查省份	调查区域	样本数量（个）	样本占比（%）
北京	延庆区、顺义区、通州区、密云区、房山区、昌平区	35	6.05
天津	武清区、宁河区、北辰区、静海区、宝坻区	36	6.23
河北	石家庄市、唐山市、张家口市、保定市	72	12.46
内蒙古	呼和浩特市、呼伦贝尔市、兴安盟、通辽市、赤峰市	78	13.49
黑龙江	哈尔滨市、齐齐哈尔市、大庆市、绥化市	95	16.44
山东	青岛市、济南市、潍坊市、烟台市、德州市、泰安市	63	10.90
河南	郑州市、商丘市、南阳市、驻马店市	45	7.79
宁夏	银川市、吴忠市、石嘴山市、中卫市	38	6.57
江苏	徐州市、宿迁市、淮安市、盐城市、连云港市	43	7.44
安徽	蚌埠市、合肥市、淮南市、马鞍山市	38	6.57
四川	成都市、眉山市	19	3.29
甘肃	武威市、金昌市、张掖市、酒泉市	16	2.77

数据来源：依据调查数据整理所得。

3. 调查样本特征

表 8–2 报告了调查样本的基本特征，涵盖了奶牛养殖主体的个体特征、养殖特征以及外部环境特征。从个体特征来看，受访者年龄主要集中在 41—50 岁之间，占总样本比例的 35.47%，而超过 50 岁占样本比例的

43.42%，反映出在奶牛养殖业中养殖主体年龄同样偏高，老龄化趋势明显；

表 8-2 调查样本的基本特征

变量名称	类别	样本量	比例(%)	变量名称	类别	样本量	比例(%)
年龄	30 岁及以下	13	2.25	养殖年限	5 年及以下	71	12.29
	31—40 岁	109	18.86		5—10 年	212	36.67
	41—50 岁	205	35.47		11—20 年	292	50.52
	51—60 岁	176	30.45		21 年及以上	3	0.52
	61 岁及以上	75	12.97	种养结合	是	268	46.37
受教育程度	6 年及以下	116	20.07		否	310	53.63
	7—9 年	248	42.91	政治身份	是	351	60.73
	10—12 年	178	30.79		否	227	39.27
	13 年及以上	36	6.23	参加养殖技术培训次数	未参加	19	3.29
健康状况	非常不好	25	4.32		1—5 次	264	45.67
	不好	105	18.17		6—10 次	272	47.06
	一般	167	28.89		11—15 次	20	3.46
	较好	162	28.03		16 次及以上	3	0.52
	非常好	119	20.59	是否成立或加入养殖专业合作社	是	311	53.81
风险偏好程度	风险规避者	112	19.38		否	267	46.19
	风险中立者	263	45.50	地区分布	东北内蒙古产区	173	29.93
	风险偏好者	203	35.12		华北产区	180	31.14
养殖收入占比	1%—20%	19	3.29		西北产区	54	9.34
	21%—40%	62	10.73		南方产区	100	17.30
	41%—60%	131	22.66		大城市周边产区	71	12.29
	61%—80%	217	37.54				
	81%—100%	149	25.78				

数据来源：依据调查数据整理所得。

受教育程度主要集中在 7—9 年，占样本比例的 42.91%，10—12 年占比也较高，达到 30.79%；受访者自评健康状况分布较为均匀，其中自评健康状况一般占比较高，为 28.89%；绝大部分养殖主体是风险中立或风险偏好者，其中风险中立者占比为 45.50%，风险偏好者占比为 35.12%。从养殖特征来看，大部分养殖主体养殖年限较高，其中最长达 32 年，养殖年限在 11—20 年占比为 50.52%；与种植业存在较大差异的是，养殖主体兼业比重较低，家庭经济主要来源大部分依赖于养殖收入，其中养殖收入占比在 60% 以上的比重达到 60.32%；为了降低饲料成本，接近一半的养殖主体采取了种养结合模式。从外部环境特征来看，受访者中有 60.73% 为村干部或党员；参加养殖技术培训次数最多达 20 次，其中 1—5 次占比为 45.67%，6—10 次占比为 47.06%；有 52.81% 的养殖主体成立或加入了合作社。按照奶业产区划分，东北内蒙古产区、华北产区、西北产区、南方产区、大城市周边产区调查样本占比分别为 29.93%、31.14%、9.34%、13.20% 和 12.99%。

三、变量选取与说明

1. 被解释变量

本章的被解释变量为奶牛养殖主体生产绿色转型。在上文第四章中的"第三节　畜牧业绿色转型的评判标准"部分构建出了畜牧业绿色转型评价指标体系，为了保证宏观与微观的有机统一，在对微观奶牛养殖主体生产绿色转型进行度量时，同样采用该套评价指标体系、利用熵权 TOPSIS 法确定指标权重，加权得到奶牛养殖主体生产绿色转型程度。

对于从微观视角评价奶牛养殖主体生产绿色转型，在此有两点内容需要特别说明：一是关于"减排"内容下的面源污染测度。由于技术上的缺陷，无法对奶牛养殖场进行定点监测，难以精准获取奶牛排泄的污染量。但为了尽可能使研究结果的真实可靠，本章在计算面源污染排放量时参考既往研究确定的污染物系数（具体如表 8-3 所示），并通过实地调查获取奶牛养殖场原始污染物经处理设施消减或利用后，或未经处理利用而直接排放到环境中的污染物量，二者相乘计算得到单个奶牛养殖场的污染物排放量。二是关于"增效"内容下的全要素生产率的测度。基于宏观面板数据，采用超效率 SBM-GML 指数可以测度出各区域奶牛养殖业全要素生产率，观测到的是全要素生产率的变动情况，但对于微观截面数据而言，超效率 SBM-GML 指数并不适用，所以需要选择适宜截面数据的测算方法。国家统计局统计知识库指出，在众多全要素生产率增长率的测算方法中，最常用的是索洛余值法[1]，徐志刚等（2022）在测算微观农户全要素生产率时也采用的是索洛余值法。[2] 为此，采用索洛余值法对奶牛养殖主体全要素生产率进行测算。

表 8-3　奶牛排泄粪尿中污染物含量概况

种类	化学需氧量 （千克／吨）	总氮 （千克／吨）	总磷 （千克／吨）	氨氮 （千克／吨）
粪便	31.00	4.37	1.18	1.71
尿液	6.00	8.00	0.40	3.47

数据来源：参考张宝成等（2018）[3]、李丹阳等（2019）[4] 研究。

2. 核心解释变量

本章的核心解释变量为政府环境规制，包括激励型环境规制、约束型环境规制和混合型环境规制。既往研究多采用综合指数法、通过养殖主体心理响应来测度环境规制强度[5][6][7]，这种测度方式的优势在于容易获取数据，

[1]　《如何测算全要素生产率》，2023 年 1 月 1 日，见 https://www.stats.gov.cn/zs/tjws/tjjc/202301/t20230101_1903711.html。

[2]　徐志刚、郑姗、刘馨月：《农业机械化对粮食高质量生产影响与环节异质性——基于黑、豫、浙、川四省调查数据》，《宏观质量研究》2022 年第 3 期。

[3]　张宝成、白艳芬、李宪碧、王加真：《遵义市畜禽养殖业粪便排放量估算及对环境的影响》，《家畜生态学报》2018 年第 5 期。

[4]　李丹阳、孙少泽、马若男、李国学、李恕艳：《山西省畜禽粪污年产生量估算及环境效应》，《农业资源与环境学报》2019 年第 4 期。

[5]　张郁、江易华：《环境规制政策情境下环境风险感知对养猪户环境行为影响——基于湖北省 280 户规模养殖户的调查》，《农业技术经济》2016 年第 11 期。

[6]　于婷、于法稳：《环境规制政策情境下畜禽养殖废弃物资源化利用认知对养殖户参与意愿的影响分析》，《中国农村经济》2019 年第 8 期。

[7]　谭永风、张淑霞、陆迁：《环境规制、技术选择与养殖户生产绿色转型——基于内生转换回归模型的实证分析》，《干旱区资源与环境》2021 年第 10 期。

但劣势在于对环境规制外部性的反应力较弱，同时主观判断也会增加实证过程中的内生性风险。

其实对于政府环境规制最直接的度量方式是以政府对奶牛养殖主体施以奖励和惩罚的具体金额作为代理变量，一方面表现出政府在推进畜牧业绿色转型过程中的投入，另一方面表现出政府执法的严格性。但通过实地调查发现，政府施以环境规制策略有时不能用金钱来度量，例如养殖主体因生产环境不达标而被检查、约谈；或者是养殖主体的理性心理，对政府的奖励金额避而不谈，不愿告知真实的奖励金额；再或者是从养殖主体层面没有办法准确度量出具体金额是多少，例如政府提供的重大动物疫病强制免疫疫苗。所以，如果强行采取具体奖惩金额度量政府环境规制强度并不科学。

如何既保证政府环境规制强度的度量方式不违背科学性，又能保证数据获取的精准性？在预调查过程中发现，虽然不能从调查中精准获取具体的奖惩金额，但是养殖主体可以准确回答出其是否享受过政府的奖励政策，享受过哪些奖励政策；是否因生产环境不达标而被检查、约谈和惩罚，检查、约谈和惩罚的次数是多少。为此，在正式调查问卷中设计了"2021年，您的养殖场享受过哪些政府奖励政策？"[①] 和"2021年，您因生产环境问题被检查的次数是多少？被约谈的次数是多少？被惩罚的次数是多少？"

上述调查策略仅可粗略得到政府对养殖主体施以环境规制的频次，但不能仅以频次作为环境规制强度引入实证模型中，原因是：第一，政府奖励政策内容对养殖主体环境治理和提质增效的作用力度不同，如果不对各项激励型政策加以区分有悖科学性；第二，政府对污染型养殖场的检查、约谈、惩罚所代表的约束性力度不同，以总次数作为约束型环境规制强度不具说服

[①] 通过对考察地区畜牧业主管部门的调查，了解现行条件下奶牛养殖业的支持政策内容具体可划分为四类：一是优惠政策类，包括免收地下水资源费、享受农业用电价格；二是动物防疫补贴政策类，包括重大动物疫病强制免疫疫苗补贴政策、奶牛疫病扑杀补贴政策、病死牛无害化处理补贴政策；三是农机补贴政策类，一般农机单台补贴额不超过5万元补贴，挤奶机械、烘干机单机补贴额不超过12万元，高性能青饲料收获机单机补贴额不超过15万元；四是项目补贴类，包括良种补贴、苜蓿种植补贴、养殖场标准化示范创建补贴、废弃物资源化利用补贴。

力。所以，为了使政府环境规制强度的度量更为精准，结合实地经验与专家咨询，对环境规制强度按奖惩贡献率进行赋值，具体计算公式如下：

$$ER\_inc = 0.1 \times prep + 0.3 \times anep + 0.2 \times agms + 0.4 \times pros \tag{8-1}$$

式（8-1）中：ER_inc 表示激励型环境规制强度；$prep$ 表示获得优惠政策类数量，$anep$ 表示获得动物防疫补贴政策类数量，$agms$ 表示获得农机补贴政策类数量，$pros$ 表示获得项目补贴类数量。之所以对上述四类奖励赋权重 0.1、0.3、0.2、0.4，是按照各类奖励政策对养殖主体环境治理和提质增效的贡献程度进行赋值。首先，良种和饲料是发展的基础，标准化建厂是发展的大势所趋，而废弃物资源化处理是发展的必然要求，一旦享受到这些项目补贴，养殖主体将极大程度上改进养殖模式，加速推进生产方式绿色转型。其次，疫病防控也是养殖主体日常养殖过程中需极为关注的环节，疫病可分为事前防控和事后妥善处理，均有助于实现节本增效。再次，农机补贴也是协助养殖主体节本增效、实现生产绿色转型的有效途径。最后，一些其他类别的优惠政策对于养殖主体生产绿色转型也具有一定促进作用，但相比于前三项的作用力度有限。

$$ER\_res = 0.1 \times ins + 0.3 \times int + 0.6 \times pun \tag{8-2}$$

式（8-2）中：ER_res 表示约束型环境规制强度；ins 表示被检查次数，int 表示被约谈次数，pun 表示被惩罚次数。对上述三类约束型环境规制赋权重分别为 0.1、0.3、0.6。检查是指乡镇级以上有关部门[①]依照《畜禽养殖污染防治条例》等环保法律法规，依法到养殖场执行检查督导工作，代表政府有关部门对养殖环境的重视，可起到一定警示作用，为此对其赋权最低。约谈是指在养殖过程中因生产过程造成一定环境污染，影响周边正常的生产生活，乡镇级以上有关部门将依法对养殖场负责人进行约谈，要求其在规定时限内作出整改，为此对其赋权中等。惩罚则是污染程度已经超过法律规定上限，必须按照有关规定对养殖主体处以一定罚金，情节严重还将面临更为

---

① 这里之所以强调"乡镇级以上有关部门"是因为在对县级环保部门调查时，相关负责人指出目前大部分畜禽养殖检查工作权力下放至乡镇，由乡镇负责检查和督导。

严格的行政处罚，为此对其赋权最高。

对于混合型环境规制强度的衡量，现有研究并无明确的测度标准。依据混合型环境规制的内涵，其本意是指养殖主体在养殖过程中既享受到政府的有关政策红利又受到政府约束性要求的检查、约谈或惩罚，理论上可用 0 或 1 代理。但笔者认为，对于混合型环境规制强度的度量不能用 0 或 1 进行简单代理，其原因是忽视了"强度"的内涵。所以，为了谋求度量方式的精准，将激励型环境规制强度和约束型环境规制强度分别划分成高强度、中强度和低强度，划分原则为：对于激励型环境规制强度的赋值，经式（5-1）计算结果小于 1 赋值为"低强度"，大于等于 1 小于 2 赋值为"中强度"，大于等于 2 赋值为"高强度"；同理，对于约束型环境规制强度的赋值，经式（5-2）计算结果小于 1 赋值为"低强度"，大于等于 1 小于 2 赋值为"中强度"，大于等于 2 赋值为"高强度"。然后采取两两组合的方式对混合型环境规制强度赋值，其中"高高"赋值为 5，"高中"赋值为 4，"高低""中中"赋值为 3，"中低"赋值为 2，"低低"赋值为 1，以此来代理混合型环境规制强度。

3. 中介变量

通过第五章第三节"不同参与主体行为对畜牧业绿色转型的作用机理"分析发现，政府环境规制将通过绿色技术选择和治理投入变化两种渠道间接作用于奶牛养殖主体生产绿色转型，为此本章的中介变量为绿色技术选择和治理投入变化。技术选择是养殖主体风险最小化和利润最大化之间的谨慎权衡，一般会考虑与自身禀赋相匹配且技术风险较低的技术，再结合政策环境因素，表现出一定的技术选择行为。[1] 为此本章采用"2021 年您采用的绿色养殖技术种类数（个）"作为绿色技术选择的代理变量。参考谭永风等（2021）的研究[2]，并通过实地经验总结，将绿色技术种类限定于良种繁育技

---

[1]　郑旭媛、王芳、应瑞瑶：《农户禀赋约束、技术属性与农业技术选择偏向——基于不完全要素市场条件下的农户技术采用分析框架》，《中国农村经济》2018 年第 3 期。

[2]　谭永风、张淑霞、陆迁：《环境规制、技术选择与养殖户生产绿色转型——基于内生转换回归模型的实证分析》，《干旱区资源与环境》2021 年第 10 期。

术、要素减量化技术、饲料精准化配比技术、废弃物无害化处理技术、粪污资源化利用技术等 5 类。而治理投入变化表现出养殖主体在绿色转型过程中投入水平的变化情况，本章采用"您在参与生产绿色转型后治理投入变化情况如何"[①] 作为治理投入变化的代理变量，并采用李克特量表形式对其评价结果进行 1—5 赋权。

4.控制变量

基于经济学理论逻辑及已有研究得出的可能影响奶牛养殖主体生产绿色转型的因素，本章选取决策者个体特征、养殖特征、外部环境特征共三类特征作为控制变量。其中，选取决策者年龄、受教育程度、健康状况、风险偏好作为反映个体特征的变量；选取养殖收入占比、养殖年限、种养结合作为反映养殖特征的变量；选取政治身份、是否加入合作社、养殖技术培训作为反映外部环境特征的变量。此外，考虑到地区的差异，按照奶业产区（东北内蒙古产区、华北产区、西北产区、南方产区、大城市周边产区）的布局，在模型中引入了区域虚拟变量。

四、模型选择与构建

1.政府环境规制对奶牛养殖主体生产绿色转型影响效应检验的模型构建

本章重点探讨政府环境规制对奶牛养殖主体生产绿色转型的驱动效应，其中被解释变量是通过熵权 TOPSIS 法测度出的奶牛养殖主体生产绿色转型，是介于 0 和 1 之间且归并于 0 的数值，属于典型的两端截断"受限被解释变量"，因此本章采用 Tobit 截断回归模型探究政府环境规制对奶牛养殖主体生产绿色转型的影响效应，具体模型构建如下：

$$
\begin{cases}
Y_i^* = \alpha_0 + \alpha_1 ER_i + \sum_{i=1}^{n} \delta_i X_i + \mu_i \\
Y_i = \max(0, Y_i^*)
\end{cases}
\tag{8-3}
$$

---

① 为了便于受访者能够准确回答这一问题，在对调研员培训的过程中明确要求，在调查过程中需要向受访者解释必要的专业术语。按照奶牛养殖主体生产绿色转型的定义，此处生产绿色转型向受访者解释为：您在养殖过程中尽可能遵循绿色化发展理念，通过采用先进科技和绿色技术用于奶牛养殖各个环节，促使资源配置效率和生鲜乳品质得以提升。

式（8-3）中：Y_i^* 为潜变量，Y_i 为奶牛养殖主体生产绿色转型程度；ER_i 为核心解释变量政府环境规制，包括激励型环境规制、约束型环境规制和混合型环境规制；X_i 为控制变量，包括奶牛养殖主体个体特征、养殖特征、外部环境特征等；α_1、δ_i 为各变量的估计系数，α_0 为常数项；μ_i 为随机误差项，代表不可观测因素的汇总，服从正态分布。

2. 政府环境规制驱动奶牛养殖主体生产绿色转型作用渠道的模型构建

目前对于经济学领域内中介效应问题的讨论，学术界争议较大。既往大多研究采用温忠麟和叶宝娟（2014）提出的新中介效应检验流程，采取层级回归法对自变量影响因变量的渠道进行检验。[1] 但是，江艇（2022）指出，应该停止使用中介效应的逐步法进行检验，更不需要估计间接效应的大小并检验其统计学显著性，而是应该将研究的重心重新聚焦到如何提高自变量对因变量的因果关系识别可信度上。[2] 与此同时，中介变量的选择应该是根据经济学理论选择一个或几个能够反映自变量对因变量的作用渠道的中介变量，中介变量对因变量的影响应该是显而易见的，然后识别因变量对中介变量的因果关系即可。为此，本章将在政府环境规制对奶牛养殖主体生产绿色转型影响效应检验的基础上，对政府环境规制驱动奶牛养殖主体生产绿色转型作用渠道进行检验，具体模型构建如下：

$$GRE\_tec_i = \beta_0 + \beta_1 ER\_inc_i + \sum_{i=1}^{n} \theta_i X_i + \sigma_{i1} \tag{8-4}$$

$$GOV\_inv_i = \delta_0 + \delta_1 ER\_res_i + \sum_{i=1}^{n} \lambda_i X_i + \sigma_{i2} \tag{8-5}$$

式（8-4）、（8-5）中：GRE_tec_i、GOV_inv_i 分别为中介变量绿色技术选择和治理投入变化；ER_inc_i 为激励型环境规制，ER_res_i 为约束型环境规制；β_1、δ_1、θ_i、λ_i 为各变量的估计系数，β_0、δ_0 为常数项；σ_{i1}、σ_{i2} 为随机误差项。

江艇（2022）的研究进一步指出，有时考察因变量对中介变量的回归

---

[1] 温忠麟、叶宝娟：《中介效应分析：方法和模型发展》，《心理科学进展》2014 年第 5 期。

[2] 江艇：《因果推断经验研究中的中介效应与调节效应》，《中国工业经济》2022 年第 5 期。

也许是有益的，但只能证明相关性。为了加深因变量与所选取的中介变量之间相关性的合理性，本章还进行了中介变量对奶牛养殖主体生产绿色转型影响的检验，具体模型构建如下：

$$Y_i = \omega_0 + \omega_1 M_i + \sum_{i=1}^{n} \gamma_i X_i + \eta_i \tag{8-6}$$

式（8-6）中：Y_i 为奶牛养殖主体生产绿色转型；M_i 为中介变量，包括绿色技术选择和治理投入变化；ω_1、γ_i 为各变量的估计系数，ω_0 为常数项；η_i 为随机误差项。

五、变量描述性统计

表 8-4 为各变量具体含义与描述性统计。从被解释变量来看，奶牛养殖主体生产绿色转型水平均值为 0.48，说明当前奶牛养殖主体生产绿色转型仍有较大空间。从核心解释变量来看，激励型环境规制、约束型环境规制和混合型环境规制均值分别为 1.04、1.09 和 2.35。从中介变量来看，2021 年奶牛养殖主体采用的绿色养殖技术种类数均值为 3.04，而治理投入变化主观感知投入均值为 3.37。从控制变量来看，受访决策者的平均年龄为 49.24 岁，平均受教育年限为 8.93 年，健康状况整体偏好，大多养殖主体是风险偏好者，这与当前养殖业发展的实际特征基本吻合。对于养殖的基本特征，养殖收入占比均值达到 71.21%，养殖年限均值高达 10.20 年，而种养结合均值为 0.46，说明目前养殖收入是奶牛养殖主体主要收入来源，且表现出养殖户对从事单一产业具有依赖性。另外，调查的奶牛养殖主体中有 61% 为村干部或党员，所占比例较高。2021 年参加养殖技术培训次数均值高达 5.81 次，也说明养殖对外部力量的需求比较高。同时有 54% 的养殖主体选择加入或自行成立养殖合作社。为了捕捉各地区文化、制度、经济等未观察到的因素对奶牛养殖主体生产绿色转型的影响，本章引入东北内蒙古产区、华北产区、西北产区、南方产区、大城市周边产区 5 个地区虚拟变量。

表8–4　变量含义与描述性统计

变量名称	符号	变量说明与赋值	均值	标准差
被解释变量				
奶牛养殖主体生产绿色转型	Y	基于熵权 TOPSIS 法测算所得	0.48	0.22
核心解释变量				
激励型环境规制	ER_inc	根据式（5-1）计算所得	1.04	0.81
约束型环境规制	ER_res	根据式（5-2）计算所得	1.09	0.82
混合型环境规制	ER_mix	按照激励型环境规制和约束型环境规制强度组合赋值	2.35	1.23
中介变量				
绿色技术选择	Gre_C	2021 年您采用的绿色养殖技术种类数（个）	3.04	1.35
治理投入变化	Inv_C	您在参与生产绿色转型后治理投入变化情况如何：1= 投入减少非常多；2= 投入减少较多；3= 投入不变；4= 投入增加较多；5= 投入增加非常多	3.37	1.15
控制变量				
年龄	Age	决策者的实际年龄（周岁）	49.24	9.71
受教育程度	Edu	决策者的受教育年限（年）	8.93	3.12
健康状况	Hea	决策者健康状况的自我评价：1= 非常不好；2= 不好；3= 一般；4= 较好；5= 非常好	3.42	1.13
风险偏好程度	$Risk$	依据实验经济学评价决策者风险偏好程度[①]：1= 风险规避者；2= 风险中立者；3= 风险偏好者	2.16	0.72

---

① 风险偏好程度的测度方式：在调查过程中询问奶牛养殖主体，假如政府想要推广一项新型养殖技术，有一半可能使现在的收益翻倍，但也有一半可能会损失 1/3，您是否愿意采用？如果回答"是"，则继续询问，如果损失不是 1/3，而是 1/2，您是否还会愿意采用？对于第一个问题如果回答"否"，则继续询问，如果损失不是 1/3，而是 1/5，您是否还会愿意采用？若对前两个问题均回答"是"，则认为该受访者是"风险偏好者"；若对第一个问题和第三个问题均回答"否"，则认为该受访者是"风险规避者"；回答其他答案的受访者可被视为"风险中立者"。

变量名称	符号	变量说明与赋值	均值	标准差
养殖收入占比	*Income*	养殖收入占家庭总收入的比重（%）	71.21	21.53
养殖年限	*Year*	已经从事养殖工作（年）	10.20	4.02
种养结合	*Plant*	是否既养殖又种植：1=是；0=否	0.46	0.50
政治身份	*Pol*	是否为村干部或党员：1=是；0=否	0.61	0.49
养殖技术培训	*Tel*	2021年参加养殖技术培训次数（次）	5.81	3.00
加入合作社	*Cooper*	是否成立或加入养殖专业合作社：1=是；0=否	0.54	0.50
地区虚拟变量				
东北内蒙古产区	*NEI*	是否为东北内蒙古产区：1=是；0=否	0.30	0.46
华北产区	*NC*	是否为华北产区：1=是；0=否	0.31	0.46
西北产区	*NWC*	是否为西北产区：1=是；0=否	0.10	0.29
南方产区	*ST*	是否为南方产区：1=是；0=否	0.17	0.38
大城市周边产区	*LC*	是否为大城市周边产区：1=是；0=否	0.12	0.33

第二节　政府环境规制影响畜牧业绿色转型的实证研究结果分析

一、奶牛养殖主体生产绿色转型评价结果分析

采用熵权 TOPSIS 法对调查区域内奶牛养殖主体生产绿色转型进行综合评价。从总体评价结果看，调查区域内 578 个奶牛养殖主体生产绿色转型平均值为 0.479，与宏观统计数据发展趋势相比略低，可能的原因：一是在调查时虽然力求尽可能使样本分布均匀，但所调查的样本中养殖规模最大仅为 6200 头，当前国内万头牧场已经逐渐兴建，规模化、标准化、集约化养殖模式不仅减少污染的排放，同时在效益和效率上也在显著提升。但由于大规模或超大规模牧场多以企业化模式经营，内部结构较为复杂，调研难度大，未获取到该部分数据，会导致整体绿色转型水平偏低。二是选取的是中

国12省（市、区）作为调查区域，这也是微观调查无法规避的全样本问题，为此导致绿色转型水平偏低。从转型水平分布（具体如表8-5所示）总体情况来看，奶牛养殖主体生产绿色转型水平处于中低等和低等样本居多，样本占比分别为30.28%和24.05%。但是也有大部分养殖主体已经跨越"减排"与"增效"的约束红线，绿色转型水平已经达到中等、中高等，甚至高等水平，样本占比分别为15.05%、21.11%、9.52%，这也说明在政策推动、市场化介入以及养殖主体自主意识提升的情景下，部分养殖主体生产绿色转型已经得到显著提升；分养殖区域来看，与优势区相比，普通区奶牛养殖主体生产绿色转型水平略高，处于中等以上水平的占比为54.30%，高于优势区10.8个百分点。

总体而言，无论是优势区还是普通区，下一步发展的着力点应是：已经处于较高转型水平的养殖主体进一步探索"减排"和"增效"的新模式，形成示范带动效应；处于较低转型水平的养殖主体要加速推进生产绿色转型，主动寻求政府、市场等外界力量的帮助，形成绿色转型合力，全面驱动奶牛养殖业绿色转型。

表8-5　调查区域内奶牛养殖主体生产绿色转型水平分布

绿色转型水平	总样本		养殖优势区		养殖普通区	
	样本数（个）	比例（%）	样本数（个）	比例（%）	样本数（个）	比例（%）
$0.00 < C_i \leq 0.30$	139	24.05	116	25.11	23	19.83
$0.30 < C_i \leq 0.50$	175	30.28	145	31.39	30	25.86
$0.50 < C_i \leq 0.60$	87	15.05	61	13.20	26	22.41
$0.60 < C_i \leq 0.80$	122	21.11	96	20.78	26	22.41
$0.80 < C_i \leq 1.00$	55	9.52	44	9.52	11	9.48
最大值	0.980		0.980		0.897	
最小值	0.009		0.009		0.108	
均值	0.479		0.472		0.506	

注：C_i为奶牛养殖主体生产绿色转型水平。

二、政府环境规制对奶牛养殖主体生产绿色转型影响效应检验

1. 基准回归

采用 Stata 17.0 软件对上述构建的基准回归模型进行估计，具体结果如表 8-6 所示。采取从模型（1）至模型（4）逐步引入控制变量策略，观察核心解释变量解释效应的同时，也可以较好地观察模型估计结果的稳健性。结果发现，激励型环境规制和约束型环境规制在 4 次回归中均在 1% 水平下通过显著性检验，且影响系数为正；混合型环境规制在逐步引入控制变量以后，显著水平逐渐下降，在模型（4）中在 10% 水平下通过显著性检验，影响系数也为正。上述估计结果验证了研究假说 H_1、H_{1a}、H_{1b}、H_{1c}，即政府环境规制对奶牛养殖主体生产绿色转型具有显著影响，激励型环境规制、约束型环境规制、混合型环境规制均表现为正向驱动效应，提高政府环境规制强度有助于提升奶牛养殖主体生产绿色转型。

对于上述回归结果可以解释为：激励型环境规制和约束型环境规制对奶牛养殖主体生产绿色转型的驱动效应较为相似，二者通过建立奖励和惩罚机制，运用经济奖励、荣誉表彰和经济惩罚、批评教育等措施改善了奶牛养殖主体绿色生产行为。一方面，激励型环境规制和约束型环境规制可以通过经济奖励和经济惩罚影响奶牛养殖主体的预期收益和预期成本，有助于避免短视行为，进而提高其参与生产绿色转型的概率，达到"减排"和"增效"双赢的发展趋向；另一方面，荣誉表彰和批评教育会极大程度上影响奶牛养殖主体在当地的地位和声誉，在"面子"心理的作用下，他们会更加倾向于选择参与生产绿色转型。[①] 而混合型环境规制本质上表现的是激励型和约束型环境规制的双重作用力，虽然同样表现为正向驱动效应，但是稳健性较弱，对于其驱动效果的持续性如何还有待进一步检验。

模型（4）估计结果中，一系列控制变量对奶牛养殖主体生产绿色转型

---

① 何可、李凡略、畅华仪：《构建低碳共同体：地方性共识与规模养猪户农业碳交易参与——以农村沼气 CCER 碳交易项目为例》，《中国农村观察》2021 年第 5 期。

也会产生重要影响。从个体特征来看，决策者年龄、受教育程度、健康状况、风险偏好程度均通过了显著性检验且正向影响奶牛养殖主体生产绿色转型，具体可以解释为：决策者年龄越高，养殖经验越丰富，在"减排"和"增效"的处理上更具优势；决策者受教育程度越高，接受新事物的能力越强，越愿意参与生产绿色转型；健康状况越良好，越有足够精力参与生产绿色转型；绿色转型本身会因为某些技术的使用而带来一定风险，为此越是风险偏好者越愿意参与生产绿色转型。

从养殖特征来看，养殖收入占比、种养结合也表现为正向驱动效应，具体可以解释为：养殖收入占比决定奶牛养殖对家庭收入的重要程度，养殖收入占比越高，代表家庭经济来源对养殖的依赖性越强，越会按照政策要求积极主动参与生产绿色转型；种养结合形成了种植、养殖、生态等多要素、多层复合循环的发展模式，注重系统内资源的综合利用和产业链接，突出模式经济效益的同时也实现环境的保护，所以采取种养结合模式有助于驱动生产绿色转型。

从外部环境特征来看，政治身份、技术培训同样通过显著性检验，具体可以解释为：党员、村干部在绿色技术采纳和应用方面具有明显的"传帮带"效应，相比于普通群众，其政治意识更强，参与生产绿色转型的积极性也越高，更容易实现"减排"和"增效"双赢的目标；技术培训是提升奶牛养殖主体养殖技能的重要手段，同时技术培训也可以带来有价值的外部信息，帮助奶牛养殖主体实现生产绿色转型。养殖年限、加入合作社等变量并未通过显著性检验，表明其可能不是影响奶牛养殖主体生产绿色转型的关键因素。

表8-6　政府环境规制驱动效应的基准回归

变量名称	模型（1）		模型（2）		模型（3）		模型（4）	
	系数	dy/dx	系数	dy/dx	系数	dy/dx	系数	dy/dx
ER_inc	0.128*** (0.012)	0.122*** (0.013)	0.075*** (0.011)	0.072*** (0.011)	0.067*** (0.011)	0.064*** (0.011)	0.052*** (0.009)	0.050*** (0.009)

续表

变量名称	模型（1）		模型（2）		模型（3）		模型（4）	
	系数	dy/dx	系数	dy/dx	系数	dy/dx	系数	dy/dx
ER_res	0.086***（0.012）	0.082***（0.011）	0.053***（0.009）	0.051***（0.009）	0.051***（0.009）	0.049***（0.008）	0.042***（0.008）	0.041***（0.008）
ER_mix	0.030***（0.010）	0.029***（0.010）	0.023***（0.008）	0.022***（0.008）	0.019**（0.008）	0.018**（0.008）	0.013*（0.007）	0.013*（0.007）
Age			0.002***（0.000）	0.002***（0.000）	0.001***（0.000）	0.001***（0.000）	0.001***（0.000）	0.001***（0.000）
Edu			0.014***（0.002）	0.014***（0.002）	0.012***（0.002）	0.012***（0.002）	0.009***（0.002）	0.008***（0.002）
Hea			0.029***（0.005）	0.028***（0.005）	0.025***（0.004）	0.024***（0.004）	0.021***（0.004）	0.020***（0.004）
Risk			0.055***（0.006）	0.053***（0.006）	0.048***（0.006）	0.047***（0.006）	0.036***（0.005）	0.035***（0.005）
Income					0.001***（0.000）	0.001***（0.000）	0.001***（0.000）	0.001***（0.000）
Year					0.001（0.001）	0.001（0.001）	0.001（0.000）	0.001（0.000）
Plant					0.032***（0.008）	0.031***（0.008）	0.022***（0.007）	0.022***（0.007）
Pol							0.019***（0.007）	0.018***（0.007）
Tel							0.019***（0.002）	0.019***（0.002）
Cooper							−0.005（0.006）	−0.005（0.006）
Region	未控制	未控制	已控制	已控制	已控制	已控制	已控制	已控制
_cons	0.180***（0.009）		−0.123***（0.025）		−0.171***（0.025）		−0.158***（0.022）	
F	659.85***		289.54***		295.12***		313.11***	
Log likelihood	447.51		581.21		616.34		688.57	

续表

变量名称	模型（1）		模型（2）		模型（3）		模型（4）	
	系数	dy/dx	系数	dy/dx	系数	dy/dx	系数	dy/dx
Pseudo R²	−6.50		−8.74		−9.33		−10.54	
N	578		578		578		578	

注：① ***、** 和 * 分别表示在 1%、5% 和 10% 水平下通过显著性检验；②括号内的数值为稳健标准误。

基于模型（4）边际效应估计系数可以发现，激励型环境规制、约束型环境规制、混合型环境规制的影响系数依次为 0.050、0.041 和 0.013，含义代表三类环境规制每提升 1%，对应奶牛养殖主体生产绿色转型会提升 0.050%、0.410% 和 0.013%，这也说明了在三类环境规制中，激励型环境规制的驱动效果更强，其次为约束型环境规制，而混合型环境规制驱动效果最弱，这与理论预期"相比于单一的激励型环境规制和约束型环境规制而言，混合型环境规制对奶牛养殖主体生产绿色转型的驱动效果更好"相悖，即研究假说 H_2 并未得到验证。为了究其原因，将激励型环境规制、约束型环境规制和二者交互项（中心化处理后）引入到模型中进行回归，具体估计结果如表 8-7 所示。结果发现，激励型环境规制和约束型环境规制二者交互项系数为负，且在 10% 水平下通过显著性检验，这说明二者之间存在互斥效应，这也就从实证角度解释了为什么混合型环境规制没有发挥最为强劲的驱动作用。另外，通过实地调查发现，激励型环境规制和约束型环境规制是此消彼长的关系。当一个养殖场获得激励政策较多时，往往会形成示范效应，其所受约束程度较低。而当一个养殖场经常因生产环境不达标而被检查、约谈或惩罚时，也很难获得政策的支持。所以综合现实情景来看，混合型环境规制驱动奶牛养殖主体生产绿色转型的理论预期并不成立，理论预期与现实情况的相悖也为后续研究提供了必要的空间，为此在下述的稳健性检验、异质性分析以及中介效应分析中将不再单独讨论混合型环境规制的驱动效应。

表 8-7 政府环境规制驱动效应的进一步检验

变量名称	模型（5）			
	系数	稳健标准误	dy/dx	稳健标准误
ER_inc	0.064***	0.007	0.063***	0.007
ER_res	0.056***	0.006	0.055***	0.006
ER_inc×ER_res	− 0.011*	0.006	− 0.010*	0.006
Control	已控制		已控制	
Region	已控制		已控制	
F	325.29***			
Log likelihood	689.09			
Pseudo R^2	− 10.55			
N	578			

注：*** 和 * 分别表示在 1% 和 10% 水平下通过显著性检验。

另外，通过上述模型（1）至模型（5）的回归结果均可以发现，激励型环境规制系数均要大于约束型环境规制系数，这表明激励型环境规制对奶牛养殖主体生产绿色转型的驱动力要优于约束型环境规制，这可以理解为养殖主体是有"趋利避害"心理的，奖励要比惩罚更能激起其参与生产绿色转型的积极性。

（2）稳健性检验

为了避免某些不可控因素导致的估计偏误使基准回归结论缺乏说服力，本章将进一步采取三种策略对上述基准回归结果展开稳健性检验。

一是替换核心解释变量。借鉴张郁和江易华（2016）[1]、于婷和于法稳（2019）的研究[2]，采取奶牛养殖主体主观评价的方式度量激励型环境规制和约束型环境规制。其中，通过询问"奶牛养殖优惠政策获取难易度""奶牛

---

[1] 张郁、江易华：《环境规制政策情境下环境风险感知对养猪户环境行为影响——基于湖北省 280 户规模养殖户的调查》，《农业技术经济》2016 年第 11 期。

[2] 于婷、于法稳：《环境规制政策情境下畜禽养殖废弃物资源化利用认知对养殖户参与意愿的影响分析》，《中国农村经济》2019 年第 8 期。

养殖技术培训获取难易度"和"奶牛养殖废弃物处理补贴获取难易度"的看法对激励型环境规制进行1—5赋值，并取算术平均值作为其代理变量；通过询问养殖主体对"环保部门对奶牛养殖污染的监管力度""环保部门对奶牛养殖污染实质惩罚力度"和"环保部门对奶牛养殖环境影响评价落实程度"的看法对约束型环境规制进行1—5赋值，并取算术平均值作为其代理变量，具体回归结果如表5–8模型（6）所示。结果发现，激励型环境规制和约束型环境均在1%水平下通过显著性检验，对奶牛养殖主体生产绿色转型有着明显的正向驱动力，且对二者系数比较发现，激励型环境规制系数大于约束型环境规制系数，表明基准回归结果是稳健性的。

二是随机抽取2/3样本。养殖主体不同于种植业中的农户，即使在同一区域内其内部禀赋结构也会存在较大差异，正是由于这种结构的差异，会影响基准回归结果的稳健性。为此，采用Stata 17.0中的"sample，count"命令，随机抽取2/3样本，重新进行估计，具体结果如表5–8模型（7）所示。结果发现，无论是激励型环境规制还是约束型环境规制均在1%水平下正向影响奶牛养殖主体生产绿色转型，激励型环境规制影响系数也要大于约束型环境规制影响系数，再次证明基准回归结果的稳健性。

三是考虑遗漏变量。虽然本节已尽可能控制影响奶牛养殖主体生产绿色转型的诸多因素，但并非所有变量可以全部穷尽，模型的误差项也允许存在遗漏变量，但是为了检验政府环境规制对奶牛养殖主体生产绿色转型影响的稳健性，可以采取增加控制变量的策略进行稳健性检验。李芬妮等（2019）指出，在农村地区环境规制作用较弱的情况下，非正式制度可以作为环境规制的替代机制推动农户生产绿色转型，甚至在某些情况下，非正式制度对农户的约束力大于正式制度。[①]为此参考李芬妮等（2019）的研究，从价值导向、监督惩戒、传递内化等3个方面测度非正式制度，具体测度方式是通过养殖主体对"保护环境会提高我在当地的身份地位""养殖污染会

①　李芬妮、张俊飚、何可：《非正式制度、环境规制对农户绿色生产行为的影响——基于湖北1105份农户调查数据》，《资源科学》2019年第7期。

让我遭受其他村民的批评和指责"和"同村人非常支持我保护环境"的看法对价值导向、监督惩戒、传递内化进行 1—5 赋值，并将其作为控制变量纳入基准回归方程中，具体回归结果如表 8–8 模型（8）所示。结果发现，激励型环境规制和约束型环境规制的影响方向以及显著性均未发生改变，且发现价值导向、监督惩戒、传递内化变量均在 1% 水平下正向影响奶牛养殖主体生产绿色转型，表明非正式制度对"减排"和"增效"也会表现出较强的作用力。另外，激励型环境规制影响系数依旧大于约束型环境规制影响系数，充分证明基准回归结果的稳健性。

表 8–8　稳健性检验估计结果

变量名称	模型（6）：替换核心解释变量		模型（7）：抽取 2/3 样本		模型（8）：考虑遗漏变量	
	系数	dy/dx	系数	dy/dx	系数	dy/dx
ER_inc	0.055*** (0.006)	0.054*** (0.005)	0.069*** (0.008)	0.067*** (0.008)	0.054*** (0.007)	0.053*** (0.007)
ER_res	0.046*** (0.007)	0.045*** (0.007)	0.053*** (0.007)	0.052*** (0.007)	0.047*** (0.006)	0.046*** (0.005)
Vor					0.014*** (0.003)	0.014*** (0.003)
Sup					0.008*** (0.003)	0.008*** (0.003)
Tran					0.021*** (0.003)	0.021*** (0.003)
Control	已控制	已控制	已控制	已控制	已控制	已控制
Region	已控制	已控制	已控制	已控制	已控制	已控制
_cons	−0.330*** (0.025)		−0.182*** (0.027)		−0.219*** (0.021)	
F	326.23***		220.91***		328.23***	
Log likelihood	676.55		468.67		726.51	
Pseudo R^2	−10.34		−9.57		−11.17	
N	578		386		578	

注：① *** 表示在 1% 水平下通过显著性检验；②括号内的数值为稳健标准误。

（3）异质性检验

为了检验不同环境下政府环境规制对奶牛养殖主体生产绿色转型的驱动效应，本节进行了两个维度的异质性检验。

一是分养殖区域。不同养殖区域政府环境规制程度可能存在差异，相应地，奶牛养殖主体生产绿色转型水平也可能会存在明显的异质性。按照2003 年农业农村部出台的《奶牛优势区域发展规划（2003—2007 年)》和2008 年农业农村部出台的《全国奶牛优势区域布局规划（2008—2015 年)》对养殖区域的限定，将总样本划分为养殖优势区和普通区。对分组后的样本进行估计，具体结果如表 8-9 所示。从模型（9）和模型（10）估计结果发现，无论是在养殖优势区还是普通区，激励型环境规制和约束型环境规制均在 1% 水平下通过显著性检验，影响系数均为正。横向比较边际效应大小发现，养殖优势区域内激励型环境规制和约束型环境规制均要大于养殖普通区域，表现出明显的异质性。其实从国家宏观政策的演进趋势来看，鼓励推进奶牛养殖向优势区转移，在优势区域内激励型政策和约束型政策均较为明显，财政投入力度和废弃物处理要求均明显高于普通区域，这也是未来推动奶牛养殖业绿色转型、加速实现奶牛养殖业高质量发展的大势所趋。

表 8-9　异质性检验一：分养殖区域

变量名称	模型（9）：养殖优势区域		模型（10）：养殖普通区域	
	系数	dy/dx	系数	dy/dx
ER_inc	0.065*** (0.008)	0.063*** (0.008)	0.049*** (0.016)	0.048*** (0.015)
ER_res	0.053*** (0.007)	0.052*** (0.007)	0.038*** (0.012)	0.037*** (0.012)
Control	已控制	已控制	已控制	已控制
Region	已控制	已控制	已控制	已控制
_cons	− 0.154*** (0.022)		− 0.149*** (0.044)	
F	301.70***		77.77***	

续表

变量名称	模型（9）：养殖优势区域		模型（10）：养殖普通区域	
	系数	dy/dx	系数	dy/dx
Log likelihood	553.60		140.04	
Pseudo R^2	−12.15		−6.29	
N	462		116	

注：① *** 和 ** 分别表示在 1% 和 5% 水平下通过显著性检验；②括号内的数值为稳健标准误。

　　二是分养殖规模。为了加强优质奶源基地建设，当前全国各区域、特别是奶牛养殖优势区域正在围绕"养好牛"积极开展生态健康养殖示范创新和标准化示范创建，支持规模化奶牛养殖场改扩建和家庭牧场发展，引导适度规模养殖。从实地调查结果发现，当前小规模养殖场正处于"被淘汰"的边缘，这也是推动奶业高质量发展的必然趋势，所以不同规模之间政府环境规制驱动奶牛养殖主体生产绿色转型水平也可能表现出一定的异质性。根据调查样本规模范围，定义三个区间，500 头以下为"小规模"，500 头至 999 头为"中规模"，1000 头及以上为"大规模"①，并对其进行分组回归，具体估计结果如表 8-10 所示。

　　从模型（11）至模型（13）估计结果可以发现，激励型环境规制和约束型环境规制的驱动效应均十分显著，但从驱动效果来看，在组内和组间均有明显的差异。从组内来看，对于小规模和中规模群体而言，仍表现为激励型环境规制的边际效应大于约束型环境规制，而对于大规模群体，这一结果恰好相反，可能的原因是：大规模群体因其规模优势，获取政策支持的途径更多、范围更广，政府对其养殖规范的要求也更为严格，所以约束型环境规制的驱动效果更强。从组间来看，激励型环境规制对小规模群体的驱动效果更强，其次为中规模，再次是大规模；约束型环境规制对小规模和大规模群体的驱动效果基本一致，但要强于中规模。这一估计结果符合客观规律：相比

---

① 这一规模定义仅限于对本书调查样本区间的划分。

于大规模群体，小规模和中规模群体受到激励的机会较少，一旦获得激励政策，将会在很大程度上激发其参与生产绿色转型的积极性；相比于中规模，小规模和大规模群体在"减排"和"增效"方面面临的压力均要高于中规模群体，所以约束型环境规制对其生产绿色转型表现出更为明显的作用。

表 8–10 异质性检验二：分养殖规模

变量名称	模型（11）：小规模		模型（12）：中规模		模型（13）：大规模	
	系数	dy/dx	系数	dy/dx	系数	dy/dx
ER_inc	0.074*** (0.013)	0.073*** (0.013)	0.062*** (0.012)	0.061*** (0.012)	0.054*** (0.012)	0.053*** (0.012)
ER_res	0.062*** (0.009)	0.060*** (0.009)	0.038*** (0.009)	0.037*** (0.009)	0.058*** (0.013)	0.057*** (0.013)
$Control$	已控制	已控制	已控制	已控制	已控制	已控制
$Region$	已控制	已控制	已控制	已控制	已控制	已控制
_cons	−0.181*** (0.041)		−0.152*** (0.036)		−0.109*** (0.038)	
F	132.34***		141.44***		150.65***	
Log likelihood	227.11		241.85		235.94	
Pseudo R^2	−12.23		−11.63		−8.90	
N	185		192		201	

注：① *** 表示在 1% 水平下通过显著性检验；②括号内的数值为稳健标准误。

（4）内生性处理

由于本节使用的是截面数据，不可避免地会因内生性问题而影响参数估计结果的稳定性。通常情况下，内生性主要来源于遗漏变量、选择偏差、双向因果和测量误差。在本章中，内生性来源于两方面：一是，政府环境规制与奶牛养殖主体生产绿色转型之间可能存在互为因果关系。政府环境规制强度越大，奶牛养殖主体生产绿色转型水平越高；反过来，奶牛养殖主体生产绿色转型水平越高，所获得的政府奖励程度越高，越有可能被作为养殖示范样本，被关注的程度越高，对其约束性越强。二是，可能存在遗漏变量。

影响奶牛养殖主体生产绿色转型的因素众多，尽管已经尽可能控制了养殖主体个体特征、养殖特征、外部环境特征等可观测变量，但是仍有一些无法观测的变量难以全面控制，会产生内生性。

解决内生性问题的重要方法之一是选取适宜的工具变量。工具变量的选取需要满足两个条件：一是工具变量要与模型中的随机解释变量高度相关；二是工具变量与模型中的随机误差项不相关。基于工具变量的相关性和外生性，本节选择养殖主体所在市域内激励型环境规制和约束型环境规制的平均水平，分别作为激励型环境规制和约束型环境规制的工具变量。既往研究指出，从地区层面的集聚数据中寻找工具变量是解决内生性问题最为常见的思路之一[1]，其有效性已经被既往的众多文献所证实，如胡新艳等（2020）[2]、彭继权等（2021）[3]、谢花林和黄萤乾（2022）[4] 等。通常情况下，市域平均政府环境规制水平一般不会影响单个养殖主体的生产绿色转型水平，但其却与养殖主体层面的激励和约束水平息息相关。当市域平均政府环境规制水平较高时，出于"羊群效应"的影响，该区域内养殖主体所获得的激励政策和约束要求均会相应提升，市域平均政府环境规制水平对个体有着较强的外生性。因此，市域平均政府环境规制满足工具变量要求。

本节将采用 Newey（1994）开发的 IV-Tobit 回归模型进行内生性处理[5]，为了保证内生性处理结果的稳健性，将采用 2SLS 和 IV-GMM 进行稳健性检验，具体结果如表 8–11 所示。IV-Tobit 模型中第一阶段是对内生变量进行

① David Cadr, and Alan B. Krueger. "School Resources and Student Out-comes：An Overview of the Literature and New Evidence from North and South Carolina", *General Information*, 1996, Vol.10, issue4, pp.31-50.

② 胡新艳、张雄、罗必良：《服务外包、农业投资及其替代效应——兼论农户是否必然是农业的投资主体》，《南方经济》2020 年第 9 期。

③ 彭继权、吴海涛、汪为：《农业机械化水平对农户主粮生产的影响》，《中国农业资源与区划》2021 年第 1 期。

④ 谢花林、黄萤乾：《非农就业与土地流转对农户耕地撂荒行为的影响——以闽赣湘山区为例》，《自然资源学报》2022 年第 2 期。

⑤ Whitney K. Newey, and Daniel McFadden. "Large Sample Estimation and Hypothesis Testing", *Handbook of Econometrics*, 1994, Vol.4, pp.2111-2245.

普通最小二乘回归，从模型（14）和模型（17）第一阶段估计结果来看，激励型环境规制和约束型环境规制均在 1% 水平下通过显著性检验，且影响系数均为正。同时，回归模型中的 F 统计量的值均大于 10 ，拒绝存在弱工具变量的原假设。① 在模型（14）和模型（17）的第二阶段估计结果来看，外生性 Wald 检验（chi2）均在 1% 水平上显著，故可在 1% 水平上认为激励型环境规制和约束型环境规制均为内生变量，因此使用工具变量来控制内生性问题是至关重要的。虽然两步估计方法不允许计算自变量的边际效应，但可以用该方法得出系数估计值。所以第二阶段的估计系数表明，激励型环境规制和约束型环境规制对奶牛养殖主体生产绿色转型均具有显著的正向影响，影响系数均要大于基准回归中相应的估计系数。这表明，如果不考虑政府环境规制的内生性，可能会低估其驱动效果。同时，结合模型（15）和模型（18）2SLS 估计结果、模型（16）和模型（19）IV-GMM 估计结果，进一步验证了 IV-Tobit 回归模型的稳健性。

表 8-11　内生性处理估计结果

变量名称	激励型环境规制内生性处理			约束型环境规制内生性处理		
	模型（14）：IV-Tobit	模型（15）：IV-2SLS	模型（16）：IV-GMM	模型（17）：IV-Tobit	模型（18）：IV-2SLS	模型（19）：IV-GMM
ER_inc	0.178*** (0.040)	0.178*** (0.039)	0.178*** (0.039)			
ER_ros				0.169*** (0.042)	0.182*** (0.048)	0.182*** (0.048)
Control	已控制	已控制	已控制	已控制	已控制	已控制
Region	已控制	已控制	已控制	已控制	已控制	已控制
_cons	−0.056 (0.051)	−0.056 (0.047)	−0.056 (0.047)	−0.160*** (0.039)	−0.154*** (0.040)	−0.154*** (0.040)
第一阶段 F 值	46.55	49.94	49.94	27.73	26.73	26.73

---

① James H. Stock，and Motohiro Yogo：*Testing for Weakinstruments in Linear IV Regression*，Cambridge：Cambridge University Press，2005.

续表

变量名称	激励型环境规制内生性处理			约束型环境规制内生性处理		
	模型 (14)：IV-Tobit	模型 (15)：2SLS	模型 (16)：IV-GMM	模型 (17)：IV-Tobit	模型 (18)：2SLS	模型 (19)：IV-GMM
内源性 Wald χ^2	12.54***			13.32***		
Wald 外生性检验（Prob>chi2）	0.00			0.00		
N	578	578	578	578	578	578

注：①为了简化过程，表格中仅汇报各模型第二阶段估计结果；② *** 表示在 1% 水平下通过显著性检验；③括号内的数值为稳健标准误。

三、政府环境规制对奶牛养殖主体生产绿色转型的作用渠道检验

在上述基准回归、稳健性检验、异质性分析以及内生性处理的基础上，本节将对政府环境规制驱动奶牛养殖主体生产绿色转型的作用渠道进行检验，检验手段采取江艇（2022）提出的中介效应检验法①，其具体流程可细分为三步。

步骤一：检验解释变量对中介变量的影响。通过第五章第三节"一、政府环境规制对畜牧业绿色转型的作用机理"和本章第一节"三、变量选取与说明"可知，本章的中介变量为绿色技术选择和治理投入变化，即需要检验激励型环境规制对绿色技术选择和约束型环境规制对治理投入变化的影响。根据中介变量的度量方式可知，二者均为有序分类变量，为此将采用 Ologit 回归模型进行检验，具体回归结果如表 8–12 模型（20）和模型（22）所示。结果表明：激励型环境规制在 1% 水平下正向影响绿色技术选择，约束型环境规制在 1% 水平下正向影响治理投入变化，表明激励型环境规制程度的提升有助于促进奶牛养殖主体绿色技术选择，约束型环境规制确实改变了奶牛养殖主体治理投入格局。

———————————

① 江艇：《因果推断经验研究中的中介效应与调节效应》，《中国工业经济》2022 年第 5 期。

步骤二：采取理论分析加文献分析说明绿色技术选择和治理投入变化会对奶牛养殖主体生产绿色转型有显著影响。从上述第五章第三节"一、政府环境规制对畜牧业绿色转型的作用机理"已经从理论上得出，创新补偿效应会使得养殖主体加大对清洁生产技术的投入，升级养殖结构，逐步实现"环保型养殖场"替代"污染型养殖场"，从而持续推动奶牛养殖主体参与生产绿色转型。左志平和齐振宏（2016）指出，市场竞争力和养殖收益的变化倒逼养殖户选择绿色技术，技术更新与应用会改善要素投入结构和提高绿色生产绩效，而绿色效率的提高将会显著提升生产绿色转型水平。[1] 谭永风等（2021）通过实证检验同样发现技术选择对养殖户生产绿色转型有显著作用[2]。所有这些，充分说明绿色技术选择在激励型环境规制和奶牛养殖主体生产绿色转型之间有着显著的中介作用。

另外，成本效应迫使奶牛养殖主体需要为治理污染物而支付一定的额外费用，为此对生产性投资带来一定挤出效应，进而带来奶牛养殖成本增加、非期望产出下降，可以有效减少污染的排放，但是却可能会抑制效率和效益的提升，这在某种意义上存在了不确定性，有待从文献中进一步挖掘。通过对文献的进一步检索发现，虽然现有研究较少关注农户层面治理投入与绿色生产关系的研究，但是既往研究指出政府环境治理投入是促进绿色经济增长的源泉[3]，财政投入为农业发展改善生产条件所带来的农业总产值的提升是促进农业绿色生产率提升的关键[4]，这为本章提出的治理投入变化正向影响奶牛养殖主体生产绿色转型的观点提供了重要的理论支撑，即治理投入在约束型环境规制和奶牛养殖主体生产绿色转型之间有着显著的中介作用。

---

[1]　左志平、齐振宏：《供应链框架下规模养猪户绿色养殖模式演化机理分析》，《中国农业大学学报》2016 年第 3 期。

[2]　谭永风、张淑霞、陆迁：《环境规制、技术选择与养殖户生产绿色转型——基于内生转换回归模型的实证分析》，《干旱区资源与环境》2021 年第 10 期。

[3]　叶青、郭欣欣：《政府环境治理投入与绿色经济增长》，《统计与决策》2021 年第 9 期。

[4]　肖锐、陈池波：《财政支持能提升农业绿色生产率吗？——基于农业化学品投入的实证分析》，《中南财经政法大学学报》2017 年第 1 期。

步骤三：进一步对上述步骤二的结论加以实证验证。采用 Tobit 回归模型验证绿色技术选择和治理投入变化与奶牛养殖主体生产绿色转型的相关关系，具体结果如表 8–12 模型（21）和模型（23）所示。结果表明：绿色技术选择和治理投入变化均在 1% 水平下通过了显著性检验，且影响系数均为正，这也充分说明绿色技术选择和治理投入变化均可以有效促进"减排"与"增效"的双赢，进而改善奶牛养殖环境和治理格局，从而有效推动奶牛养殖主体生产绿色转型。

表 8–12　中介效应估计结果

变量名称	模型（20）：Ologit 回归	模型（21）：Tobit 回归	模型（22）：Ologit 回归	模型（23）：Tobit 回归
ER_inc	0.452*** (0.150)			
Gre_C		0.030*** (0.001)		
ER_res			0.643*** (0.149)	
Inv_C				0.027*** (0.005)
Control	已控制	已控制	已控制	已控制
Region	已控制	已控制	已控制	已控制
_cons	—	− 0.243*** (0.026)	—	− 0.255*** (0.026)
Wald/F	190.64***	283.96***	194.29***	303.69***
Log likelihood	− 811.93	618.11	− 733.63	602.22
Pseudo R^2	0.15	− 9.36	0.16	− 9.09
N	578	578	578	578

注：①模型（20）和模型（22）被解释变量分别为绿色技术选择、治理投入变量，模型（21）和模型（23）被解释变量为奶牛养殖主体生产绿色转型；② *** 表示在 1% 水平下通过显著性检验；③括号内的数值为稳健性准误。

第三节　政府环境规制强度是否越大越好

一、政府环境规制与奶牛养殖主体生产绿色转型的互动关系

上述对于政府环境规制的驱动效应和作用渠道已经进行了详细的讨论，这为推进畜牧业绿色转型提供了政府层面的策略选择。但是，政府环境规制强度是否越大越好？为什么现在环境规制体系越来越完善，但养殖环境污染问题依旧未得到有效遏制，是环境规制本身存在问题吗？环境规制政策的出台是否激励了奶牛养殖主体参与生产绿色转型？应该如何定位环保监管部门的监管角色？

在第五章第三节"一、政府环境规制对畜牧业绿色转型的作用机理"中已经详细分析了环境规制如何作用于养殖主体生产绿色转型（具体如图8-1的路径①和路径②）。然而现实中，环境规制政策的制定与实施具有高度的复杂性和不确定性，便会衍生出新的问题，具体如图8-1的路径③和路径④，即环境规制与奶牛养殖主体生产绿色转型之间是"倒逼转型"关系还

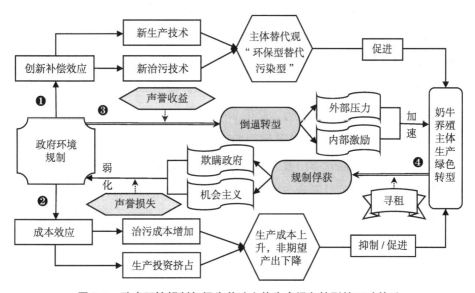

图8-1　政府环境规制与奶牛养殖主体生产绿色转型的互动关系

是"规制俘获"关系，下面将具体阐述。

就路径③而言，政府在制定环境规制政策以后，将执法权交由环保监管部门，此时的环保监管部门拥有管控奶牛养殖主体的权力。假设此时环保监管部门是一个绝对的中立主体，则一定会按照环境规制政策内容秉公执法，通过设定合理的规制方案管理、监督、惩治奶牛养殖主体的不环保行为，通过引入声誉机制，使得按时、按规参与生产绿色转型的奶牛养殖主体获得声誉收益，此时"倒逼转型"发挥明显作用，体现在对奶牛养殖主体的外部压力和内部激励两个方面。对于外部压力，生产绿色转型是外部利益相关者对污染型奶牛养殖主体的现实诉求，迫使奶牛养殖主体权衡其污染环境所造成的后果，影响了奶牛养殖主体对待环境规制的态度，加速了其参与生产绿色转型的积极性和主动性。对于内部激励，实现生产绿色转型是奶牛养殖主体社会效益和经济效益的综合体现，环保监管部门的督查促使奶牛养殖主体反思自身生产绿色转型的不足，有效弥补其治理机制的固有缺陷，克服其不思变革的惰性，进而在获得声誉收益的同时加速了生产绿色转型。

但是，作为具有执法权的环保监管部门往往并不是一个绝对的中立主体，原因在于它是由一系列具有不同结构、动机、利益刺激和不同操作层面的分部门主体组成。所以说环保监管部门本身组织结构的松散性给奶牛养殖主体带来了可乘之机，引发个别寻租行为，具体如路径④所示。根据统计数据显示，随着规模化、标准化、集约化水平的不断提升，奶牛养殖主体逐渐由"场（户）"的性质进阶为"企业"的性质。截至 2020 年，中国奶牛养殖 Top20 企业自建 398 个养殖场，奶牛总存栏量 171.5 万头，生鲜乳产量达到 942.3 万吨。为了规避环保监管部门的惩治，有的奶牛养殖主体采取寻租行为，使得个别环保监管部门被"规制俘获"，与奶牛养殖主体联合欺瞒政府，通过机会主义达到可以不参与生产绿色转型而不被惩治的目的。虽然个别环保监管部门获得了寻租利益，但是其损伤了政府公信力，带来了声誉损失，弱化了环境规制政策的作用，也必将会受到政府的严苛惩罚。

自由市场的目标是效率问题，以效率的提升来增加社会福利，但没有足够政策的规制，市场福利最大化又是不完全的。所以说，从经济发展的视角来审视，规制的普遍缺乏将会导致经济停滞不前；从生态演进的视角来审视，规制的缺乏又将导致初级生产性资源严重浪费。但是，政府的过度干预又会滋生寻租腐败。[①] 因此，环境规制能否较好地驱动奶牛养殖主体生产绿色转型，还需要看"倒逼转型"的刺激能否大于"规制俘获"的动机，这也是本节在此构建环境规制与奶牛养殖主体生产绿色转型互动机理的基础上，下文需要验证的内容。

二、政府环境规制与奶牛养殖主体生产绿色转型动态博弈模型构建

1. 理论导入

行为经济学的政策观念强调对社会成员社会偏好的激发，而不是完全依赖物质的奖惩。[②] 行为经济学家并不否认理性的存在，但同时行为经济学家也在呼吁直觉和情感的重要性。如何有效激发人们内在的社会偏好，行为经济学给出了"助推"导向的政策设计理念，即通过较低的成本对社会成员施加某种行为干预，从而激发其内在的社会偏好，并诱导其行为走向有利于社会福利改进的方向。卡斯·R. 桑斯坦在其著作《助推：快与慢——人类与行为经济学》中着重探究了"助推"在人类行为决策过程中的科学内涵，他指出，助推同时考虑人的动因和控制，通过一些机制的设计，能够激发人们的动因，从而促使人们作出某些符合特定目标的行为，但同时又不损害人们的选择自由。[③]

正如行为经济学本质内涵所描述的那样，奶牛养殖主体生产绿色转型是一种行为决策，这种行为决策决定了奶牛养殖主体是否参与生产绿色转型。依据行为经济学观点，任何行业经济活动的本质都是人的经济行为过

[①] 于潇：《环境规制政策的作用机理与变迁实践分析——基于 1978—2016 年环境规制政策演进的考察》，《中国科技论坛》2017 年第 12 期。

[②] Michael E. Porter, and Claas van der Linde. "Toward a New Conception of the Environment-competitiveness Relationship", *Journal of Economic Perspectives*, 1995, Vol.9, issue4, pp.97-118.

[③] ［美］卡斯·R. 桑斯坦：《助推：快与慢——人类与行为经济学》，中国人民大学出版社 2020 年版，第 78 页。

程，并且人的行为往往具有短视性，对于"看不见"的未来，即使收益再高，也不愿冒险。对于奶牛养殖主体参与生产绿色转型而言，基期投入可能会高于预期收益，这种经济上的"不划算"就会严重影响奶牛养殖主体的行为决策。在市场机制下，无论是奶牛养殖源头抗生素的减量、还是过程中无害化设备的采购，抑或是末端资源化设备的配套，均体现了成本高、风险大的特征，往往得不到奶牛养殖主体的青睐。特别是那些中小型养殖企业（场），限于成本收益考虑，距离生产绿色转型的标准还有很大差距。此时便需要环境规制、声誉机制来规制和引导奶牛养殖主体的认知过程，干预其生产决策，激励其转变行为，以集体理性加速实现奶牛养殖业绿色转型目标。

　　奶牛养殖业绿色转型目标与奶牛养殖主体参与生产绿色转型之间通常被认为是在社会福利和私人成本之间的权衡，但问题是：如何才能有效权衡公众对生态友好型社会的渴望与污染型养殖主体生产绿色转型需要承担的经济成本？应该如何看待政府的环境规制对奶牛养殖主体生产绿色转型的影响？环境规制能否对奶牛养殖主体的非生产绿色转型选择起到约束效果？一系列环境规制政策的出台究竟是激励了奶牛养殖主体采取有效的创新举措参与生产绿色转型还是确实存在环保监管部门被特殊利益集团所俘获、导致污染的持续存在？如果可以实现有效的激励和约束，则奶牛养殖主体不得不按照政府部门的规制指令，执行生产绿色转型，即环境规制实现了"倒逼转型"目标；但如果没有实现有效的激励和约束，则奶牛养殖主体的寻租行为达到目的，个别环保监管部门成功被"规制俘获"，则需重新考虑如何促使环境规制有效性发挥的问题。

　　基于上述分析，本节将从博弈论的视角，构建环境规制的执行者——环保监管部门和被执行者——奶牛养殖主体之间的动态博弈模型。其中，环保监管部门涉及的行为包括检查和不检查、"规制俘获"和未被"规制俘获"。奶牛养殖主体涉及的行为包括参与生产绿色转型和不参与生产绿色转型、寻租和不寻租。本节还将声誉机制引入到模型中，进一步加深理解政府环境规制对奶牛养殖主体生产绿色转型的影响。

2. 研究假设

从一般意义上讲，政府与环保监管部门是委托代理关系。政府是委托人，环保监管部门是制度代理人。政府将权力下放给环保监管部门，希望在严格的环境规制约束下，环保监管部门能够按章执法，督促奶牛养殖主体参与生产绿色转型，以加快实现奶牛养殖业绿色转型目标。所以说，环保监管部门是拥有评判奶牛养殖主体是否参与生产绿色转型的裁量权，并将依靠裁量权决定是否对奶牛养殖主体执行惩罚。为此，在进行具体模型构建之前需要作出一系列符合理论与实际的研究假设，以便更好地分析政府环境规制与奶牛养殖主体生产绿色转型之间的互动机制。

①基本假设

假设1：作为"社会人"和"理性经济人"的奶牛养殖主体，其一定知晓不参与生产绿色转型对生态环境造成的负向影响。所以即使不愿意参与生产绿色转型，奶牛养殖主体也会伪装自己的行为动机，对外宣称自己愿意并且积极主动参与了生产绿色转型。

假设2：作为环境规制的执行主体环保监管部门，其职责是对奶牛养殖主体的转型行为加以检查并依据检查结果作出是否惩罚的决定。所以环保监管部门有能力准确识别和判断奶牛养殖主体是否参与了生产绿色转型。

②就"寻租"和"规制俘获"的假设

假设3：若奶牛养殖主体能够自觉执行环境规制指令，参与生产绿色转型，则不需要向环保监管部门寻租，同时也就无须考虑环保监管部门是否进行严格检查，也不存在"规制俘获"。

假设4：若奶牛养殖主体不寻租，环保监管部门也不存在"规制俘获"，此时环保监管部门会向奶牛养殖主体正常收取罚款。

假设5：若奶牛养殖主体不寻租，环保监管部门存在"规制俘获"，此时环保监管部门将会采取非法收取罚款的手段向奶牛养殖主体收取高于正常罚款额度的罚款。

假设6：若奶牛养殖主体寻租，环保监管部门不存在"规制俘获"，则奶牛养殖主体不参与生产绿色转型时会向环保监管部门行贿，则环保监管部门会对奶牛养殖主体处以不参与生产绿色转型的罚款，并将行贿金没收，一并交由上级主管部门，此时会获得上级主管部门的额外奖励。

假设 7：若奶牛养殖主体寻租，环保监管部门存在"规制俘获"，则奶牛养殖主体便不需要担心是否参与生产绿色转型的问题，只需向环保监管部门行贿，环保监管部门将贿金作为部门收益或被某些监管者私自利用。

③引入声誉机制的假设

假设 8：政府的声誉包含两部分：一是如果环保监管部门不履行职责，对奶牛养殖主体的污染行为任其而为之，不进行监管和惩罚，则其在民众中的公信力将会损失；二是如果环保监管部门存在"规制俘获"，则政府的公信力同样会受到严重的损失。

假设 9：奶牛养殖主体的声誉同样包含两部分：一是如果环保监管部门对奶牛养殖主体例行检查，检查出其未参与生产绿色转型，并被予以曝光，则奶牛养殖主体需承担一部分声誉损失；二是如果环保监管部门对奶牛养殖主体例行检查，检查出其较好地参与了生产绿色转型，则奶牛养殖主体将会收获一定的声誉收益。

3. 模型构建

在进行环保监管部门与奶牛养殖主体动态博弈模型构建之前，有必要对各变量进行符号标记，其中：环保监管部门检查成本为 C_1；奶牛养殖主体参与生产绿色转型成本为 C_2；奶牛养殖主体不参与生产绿色转型被处以罚款为 G；奶牛养殖主体向个别环保监管部门寻租贿金为 μC_2（$0<\mu<1$）；个别环保监管部门向奶牛养殖主体非法收取罚金为 σG（$\sigma>1$）；环保监管部门将贿金和罚款交给上级主管部门获得奖励金为 $\tau(\mu C_2+G)$（$0<\tau<\mu<1$）；环保监管部门不执行检查、奶牛养殖主体也不参与生产绿色转型时政府声誉损失为 θ_1，环保监管部门执行检查但存在"规制俘获"时政府声誉损失为 θ_2；奶牛养殖主体不参与生产绿色转型被环保监管部门检查需承担声誉损失为 η_1，奶牛养殖主体参与生产绿色转型被环保监管部门检查获得声誉收益为 η_2。同时，假设环保监管部门严格执法、执行对奶牛养殖主体生产绿色转型检查概率为 p_1，不检查概率为（$1-p_1$）；奶牛养殖主体参与生产绿色转型概率

为 p_2，不参与概率为 $(1-p_2)$；环保监管部门被"规制俘获"概率为 p_3，未被"规制俘获"概率为 $(1-p_3)$；奶牛养殖主体寻租概率为 p_4，不寻租概率为 $(1-p_4)$。环保监管部门与奶牛养殖主体动态博弈过程中各变量符号与含义如表 8-13 所示。

表 8-13　环保监管部门与奶牛养殖主体动态博弈过程中各变量符号与含义

环保监管部门		奶牛养殖主体	
内容	符号	内容	内容
检查成本	C_1	参与转型成本	C_2
非法收取罚金	$\sigma G\ (\sigma>1)$	不参与转型被处以罚款	G
上级主管部门奖励	$\tau\ (\mu C_2+G)\ (0<\tau<\mu<1)$	寻租贿金	μC_2
不执行检查声誉损失	θ_1	不参与转型被检查承担声誉损失	η_1
执行检查存在"规制俘获"声誉损失	θ_2	参与转型被检查获得声誉收益	η_2
检查（不检查）概率	$p_1\ (1-p_1)$	转型（不转型）概率	$p_2\ (1-p_2)$
被（未被）"规制俘获"概率	$p_3\ (1-p_3)$	寻租（不寻租）概率	$p_4\ (1-p_4)$

依据上述研究假设，本节构建了环保监管部门与奶牛养殖主体动态博弈模型，以此来探究政府环境规制与奶牛养殖主体生产绿色转型的互动机制，具体包括以下 7 种情形（如图 8-2 所示）：

情形 1：当环保监管部门执行严格检查、奶牛养殖主体参与生产绿色转型时，奶牛养殖主体生产绿色转型的成本 C_2，并获得了声誉收益 η_2，环保监管部门承担的检查成本 C_1，此时双方得益为 $(-C_1,\ -C_2+\eta_2)$。

情形 2：当环保监管部门执行严格检查且不存在"规制俘获"、奶牛养殖主体不参与生产绿色转型也没有向环保监管部门寻租时，奶牛养殖主体会被处以罚款为 G，因未参与生产绿色转型承担声誉损失 η_1，而环保监管部门将收缴的罚款上交给上级主管部门获得奖励金 τG，此时双方得益为 $(\tau G-C_1,\ -G-\eta_1)$。

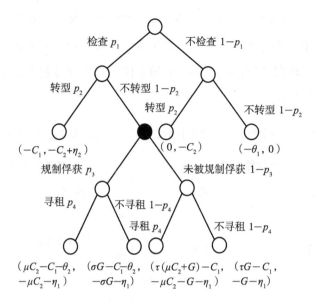

图 8-2　环保监管部门与奶牛养殖主体动态博弈模型

情形 3：当环保监管部门执行严格检查且不存在"规制俘获"、奶牛养殖主体不参与生产绿色转型但却向环保监管部门寻租时，奶牛养殖主体向环保监管部门寻租的贿金 μC_2 将会被没收，并因不参与生产绿色转型被处以罚款 G，同时因未参与生产绿色转型承担声誉损失 η_1，而环保监管部门将贿金和罚款交给上级主管部门获得的奖励金为 $\tau(\mu C_2+G)$，此时双方得益为 $(\tau(\mu C_2+G)-C_1,\ -\mu C_2-G-\eta_1)$。

情形 4：当环保监管部门执行严格检查且存在"规制俘获"、奶牛养殖主体不参与生产绿色转型也没有向环保监管部门寻租时，奶牛养殖主体需要承担的成本包括环保监管部门向其非法收取罚金 σG，同时因未参与生产绿色转型承担声誉损失 η_1，而环保监管部门得到非法收取罚金 σG，但同时也需要承担声誉损失 θ_2，此时双方得益为 $(\sigma G-C_1-\theta_2,\ -\sigma G-\eta_1)$。

情形 5：当环保监管部门执行严格检查且存在"规制俘获"、奶牛养殖主体不参与生产绿色转型但向环保监管部门寻租时，奶牛养殖主体需要承担的成本包括贿金 μC_2 和声誉损失 η_1，而环保监管部门得到贿金 μC_2，但也因此承担了声誉损失 θ_2，此时双方得益为 $(\mu C_2-C_1-\theta_2,\ -\mu C_2-\eta_1)$。

情形6：当环保监管部门不执行严格检查、奶牛养殖主体参与生产绿色转型时，奶牛养殖主体生产绿色转型的成本 C_2，此时双方得益为 $(0, -C_2)$。

情形7：当环保监管部门不执行严格检查、奶牛养殖主体不参与生产绿色转型时，环保监管部门需承担声誉损失 θ_1，此时双方得益为 $(-\theta_1, 0)$。

环保监管部门与奶牛养殖主体动态博弈情形设定与双方得益结果如表8–14所示。

表 8–14　环保监管部门与奶牛养殖主体动态博弈情形设定与双方得益结果

类型		奶牛养殖主体（转型）						
		$\triangle$	$\triangledown + \triangleleft$	$\triangledown + \triangleright$	$\triangledown + \triangleleft$	$\triangledown + \triangleright$	$\triangle$	$\triangledown$
环保监管部门	▲	$(-C_1, -C_2+\eta_2)$						
	▲ + ◀		$(\tau G - C_1, -G - \eta_1)$					
	▲ + ◀			$(\tau(\mu C_2 + G) - C_1, -\mu C_2 - G - \eta_1)$				
	▲ + ▶				$(\sigma G - C_1 - \theta_2, -\sigma G - \eta_1)$			
	▲ + ▶					$(\mu C_2 - C_1 - \theta_2, -\mu C_2 - \eta_1)$		
	▼						$(0, -C_2)$	
	▼							$(-\theta_1, 0)$

注：就环保监管部门而言，"检查"用"▲"表示，"不检查"用"▼"表示；存在"规制俘获"用"▶"表示，不存在"规制俘获"用"◀"表示。就奶牛养殖主体而言，"参与生产绿色转型"用"△"表示，"不参与"用"▽"表示；"寻租"用"▷"表示，"不寻租"用"◁"表示。

三、政府环境规制与奶牛养殖主体生产绿色转型动态博弈结果分析

1. 模型求解

为了求得环保监管部门与奶牛养殖主体动态博弈模型的概率均衡解，本节将通过逆向归纳法，从博弈树最底端着手，采取从下至上的策略。首先求得环保监管部门与奶牛养殖主体的期望收益，然后基于期望收益分别求得环保监管部门规制俘获与否、奶牛养殖主体寻租与否、环保监管部门检查与否、奶牛养殖主体生产绿色转型参与与否的概率均衡解。

第一，在博弈树最底端考察环保监管部门规制俘获情形下，环保监管部门的期望收益情况，设期望收益为 ω_1，其计算式为：

$$
\begin{aligned}
\omega_1 = &\ p_3 p_4 (\mu C_2 - C_1 - \theta_2) + p_3 (1 - p_4)(\sigma G - C_1 - \theta_2) + \\
&\ (1 - p_3) p_4 [\tau(\mu C_2 + G) - C_1] + (1 - p_3)(1 - p_4)(\tau G - C_1)
\end{aligned}
\tag{8-7}
$$

对式（8-7）求一阶偏导，并令一阶偏导等于 0，则有：

$$
\begin{aligned}
\frac{\partial \omega_1}{p_3} = &\ p_4 (\mu C_2 - C_1 - \theta_2) + (1 - p_4)(\sigma G - C_1 - \theta_2) - \\
&\ p_4 [\tau(\mu C_2 + G) - C_1] - (1 - p_4)(\tau G - C_1) = 0
\end{aligned}
\tag{8-8}
$$

求得环保监管部门在规制俘获情形下奶牛养殖主体寻租概率的均衡解为：

$$
p_4^* = \frac{(\sigma - \tau)G - \theta_2}{\sigma G - \mu(1 - \tau)C_2}
\tag{8-9}
$$

第二，在博弈树最底端考察奶牛养殖主体寻租情形下，奶牛养殖主体的期望收益情况，设期望收益为 ω_2，其计算式为：

$$
\begin{aligned}
\omega_2 = &\ p_3 p_4 (-\mu C_2 - \eta_1) + p_3 (1 - p_4)(-\sigma G - \eta_1) + \\
&\ (1 - p_3) p_4 (-\mu C_2 - G - \eta_1) + (1 - p_3)(1 - p_4)(-G - \eta_1)
\end{aligned}
\tag{8-10}
$$

对式（8-10）求一阶偏导，并令一阶偏导等于 0，则有：

$$
\begin{aligned}
\frac{\partial \omega_2}{p_4} = &\ p_3 (-\mu C_2 - \eta_1) - p_3 (-\sigma G - \eta_1) + \\
&\ (1 - p_3)(-\mu C_2 - G - \eta_1) - (1 - p_3)(-G - \eta_1) = 0
\end{aligned}
\tag{8-11}
$$

求得奶牛养殖主体在寻租情形下环保监管部门被"规制俘获"概率的均衡解为：

$$p_3^* = \frac{\mu C_2}{\sigma G} \tag{8-12}$$

第三，在博弈树中间层级考察环保监管部门执行检查情形下，环保监管部门的期望收益情况，设期望收益为 φ_1，其计算式为：

$$\varphi_1 = p_1 p_2(-C_1) + p_1(1-p_2)\omega_1^* + (1-p_1)p_2 \times 0 + (1-p_1)(1-p_2)(-\theta_1) \tag{8-13}$$

其中，式（8-13）中的 ω_1^* 是将式（8-9）和式（8-12）代入式（8-7）而得，具体为：

$$\omega_1^* = p_4^* \tau(\mu C_2 + G) - C_1 \tag{8-14}$$

对式（5-13）求一阶偏导，并令一阶偏导等于0，则有：

$$\frac{\partial \varphi_1}{p_1} = p_2(-C_1) + (1-p_2)\omega_1^* - (1-p_2)(-\theta_1) = 0 \tag{8-15}$$

求得环保监管部门在执行检查情形下奶牛养殖主体参与生产绿色转型概率的均衡解为：

$$p_2^* = 1 - \frac{C_1}{\omega_1^* + C_1 + \theta_1} \tag{8-16}$$

第四，在博弈树中间层级考察奶牛养殖主体参与生产绿色转型情形下，奶牛养殖主体的期望收益情况，设期望收益为 φ_2，其计算式为：

$$\varphi_2 = p_1 p_2(-C_1 + \eta_2) + p_1(1-p_2)\omega_2^* + (1-p_1)p_2(-C_2) + (1-p_1)(1-p_2) \times 0 \tag{8-17}$$

其中，式（8-17）中的 ω_2^* 是将式（8-9）和式（8-11）代入式（8-10）而得，具体为：

$$\omega_2^* = p_4^*(-\mu C_2 - G) - \eta_1 \tag{8-18}$$

对式（8-17）求一阶偏导，并令一阶偏导等于0，则有：

$$\frac{\partial \varphi_2}{p_2} = p_1(-C_1 + \eta_2) - p_2\omega_2^* + (1-p_1)(-C_2) = 0 \tag{8-19}$$

求得奶牛养殖主体参与生产绿色转型情形下环保监管部门检查概率的

均衡解为：

$$p_1^* = \frac{C_2}{\eta_2} - \omega_2^*$$ (8-20)

2. 结果分析

根据上述计算的环保监管部门与奶牛养殖主体动态博弈模型的概率均衡解进行如下分析：

第一，根据式（8-20）奶牛养殖主体参与生产绿色转型情形下环保监管部门检查概率 p_1 的均衡解可以发现：首先，奶牛养殖主体生产绿色转型成本（C_2）越高，环保监管部门执行检查的概率就越大。出于"理性经济人"的前提假设，奶牛养殖主体能否积极参与生产绿色转型取决于投入的人力成本、物质成本、时间成本等。当成本过高，奶牛养殖主体一定会竭尽全力掩盖其污染行为，而此时环保监管部门则会通过缜密的规划，督促奶牛养殖主体提高环保意愿、强制其参与生产绿色转型。其次，奶牛养殖主体在参与生产绿色转型的过程中获得的声誉收益（η_2）越高，其参与生产绿色转型的积极性、主动性和能动性就会越强，越能自觉地保护生态、持续保护生态，此时环保监管部门的检查压力也会变小。再次，奶牛养殖主体第一阶段博弈中的期望收益（ω_2^*）越高，则其被环保监管部门检查后执行的预期声誉损失也就越大，为了使损失最小化、收益最大化，奶牛养殖主体更能够积极主动参与生产绿色转型，此时环保监管部门出于成本最小化考虑，自然也会降低检查的概率。

第二，根据式（8-16）环保监管部门在执行检查情形下奶牛养殖生产绿色转型概率 p_2 的均衡解可以发现：首先，环保监管部门检查成本（C_1）越高，则其对奶牛养殖主体执行检查的概率就越小，此时奶牛养殖主体不参与生产绿色转型被发现并处罚的概率就会降低，也就越容易存在违规行为，此时参与生产绿色转型的概率便会显著下降。其次，环保监管部门由于不执行检查给政府声誉带来的损失（θ_1）越大，政府与环保监管部门之间的委托代理关系的紧张度迫使环保监管部门加大对奶牛养殖主体污染行为的惩治，加大督促奶牛养殖主体参与生产绿色转型的频率，因此奶牛养殖主体生产绿色转型的概率便会显著提升。再次，环保监管部门在第一阶段博弈中的期望收益（ω_1^*）越高，奶牛养殖主体生产绿色转型的概率就越大。本质上讲，环保监管部门的期望收益是奶牛养殖主体违规成本、声誉损失的函数，违规成本越高、声誉损失越大，奶牛养殖主体越能够积极投身于生产绿色转型中。

第三，从式（8-12）奶牛养殖主体在寻租情形下环保监管部门被"规制俘获"概率 p_3 的均衡解可以发现：首先，奶牛养殖主体向环保监管部门寻租的贿金（μC_2），越能激发其环保监管部门受贿的欲望，其被"规制俘获"的概率也就越大。其次，奶牛养殖主体会对环保监管部门非法收取罚金、生产绿色转型成本以及声誉收益之间的大小进行权衡，如果环保监管部门对奶牛养殖主体的污染行为加大惩罚力度（σ），高昂的惩罚金额（σG）将会倒逼奶牛养殖主体不得不转型，而这种转型的行为也就降低了奶牛养殖主体寻租的概率，因此环保监管部门被"规制俘获"的概率也就有所下降。这也从侧面反映出一个现实问题，如果环保监管部门想要滥用职权、接受寻租，就必须要通过提高惩罚力度来约束奶牛养殖主体，但是这种惩罚力度还需"恰到好处"，惩罚金额既要控制在奶牛养殖主体生产绿色转型成本之下，又需要对奶牛养殖主体形成环保压力。

第四，从式（8-9）环保监管部门在规制俘获情形下奶牛养殖主体寻租概率 p_4 的均衡解可以发现：首先，当贿金（μC_2）和政府对环保监管部门的奖励金（$\mu \tau C_2$）之间的差距越大，环保监管部门越容易被奶牛养殖主体所俘获，将会与奶牛养殖主体联合共同欺瞒政府，一旦这种违规联合长久存在，既会对生态环境带来严重的负向影响，也会严重损害政府公信力，而奶牛养殖主体在这一过程中的寻租概率也会大大提升。其次，当因环保监管部门的违规行为给政府公信力带来负向影响时也一定会受到政府的严厉批评教育，严重者可能会面临刑事处罚，所以当环保监管部门受到政府的惩戒压力越大，其被奶牛养殖主体俘获的可行性就会越小，寻租概率自然降低。再次，奶牛养殖主体的寻租金额和环保监管部门被俘获的概率互为正相关，但是由于政府以委托人的身份向环保监管部门施压一定可以约束环保监管部门的违规操作，同时也可以抑制奶牛养殖主体的寻租。

四、政府环境规制驱动奶牛养殖主体生产绿色转型存在的问题

综合上述环保监管部门与奶牛养殖主体动态博弈模型的构建与结果分析可以得知，在生态文明体系建设持续完善的过程中，奶牛养殖环境污染不容小觑，既关乎着乡村"美不美"，又关乎着产业"旺不旺"，政府环境规制在这一过程中起到"定基调、把命脉"的至关重要作用。但是市场这只"看不见的手"又导致了奶牛养殖主体寻租和环保监管部门被"规制俘获"风险的存在，这也从另一个角度说明了政府环境规制在推动奶牛养殖主体生产绿色转型的过程中还存在一定缺陷和困境，具体来看：

第一，环境规制政策"重出台、轻落实"，增加奶牛养殖主体寻租风险。不可否认的是，中国政府在推动奶牛养殖业绿色转型的过程中作出了巨大努力。特别是在党的十八大以来，据不完全统计，全国人大、国务院或国务院办公厅、国家各部委出台了 30 余项与畜禽粪污处置和资源化利用的相关法律法规、政策文件。这些政策的出台固然对解决奶牛养殖业环境污染问题具有重要的指导意义，但也不得不令人深思，紧锣密鼓的政策出台真的都发挥了显著的作用吗？是否存在政策不落地的情形？这些问题统一表现为政府在推进奶牛养殖业绿色转型过程中的"想为难作为"，具体体现在规制政策"重出台、轻落实"与绿色转型目标不匹配的现实约束。例如，在《畜禽规模养殖污染防治条例》中提及有机肥生产的税收优惠、运输优惠、不低于化肥补贴标准的优惠政策，沼气发电享受上网电价优惠政策以及新能源优惠政策，但至今未见全国范围的政策落实细则和标准。综合而言，环境规制政策不仅忽略了对奶牛养殖主体的保护，而且增加了奶牛养殖主体寻租的风险。

第二，环境规制主体"重分权、轻监管"，给环保监管部门被"规制俘获"风险留下了空间。"分权"是指中央政府将经济、行政权力逐步向地方政府倾斜，使地方政府能够自主根据辖区实际情况制定相应的公共服务政策。而"环境分权"是指环境治理权责逐渐由中央政府到地方政府的分权，地方政府负责中央环境政策的执行与落实，接受中央政府的督导，并且允

许地方政府在一定程度上决定本辖区的环境治理政策，监管排污行为，通过明晰权责的方式解决环境污染的外部性问题。[①] 从理论上讲，地方政府被赋予一定的环境事务自由裁量权，能够结合区域发展因地制宜施策。但实际上，限于奶牛养殖业不仅不能为地方政府带来财政创收，还需要耗费大量的人力、物力、财力对奶牛养殖主体生产绿色转型行为执行监管，因此地方政府对于环境监管的职责分工出现层层下压，大多实践性工作落到基层乡镇一级，使得基层工作压力大、监管成本高，这就很容易造成基层环保监管部门与奶牛养殖主体的合谋，共同欺瞒上级主管部门，失去环境规制本身的政策约束力。

第三，环境规制方式"重结果，轻过程"，降低了奶牛养殖主体参与生产绿色转型的积极性。奶牛养殖环境污染的严重性逼迫政府不得不采取行政命令手段加以管控，但是这种管控大多是以事后责令整顿、惩戒、关停为主，主要关注的是"治"，而缺少对源头减量、过程控制的"防"的关注。特别是近年来地方政府加足马力向养殖主体施压，各地区逐渐出现了命令手段"一刀切"的现象，给养殖主体带来非预期的损失。例如，按照《畜禽规模养殖污染防治条例》和《水污染行动计划》的要求，2017 年以前各地陆续出台了禁养区划定方案，禁养区内禁止规模养殖。但国家层面并没有对"规模"加以限定，将权力下放给地方政府，便出现了命令性手段的"一刀切"，"禁养区"变成了"无畜区"。依据奶牛养殖生产绿色转型内涵的界定可知，末端的利用是关键，但生产过程的引导和防范同等重要。奶牛养殖业的长足发展，离不开环境规制的约束，但是这种约束一定是以不损害养殖主体利益为前提，不能以完成政治任务为目标，更不能以牺牲养殖主体为代价，要"治"和"防"相结合，统筹兼顾产业的过程和结果。

第四，环境规制形式"重正式规制、轻非正式规制"，降低环境规制"倒逼转型"的效果。环境规制不仅仅包含正式环境规制，同时还包括非正

---

① 秦天、彭珏、邓宗兵、王炬：《环境分权、环境规制对农业面源污染的影响》，《中国人口·资源与环境》2021 年第 2 期。

式环境规制。现行的中国经济体制下，更多采用的是正式环境规制。已有针对制造业、工业的研究中指出，非正式环境规制的效果并不理想，原因是其约束力不足，难以规范主体行为①，所以非正式环境规制并未引起足够重视。畜禽养殖环境规制问题的研究最早是借鉴工业、制造业的结论，同样以正式环境规制为主。但就发展过程和实际来看，很多条件并不适用于畜禽养殖业，相比于工业产业、制造业产业的成长周期曲线演进速度而言，畜禽养殖业、特别是奶牛养殖业更具其独特的脆弱性，成长周期漫长，正式环境规制确实能够在短期内解决奶牛养殖的环境污染问题，但是无形之中也阻碍了产业的发展，增加了产业的压力。另外，相比于工业、制造业的企业家决策能力，奶牛养殖主体更多是扎根于农村、长期从事农业生产的农户成长起来的，其行为决策更容易引导和改善，在正式环境规制的监督与管控下，适当开发非正式环境规制的潜能，可以加速实现奶牛养殖主体的生产绿色转型。

针对环境规制本身存在的不足，其未来方向应为：一是环境规制政策既要"重出台"又要"重落实"。要精准把控时间节点，做到政策与政策之间的有效衔接，做到不是"为了出台而出台"，要以驱动养殖主体生产绿色转型为目的，分类、分区、分点落实，保护养殖主体利益，降低寻租风险。二是环境规制主体既要"重分权"又要"重监管"。分权是为了因地制宜施策，中央政府在简政放权的同时一定要做好监管的工作，避免造成基层环保监管部门与奶牛养殖主体的合谋，逐级欺瞒、逐级造假，不仅生态环境没有得到有效保护，还衍生出了政府公信力损失的二重成本。三是环境规制方式既要"重结果"又要"重过程"。奶牛养殖生态安全的结果固然重要，但结果是建立在生产过程全程绿色化的基础上，"源头减量、过程控制、末端利用"是奶牛养殖主体生产绿色转型的本质内涵，更是透过本质以后应该具体操作的路径。四是环境规制形式既要"重正式规制"又要"重非正式规制"。正式环境规制的显著成效已经不言而喻，理论上非正式环境规制同样能够唤起奶

---

① 尹礼汇、孟晓倩、吴传清：《环境规制对长江经济带制造业绿色全要素生产率的影响》，《改革》2022 年第 3 期。

牛养殖主体的环保意识，调动其参与生产绿色转型的积极性，所以理应重视非正式环境规制，有必要针对非正式环境规制在驱动奶牛养殖主体生产绿色转型的效果上开展进一步理论和实证研究。

本章聚集畜牧业绿色转型的政府环境规制影响效应检验，通过研究得出的基本结论是：（1）从微观调查评价结果来看，2021年，调查的中国12省（市、区）578个奶牛养殖主体生产绿色转型综合水平为0.48，与宏观统计数据发展趋势相比略低；（2）激励型环境规制、约束型环境规制对奶牛养殖主体生产绿色转型表现出明显的正向驱动效应，这一结果在经过替换核心解释变量、随机抽取2/3样本、考虑遗漏变量三种稳健性检验策略检验仍然成立，且在内生性处理后结论依然稳健；（3）从驱动效果来看，并未按照理论预想的，混合型环境规制效果大于单一环境规制效果，而是表现为激励型环境规制 > 约束型环境规制 > 混合型环境规制；（4）政府环境规制在不同养殖区域、不同养殖规模间表现出明显的异质性；（5）绿色技术选择和治理投入变化分别在激励型环境规制和奶牛养殖主体生产绿色转型之间、约束型环境规制和奶牛养殖主体生产绿色转型之间有着显著的中介作用；（6）严格设计的环境规制足以驱动奶牛养殖主体的生产绿色转型，但不可避免的是环保监管部门易受奶牛养殖主体的寻租而被"规制俘获"。声誉机制的引入极大程度上限制了奶牛养殖主体的寻租行为并降低了环保监管部门被"俘获"的概率，间接地倒逼奶牛养殖主体参与生产绿色转型。另外，对奶牛养殖主体不参与生产绿色转型违规处罚力度越大，越能够倒逼其参与生产绿色转型，同时也降低了政府公信力受损的风险。

第九章　畜牧业绿色转型的社会化服务组织嵌入影响效应检验

宏观层面，社会化服务在畜牧业绿色转型过程中充当"传递者"角色未通过显著性检验，可能原因是数据存在偏误。为此本章将在微观层面进一步验证社会化服务能否有效驱动畜牧业绿色转型，同样利用微观奶牛养殖主体调查数据，重点考察市场化行为主体社会化服务组织嵌入行为能否驱动奶牛养殖主体生产绿色转型、社会化服务组织嵌入程度变动引起奶牛养殖生产绿色转型水平变动幅度、社会化服务组织嵌入奶牛养殖主体生产绿色转型的路径，将分别应用内生转换模型（ESR）、Tobit 回归模型和中介效应模型进行逐一检验。与此同时，本章还就社会化服务组织承接服务能力作进一步讨论，有助于激发社会化服务组织驱动畜牧业绿色转型的潜能。

第一节　社会化服务组织嵌入影响畜牧业绿色转型的研究设计

一、研究假说提出

结合第六章影响机理分析，本章中需要验证的研究假说如下：

H_1：社会化服务组织嵌入行为能有效驱动奶牛养殖主体生产绿色转型。

H_2：社会化服务组织嵌入程度越高，奶牛养殖主体生产绿色转型水平提升越明显。

H_3：社会化服务组织通过成本控制、技术引进、结构调整作用于奶牛养殖主体生产绿色转型。

H_{3a}：治污成本控制在社会化服务组织嵌入程度与奶牛养殖主体生产绿色转型之间起到中介作用。

H_{3b}：绿色技术引入在社会化服务组织嵌入程度与奶牛养殖主体生产绿色转型之间起到中介作用。

H_{3c}：人力资本结构改善在社会化服务组织嵌入程度与奶牛养殖主体生产绿色转型之间起到中介作用。

二、变量选取与说明

1. 被解释变量

本章的被解释变量是奶牛养殖主体生产绿色转型，具体度量方式同第八章第一节"三、变量选取与说明"，在此不做过多赘述。

2. 核心解释变量

本章的核心解释变量是社会化服务组织嵌入，一方面检验社会化服务组织嵌入行为能否驱动奶牛养殖主体生产绿色转型，另一方面探索社会化服务组织嵌入程度变动引起奶牛养殖生产绿色转型水平变动幅度。一定意义上讲，社会化服务组织嵌入对于养殖主体而言是严格的外生变量，是社会化服务组织行为的表现，最直接的度量方式是进行"一对一"匹配，即将提供服务的组织和接受服务的养殖主体匹配在一起，获取社会化服务组织精准地嵌入信息。可是，在实际调查中发现，由于服务内容的多样性和复杂性，很难做到社会化服务组织与养殖主体的精准匹配。为此，本章尝试从养殖主体层面探索度量社会化服务组织嵌入行为及程度，原因是：养殖主体是服务内容的接受者，必然可以对社会化服务组织的服务态度、服务内容、服务效果做出准确评价，在一定程度上可以解释社会化服务组织是否具有嵌入行为及其嵌入程度。下面将详细介绍嵌入行为和嵌入程度的度量方式。

（1）嵌入行为的度量。首先是测度量表的开发。通过开发契合实际、易于获取信息的测度量表，并依据养殖主体的评价，近似度量社会化服务组织是否具有嵌入行为。量表是由一组反映被调查者对客观事物态度或观点的陈述构成[1]，受访者依据个人的主观意识对所提出的问题发表意见。[2] 就社会化服务组织而言，其嵌入的基本逻辑是：主动嵌入、建立联系、供给服务、听取反馈、及时改进。而从养殖主体角度，对应评价的内容分别是：是否容易购买到服务、是否会向服务组织咨询养殖难题、对服务质量满意度如何、服务组织收集反馈频次、服务组织依据反馈改进服务效果。具体量表如表9–1 所示。

其次是量表的赋值。在社会研究中，李克特量表是目前为止学术界应用最多的测量抽象层次较高、主观性较强的一种量表形式。[3] 李克特量表是美国著名社会心理学家 Likert 将原有总加量表的两类回答——"同意和不同意"改进为五类回答的总加量表的特定形式，将受访者对量表中的问题陈述分成"非常同意""同意""一般""不同意""非常不同意"五类，对回答进行赋值分别为"5""4""3""2""1"，随着答案程度的增加，受访者在态度意识上的个体差别能够被真实反映出来。

最后是依据量表评价结果对嵌入与否进行赋值。考虑到拟解决的核心问题是检验社会化服务组织嵌入行为对奶牛养殖主体生产绿色转型的驱动效果，而"嵌入与否"判定的是社会化服务组织整体的发展情况和其能否主动帮助奶牛养殖主体实现生产绿色转型。为此，赋值的基本考量是：社会化服务组织务必具有主动嵌入的动机，必须要与养殖主体建立起紧密的联系，必须要提供高质量的服务内容，并能够及时收集反馈意见，能够按照反馈结果改进服务内容，即需满足量表中第一个题项赋值为5、第二、三个题项赋值在 4 及以上、第四、五个题项赋值在 3 及以上，则判定社会化服务组织具有嵌入行为，否则为不具有嵌入行为。

---

[1]　Likert Rensis. "A Technique for the Measurement of Attitudes", *Archives of Psychology*, 1932，Vol.140，pp.1-55.

[2]　风笑天：《社会研究方法》第 5 版，中国人民大学出版社 2018 年版，第 47 页。

[3]　许晨曦、陈英、谢保鹏、裴婷婷：《农户对宅基地"三权分置"政策认知——概念界定、量表开发与效度检验》，《干旱区资源与环境》2022 年第 3 期。

表 9–1　社会化服务组织嵌入测度量表

题项	题项含义
您在养殖过程中很容易购买到社会化服务	主动嵌入
您会经常向社会化服务组织咨询养殖过程中面临的困难	建立联系
您对社会化服务组织提供服务质量的满意度如何	供给服务
社会化服务组织会经常收集您反馈的意见	听取反馈
社会化服务组织会按照您提供的意见反馈及时改进服务内容	及时改进

（2）嵌入程度的度量。依据专业分工理论及奶牛养殖各环节所需社会化服务内容，同时考虑各项服务对奶牛养殖主体生产绿色转型是否具有驱动力，将奶牛养殖社会化服务细分为良种繁育服务、抗生素减量技术服务、饲料精准配比服务、废弃物资源化利用服务（垫床、鲜装销售）、废弃物肥料化利用服务（堆肥发酵、粪污还田、有机肥生产）、废弃物能源化利用服务（沼气发酵）、生鲜乳销售服务、副产品处理服务等 8 种。

那么，是否可以采用社会化服务组织可供给服务数量来度量其嵌入程度呢？一般意义上讲，如果社会化服务组织向养殖主体提供的各项服务内容对养殖主体生产绿色转型的驱动效果无差别，则可以采取该方法度量嵌入程度，社会化服务组织可供给服务数量越多，代表其嵌入程度越高。但是，服务内容本身存在较大差异性，其对养殖主体生产绿色转型的作用力自然也会存在显著差异，所以简单汇总服务数量并不准确。

王志刚等（2011）在研究服务外包时将服务内容分为劳动密集型服务和技术密集型服务[①]，邱海兰和唐超（2019）也曾将农业生产性服务划分为这两类。[②] 借鉴他们的研究并在此基础上，按照社会化服务组织提供的服务属性，将良种繁育服务、抗生素减量技术服务、饲料精准配比服务、废弃物能源化利用服务划分为技术密集型服务，将生鲜乳销售服务、副产品处理服务

[①]　王志刚、申红芳、廖西元：《农业规模经营：从生产环节外包开始——以水稻为例》，《中国农村经济》2011 年第 9 期。

[②]　邱海兰、唐超：《农业生产性服务能否促进农民收入增长》，《广东财经大学学报》2019 年第 5 期。

划分为劳动密集型服务，将废弃物资源化利用服务、废弃物肥料化利用服务划分为半技术半劳动型服务。同时借鉴胡新艳等（2021）的研究①，按照三类服务对奶牛养殖的贡献率计算社会化服务组织嵌入程度，具体计算公式为：

$$Service = 0.5 \times tech + 0.3 \times lab + 0.2 \times semi \qquad (9\text{-}1)$$

式（9-1）中：$Service$ 代表社会化服务组织嵌入程度；$tech$ 代表技术密集型服务供给数量，lab 代表劳动密集型服务供给数量，$semi$ 代表半技术半劳动型服务供给数量。

3. 识别变量

考虑到下文将采用内生转换模型（ESR）检验社会化服务组织嵌入行为对奶牛养殖主体生产绿色转型的影响，而在这一模型的应用中，需要加入识别变量以进行模型估计。对于识别变量的要求是，能直接影响选择方程，但对结果方程没有直接影响。在综合考量后，选取"政府向奶牛养殖主体推广社会化服务的次数（次）"作为识别变量，原因是：政府向养殖主体推广社会化服务的次数越多，养殖主体对社会化服务了解越全面，奶牛养殖主体采用社会化服务的积极性就会越高。与此同时，社会化服务组织多为营利性质，多向奶牛养殖主体提供服务多获得收益，政府推广次数越多，社会化服务组织嵌入积极性也会提升。而政府推广社会化服务的次数并不会直接影响奶牛养殖主体生产绿色转型的程度，所以选择"政府推广次数"作为识别变量符合模型估计要求。

4. 中介变量

本章的中介变量为治污成本控制、绿色技术引入、人力资本结构改善。其中，治污成本控制是指社会化服务组织嵌入以后能够帮助奶牛养殖主体实现治污成本的减少，通过询问养殖主体"在社会化服务组织嵌入后治污成本变化：1= 成本增加非常多；2= 成本增加比较多；3= 成本不变；4= 成本降

---

① 胡新艳、陈相洩、饶应巧：《农业服务外包如何影响农地流转？——来自河南麦区的分析》，《农村经济》2021 年第 9 期。

低比较多；5= 成本降低非常多"作为治污成本控制的代理变量；绿色技术引进是指社会化服务组织嵌入以后能够为奶牛养殖主体带来绿色生产技术，实现"减排"和"增效"，通过询问养殖主体"可从社会化服务组织处获取到并应用的绿色技术种类（个）"作为绿色技术引进的代理变量；人力资本结构改善是指社会化服务组织不仅可以将绿色要素引入奶牛养殖的各环节，还可以同奶牛养殖主体共享专业技能型人才，通过询问养殖主体"可从社会化服务组织处获得长期帮扶的技术人员数（人）"作为人力资本结构改善的代理变量。

5. 控制变量

与第八章所选取的控制变量相同，本章同样选择奶牛养殖主体的个体特征（包含决策者年龄、受教育程度、健康状况、风险偏好）、养殖特征（包括养殖收入占比、养殖年限、种养结合）以及外部环境特征（包括政治身份、是否加入合作社、养殖技术培训）三类特征作为控制变量。同样，考虑到地区的差异，在模型中还引入了区域的虚拟变量。

三、模型选择与构建

1. 社会化服务组织嵌入行为对奶牛养殖主体生产绿色转型影响效应检验的模型构建

效用决策模型强调，奶牛养殖主体对社会化服务组织嵌入的评价决策并不是随机给定的，而是受到可观测因素和不可观测因素的共同影响，而不可观测因素可能同时影响到奶牛养殖主体生产绿色转型，从而产生样本选择和内生性问题。若忽视可能的内生性问题则无法获得可靠的估计结果。[1][2]既往研究指出，解决选择偏差和内生性问题的方法较常用的为倾向得分匹配

---

[1]　Wanglin Ma, and Awudu Abdulai. "Does Cooperative Membership Improve Household Welfare? Evidence from Apple Farmers in China", *Food Policy*, 2016, Vol.58, pp.94-102.

[2]　Mauro Vigani, and Jonas Kathage. "To Risk or Not to Risk? Risk Management and Farm Productivity", *American Journal of Agricultural Economics*, 2019, Vol.101, issue5, pp.1432-1454.

法（PSM）和双重差分法（DID）。[1] 然而，PSM 法不能纠正不可观测因素的选择性偏误[2][3]，而 DID 法不能用于横截面数据。因此，本章将采用 Michael Lokshin 和 Zurab Sajaia（2004）提出的内生转换模型（ESR）来分析社会化服务嵌入行为对奶牛养殖主体生产绿色转型影响。[4] 模型构建形式如下：

$$Y_i = \alpha_i X_i + \beta D_i + \varepsilon_i \tag{9-2}$$

式（9-2）中：Y_i 为奶牛养殖主体生产绿色转型程度，基于第八章熵权 TOPSIS 法测算所得；X_i 为包括奶牛养殖主体个体特征、养殖特征、外部环境特征等在内的控制变量；D_i 为虚拟变量，代表社会化服务是否嵌入情况，其中 $D_i=1$ 代表社会化服务组织嵌入，$D_i=0$ 代表社会化服务组织未嵌入；α_i、β 为待估参数；ε_i 为随机扰动项。

由于式（9-2）中变量 D_i 为奶牛养殖主体基于风险收益分析的"自选择"存在一些例如奶牛养殖主体的管理能力、风险偏好等同时影响着其社会化服务组织嵌入 D_i 和奶牛养殖主体生产绿色转型 Y_i，故社会化服务组织嵌入行为的决策方程为：

$$D_i^* = \delta Z_i + \mu_i; D_i = 1(D_i^* > 0) \tag{9-3}$$

式（9-3）中：D_i^* 为社会化服务组织嵌入决策 D_i 的隐含变量；Z_i 为影响社会化服务组织嵌入行为的外生变量，同样包含奶牛养殖主体个体特征、家庭特征、外部环境特征等；δ 为待估参数；μ_i 为随机扰动项。

①　Zewdu Ayalew Abro, Moti Jaleta, and Hailemariam Teklewold. "Does Intensive Tillage Enhance Productivity and Reduce Risk Exposure? Panel Data Evidence from Smallholders' Agriculture in Ethiopia", *Journal of Agricultural Economics*, 2018, Vol.69, issue3, pp.756-776.

②　Abdul Nafeo Abdulai. "Impact of Conservation Agriculture Technology on Household Welfare in Zambia", *Agricultural Economics*, 2016, Vol.47, issue6, pp.729-741.

③　Moti Jaleta, Menale Kassie, Kindie Tesfaye, Tilaye Teklewold, Pradyot Ranjan Jena, Paswel Marenya, and Olaf Erenstein. "Resource Saving and Productivity Enhancing Impacts of Crop Management Innovation Packages in Ethiopia", *Agricultural Economics*, 2016, Vol.47, issue5, pp.513-522.

④　Michael Lokshin, and Zurab Sajaia. "Maximum Likelihood Estimation of Endogenous Switching Regression Models", *The Stata Journal*, 2004, Vol.4, issue3, pp.282-289.

社会化服务组织嵌入决策不同，奶牛养殖主体会表现出不同的生产绿色转型水平。当不可观测因素同时影响社会化服务组织嵌入决策 D_i 和奶牛养殖主体生产绿色转型 Y_i 时，导致式（9-2）中的 D_i 与 ε_i 相关，因此直接估计式（9-2）会导致回归结果发生偏差，所以需要将社会化服务组织嵌入决策方程式（9-3）估算得到的逆米尔斯比率 λ_{id}、λ_{in} 引入到奶牛养殖主体生产绿色转型方程中解决这一问题。对于全样本而言，社会化服务组织嵌入和未嵌入的潜在奶牛养殖主体生产绿色转型可以表示为：

$$Y_{id} = \alpha_d X_{id} + \sigma_{\mu d} \lambda_{id} + \eta_{id} \quad if \quad D_i = 1 \tag{9-4}$$

$$Y_{in} = \alpha_n X_{in} + \sigma_{\mu n} \lambda_{in} + \eta_{in} \quad if \quad D_i = 0 \tag{9-5}$$

式（6-4）和（6-5）中：Y_{id}、Y_{in} 分别为社会化服务组织嵌入和未嵌入的奶牛养殖主体生产绿色转型程度；λ_{id}、λ_{in} 分别为社会化服务组织嵌入和未嵌入的逆米尔斯比率；$\sigma_\mu^2 = \mathrm{var}(\mu)$，$\sigma_{\mu d} = \mathrm{cov}(\eta_d, \mu)$，以及分别为服从正态分布的密度函数和分布函数；$\sigma_{\mu d} = \mathrm{cov}(\eta_n, \mu)$，将标准化为 1；$\eta_{id}$、$\eta_{in}$ 满足零均值的条件。通常情况下，内生转换模型运用完全信息最大似然法对式（9-3）、式（9-4）、式（9-5）进行联立估计。

同时，内生转换模型最大的优势就是可以比较真实情景下和反事实假设情景下社会化服务组织嵌入和未嵌入的奶牛养殖主体生产绿色转型程度，并可以测度出奶牛养殖主体生产绿色转型的平均处理效应。因此，基于内生转换模型方程（9-4）和（9-5），社会化服务组织嵌入和未嵌入的奶牛养殖主体生产绿色转型的条件期望可以表示为：

$$E(Y_{id} \mid D_i = 1) = \alpha_d X_{id} + \sigma_{\mu d} \lambda_{id} \tag{9-6}$$

$$E(Y_{in} \mid D_i = 0) = \alpha_n X_{in} + \sigma_{\mu n} \lambda_{in} \tag{9-7}$$

在反事实情景下，社会化服务组织嵌入的奶牛养殖主体生产绿色转型如果未嵌入时的条件期望和社会化服务组织未嵌入的奶牛养殖主体生产绿色转型如果嵌入了条件期望可以表示为：

$$E(Y_{in} \mid D_i = 1) = \alpha_n X_{id} + \sigma_{\mu n} \lambda_{id} \tag{9-8}$$

$$E(Y_{id} \mid D_i = 0) = \alpha_d X_{in} + \sigma_{\mu d} \lambda_{in} \tag{9-9}$$

实际社会化服务组织嵌入的奶牛养殖主体生产绿色转型的平均处理效

应（ATT）可以表示为式（9-6）与式（9-8）之差：

$$ATT = E(Y_{id}|D_i=1) - E(Y_{in}|D_i=1) = (\alpha_d - \alpha_n)X_{id} + (\sigma_{\mu d} - \sigma_{\mu n})\lambda_{id} \quad (9\text{-}10)$$

类似的，社会化服务组织未嵌入的奶牛养殖主体生产绿色转型的平均处理效应（ATU）可以表示为式（9-7）与式（9-9）之差：

$$ATU = E(Y_{id}|D_i=0) - E(Y_{in}|D_i=0) = (\alpha_d - \alpha_n)X_{in} + (\sigma_{\mu d} - \sigma_{\mu n})\lambda_{in} \quad (9\text{-}11)$$

2. 社会化服务组织嵌入程度对奶牛养殖主体生产绿色转型影响效应检验的模型构建

上述通过内生转换模型（ESR）可以从总体上识别出社会化服务组织嵌入与否导致奶牛养殖主体生产绿色转型的总体差异。为了进一步观测社会化服务组织嵌入程度的驱动效应，在此按照第八章"畜牧业绿色转型的政府环境规制影响效应检验"模型构建的思路，同样构建 Tobit 回归模型来作为主回归模型，具体模型构建如下：

$$\begin{cases} Y_i^* = \alpha_0 + \alpha_1 Service_i + \sum_{i=1}^n \delta_i X_i + \mu_i \\ Y_i = \max(0, Y_i^*) \end{cases} \quad (9\text{-}12)$$

式（9-12）中：Y_i^* 为潜变量，Y_i 为奶牛养殖主体生产绿色转型程度；$Service_i$ 为核心解释变量社会化服务组织嵌入程度，依照式（9-1）计算所得；X_i 为控制变量，包括奶牛养殖主体个体特征、养殖特征、外部环境特征等；α_1、δ_i 为各变量的估计系数，α_0 为常数项；μ_i 为随机误差项，代表不可观测因素的汇总，服从正态分布。

3. 社会化服务组织嵌入程度驱动奶牛养殖主体生产绿色转型作用渠道的模型构建

同理，按照第八章"畜牧业绿色转型的政府环境规制影响效应检验"模型构建的思路，在社会化服务组织嵌入程度对奶牛养殖主体生产绿色转型驱动效应检验的基础上，对社会化服务组织嵌入程度驱动奶牛养殖主体生产绿色转型作用渠道进行检验，具体模型构建如下：

$$PUL\_con_i = \beta_0 + \beta_1 Service_i + \sum_{i=1}^n \theta_i X_i + \sigma_{i1} \quad (9\text{-}13)$$

$$GRE\_int_i = \delta_0 + \delta_1 Service_i + \sum_{i=1}^{n} \lambda_i X_i + \sigma_{i2} \tag{9-14}$$

$$HUM\_imp_i = \varphi_0 + \varphi_1 Service_i + \sum_{i=1}^{n} \varsigma_i X_i + \sigma_{i3} \tag{9-15}$$

式（9-13）、（9-14）、（9-15）中：PUL_con_i、GRE_int_i、HUM_imp_i 分别为中介变量治污成本控制、绿色技术引入、人力资本结构改善；$Service_i$ 为社会化服务组织嵌入程度；β_1、δ_1、φ_1、θ_i、λ_i、ζ_i 为各变量的估计系数，β_0、δ_0、φ_0 为常数项；σ_{i1}、σ_{i2}、σ_{i3} 为随机误差项。

另外，为了加深因变量与所选取的中介变量之间相关性的合理性，本章还进行了中介变量对奶牛养殖主体生产绿色转型影响的检验，具体模型构建如下：

$$Y_i = \omega_0 + \omega_1 M_i + \sum_{i=1}^{n} \gamma_i X_i + \eta_i \tag{9-16}$$

式（9-16）中：Y_i 为奶牛养殖主体生产绿色转型；M_i 为中介变量，包括治污成本控制、绿色技术引入、人力资本结构改善；ω_1、γ_i 为各变量的估计系数，ω_0 为常数项；η_i 为随机误差项。

四、变量描述性统计

表9-2为各变量具体含义与描述性统计，重点阐述核心解释变量、识别变量和中介变量情况。从核心解释变量社会化服务组织嵌入行为及嵌入程度来看，调查样本中有54%的奶牛养殖主体认为社会化服务组织具有嵌入行为，这一比例处于中等水平，仍有较大提升空间。而社会化服务组织嵌入程度均值为1.63，同样处于中等水平，社会化服务组织供给服务内容应尽求多样化，满足奶牛养殖主体需求。从识别变量政府推广次数来看，政府向奶牛养殖主体推广社会化服务的次数均值为4.23，最大值为10，表明政府也在积极努力，力求通过市场机制解决奶牛养殖的"减排"和"增效"。从中介变量来看，奶牛养殖主体认为在社会化服务组织嵌入以后治污成本有一定改善，均值为3.01，而奶牛养殖主体可从社会化服务组织处获取到并应用的

绿色技术种类数均值为 2.32。最为关键的是，奶牛养殖主体可从社会化服务组织处获得长期帮扶的技术人员数均值高达 11.75，最多有 50 人进行长期帮扶，助力奶牛养殖主体实现生产绿色转型。其他变量含义与描述性统计与第八章第一节"五、变量描述性统计"相同，在此不做过多赘述。

表 9-2　变量含义与描述性统计

变量名称	符号	变量说明与赋值	均值	标准差
被解释变量				
奶牛养殖主体生产绿色转型	Y	基于熵权 TOPSIS 法测算所得	0.48	0.22
核心解释变量				
社会化服务组织嵌入行为	$Service\_O$	基于表 6-1 量表赋值：1= 是；0= 否	0.54	0.50
社会化服务组织嵌入程度	$Service\_D$	基于式（6-1）计算所得	1.63	0.50
识别变量				
政府推广次数	Gov	政府向奶牛养殖主体推广社会化服务的次数（次）	4.23	2.11
中介变量				
治污成本控制	Pol_C	奶牛养殖主体在社会化服务组织嵌入后治污成本变化：1= 成本增加非常多；2= 成本增加比较多；3= 成本不变；4= 成本降低比较多；5= 成本降低非常多	3.01	1.07
绿色技术引入	Gre_T	奶牛养殖主体可从社会化服务组织处获取到并应用的绿色技术种类（个）	2.32	1.45
人力资本结构改善	Hum_C	奶牛养殖主体可从社会化服务组织处获得长期帮扶的技术人员数（人）	11.75	7.25
控制变量				
年龄	Age	决策者的实际年龄（周岁）	49.24	9.71
受教育程度	Edu	决策者的受教育年限（年）	8.93	3.12
健康状况	Hea	决策者健康状况的自我评价：1= 非常不好；2= 不好；3= 一般；4= 较好；5= 非常好	3.42	1.13

续表

变量名称	符号	变量说明与赋值	均值	标准差
风险偏好程度	*Risk*	依据实验经济学评价决策者风险偏好程度：1= 风险规避者；2= 风险中立者；3= 风险偏好者	2.16	0.722
养殖收入占比	*Income*	养殖收入占家庭总收入的比重（%）	71.21	21.53
养殖年限	*Year*	已经从事养殖工作（年）	10.20	4.02
种养结合	*Plant*	是否既养殖又种植：1= 是；0= 否	0.46	0.50
政治身份	*Pol*	是否为村干部或党员：1= 是；0= 否	0.61	0.49
养殖技术培训	*Tel*	2021 年参加养殖技术培训次数（次）	5.81	3.00
加入合作社	*Cooper*	是否成立或加入养殖专业合作社：1= 是；0= 否	0.54	0.50
地区虚拟变量				
东北内蒙古产区	*NEI*	是否为东北内蒙古产区：1= 是；0= 否	0.30	0.46
华北产区	*NC*	是否为华北产区：1= 是；0= 否	0.31	0.46
西北产区	*NWC*	是否为西北产区：1= 是；0= 否	0.10	0.29
南方产区	*ST*	是否为南方产区：1= 是；0= 否	0.17	0.38
大城市周边产区	*LC*	是否为大城市周边产区：1= 是；0= 否	0.12	0.33

第二节　社会化服务组织嵌入影响畜牧业绿色转型的实证研究结果分析

一、社会化服务组织嵌入行为对奶牛养殖主体生产绿色转型影响效应检验

社会化服务组织嵌入与奶牛养殖主体生产绿色转型模型联立估计结果如表 9-3 所示。从估计结果来看，两阶段方程独立性 LR 检验在 1% 水平下通过显著性检验，说明社会化服务组织是否嵌入决策方程和结果方程并不相互独立；拟合优度 Wald 检验同样在 1% 水平下通过显著性检验，说明模

型拟合效果较好。同时，误差项相关系数 r_1 和 r_0 均在 1% 水平下通过显著性检验，根据既往研究提出的观点[1][2]，r_1 和 r_0 在同一个模型中至少有一个通过了显著性检验，则表明样本存在自选择问题，如果不进行纠正，所得到的估计结果将是有偏的，即社会化服务组织嵌入行为并不是随机产生的，因此需要同时考虑可观测因素与不可观测因素，以此得出平均处理效应的无偏估计量，这也从侧面反映出运用内生转换模型（ESR）是十分必要且有效的。

从模型（1）决策方程估计结果来看，识别变量政府推广次数在 1% 水平下通过显著性检验，且系数符号为正，说明政府对于推广宣传社会化服务的力度越大，社会化服务组织嵌入积极性就越高，相应的奶牛养殖主体也就越容易获得养殖过程所需的社会化服务。从模型（2）社会化服务组织嵌入奶牛养殖主体生产绿色转型结果方程估计情况来看，就养殖主体个体特征而言，年龄在 10% 水平下通过显著性检验，受教育程度、健康状况、风险偏好程度在 1% 水平下通过显著性检验，且均正向影响奶牛养殖主体生产绿色转型；就养殖特征而言，养殖收入占比和种养结合分别在 1% 和 5% 水平下正向影响奶牛养殖主体生产绿色转型；就养殖主体面临外部环境特征而言，政治身份和养殖技术培训分别在 5% 和 1% 水平下正向影响奶牛养殖主体生产绿色转型。从模型（3）社会化服务组织嵌入奶牛养殖主体生产绿色转型结果方程估计情况来看，所有变量影响方向同模型（2）保持一致，仅显著性略有差异。由于在第八章第二节"二、政府环境规制对奶牛养殖主体生产绿色转型影响效应检验"基准回归部分详细解释了控制变量对奶牛养殖主体生产绿色转型的影响方向及影响效应，在此不做过多赘述。

---

① Michael Lokshin, and Zurab Sajaia. "Maximum Likelihood Estimation of Endogenous Switching Regression Models", *The Stata Journal*, 2004, Vol.4, issue3, pp.282-289.

② Wanglin Ma, and Awudu Abdulai. "Does Cooperative Membership Improve Household Welfare? Evidence from Apple Farmers in China", *Food Policy*, 2016, Vol.58, pp.94-102.

表9-3　社会化服务组织嵌入与奶牛养殖主体生产绿色转型模型联立估计结果

变量名称	决策方程		结果方程			
	模型（1）：是否嵌入		模型（2）：嵌入		模型（3）：未嵌入	
	系数	稳健标准误	系数	稳健标准误	系数	稳健标准误
Age	0.002	0.006	0.001*	0.001	0.002***	0.001
Edu	0.008	0.024	0.015***	0.002	0.012***	0.002
Hea	0.069	0.061	0.019***	0.007	0.023***	0.006
Risk	0.131	0.087	0.037***	0.010	0.030***	0.008
Income	−0.000	0.003	0.001***	0.000	0.002***	0.000
Year	0.004	0.014	0.002	0.001	0.002	0.001
Plant	0.087	0.122	0.033**	0.014	0.033***	0.011
Pol	0.049	0.123	0.033**	0.014	0.023**	0.011
Tel	0.042	0.026	0.024***	0.003	0.018***	0.003
Cooper	−0.047	0.112	0.007	0.012	−0.016	0.010
Gov	0.222***	0.034				
Region	已控制		已控制		已控制	
_cons	−1.751***	0.406	−0.3071***	0.052	−0.178***	0.035
lns1			−2.145***	0.056		
r1			−1.031***	0.139		
lns0					−2.427***	0.073
r0					−1.148***	0.194
LR 检验	46.37***					
Wald 检验	570.42***					
Log likelihood	293.18					
N			286		292	

注：***、** 和 * 分别表示在1%、5% 和 10% 水平下通过显著性检验。

通过理论分析可以得知，社会化服务组织嵌入行为可以显著提升奶牛养殖主体生产绿色转型，但其驱动效果如何仍需检验。在上述内生转换模型（ESR）分析的基础上，利用式（9-8）至（9-11）可以计算出社会化服务组织嵌入行为对奶牛养殖主体生产绿色转型的平均处理效应及总体影响,具体结果如表9-4所示。由计算结果可知,社会化服务组织嵌入行为对奶牛养殖主体生产绿色转型的平均处理效应在1%水平下显著为正。其中,ATT结果表明,在考虑反事实假设下,当选择嵌入奶牛养殖主体生产绿色转型的社会化服务组织不嵌入时,奶牛养殖主体生产绿色转型将降低0.155,降低比例为37.80%。而ATU结果表明,当未嵌入奶牛养殖主体生产绿色转型的社会化服务组织选择嵌入时,奶牛养殖主体生产绿色转型将提高0.167,提高比例为44.65%。根据ATT和ATU可以计算出,对于任意随机奶牛养殖主体而言,社会化服务组织嵌入对其生产绿色转型的平均处理效应(ATE)为0.161。三者对比可以发现,ATT<ATE<ATU,表明社会化服务组织嵌入后奶牛养殖主体生产绿色转型高于社会化服务组织,若嵌入后的奶牛养殖主体生产绿色转型,即社会化服务组织嵌入显著提升了奶牛养殖主体生产绿色转型,则充分验证了研究假说H_1的成立。

表9-4　社会化服务组织嵌入对奶牛养殖主体生产绿色转型影响的平均处理效应

奶牛养殖主体生产绿色转型	结果均值		ATT	t值	变化率
	社会化服务组织嵌入	社会化服务组织未嵌入(反事实)			
	0.565 (0.010)	0.410 (0.009)	0.155*** (0.014)	11.189	37.80%
奶牛养殖主体生产绿色转型	结果均值		ATU	t值	变化率
	社会化服务组织嵌入(反事实)	社会化服务组织未嵌入			
	0.541 (0.011)	0.374 (0.010)	0.167*** (0.015)	10.910	44.65%

注:① ***表示在1%水平下通过显著性检验;②括号内的数值为稳健标准误。

二、社会化服务组织嵌入程度对奶牛养殖主体生产绿色转型影响效应检验

1. 基准回归

采用 Stata 17.0 软件对上述构建的基准回归模型进行估计，具体结果如表 9-5 所示。同样采取从模型（4）至模型（7）逐步引入控制变量策略，观察核心解释变量解释效应的同时，也可以较好地观察模型估计结果的稳健性。结果发现，社会化服务组织嵌入程度变量在 4 次回归中均在 1% 水平下通过显著性检验，且影响系数为正，说明社会化服务组织嵌入程度越高，奶牛养殖主体生产绿色转型效果越好，验证了研究假说 H_2 的成立。其实这一结果不仅在理论分析、实证检验层面得到验证，从对奶牛养殖主体的实地调查同样可以证实这一结论。虽然目前国家在积极推进奶牛适度规模养殖，规模化、标准化、集约化已经是大势所趋，但生产经营方式的转变既需要时间也需要外力，社会化服务组织的嵌入，不仅有效解决了奶牛养殖环境污染问题，同时可以帮助奶牛养殖主体节省养殖成本，提高养殖效率，是真正可以帮助奶牛养殖主体实现"减排"与"增效"双赢的"新引擎"。另外，社会化服务组织在帮助奶牛养殖主体实现生产绿色转型的同时，自身盈利水平、社会声誉、政府信赖度也会显著提升。社会化服务组织与奶牛养殖主体之间不仅是"买卖"关系，更是"共赢"关系。

同理，由于在第八章第二节"二、政府环境规制对奶牛养殖主体生产绿色转型影响效应检验"基准回归部分已经就控制变量对奶牛养殖主体生产绿色转型的影响方向及影响效应进行了详细解释，在此不做过多赘述。

表 9-5　社会化服务组织嵌入程度驱动效应的基准回归

变量名称	模型（4）		模型（5）		模型（6）		模型（7）	
	系数	dy/dx	系数	dy/dx	系数	dy/dx	系数	dy/dx
Service_D	0.206*** (0.007)	0.191*** (0.007)	0.106*** (0.009)	0.101*** (0.008)	0.090*** (0.009)	0.086*** (0.008)	0.063*** (0.008)	0.061*** (0.008)

续表

变量名称	模型（4）		模型（5）		模型（6）		模型（7）	
	系数	dy/dx	系数	dy/dx	系数	dy/dx	系数	dy/dx
Age			0.002*** (0.000)	0.001*** (0.000)	0.001*** (0.000)	0.001*** (0.000)	0.001*** (0.000)	0.001*** (0.000)
Edu			0.022*** (0.002)	0.021*** (0.002)	0.019*** (0.002)	0.018*** (0.002)	0.013*** (0.002)	0.013*** (0.002)
Hea			0.036*** (0.005)	0.034*** (0.005)	0.029*** (0.005)	0.028*** (0.004)	0.024*** (0.004)	0.023*** (0.004)
Risk			0.062*** (0.007)	0.059*** (0.007)	0.053*** (0.007)	0.051*** (0.006)	0.038*** (0.006)	0.037*** (0.006)
Income					0.002*** (0.000)	0.002*** (0.000)	0.001*** (0.001)	0.001*** (0.000)
Year					0.001 (0.001)	0.001 (0.001)	0.001 (0.001)	0.001 (0.001)
Plant					0.047*** (0.009)	0.045*** (0.009)	0.033*** (0.008)	0.032*** (0.008)
Pol							0.024*** (0.008)	0.024*** (0.007)
Tel							0.021*** (0.002)	0.021*** (0.002)
Cooper							−0.000 (0.007)	−0.000 (0.007)
Region	未控制	未控制	已控制	已控制	已控制	已控制	已控制	已控制
_cons	0.144*** (0.012)		−0.207*** (0.028)		−0.245*** (0.028)		−0.218*** (0.022)	
F	844.33***		303.01***		265.84***		299.56***	
Log likelihood	312.71		509.37		550.03		628.90	
Pseudo R²	−4.24		−7.54		−8.22		−9.54	
N	578		578		578		578	

注：① *** 表示在 1% 水平下通过显著性检验；② 括号内的数值为稳健标准误。

3. 稳健性检验

为了防止某些不可控因素导致的估计偏误使基准回归结论缺乏说服力，在此采取三种策略对上述基准回归结果进行稳健性检验：一是替换核心解释变量。按照社会化服务组织嵌入程度，将其分为"低、中、高"三个等级分类变量，其中经式（9-1）计算数值小于1命为"低嵌入"，大于等于1小于2命为"中嵌入"，大于等于2命为"高嵌入"，分别赋值为"1""2""3"，重新进行回归，具体结果如表9-6模型（8）所示。二是随机抽取2/3样本。同样考虑养殖主体内部禀赋结构的差异，采取随机抽取样本的策略重新进行回归，具体结果如表9-6模型（9）所示。三是以1%和99%两端缩尾处理。考虑到调查数据中常常会遇到极端值影响回归结果，在此进行1%和99%两端缩尾，再次进行回归，具体结果如表9-6模型（10）所示。从稳健性整体估计结果来看，社会化服务组织程度均在1%水平下通过显著性检验，且正向影响奶牛养殖主体生产绿色转型，除边际效应略有差异外，其余均与基准回归保持一致，充分显示随着社会化服务组织嵌入程度的加深，奶牛养殖主体"减排"与"增效"的效果逐渐提升，也再次证明了基准回归结果的稳健性。

表 9–6　稳健性检验估计结果

变量名称	模型（8）：替换核心解释变量		模型（9）：随机抽取 2/3 样本		模型（10）：1% 和 99% 两端缩尾	
	系数	dy/dx	系数	dy/dx	系数	dy/dx
Service_D	0.049^{***} (0.007)	0.047^{***} (0.007)	0.076^{***} (0.011)	0.073^{***} (0.010)	0.063^{***} (0.008)	0.061^{***} (0.008)
Control	已控制	已控制	已控制	已控制	已控制	已控制
Region	已控制	已控制	已控制	已控制	已控制	已控制
_cons	-0.258^{***} (0.026)		-0.230^{***} (0.031)		-0.218^{***} (0.025)	
F	293.42^{***}		215.70^{***}		299.56^{***}	
Log likelihood	607.21		428.37		628.90	

续表

变量名称	模型（8）：替换核心解释变量		模型（9）：随机抽取 2/3 样本		模型（10）：1% 和 99% 两端缩尾	
	系数	dy/dx	系数	dy/dx	系数	dy/dx
Pseudo R^2	−9.18		−8.66		−9.54	
N	578		386		578	

注：① *** 表示在 1% 水平下通过显著性检验；②括号内的数值为稳健标准误。

3. 异质性检验

为了检验不同性质下社会化服务组织嵌入程度对奶牛养殖主体生产绿色转型的驱动效应，本章同第八章第二节"二、政府环境规制对奶牛养殖主体生产绿色转型影响效应检验"异质性分析类似，同样进行了两个维度的异质性检验。

一是分养殖区域。不同养殖区域内社会化服务组织发展可能存在差异，相应地，奶牛养殖主体生产绿色转型水平也可能会因为社会化服务组织嵌入程度不同而存在明显的异质性。同理，将总样本划分为养殖优势区和普通区，对分组后的样本进行估计，具体结果如表 9-7 所示。从模型（11）和模型（12）估计结果发现，无论是在养殖优势区还是普通区，社会化服务组织嵌入程度均在 1% 水平下通过显著性检验，影响系数均为正。横向比较影响系数和边际效应大小发现，养殖优势区域大于普通区域，表现出明显的异质性。从实地调查过程中也发现，在养殖优势区域内，奶牛养殖主体更容易获取社会化服务，同时从社会化服务组织处获得的服务种类数也更多。其实不难发现，在养殖优势区域内，在多方力量的支持下，社会化服务组织发展速度较快，科技研发、人才支撑、资金投入更为充足，社会化服务组织嵌入意愿也较高，更有利于协助奶牛养殖主体实现生产绿色转型。而在养殖普通区域，社会化服务组织大多由养殖合作社构成，专业技术服务公司较少，可提供服务能力和意愿均有限，大多以"自我服务"为主，缺少嵌入的积极性。这些事实可能是导致社会化服务组织嵌入程度对奶牛养殖主体生产绿色转型影响效应在不同养殖区域内存在显著差异的重要原因。

表 9-7　异质性检验一：分养殖区域

变量名称	模型（11）：养殖优势区域		模型（12）：养殖普通区域	
	系数	dy/dx	系数	dy/dx
Service_D	0.066*** (0.009)	0.063*** (0.009)	0.052*** (0.019)	0.051*** (0.018)
Control	已控制	已控制	已控制	已控制
Region	已控制	已控制	已控制	已控制
_cons	− 0.228*** (0.022)		− 0.188*** (0.043)	
F	265.20***		90.12***	
Log likelihood	500.26		136.84	
Pseudo R^2	− 10.88		− 6.12	
N	462		116	

注：① *** 表示在 1% 水平下通过显著性检验；②括号内的数值为稳健标准误。

　　二是分养殖规模。同样，根据调查样本规模范围，定义了三个样本区间，分别是小规模、中规模和大规模，并进行分组回归，以检验社会化服务组织嵌入程度在不同规模区间内对奶牛养殖主体生产绿色转型影响的异质性，具体估计结果如表 9-8 所示。结果表明：社会化服务组织嵌入程度在三个规模区间内均在 1% 水平下正向影响奶牛养殖主体生产绿色转型。但是从横向比较影响系数和边际效应来看，三者之间存在明显的异质性，社会化服务组织嵌入程度对大规模养殖主体驱动效果更为明显；其次是小规模、中规模。对于这一异质性的可能解释是：对于大规模群体而言，其服务需求广度和深度均较高，而对于小规模群体而言，其"自我服务"能力较弱，所以当提升社会化服务组织嵌入程度以后，奶牛养殖主体生产绿色转型水平会显著提升。中规模群体在"减排"与"增效"方面的压力较小，其对社会化服务需求的敏感度要略低于小规模群体和大规模群体，"自我服务"能力相对较强，所以其生产绿色转型受社会化服务组织的支配较小。

表 9-8　异质性检验二：分养殖规模

变量名称	模型（13）：小规模		模型（14）：中规模		模型（15）：大规模	
	系数	dy/dx	系数	dy/dx	系数	dy/dx
Service_D	0.074***	0.071***	0.042***	0.040***	0.076***	0.073***
	(0.014)	(0.014)	(0.014)	(0.017)	(0.013)	(0.013)
Control	已控制	已控制	已控制	已控制	已控制	已控制
Region	已控制	已控制	已控制	已控制	已控制	已控制
_cons	−0.270***		−0.232***		−0.151***	
	(0.047)		(0.039)		(0.040)	
F	88.95***		137.22***		126.12***	
Log likelihood	195.19		222.62		230.50	
Pseudo R^2	−10.37		−10.63		−8.68	
N	185		192		201	

注：① *** 表示在 1% 水平下通过显著性检验；②括号内的数值为稳健标准误。

4. 内生性处理

在本章中，内生性的可能来源主要集中在两方面：一是，社会化服务组织嵌入程度与奶牛养殖主体生产绿色转型之间存在互为因果关系。社会化服务组织嵌入程度越高，奶牛养殖主体生产绿色转型水平越高；反过来，由于奶牛养殖主体生产绿色转型水平较高，社会化服务组织嵌入的积极性越高。二是，存在遗漏变量，导致社会化服务组织嵌入程度对奶牛养殖主体生产绿色转型的驱动效应存在偏误。同理，选用市域平均社会化服务组织嵌入水平作为工具变量，通过工具变量法解决模型估计结果可能存在的内生性，采用 IV-Tobit 回归模型作为解决内生性的主回归，采用 2SLS 和 IV-GMM 作为稳健性检验，具体估计结果如表 9-9 所示。

从模型（16）来看，第一阶段估计结果中，市域平均社会化服务组织嵌入程度在 1% 水平下正向影响社会化服务组织嵌入程度，F 统计量值为 43.72，远大于 10，拒绝存在弱工具变量的原假设。第二段估计结果中，外生性 Wald 检验（chi2）在 5% 水平上显著，故可在 5% 水平上认为社会化服务组织嵌入程度为内生变量，因此使用工具变量来控制内生性问题是至关重要的。同理，虽然 IV-Tobit 两步估计方法不允许计算自变量的边际效应，但可以用该方法得出系数估计值。所以第二阶段的估计系数表明，社会化服务组织嵌入程度依旧在 1% 水平下正向影响奶牛养殖主体生产绿色转型，影响系数要大于基准回归中估计系数，这表明，如果不考虑社会化服务组织嵌入程度的内生性，会低估其驱动效果。同时，结合模型（17）2SLS 估计结果和模型（18）IV-GMM 估计结果，验证了 IV-Tobit 回归模型的稳健性。

表 9-9　内生性处理估计结果

变量名称	模型（16）：IV-Tobit		模型（17）：2SLS		模型（18）：IV-GMM	
	第一阶段	第二阶段	第一阶段	第二阶段	第一阶段	第二阶段
Ave_Service_D	0.397*** (0.072)		0.401*** (0.070)		0.401*** (0.070)	
Service_D		0.123*** (0.029)		0.129*** (0.031)		0.129*** (0.031)
Control	已控制	已控制	已控制	已控制	已控制	已控制
Region	已控制	已控制	已控制	已控制	已控制	已控制
_cons	−0.787*** (0.186)	−0.197*** (0.028)	−0.797*** (0.187)	−0.198*** (0.030)	−0.797*** (0.187)	−0.198*** (0.030)
F 值	43.72		58.41		58.41	
内源性 Wald χ^2		5.49**				
Wald 外生性检验（Prob>chi2）		0.02				
N	578		578		578	

注：① ***、** 分别表示在 1% 和 5% 水平下通过显著性检验；②括号内的数值为稳健标准误。

三、社会化服务组织嵌入程度对奶牛养殖主体生产绿色转型的作用渠道检验

在上述基准回归、稳健性检验、异质性分析以及内生性处理的基础上，本节将对社会化服务组织嵌入程度驱动奶牛养殖主体生产绿色转型的作用驱

动进行检验，检验手段同样采取江艇（2022）提出的中介效应检验法[①]，其具体流程可细分为三步：

步骤一：检验解释变量对中介变量的影响。通过第五章第三节"二、社会化服务组织嵌入对畜牧业绿色转型的作用机理"和本章第一节"二、变量选取与说明"可知，本章的中介变量为治污成本控制、绿色技术引进和人力资本结构改善，即需要检验社会化服务组织嵌入程度对这三个中介变量的影响。根据中介变量的度量方式可知，三者均为有序分类变量，为此将采用Ologit回归模型进行检验，具体回归结果如表9-10模型（19）、模型（21）、模型（23）所示。结果表明，社会化服务组织嵌入程度对治污成本控制、绿色技术引进和人力资本结构改善均有显著的正向影响，说明社会化服务组织嵌入程度越高，治污成本控制效果越好，绿色技术引进数量越多，同时也可以引入更多专业性技术人员帮扶奶牛养殖主体实现生产绿色转型。

步骤二：采取理论分析加文献分析说明治污成本控制、绿色技术引进和人力资本结构改善对奶牛养殖主体生产绿色转型有显著影响。在第五章第三节"二、社会化服务组织嵌入对畜牧业绿色转型的作用机理"明确说明，在理论上和既往研究中已经表明治污成本控制、绿色技术引进和人力资本结构改善会显著促进奶牛养殖主体生产绿色转型，简单概括即：一是当治污成本得以控制后，奶牛养殖主体禀赋约束得到减缓，将有更多时间和精力投身于生产绿色转型；二是当绿色技术引入至奶牛养殖过程，技术优势得以释放，奶牛养殖主体治污能力、要素配置能力均能得以显著提升，从而激发提升绿色转型水平的内生动力；三是人力资本的积累是社会经济增长的重要源泉，也是奶牛养殖主体生产绿色转型的核心力量，人力资本的注入必将改善传统养殖模式，加速实现生产绿色转型的进程。

步骤三：进一步对上述步骤二的结论加以实证验证。采用Tobit回归模型验证治污成本控制、绿色技术引进和人力资本结构改善与奶牛养殖主体生产绿色转型的相关关系，具体结果如表9-10模型（20）、模型（22）和模

---

① 江艇：《因果推断经验研究中的中介效应与调节效应》，《中国工业经济》2022年第5期。

型（24）所示。结果表明：治污成本控制、绿色技术引进和人力资本结构改善均在 1% 水平下通过了显著性检验，且影响系数均为正，这也充分说明治污成本控制、绿色技术引进和人力资本结构改善均可以有效促进"减排"与"增效"的双赢，进而改善奶牛养殖环境和治理格局，从而有效推动奶牛养殖主体生产绿色转型。

表 9–10　中介效应估计结果

变量名称	模型（19）：Ologit 回归	模型（20）：Tobit 回归	模型（21）：Ologit 回归	模型（22）：Tobit 回归	模型（23）：Ologit 回归	模型（24）：Tobit 回归
Service_D	0.516***(0.157)		0.470***(0.145)		0.613***(0.152)	
Pol_C		0.034***(0.005)				
Gre_T				0.027***(0.003)		
Hum_C						0.008***(0.001)
Control	已控制	已控制	已控制	已控制	已控制	已控制
Region	已控制	已控制	已控制	已控制	已控制	已控制
_cons		−0.265***(0.026)		−0.217***(0.026)		−0.185***(0.023)
Wald/F	242.31***	289.21***	192.66***	281.84***	480.89***	285.39***
Log likelihood	−693.22	607.96	−876.53	618.68	−1362.04	640.79
Pseudo R^2	0.18	−9.19	0.12	−9.37	0.20	−9.74
N	578		578		578	

注：①模型（19）、模型（21）和模型（23）被解释变量分别为治污成本控制、绿色技术引进和人力资本结构改善，模型（20）、模型（22）和模型（24）被解释变量为奶牛养殖主体生产绿色转型；② *** 表示在 1% 水平下通过显著性检验；③括号内的数值为稳健标准误。

第三节　社会化服务组织承接服务的能力

一、社会化服务组织承接服务能力评价体系构建

在本章第一节"二、变量选取与说明"中已经指出，由于无法做到社会化服务组织和养殖主体"一对一"的数据匹配，为此社会化服务组织嵌入行为及嵌入程度均是从养殖主体层面获取的评价数据，近似代表社会化服务组织嵌入情况。为了强化从养殖主体层面评价社会化服务组织嵌入的可靠性，以实地调查的 12 个社会化服务组织为例①，在此对社会化服务组织承接服务能力作进一步讨论，一方面是对核心解释变量解释能力的补充，另一方面也为社会化服务组织嵌入能力提升找寻依据。

能力是指完成任务的本领，包括完成任务的具体方式，以及完成任务的心理特征。能力总是和人完成一定的实践相联系在一起的，能力是达成一个目的所具备的条件和水平。从人类学角度来看，能力是生命物体对自然的探索、认知、改造水平的度量。社会化服务组织承接奶牛养殖主体生产绿色转型所需服务的前提是具备承接能力，这种承接能力的具备是社会化服务组织嵌入奶牛养殖主体生产绿色转型的基本素质体现，也是具备承接资质的条件之一，而其能力评价指标体系的构建既要符合客观实际，又要遵循理论前沿，具体而言：

第一，责任承担能力。自治组织理论为社会化服务组织责任承担能力体系构建提供方向。自治组织理论起源于 20 世纪 60 年代，是现代系统理

---

① 课题组在对奶牛养殖主体调研的同时，进一步对为其提供服务的社会化服务组织进行调研。在奶牛养殖主体的帮助下，最终联系到 12 个提供服务的企业负责人，对他们展开深度调研，了解社会化服务组织与奶牛养殖主体有效衔接情况，重点关注社会化服务组织承接服务能力。这 12 家企业中，黑龙江省 4 家，内蒙古、河北各 2 家，山东、天津、江苏、北京各 1 家。而受调研所限，并未获取到来自河南、安徽、四川、甘肃等地的社会化服务组织的数据。

论的重要分支，它具有共同目标、统一的行为规则和主体的自主权三个基本特征。而社会化服务组织恰好具有自治组织所描述的基本的特征。王名（2001）指出，自治组织理论是在一定假设前提下分析一个组织如何独立运作的理论，该理论认为在集体行动之前要解决三个重要问题，分别是确立制度、承诺信用和监督问题。[①] 为此，在一定的制度规范下，依据承诺信任，接受外部监督，进行独立运作，是社会化服务组织责任承担的一种基本能力要求。

第二，服务供给能力。社会事务剩余原则理论为社会化服务组织服务供给能力体系构建奠定基础。社会事务剩余原则理论指出，社会事务由私人事务和公共事务构成，私人事务不需要政府介入，若个人处理不了，则首先应由社会组织来提供服务，只有社会组织也处理不了的私人事务才由政府组织承担，且本着先基层后地方的原则；而对于那些复杂的公共事务，如果地方政府也无法处理，则交由中央政府来承担提供服务的责任，这种共同承担社会事务的机制有利于提高服务效益并降低成本。而由社会化服务组织承接服务的主张缓解了政府压力，为社会化服务组织创造更多发展的机遇，但对于组织内部，例如设备完善情况、人力资源情况、专业技术情况提出了诸多要求。

第三，信誉维系能力。"APC"评估理论为社会化服务组织信誉维系能力体系构建提供理论依据。"APC"评估理论是在"3E"评估理论（Economy、Efficiency、Effectiveness）和"3D"评估理论（Diagnosis、Design、Development）基础上发展起来的新型评估理论框架，可以对社会化服务组织的问责（Accountability）、绩效（Performance）和组织能力（Capacity）等进行全方位评估。[②] 为此，基于"APC"评估理论，从自我监督能力、品牌效应能力、危机公关能力三个维度评价社会化服务组织承接服务的信誉维系能力。

[①] 王名：《中国社团改革：从政府选择到社会选择》，社会科学文献出版社 2001 年版，第169 页。

[②] 周晶晶：《政府购买社会工作服务项目第三方评估问题研究——以 H 市 H 社工机构为例》，硕士学位论文，安徽大学，2021 年，第 7—8 页。

综合上述分析，参考曾维和等（2014）的研究①，以社会化服务组织承接服务能力的软硬为横坐标，以社会化服务组织承接服务能力的对内对外为纵坐标，构建社会化服务组织承接服务能力评价体系，其结构具体如图 9–1 所示。

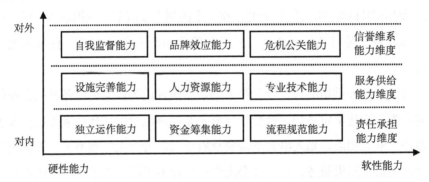

图 9–1　社会化服务组织承接服务能力评价体系结构

在上述结构框架的基础上，进一步构建社会化服务组织承接服务能力的量化指标，具体如表 9–11 所示。

表 9–11　社会化服务组织承接服务能力量化指标体系

一级指标	二级指标	三级量化指标	属性
责任承担能力维度	独立运作能力	按企业章程的运作程度：1= 没有章程；2= 有章程但并没有按照章程行事；3= 有章程有时会按照章程行事；4= 有章程基本按照章程行事；5= 完全按照章程行事	+
	流程规范能力	在承接服务项目之前，是否制定项目申报、预算编制、组织采购、项目监管、绩效评价等一套规范化流程的能力，并通过规范化流程提供服务：1= 没有人了解这些内容；2= 有了解这一流程但是没有人能做；3= 了解这一流程但做不好；4= 基本能按这一流程操作；5= 完全有能力并按既定程序操作	+
	资金筹集能力	每年度平均获得政策补贴的额度（万元）	+
		每年度能够获得银行贷款的额度（万元）	+

① 曾维和、陈岩：《我国社会组织承接政府购买服务能力体系构建》，《社会主义研究》2014年第 3 期。

续表

一级指标	二级指标	三级量化指标	属性
服务供给能力维度	设施完善能力	占地面积（平方米）	+
		拥有大型农机具的数量（台）	+
	人力资源能力	具有高中以上学历的人数占比（%）	+
		具有专业技术人员数量（人）	+
	专业技术能力	开展技能培训的次数（次）	+
		能够提供服务的种类（项）	+
信誉维系能力维度	自我监督能力	企业是否具有监察部门：1＝是；0＝否	+
		企业平均每年接到投诉建议的次数（次）	−
		企业在接到投诉建议时的反馈速度：1＝不理睬；2＝基本不理睬；3＝偶尔解决；4＝大部分都能解决；5＝及时解决	+
	品牌效应能力	平均每年可承接政府购买服务项目数量（项）	+
	危机公关能力	在对外提供服务时与农户产生分歧，是否能够及时、快捷、恰当、准确处理和引导社会舆论，恢复正常工作：1＝非常困难；2＝比较困难；3＝一般；4＝比较容易；5＝非常容易	+

二、社会化服务组织承接服务能力评价

本节利用熵权 TOPSIS 法对社会化服务组织承接服务能力进行评价，评价结果如表 9–12 所示。整体来看，各区域社会化服务组织水平并不高，并表现出差异明显，其中 12 家企业中承接服务能力最强的位于北京市，其次位于内蒙古自治区，第三位于黑龙江省。虽然调研的社会化服务组织数量较少，并不能代表一个区域整体社会化服务发展情况，但是也能侧面反映出来两个问题：一是，当前社会化服务组织承接服务能力仍有较大提升空间，除位于北京和内蒙古两地的社会化服务组织承接服务能力水平超过 0.5，其余均在 0.5 以下；二是，社会化服务组织发展与区域经济环境有直接关系，从各项指标权重系数来看，企业可获得政策补贴的额度和可获得银行贷款的额

度分别为 24.29% 和 19.06%，一定程度上表现为区域经济水平越高，社会化服务组织发展业态越好，相应的承接服务能力也就越强。

其实，从社会化服务业发展全局来看，其内容涉及农业、工业等产业的多个环节，具有专业性强、创新活跃、产业融合度高、带动作用显著等特点，是全球产业竞争的战略制高点。① 就奶牛养殖业而言，进一步增强社会化服务业对现代奶牛养殖业的全产业链支撑作用，着力推动服务结构合理、专业水平较高、服务能力较强、服务行为规范、覆盖全产业链的社会化服务业健康发展，对于培育奶业经济新业态、构建现代奶牛养殖业产业体系、生产体系、经营体系，具有重要意义。近年来，在国家政策的大力推动下，以推进多种形式适度规模经营、引导小农户衔接现代农业发展、促进农业增效和农民增收的种植业领域社会化服务发展迅速，已经成为驱动种植业发展的"第三次动能"。② 但是，相比于种植业领域的社会化服务发展，奶牛养殖业社会化服务发展总体缓慢，与社会化服务组织承接服务能力偏低有直接关系。

但从实际了解到，事实上并非社会化服务组织不愿嵌入奶牛养殖业绿色转型，关键原因在于目前存在"有政策、无配套"的现实矛盾，调查的企业负责人表示，配套的不完备导致企业无法或不愿意加大投资额度。在畜禽养殖污染治理主要政策与法规的多项文件中都提到了一个核心观点是"支持第三方处理机构和社会化服务组织发挥专业、技术优势，协助畜禽养殖主体实现废弃物的资源化利用"。例如在《关于加快推进畜禽养殖废弃物资源化利用的意见》中提到"鼓励建立受益者付费机制，保障第三方处理企业和社会化服务组织合理收益"；在《畜禽粪污资源化利用行动方案（2017—2020 年）》中提到"支持第三方处理机构和社会化服务组织发挥专业、技术优势，构建种养循环发展机制"。但在这些意见或方案出台以后，并没有形成与之配套的促进畜牧业社会化服务组织发展的战略规划或措施，这与种植

---

① 王玉斌：《合作社等农业生产性服务组织作用凸显》，《农村经营管理》2020 年第 7 期。

② 冀名峰：《农业生产性服务业：我国农业现代化历史上的第三次动能》，《农业经济问题》2018 年第 3 期。

业领域形成巨大反差。在提倡以社会化服务介入农业种植系统后，2017 年
9 月，农业部、国家发展改革委、财政部联合印发《关于加快发展农业生产
性服务业的指导意见》，为种植业领域的社会化服务组织吃下"定心丸"。所
以，要想提高畜牧业产业内部社会化服务组织能力，优良的政策环境是必要
的基础。

表 9-12   社会化服务组织承接服务能力评价

区域	评价对象	正理想解距离	负理想解距离	相对接近度	排序结果
黑龙江	组织 1	984.50	193.08	0.164	7
黑龙江	组织 2	659.38	532.86	0.447	3
黑龙江	组织 3	666.94	531.19	0.443	4
黑龙江	组织 4	1152.40	22.22	0.019	11
内蒙古	组织 5	1081.06	108.33	0.091	8
内蒙古	组织 6	554.44	699.96	0.558	2
河北	组织 7	1098.38	78.26	0.067	9
河北	组织 8	887.82	302.09	0.254	5
山东	组织 9	1111.84	63.06	0.054	10
天津	组织 10	979.73	197.81	0.168	6
江苏	组织 11	1170.11	7.34	0.006	12
北京	组织 12	360.38	1084.09	0.751	1

三、关于提升社会化服务组织承接服务能力的思考

再回归到研究问题的出发点，尤论是对社会化服务组织嵌入的影响机
理分析，还是对社会化服务组织嵌入的印象效应检验，真正的意义均在于准
确把握社会化服务组织嵌入畜牧业绿色转型的背后原理和运行机制。但是，
这些问题更多是站在需求方的角度来研究，那么供给方是否能够满足需求方
的需求呢？这一问题已经在本节前两部分做了初步的判断，发现社会化服务
组织承接服务的能力还有待提升。为此，围绕构建的评价指标体系，从社会
化服务组织责任承担能力、服务供给能力、信誉维系能力提出提升社会化服

务组织承接服务能力的思考。

第一，优化能力生态因子，夯实社会化服务组织责任承担能力。从现实情况来看，社会化服务组织承接服务的能力因子主要包括设备、资金、人员、规则、技术、知识、技能、劳动成果、经验、教训等。以这些生态因子为优化切入点，围绕独立运作、流程规范、资金筹集、设备完善、人力资源、专业技术、自我监督、品牌效应、危机公关等9项能力，实行"内外结合、软硬兼施"，健全社会化服务组织内部治理结构，健全规则体系，制定企业发展短期布局和长期规划。同时，要把责任担当纳入企业发展的重要位置，遇到问题和困境始终把客户（这里专指养殖主体）利益放在第一位，不推责、不卸责，真正成为助力养殖主体生产绿色转型的责任主体。

第二，打造能力生态链，强化社会化服务组织服务供给能力。能力生态链是指在能力生态系统中，以社会化服务组织承接服务的能力生态因子为纽带，形成的具有紧密衔接关系的能力链条。打造能力生态链，关键是要把握社会化服务组织承接服务能力的三个面向，即面向畜牧业重大需求的"卡脖子"技术服务、面向养殖主体自我服务不划算的服务、面向养殖主体实现"减排"和"增效"双赢的服务，全力构建社会化服务组织能力孵化机制，全力增强社会化服务组织承接服务的硬实力和软实力。

第三，形塑能力生态圈，提升社会化服务组织信誉维系能力。能力生态圈是指社会化服务组织在承接服务中的各利益相关者（政府、社会化服务组织、养殖主体等）相互联系、相互作用共同构成的一个合作平台。形塑能力生态，就是要形成以公信力建设为载体，提升社会化服务组织公共服务能力的生态环境，具体包括构建社会化服务组织的自律机制、他律机制和第三方评估机制，把社会化服务组织的信誉建立在信息共和制度规范的基础之上。同时，要加强政府的管理，形成"指导＋监督＋推广＋反馈"的工作机制，以养殖主体采用服务满意度为标准，督促社会化服务组织改进服务质量、提升服务品质、树立服务品牌，确保社会化服务组织和养殖主体之间建立良好的信任关系。

　　本章从市场层面检验社会化服务组织嵌入对畜牧业绿色转型的影响效应。通过研究得出的基本结论是：（1）在考虑反事实假设下，当选择嵌入奶牛养殖主体生产绿色转型的社会化服务组织不嵌入时，奶牛养殖主体生产绿色转型将降低 0.155，降低比例为 37.80%。而当未嵌入奶牛养殖主体生产绿色转型的社会化服务组织选择嵌入时，奶牛养殖主体生产绿色转型将提高 0.167，提高比例为 44.65%，这一结论证实了社会化服务组织嵌入行为的驱动效应。（2）随着社会化服务组织嵌入程度不断加深，奶牛养殖主体生产绿色转型水平相应提升，这一结论在经过替换核心解释变量、随机抽取 2/3 样本、以 1% 和 99% 两端缩尾处理的稳健性检验后依然成立，而经过内生性处理后，社会化服务组织嵌入程度的驱动效应依旧显著。（3）社会化服务组织嵌入程度在不同养殖区域、不同养殖规模间表现出明显异质性。（4）社会化服务组织嵌入程度的提升不仅会直接作用于奶牛养殖主体生产绿色转型，还会通过治污成本控制、绿色技术引进和人力资本结构改善间接作用于奶牛养殖主体生产绿色转型。（5）本章对社会化服务组织承接服务能力进行了考察，发现社会化服务组织承接服务能力偏低，有待优化能力生态因子，打造能力生态链，形塑能力生态圈。

第十章 畜牧业绿色转型的养殖主体感知价值影响效应检验

在第八章、第九章分别从政府层面、市场层面检验了政府环境规制、社会化服务组织嵌入对畜牧业绿色转型的影响效应。本章将聚焦于养殖主体层面，重点考察养殖主体感知价值能否驱动奶牛养殖主体生产绿色转型、感知价值如何作用于奶牛养殖业绿色转型以及感知价值的驱动力受何种因素支配，是对政府行为、市场行为、养殖主体行为的有机整合，综合研判在多主体行为共同作用下，畜牧业绿色转型的提升情况，涉及的内容将通过 Tobit 回归、中介效应模型、调节效应模型进行逐一检验。与此同时，本章还就学术界长期关注的农户感知研究的价值性进行深入讨论，分析感知价值的"变"与"不变"，并提出关于感知价值政策启示的思考。

第一节 养殖主体感知价值影响畜牧业绿色转型的研究设计

一、研究假说提出

结合第五章影响机理分析，本章中需要验证的研究假说如下：

H_1：感知价值对奶牛养殖主体生产绿色转型具有显著影响。

H_{1a}：感知利益正向影响奶牛养殖主体生产绿色转型。

H_{1b}：感知风险负向影响奶牛养殖主体生产绿色转型。

H_2：感知价值对奶牛养殖主体生产绿色转型的影响通过养殖主体采用社

会化服务来实现，即社会化服务在感知价值与奶牛养殖主体生产绿色转型之间起到中介作用。

H_3：感知价值对奶牛养殖主体生产绿色转型的影响受政府环境规制的支配，即政府环境规制在感知价值与奶牛养殖主体生产绿色转型之间起到调节作用。

二、变量选取与说明

1. 被解释变量

同理，本章的被解释变量是奶牛养殖主体生产绿色转型，具体度量方式同第八章第一节"三、变量选取与说明"，在此不做过多赘述。

2. 核心解释变量

本章的核心解释变量是养殖主体感知价值。目前，学术界对于感知价值的测度已经较为成熟，基于第五章理论分析部分对于感知价值维度的划分（包括感知利益和感知风险），参考黄晓慧等（2019）[1]、于婷和于法稳（2020）[2]、李明月和陈凯（2020）[3]、王淇韬等（2021）[4]、许佳彬等（2021）[5]对农户感知价值的度量，结合实地调研过程中奶牛养殖主体对于生产绿色转型的现实感知情况，从收益增加、改善环境、食品安全、身体健康、责任认知、社会认同 6 个维度对奶牛养殖主体感知利益进行评价，从成本风险、时间风险、机会风险、情景风险、技术风险、行为后果 6 个维度对奶牛养殖主体感知风险进行评价，具体量表设计如表 10–1 所示。

[1]　黄晓慧、王礼力、陆迁：《农户水土保持技术采用行为研究——基于黄土高原 1152 户农户的调查数据》，《西北农林科技大学学报》（社会科学版）2019 年第 2 期。

[2]　于婷、于法稳：《环境规制政策情境下畜禽养殖废弃物资源化利用认知对养殖户参与意愿的影响分析》，《中国农村经济》2019 年第 8 期。

[3]　李明月、陈凯：《农户绿色农业生产意愿与行为的实证分析》，《华中农业大学学报》（社会科学版）2020 年第 4 期。

[4]　王淇韬、郭翔宇、刘二阳：《基于感知价值的东北黑土区农户保护性耕作技术采用行为》，《中国农业大学学报》2021 年第 7 期。

[5]　许佳彬、王洋、李翠霞：《环境规制政策情境下农户认知对农业绿色生产意愿的影响——来自黑龙江省 698 个种植户数据的验证》，《中国农业大学学报》2021 年第 2 期。

表 10-1　奶牛养殖主体感知价值的量表设计

测量变量	测量题项	题项含义
感知利益	我认为参与生产绿色转型能显著提升养殖收益	收益增加
	我认为参与生产绿色转型能够减少对水体、大气、土壤等污染	改善环境
	我认为参与生产绿色转型有助于提升生鲜乳质量	食品安全
	我认为参与生产绿色转型有助于改善生活环境，利于身体健康	身体健康
	我会积极主动学习绿色转型知识，并同其他人分享	责任认知
	我认为参与生产绿色转型是响应政府号召，能够得到社会认可	社会认同
感知风险	我担心参与生产绿色转型需要多投入一部分资金	成本风险
	我担心需要投入更多的时间和精力学习绿色转型知识和技术	时间风险
	我担心参与生产绿色转型与未参与相比效率和效益均会下降	机会风险
	我担心政府不能提供相应资金支持生产绿色转型	情景风险
	我担心绿色养殖技术存在供需脱节，无法满足绿色转型要求	技术风险
	我担心既往破坏掉的生态环境会增加绿色转型的难度	行为后果

3. 中介变量

本章的中介变量是奶牛养殖主体是否采用社会化服务。为了最大程度上精准度量养殖主体对社会化服务的采用情况，在调查过程中询问养殖主体三个问题："我会主动寻求社会化服务帮助实现生产绿色转型""我会严格按照社会化服务组织要求参与生产绿色转型"和"我会持续采用社会化服务以实现'减排'和'增效'"，分别代表养殖主体的主动物色行为、严格执行行为和持续采用行为，并通过李克特量表对其进行 1—5 赋值，最后采取算术平均值作为社会化服务采用的代理变量。

4. 调节变量

本章的调节变量是政府环境规制。根据第八章第一节"三、变量选取与说明"的介绍，将采用式（8-1）计算结果度量激励型环境规制强度，采用式（8-2）计算结果度量约束型环境规制强度。

5. 控制变量

与第八章所选取的控制变量相同，本章同样选择奶牛养殖主体的个体特征（包含决策者年龄、受教育程度、健康状况、风险偏好）、养殖特征（包括养殖收入占比、养殖年限、种养结合）以及外部环境特征（包括政治身份、是否加入合作社、养殖技术培训）三类特征作为控制变量。同样，考虑到地区的差异，在模型中还加入了区域的虚拟变量。

三、模型选择与构建

1.感知价值对奶牛养殖主体生产绿色转型驱动效应检验的模型构建

按照第八章"畜牧业绿色转型的政府环境规制影响效应检验"模型构建的思路，同样构建 Tobit 回归模型来作为主回归模型，具体模型构建如下：

$$\begin{cases} Y_i^* = \alpha_0 + \alpha_1 Value_i + \sum_{i=1}^{n} \delta_i X_i + \mu_i \\ Y_i = \max(0, Y_i^*) \end{cases} \tag{10-1}$$

式（10-1）中：Y_i^* 为潜变量，Y_i 为奶牛养殖主体生产绿色转型程度；$Value_i$ 为核心解释变量养殖主体感知价值，包括感知利益和感知风险，依照表 7–1 测度量表计算所得；X_i 为控制变量，包括奶牛养殖主体个体特征、养殖特征、外部环境特征等；α_1、δ_i 为各变量的估计系数，α_0 为常数项；μ_i 为随机误差项，代表不可观测因素的汇总，服从正态分布。

2.感知价值驱动奶牛养殖主体生产绿色转型作用渠道的模型构建

同理，按照第八章"畜牧业绿色转型的政府环境规制影响效应检验"模型构建的思路，在感知价值对奶牛养殖主体生产绿色转型驱动效应检验的基础上，对感知价值驱动奶牛养殖主体生产绿色转型作用渠道进行检验，具体模型构建如下：

$$Serv\_ado_i = \beta_0 + \beta_1 Value_i + \sum_{i=1}^{n} \theta_i X_i + \sigma_i \tag{10-2}$$

式（10-2）中：$Serv\_ado_i$ 为中介变量社会化服务采用；$Value_i$ 为养殖主体感知价值；β_1、θ_i 为变量的估计系数，β_0 为常数项；σ_i 为随机误差项。

另外，为了加深因变量与所选取的中介变量之间相关性的合理性，本章还进行了中介变量对奶牛养殖主体生产绿色转型影响的检验，具体模型构建如下：

$$Y_i = \omega_0 + \omega_1 Serv\_ado_i + \sum_{i=1}^{n} \gamma_i X_i + \eta_i \tag{10-3}$$

式（10-3）中：Y_i 为奶牛养殖主体生产绿色转型；$Serv\_ado_i$ 为中介变量社会化服务采用；ω_1、γ_i 为各变量的估计系数，ω_0 为常数项；η_i 为随机误差项。

3. 政府环境规制在感知价值—奶牛养殖主体生产绿色转型之间的作用机制模型构建

如果解释变量 X 对被解释变量 Y 随第 3 个变量 M 取值的变化而变化，则称变量 M 在 X 影响 Y 的关系中发挥调节作用。[①] 江艇（2022）也给出来了关于调节效应的操作建议，指出要将因果关系的作用机制检验视为因果识别的重要手段，尽量正式地讨论其如何有助于强化 X 对 Y 因果关系的论证，并要直观地展示调节效应，同时要讨论其数值大小在经济上的重要性。[②] 因此，为了检验政府环境规制在感知价值—奶牛养殖主体生产绿色转型之间的作用机制，具体模型构建如下：

$$Y_i = \delta_0 + \delta_1 ER\_inc_i + \delta_2 Value_i + \delta_3 ER\_inc_i \times Value_i + \sum_{i=1}^{n} \theta_i X_i + \tau_{i1} \tag{10-4}$$

$$Y_i = \eta_0 + \eta_1 ER\_res_i + \eta_2 Value_i + \eta_3 ER\_res_i \times Value_i + \sum_{i=1}^{n} \xi_i X_i + \tau_{i2} \tag{10-5}$$

式（10-4）、（10-5）中：Y_i 为奶牛养殖主体生产绿色转型；ER_inc_i 为激励型环境规制，ER_res_i 为约束型环境规制；$Value_i$ 为养殖主体感知价值；δ_1、δ_2、δ_3、η_1、η_2、η_3、θ_i、ξ_i 为变量的估计系数，δ_0、η_0 为常数项；τ_{i1}、τ_{i2} 为随机误差项。

[①] 温忠麟、侯杰泰、张雷：《调节效应与中介效应的比较和应用》，《心理学报》2005 年第 2 期。

[②] 江艇：《因果推断经验研究中的中介效应与调节效应》，《中国工业经济》2022 年第 5 期。

四、变量描述性统计

表 10–2 为各变量具体含义与描述性统计，重点阐述核心解释变量和中介变量情况。从核心解释变量奶牛养殖主体感知价值不同维度来看，养殖主体对生产绿色转型的感知利益水平均值为 3.23，处于一般偏上水平，说明绝大部分养殖主体认为参与生产绿色转型是可以为其带来正向收益；养殖主体对生产绿色转型的感知风险水平均值为 2.87，处于一般偏下水平，说明总体上养殖主体对参与生产绿色转型有一定风险担忧，担心参与生产绿色转型会增加其生产风险。从中介变量社会化服务采用情况来看，养殖主体对于社会化服务采用的认知处于一般偏上水平，无论是主动物色行为、严格执行行为，还是持续采用行为，均值均超过 3，说明在社会化服务组织选择嵌入以后，养殖主体也在不断升级养殖结构，通过采用更为精准化、便捷化、高效化的社会化服务助力生产绿色转型。其他变量含义与描述性统计与第八章第一节"五、变量描述性统计"相同，在此不做过多赘述。

表 10–2　变量含义与描述性统计

变量名称	符号	变量说明与赋值	均值	标准差
被解释变量				
奶牛养殖主体生产绿色转型	Y	基于熵权 TOPSIS 法测算所得	0.48	0.22
核心解释变量				
感知利益	Per_beni	基于感知利益测量指标加权平均所得值度量	3.23	0.84
感知风险	Per_Risk	基于感知风险测量指标加权平均所得值度量	2.87	0.89
中介变量				
社会化服务采用	$Service$	基于主动物色、严格执行、持续采用 3 个测量指标加权平均所得值度量	3.17	0.90
主动物色行为	Sea_B	我会主动寻求社会化服务帮助实现生产绿色转型：1= 非常不同意；2= 不同意；3= 一般；4= 同意；5= 非常同意	3.23	1.08

变量名称	符号	变量说明与赋值	均值	标准差
严格执行行为	Imp_B	我会严格按照社会化服务组织要求参与生产绿色转型：1=非常不同意；2=不同意；3=一般；4=同意；5=非常同意	3.11	1.08
持续采用行为	Ado_B	我会持续采用社会化服务以实现生产绿色转型：1=非常不同意；2=不同意；3=一般；4=同意；5=非常同意	3.15	1.18
调节变量				
激励型环境规制	ER_inc	根据式（8-1）计算所得	1.04	0.81
约束型环境规制	ER_res	根据式（8-2）计算所得	1.09	0.82
控制变量				
年龄	Age	决策者的实际年龄（周岁）	49.24	9.71
受教育程度	Edu	决策者的受教育年限（年）	8.93	3.12
健康状况	Hea	决策者健康状况的自我评价：1=非常不好；2=不好；3=一般；4=较好；5=非常好	3.42	1.13
风险偏好程度	Risk	依据实验经济学评价决策者风险偏好程度：1=风险规避者；2=风险中立者；3=风险偏好者	2.16	0.722
养殖收入占比	Income	养殖收入占家庭总收入的比重（%）	71.21	21.53
养殖年限	Year	已经从事养殖工作（年）	10.20	4.02
种养结合	Plant	是否既养殖又种植：1=是；0=否	0.46	0.50
政治身份	Pol	是否为村干部或党员：1=是；0=否	0.61	0.49
养殖技术培训	Tel	2021年参加养殖技术培训次数（次）	5.81	3.00
加入合作社	Cooper	是否成立或加入养殖专业合作社：1=是；0=否	0.54	0.50
地区虚拟变量				
东北内蒙古产区	NEI	是否为东北内蒙古产区：1=是；0=否	0.30	0.46
华北产区	NC	是否为华北产区：1=是；0=否	0.31	0.46
西北产区	NWC	是否为西北产区：1=是；0=否	0.09	0.29
南方产区	ST	是否为南方产区：1=是；0=否	0.17	0.38
大城市周边产区	LC	是否为大城市周边产区：1=是；0=否	0.12	0.33

第二节　感知价值影响畜牧业绿色转型的实证研究结果分析

一、感知价值对养殖主体生产绿色转型影响效应检验

1. 基准回归

由于本章中感知价值是通过养殖主体主观评价获得，因此在进行具体回归之前，需要进行信度检验，以检验问卷数据及量表题项设计的合理性。通过采用 Cronbach's Alpha 系数作为信度检验指标，并对数据进行分析发现：针对感知利益和感知风险量表信度系数值分别为 0.816 和 0.846，均大于 0.8，说明研究数据信度质量高；针对"项已删除的 α 系数"，任意题项被删除后，信度系数并不会有明显的上升，说明题项不应该被删除处理；校正项总计相关性（CITC）值均大于 0.4，说明分析项之间具有良好的相关关系，同时也说明信度水平良好。因此，可以对上述量表所得数据进行回归分析。

采用 Stata 17.0 软件对上述构建的基准回归模型进行估计，具体结果如表 10–3 所示。采取从模型（1）至模型（4）逐步引入控制变量策略，观察核心解释变量解释效应的同时，也可以较好地观察模型估计结果的稳健性。结果发现，感知利益在 4 次回归中均在 1% 水平下通过显著性检验，且影响系数为正；感知风险在 4 次回归中也均在 1% 水平下通过显著性检验，但影响系数为负。模型（4）边际效应结果显示，感知利益和感知风险的边际效应分别为 0.066 和 −0.096，说明提升奶牛养殖主体的感知利益、降低感知风险将会显著提升奶牛养殖主体生产绿色转型。这一估计结果与既往针对黑土地保护性耕作①、绿色农业生产意愿与行为② 等农户绿色生产问题的研究结论基本一致，也进一步说明了奶牛养殖主体具有趋利避害的理性偏好，对生产

① 费红梅、孙铭韩、王立：《农户黑土地保护性耕作行为决策：价值感知抑或政策驱动》，《自然资源学报》2022 年第 9 期。

② 李明月、陈凯：《农户绿色农业生产意愿与行为的实证分析》，《华中农业大学学报》（社会科学版）2020 年第 4 期。

绿色转型带来的利益获得和风险损失有着清晰的判断能力。其他控制变量在第八章第二节"二、政府环境规制对奶牛养殖主体生产绿色转型影响效应检验"基准回归部分进行详细解释，在此不作赘述。

表 10-3　养殖主体感知价值驱动效应的基准回归

变量名称	模型（1）		模型（2）		模型（3）		模型（4）	
	系数	dy/dx	系数	dy/dx	系数	dy/dx	系数	dy/dx
Per_beni	0.100***	0.098***	0.082***	0.080***	0.078***	0.076***	0.067***	0.066***
	(0.007)	(0.007)	(0.007)	(0.007)	(0.007)	(0.007)	(0.006)	(0.006)
Per_Risk	−0.147***	−0.143***	−0.122***	−0.119***	−0.117***	−0.114***	−0.098***	−0.096***
	(0.007)	(0.006)	(0.006)	(0.006)	(0.007)	(0.007)	(0.006)	(0.006)
Age			0.001***	0.001***	0.001***	0.001***	0.001***	0.001***
			(0.000)	(0.000)	(0.000)	(0.000)	(0.000)	(0.000)
Edu			0.009***	0.009***	0.009***	0.009***	0.007***	0.007***
			(0.001)	(0.001)	(0.001)	(0.001)	(0.001)	(0.001)
Hea			0.011***	0.011***	0.010***	0.010***	0.010***	0.010***
			(0.003)	(0.003)	(0.003)	(0.003)	(0.003)	(0.003)
Risk			0.010**	0.010**	0.011**	0.010**	0.007*	0.007*
			(0.005)	(0.004)	(0.004)	(0.004)	(0.004)	(0.004)
Income					0.000**	0.000**	0.000***	0.000***
					(0.000)	(0.000)	(0.000)	(0.000)
Year					0.000	0.000	0.000	0.000
					(0.001)	(0.001)	(0.001)	(0.001)
Plant					0.017***	0.017***	0.012*	0.012*
					(0.007)	(0.006)	(0.006)	(0.006)
Pol							0.007	0.006
							(0.006)	(0.006)
Tel							0.014***	0.013***
							(0.002)	(0.002)
Cooper							−0.001	−0.001
							(0.005)	(0.005)
Region	未控制	未控制	已控制	已控制	已控制	已控制	已控制	已控制
_cons	0.578***		0.395***		0.358***		0.280***	
	(0.041)		(0.042)		(0.048)		(0.042)	

续表

变量名称	模型 (1)		模型 (2)		模型 (3)		模型 (4)	
	系数	dy/dx	系数	dy/dx	系数	dy/dx	系数	dy/dx
F	2067.20***		520.15***		412.11***		447.42***	
Log likelihood	690.55		739.09		745.83		799.25	
Pseudo R²	− 10.57		− 11.39		− 11.50		− 12.39	
N	578		578		578		578	

注：① ***、** 和 * 分别表示在 1%、5% 和 10% 水平下通过显著性检验；②括号内的数值为稳健标准误。

上述基准回归已经揭示了感知价值对奶牛养殖主体生产绿色转型有着显著的影响，为了刻画不同因变量区间的差异性，为此本节进一步利用分位数回归探索不同绿色转型区间内感知价值影响的差异，具体回归结果如表 10-4 所示。从估计结果可以发现，无论是感知利益还是感知风险在不同分位点内均在 1% 水平下通过显著性检验，同样二者系数符号相反，证明上述基准回归结果真实可信。另外，从各分位点边际效应大小来看，感知利益与感知风险的边际效应均存在显著差异。就感知利益而言，从 10% 分位点到 75% 分位点呈现递增趋势，而到 90% 分位点又表现为边际效应的下降，可能的原因是：低绿色转型水平的奶牛养殖主体无法割舍传统养殖模式，尚未明显感知到生产绿色转型的利益所在；高绿色转型水平的奶牛养殖主体外界驱动力效果更为明显，此时感知利益发挥的作用效果将会降低；而只有处于中等绿色转型水平的奶牛养殖主体，才更能体现感知利益驱动的重要作用。而感知风险在不同分位点上的边际效应呈现不规律波动，经历了从 10% 分位点到 25% 分位点的递减，从 25% 分位点到 50% 分位点的递增，又经历 50% 分位点到 90% 分位点的递减，可以看出随着奶牛养殖主体生产绿色转型水平的提升，感知风险的抑制效果有变强的趋势，特别是在 90% 分位点时，感知风险的抑制作用达到最大，也说明了越是高绿色转型水平的奶牛养殖主体，越具备转型经验，对一系列风险越熟知，所以一旦提升感知风险水平，将会显著抑制绿色转型。

表 10–4　感知价值对奶牛养殖主体生产绿色转型影响的分位数回归

变量名称	模型（5）：10% 分位数	模型（6）：25% 分位数	模型（7）：50% 分位数	模型（8）：75% 分位数	模型（9）：90% 分位数
Per_beni	0.056*** (0.009)	0.063*** (0.009)	0.064*** (0.008)	0.071*** (0.009)	0.056*** (0.011)
Per_Risk	− 0.085*** (0.009)	− 0.094*** (0.007)	− 0.088*** (0.008)	− 0.096*** (0.008)	− 0.114*** (0.014)
Control	已控制	已控制	已控制	已控制	已控制
Region	已控制	已控制	已控制	已控制	已控制
_cons	0.192*** (0.058)	0.243*** (0.055)	0.241*** (0.058)	0.335*** (0.051)	0.384*** (0.090)
Pseudo R^2	0.73	0.75	0.75	0.73	0.70
N	578	578	578	578	578

注：① *** 表示在 1% 水平下通过显著性检验；②括号内为稳健标准误。

2. 稳健性检验

同样，为了防止某些不可控因素导致的估计偏误使基准回归结论缺乏说服力，本章将进一步采取三种策略对上述基准回归结果展开稳健性检验：一是替换核心解释变量法。在感知价值和感知风险的众多维度中，收益增加和成本风险是养殖主体最关心的问题，为此选择养殖主体对收益增加和成本风险的评价作为感知利益和感知风险的替代变量纳入模型，以观察其对奶牛养殖业绿色转型的影响，具体回归结果如表 10–5 模型（10）所示。二是随机抽取 2/3 样本法。同样考虑养殖主体内部禀赋结构的差异，采取随机抽取样本的策略重新进行回归，具体结果如表 10–5 模型（11）所示。三是以1% 和 99% 两端缩尾处理。考虑到调查数据中会遇到极端值影响回归结果，在此进行 1% 和 99% 两端缩尾，重新进行结果的估计，具体回归结果如表10–5 模型（12）所示。

从上述三种稳健性检验的估计结果来看，感知利益和感知风险均在 1%的水平下通过显著性检验，且均同理论分析与基础回归结果一致，表现为感知利益正向影响奶牛养殖主体生产绿色转型，感知风险负向影响奶牛养殖主体生产绿色转型，这充分证实了基准回归结果的稳健性，也为提升奶牛养殖主体生产绿色转型，进而推动奶牛养殖业绿色转型，找到了养殖主体层面的关键因素。

表 10-5　稳健性检验估计结果

变量名称	模型（10）：替换核心解释变量		模型（11）：抽取 2/3 样本		模型（12）：1% 和 99% 缩尾	
	系数	dy/dx	系数	dy/dx	系数	dy/dx
Per_beni	0.029*** (0.004)	0.028*** (0.004)	0.073*** (0.007)	0.072*** (0.007)	0.067*** (0.006)	0.066*** (0.006)
Per_Risk	−0.033*** (0.004)	−0.032*** (0.004)	−0.097*** (0.007)	−0.095*** (0.007)	−0.098*** (0.006)	−0.096*** (0.006)
Control	已控制	已控制	已控制	已控制	已控制	已控制
Region	已控制	已控制	已控制	已控制	已控制	已控制
_cons	−0.074*** (0.033)		0.261*** (0.049)		0.280*** (0.042)	
F	308.81***		285.33***		447.42***	
Log likelihood	655.14		540.74		799.25	
Pseudo R^2	−9.98		−11.20		−12.39	
N	578		386		578	

注：*** 表示在 1% 水平下通过显著性检验。

3. 异质性检验

同理，为了检验不同性质下感知价值对奶牛养殖主体生产绿色转型的驱动效应，本章进行了三个维度的异质性检验。

一是分养殖区域。同样按照上述研究的划分，将样本划分为养殖优势区和养殖普通区，具体估计结果如表 10-6 所示。从模型（13）和模型（14）估计结果发现，无论是在养殖优势区内还是在养殖普通区内，感知利益都在 1% 水平下正向影响奶牛养殖主体生产绿色转型，感知风险均在 1% 水平下负向影响奶牛养殖主体生产绿色转型，但是从影响系数的绝对值来看，在两个区域内存在显著差异。相比较而言，养殖优势区内感知利益驱动奶牛养殖主体生产绿色转型的效果更明显，但感知风险抑制奶牛养殖主体生产绿色转型的效果也更为强劲，这说明优势区内的养殖主体对于绿色转型的认知能力强于普通区，对于绿色转型的利弊权衡较为客观准确，为此绿色转型受感知价值的影响较大。

表 10–6　异质性检验一：分养殖区域

变量名称	模型（13）：养殖优势区		模型（14）：养殖普通区	
	系数	边际效应	系数	边际效应
Per_beni	0.069*** (0.007)	0.068*** (0.007)	0.061*** (0.012)	0.060*** (0.012)
Per_Risk	-0.100*** (0.007)	-0.098*** (0.007)	-0.084*** (0.014)	-0.084*** (0.014)
Control	已控制	已控制	已控制	已控制
Region	已控制	已控制	已控制	已控制
_cons	0.298*** (0.047)		0.188** (0.098)	
F	388.42***		64.90***	
Log likelihood	638.95		164.36	
Pseudo R^2	-14.17		-7.55	
N	462		116	

注：***、** 分别表示在 1% 和 5% 水平下通过显著性检验。

二是受教育水平差异。感知价值是养殖主体的主观评价，这种主观评价很大程度上受养殖主体受教育水平的影响，当养殖主体接受教育年限较高，其对事物的鉴别与权衡能力就会越强，对绿色转型所带来的利益和风险更能精准评判。通过实地经验，以 9 年义务教育年限为分割点，将养殖主体受教育年限小于等于 9 年的划分为"低学历组"，将大于 9 年的划分为"高学历组"，观测养殖主体感知价值的驱动效应，具体回归结果如表 10–7 所示。从模型（15）和模型（16）可以发现，无论是在低学历组还是在高学历组，感知利益和感知风险均在1%水平下通过显著性检验，分别表现出正向驱动效应和负向抑制效应。通过对比两组间影响系数的绝对值可以发现，高学历组中感知利益的正向效应和感知风险的负向效应均大于低学历组，说明了感知价值在不同受教育组别间对奶牛养殖主体生产绿色转型的影响效果是存在显著差异的。

表10-7 异质性检验二：受教育水平差异

变量名称	模型（15）：低学历组		模型（16）：高学历组	
	系数	边际效应	系数	边际效应
Per_beni	0.056*** (0.007)	0.056*** (0.007)	0.100*** (0.012)	0.099*** (0.012)
Per_Risk	−0.097*** (0.008)	−0.095*** (0.008)	−0.101*** (0.100)	−0.099*** (0.009)
Control	已控制	已控制	已控制	已控制
Region	已控制	已控制	已控制	已控制
_cons	0.309*** (0.054)		0.178** (0.072)	
F	259.08***		89.63***	
Log likelihood	547.77		284.55	
Pseudo R^2	−4.33		−1.98	
N	364		214	

注：*** 和 ** 分别表示在1%和5%水平下通过显著性检验。

三是代际差异。随着农村人口老龄化问题愈发严峻，目前大多实证研究已经发现，年龄已经不再是阻碍农业生产进程或农业绿色生产行为的关键因素，恰恰相反，年龄与农业生产经验直接相关，年龄越大，积累经验越足，越有利于促进绿色转型，这也是上述实证结果得出的结论。为了区分感知价值对不同年龄阶段奶牛养殖主体生产绿色转型的影响，本节以45岁为分界线，将全部样本分为新一代组和老一代组，观测感知价值的驱动效应，具体回归结果如表10-8所示。从模型（17）和模型（18）可以发现，感知利益和感知风险在新一代组和老一代组中均在 1% 水平下通过显著性检验，同样分别表现为正向驱动效应和负向抑制效应。通过横向比较影响系数和边际效应发现，感知利益更能激发老一代养殖主体参与生产绿色转型的积极性，而感知风险对新一代养殖主体生产绿色转型的负向影响更大。这一异质性研究结果反驳了学术界长期认为的劳动力老龄化阻碍了农业绿色生产的观点。一般意义上讲，劳动力老龄化不利于绿色生产技术的采纳，[①] 但是劳动力年龄也从侧面反映出养殖经验的丰富程度以及对养殖收益的依赖程度，对于老一代养殖主体，感知利益的定位可能更加准确，感知利益水平的提升更有利于促进其参与生产绿色转型的积极性。而相比于老一代组，新一代养殖主体对于感知风险的敏感度更高，在面对风险压力时更容易表现出消极情绪，为此对于新一代组而言，感知风险对生产绿色转型的抑制作用更明显。

表 10-8　异质性检验三：代际差异

变量名称	模型（17）：新一代组		模型（18）：老一代组	
	系数	边际效应	系数	边际效应
Per_beni	0.047*** (0.010)	0.046*** (0.010)	0.086*** (0.008)	0.085*** (0.011)
Per_Risk	−0.104*** (0.010)	−0.101*** (0.010)	−0.096*** (0.008)	−0.095*** (0.012)
Control	已控制	已控制	已控制	已控制
Region	已控制	已控制	已控制	已控制
_cons	0.370*** (0.074)		0.144*** (0.056)	
F	263.91***		189.07***	
Log likelihood	323.90		493.56	
Pseudo R^2	−40.80		−4.36	
N	228		360	

注：*** 表示在 1% 水平下通过显著性检验。

---

① 杨志海：《老龄化、社会网络与农户绿色生产技术采纳行为——来自长江流域六省农户数据的验证》，《中国农村观察》2018 年第 4 期。

4. 内生性处理

在本章中，内生性同样可能来源于两方面：一是，感知价值与奶牛养殖主体生产绿色转型之间存在互为因果关系。养殖主体对绿色转型感知价值水平越高，其绿色生产积极性越高，生产绿色转型水平越高；反过来，奶牛养殖主体生产绿色转型水平越高，其感知利益会提升、感知风险会下降。二是，存在遗漏变量，导致感知价值对奶牛养殖主体生产绿色转型的驱动效应存在偏误。同理，选用市域养殖主体评价感知价值作为工具变量，通过工具变量法解决模型估计结果可能存在的内生性，采用 IV-Tobit 回归模型作为解决内生性的主回归，采用 2SLS 和 IV-GMM 作为稳健性检验，具体估计结果如表 10–9 所示。

表 10–9　内生性处理估计结果

变量名称	感知利益内生性处理			感知风险内生性处理		
	模型(19)：IV-Tobit	模型(20)：2SLS	模型(21)：IV-GMM	模型(22)：IV-Tobit	模型(23)：2SLS	模型(24)：IV-GMM
Per_beni	0.220*** (0.049)	0.219*** (0.049)	0.219*** (0.049)			
Per_Risk				−0.216*** (0.040)	−0.219*** (0.038)	−0.219*** (0.038)
Control	已控制	已控制	已控制	已控制	已控制	已控制
Region	已控制	已控制	已控制	已控制	已控制	已控制
_cons	−0.389*** (0.043)	−0.388*** (0.041)	−0.388*** (0.041)	1.006*** (0.231)	1.021*** (0.218)	1.021*** (0.218)
第一阶段 F 值	82.79	93.83	93.83	110.39	133.30	133.30
内源性 Wald χ^2	8.50***			7.04***		
Wald 外生性检验 (Prob>chi2)	0.00			0.01		
N	578	578	578	578	578	578

注：①为了简化过程，表格中仅汇报各模型第二阶段估计结果；② *** 表示在 1% 水平下通过显著性检验。

从模型（19）和模型（22）第一阶段估计结果来看，感知利益和感知风险均在 1% 水平下通过显著性检验，且影响系数均为正。同时，回归模型中的 F 统计量的值均大于 10，拒绝存在弱工具变量的原假设。在模型（19）和模型（22）的第二阶段估计结果来看，外生性 Wald 检验（chi2）均在 1% 水平上显著，故可在 1% 水平上认为感知利益和感知风险均为内生变量，因此使用工具变量来控制内生性问题是至关重要的。同理，虽然 IV-Tobit 两步估计方法不允许计算自变量的边际效应，但可以用该方法得出系数估计值。所以第二阶段的估计系数表明，感知利益在 1% 水平下正向影响奶牛养殖主体生产绿色转型，感知风险在 1% 水平下负向影响奶牛养殖主体生产绿色转型，影响系数的绝对值均要大于基准回归中相应的估计系数。这表明，如果不考虑养殖主体感知价值的内生性，会低估其驱动效果。同时，结合模型（20）和模型（23）2SLS 估计结果、模型（21）和模型（24）IV-GMM 估计结果，进一步验证了 IV-Tobit 回归模型的稳健性。

二、感知价值对养殖主体生产绿色转型的作用渠道检验

上述从基准回归、稳健性检验到异质性分析，再到内生性处理，无一不印证了养殖主体感知价值的驱动力，得出感知利益和感知风险对奶牛养殖主体生产绿色转型有着不同程度和不同方向的直接驱动效应。为了进一步实证检验感知价值是否通过社会化服务采用这一渠道作用于奶牛养殖主体生产绿色转型，即检验社会化服务采用的中介效应，本章同样采取江艇（2022）提出的中介效应检验法，① 其具体流程可细分为三步：

步骤一：检验解释变量对中介变量的影响。通过第五章第三节"三、养殖主体感知价值对畜牧业绿色转型的作用机理"和本章第二节"变量选取与说明"可知，本章的中介变量为社会化服务采用，即需要检验感知价值对社会化服务采用的影响。根据中介变量的度量方式可知，社会化服务采用的度量方式是基于主动物色、严格执行、持续采用 3 个测量指标加权平均所得的

---

① 江艇：《因果推断经验研究中的中介效应与调节效应》，《中国工业经济》2022 年第 5 期。

值，为连续变量，为此将采用 OLS 回归模型进行检验，具体回归结果如表10–10 模型（25）所示。结果表明：感知价值在 1% 水平下正向影响社会化服务采用，说明养殖主体在权衡绿色转型感知利益和感知风险以后，将会积极采用社会化服务。

步骤二：采取理论分析加文献分析说明社会化服务采用对奶牛养殖主体生产绿色转型有显著影响。其实这一问题在上述第五章第二节"二、社会化服务组织与养殖主体间的博弈分析"、第三节"二、社会化服务组织嵌入对畜牧业绿色转型的作用机理"已经从理论上阐述了社会化服务对奶牛养殖主体生产绿色转型的影响，同时在第九章第二节"社会化服务组织嵌入影响畜牧业绿色转型的实证研究结果分析"已经通过实证分析检验了理论预期的成立。为此，这将充分说明社会化服务采用在感知价值和奶牛养殖主体生产绿色转型之间有着显著的中介作用。

步骤三：进一步对上述步骤二的结论加以实证验证。采用 Tobit 回归模型验证社会化服务采用与奶牛养殖主体生产绿色转型的相关关系，具体结果如表 7–10 模型（26）所示。结果表明：社会化服务采用在 1% 水平下通过了显著性检验，且影响系数为正，这也充分说明社会化服务采用是促进奶牛养殖主体实现"减排"与"增效"双赢的有效手段，从而有效推动了奶牛养殖主体生产绿色转型。

表 10–10　中介效应估计结果

变量名称	模型（25）：OLS 回归		模型（26）：Tobit 回归	
	系数	稳健标准误	系数	稳健标准误
Value ①	2.445***	0.227		
Service			0.083***	0.007

① 在分析养殖主体感知价值对社会化服务采用的影响时，感知价值应是养殖主体权衡感知利益和感知风险后的综合值。因此，此处采用熵权法对养殖主体感知价值进行综合评价并计算得分。熵权法可以辨析指标正、负属性，有助于准确评价养殖主体感知价值综合情况。

续表

变量名称	模型（25）：OLS 回归		模型（26）：Tobit 回归	
	系数	稳健标准误	系数	稳健标准误
Control	已控制	已控制	已控制	已控制
Region	已控制	已控制	已控制	已控制
_cons	0.980***	0.162	− 0.293***	0.024
Wald/F	82.49***		348.72***	
Log likelihood			669.62	
R-squared/Pseudo R^2	0.69		− 10.22	
N	578		578	

注：①模型（25）被解释变量为社会化服务采用，模型（26）被解释变量为奶牛养殖主体生产绿色转型；② *** 表示在 1% 水平下通过显著性检验。

三、政府环境规制在感知价值—养殖主体生产绿色转型之间的作用机制检验

为检验政府环境规制在感知价值—奶牛养殖主体生产绿色转型之间的调节效应，通过两两组合的方式，形成了"感知价值 × 激励型环境规制""感知价值 × 约束型环境规制"两种交互形式，并将其逐步引入至模型中，通过变量显著性和符号方向判断政府环境规制的调节效果，具体回归结果如表 10–11 所示。

从模型（27）估计结果来看，感知价值、激励型环境规制和"感知价值 × 激励型环境规制"均在 1% 水平下通过显著性检验，且回归系数均为正，表明激励型环境规制在感知价值影响奶牛养殖主体生产绿色转型之间起到了显著的正向调节作用，即提高激励型环境规制水平有助于增进感知价值对奶牛养殖主体生产绿色转型的影响效应。从模型（28）估计结果来看，感知价值、约束型环境规制和"感知价值 × 约束型环境规制"也均在 1% 水平下通过显著性检验，回归系数均表现为正，表明提高约束型环境规制水平同样有助于增进感知价值对奶牛养殖主体生产绿色转型的影响效应。上述回

归结果验证了 H₃ 的成立。

正如第五章第三节"三、养殖主体感知价值对畜牧业绿色转型的作用机理"分析的，任何经济活动都是在一定的制度框架下追求利益最大化的理性选择。奶牛养殖主体生产绿色转型又属于一项复杂的系统工程，既需要新技术、新设备的开发以奠定生产力基础，又需要大力推广新技术将潜在的生产力转化为现实生产力，在这一过程中不仅仅需要提高奶牛养殖主体的感知价值以对个体行为起到内生激励的作用，还需要建立健全的政策体系以增强外部驱动力。与此同时，感知价值又是养殖主体权衡感知利益和感知风险后的综合结果，所以在未来的发展过程中，针对感知价值水平高的养殖主体，可以适当提升环境规制强度，增加对其经济奖励、荣誉表彰和经济惩罚、批评教育均有助于实现奶牛养殖的"减排"和"增效"目标。

表 10-11　政府环境规制在感知价值—奶牛养殖主体生产绿色转型之间的调节效应检验

变量名称	模型（27）		模型（28）	
	系数	稳健标准误	系数	稳健标准误
Value	0.602***	0.029	0.611***	0.028
ER_inc	0.032***	0.005		
ER_res			0.025***	0.005
Value×ER_inc	0.073***	0.019		
Value×ER_res			0.052***	0.016
Control	已控制	已控制	已控制	已控制
Region	已控制	已控制	已控制	已控制
_cons	−0.149***		−0.160***	
F	512.55***		511.95***	
Log likelihood	838.60		835.77	
Pseudo R^2	−13.05		−13.01	
N	578		578	

注：*** 表示在 1% 水平下通过显著性检验。

第三节 农户感知研究的价值性何在

一、关于农户感知的研究趋势

本章上述内容已经就感知价值对奶牛养殖主体生产绿色转型的驱动效应进行了系统的检验，发现提升感知利益、降低感知风险有助于促进奶牛养殖主体的"减排"和"增效"，进而驱动奶牛养殖业绿色转型。但是不同于政府环境规制和社会化服务组织嵌入真实的行为，感知价值似乎是一个"虚拟"的心理感应，这种心理感应不可控因素太多，换言之其并无规律性可言。那么农户感知研究的价值性何在？对于这一问题有必要进一步讨论。

以"farmers' perception"为关键词，对国内外学术论文进行检索和统计，观察学术界对于农户感知研究论文篇数及增长率情况，具体如图 10–1 所示。从中不难发现，2000—2020 年以农户感知为主题的研究呈现逐年增加态势，到 2020 年，学术论文篇数已经达到 448 篇/年的高位，说明学术界长期以来对农户感知的研究一直保有较高热情。但是到 2021 年，学术界对于农户感知的研究出现大幅下降，学术论文篇数降至 383 篇/年，降幅达

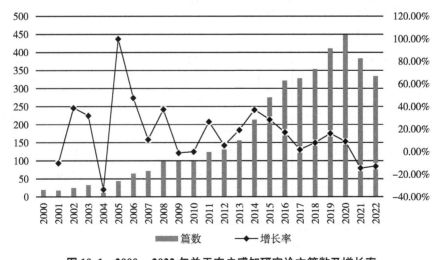

图 10–1 2000—2022 年关于农户感知研究论文篇数及增长率

到 14.51%。而 2022 年依旧保持下降的研究态势，学术论文篇数仅为 334 篇 /
年。难道学术界已经开始"放缓"对农户感知的研究了吗？是否证明学术界
已经发现农户感知研究价值性不高了呢？

　　然而事实并非如此。同样以"农户感知"为关键词，在北大核心、
CSSCI 数据库内进行检索，发现在国内权威期刊中对于农户感知的研究在
2021 年和 2022 年并未减少，具体情况如图 10–2 所示。2019 年，在两类数
据库中针对农户感知的研究论文达到 39 篇，为 23 年间数量最多，诸如《中
国农村经济》《中国土地科学》《农业技术经济》《西北农林科技大学学报》（社
会科学版）《华南农业大学学报》（社会科学版）以及《长江流域资源与环境》
《干旱区资源与环境》等期刊均有研究。2020 年、2021 年、2022 年研究论
文篇数分别为 37 篇、38 篇、36 篇，数量基本处于高位。所以，从学术界整
体研究趋势来看，并未降低对农户感知的"研究热情"，学术界依旧在从不
同角度探究农户感知与粮食生产、农地流转、耕地保护、技术采用、环境治
理、低碳行为等之间的关系。

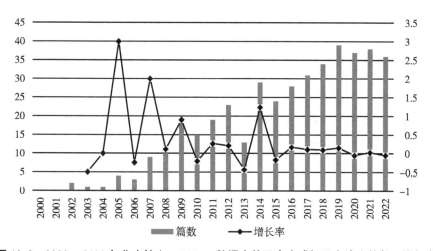

图 10–2　2000—2022 年北大核心、CSSCI 数据库关于农户感知研究论文篇数及增长率

　　近年来，学术界对于农户感知与环境治理关系方面的研究逐渐增加。
从大的方面来看，这些研究大多关注农户感知对农业废弃物有效处理的影
响。从具体内容来看，集中于讨论对相关技术采用（秸秆还田技术、节水技

术、有机肥替代技术等）、亲环境行为、低碳生产行为、生态行为响应等的影响。在畜禽养殖环境污染被政府和社会高度关注以后，学术界对其研究也更为深入。张郁等 2016 年在《农业技术经济》上刊文《环境规制政策情景下环境风险感知对养猪户环境行为的影响——基于湖北省 280 户规模养殖户的调查》得到学术界的普遍共识，下载量已经超过 2200 次，被引量已经达到 100 次。① 而于婷等 2019 年在《中国农村经济》上刊文《环境规制政策情境下畜禽养殖废弃物资源化利用认知对养殖户参与意愿的影响分析》下载量也已经超过 2200 次，被引量已经为 76 次。② 所以，可以肯定的是，对于农户感知的研究依旧具有重要的学术价值。

二、感知价值的"变"与"不变"

既然上述分析已经肯定了农户感知研究的价值性，同时本章实证检验已经得出感知价值对奶牛养殖主体的影响效应，所以就需要考虑如何才能让养殖主体感知价值转化为实际行为，这就涉及感知价值的"变"与"不变"，即在什么条件下能够改变养殖主体的心理感应，达到感知利益和感知风险的最优解，又在什么条件下保持这一最优解的稳定。

1. 养殖主体感知价值的形成机理

团体动力学理论的开创者卡特·勒温（C.K.Lewin）指出，人的心理活动及其行为发生在一种"心理场"中，其行为是其心理状态与所处环境的函数，为此构建养殖主体行为与其感知价值和所处环境的函数，具体如下式：

$$B=f(P,E) \tag{10-4}$$

式（10-4）中：B 代表养殖主体行为，P 代表养殖主体本身，E 代表养殖主体所处环境，f 代表某种函数方式。各个心理成分（如认知、需求、人格等）只有在和环境的互动中才能产生实际意义，这里的环境不是某种孤立事件，而是特定时空中人能感知或对其产生影响的全部事件总和。按照

---

① 数据来源：中国知网，时间截止为 2023 年 2 月 6 日。

② 数据来源：中国知网，时间截止为 2023 年 2 月 6 日。

式（10-4）可以发现，无论是来自个体（P）所关联的内部趋势，还是环境（E）所导致的出发点，它们最终导致的行为结果（B）都和函数关系（f）息息相关，只有在了解了这个函数公式的具体表达才能真正理解养殖主体感知价值并预测行为。

然而，养殖主体并非环境的被动响应器，尽管触发其行为的是环境，但是个体和群体的行为内在动力实际是内部的需求所引发的动机，行为的意义在于利用环境实现个体的内部需求，内部系统还决定了行为及其方向、强度和意义。也就是说，只有养殖主体自身有着"减排"和"增效"的理念，才能触发其参与生产绿色转型的动机，进而才能激发其参与生产绿色转型的行为。正因如此，养殖主体才是决定这个未知函数（f）的关键。例如，养殖主体的行为动机不强烈，那么即使环境对行为的引导再强烈也难以起到诱发行为的作用；反之，当养殖主体的行为动机强烈，即使环境的作用微弱，也能触发行为，养殖主体甚至为了实现需要而去改造环境或创造环境。

其实，对于一个特定的养殖主体而言，其心理到其行为的转化过程是一个难以探知的黑箱，行为的根本意义在于养殖主体自我欲望和需要的满足，而养殖主体将选择那些能够满足其"减排"和"增效"的行为。尽管如此，自然选择带来的必然结果将指导我们对这个未知的黑箱进行探知。从养殖主体养殖过程最基本的需求考虑，其在心理上表现为对经济利益的渴求和对养殖风险的规避，为此，其行为决策机制遵循生态系统内的一般规律，即趋利避害。尽管趋利避害发挥着重要作用，但养殖主体的心理成分是复杂的，不同的心理成分所遵循的行为决策原则并不一致，所以感知价值在不同情景下的变动是正常的，如果想要预测其行为，还需要具体分析从其感知价值到其行为的转化过程。

2. 养殖主体感知价值到其行为的转化过程

养殖主体感知价值到其行为转化具体可以分为三个节点、两个阶段。三个节点具体指激发兴趣、心理感知、触发行为；两个阶段即"激发兴趣—心理感知"阶段、"心理感知—触发行为"阶段。按照养殖主体的类型，也可将其划分为强意愿型主体、潜在型主体和弱意愿型主体。下面具体分析不同类型主体在不同阶段的转化特性，具体示意图如图 10–3 所示。

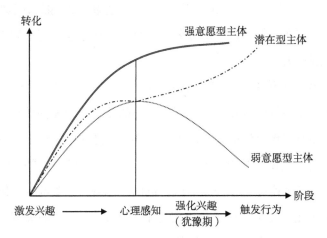

图 10–3　养殖主体感知价值到其行为的转化过程示意图

首先，对于强意愿型主体，从推行生产绿色转型开始，便有效激发了其参与的兴趣，在权衡感知利益和感知风险以后，养殖主体对于参与生产绿色转型的感知价值水平较高，而在"心理感知—触发行为"阶段，会将心理感知转化为实际行为，顺利完成转化。其次，对于弱意愿型主体，这类主体对于参与生产绿色转型的兴趣不高，其感知价值水平也较低，感知价值对行为的驱动效果不明显，为此由感知向行为的转化呈现下降的趋势。最后，对于潜在型主体，在感知利益和感知风险的权衡下，其感知价值水平也会较高，但低于强意愿型主体，高于弱意愿型主体，这类主体可以称为"心理感知—触发行为"阶段的"后备军"。在这一阶段中，养殖主体处于犹豫期，应该强化其参与兴趣，在有效的激励或适当的约束下，这类主体很容易将心理感知转化为绿色生产行为。可这类主体如果引导不当也很容易变为弱意愿型主体，找寻恰当的引导途径是将心理感知转化为行为的关键。

3. 犹豫期该如何强化养殖主体兴趣

犹豫期该如何强化养殖主体兴趣，这一问题至关重要，决定了能否将心理感知转化为实际行为。回归到感知价值的本源，其本身是一个市场营销概念，是指用户基于产品价值收益与成本，对产品或服务的总体效用评价①，对用户购买决策和行为全过程具有重要影响。② 感知价值是由用户对产品或服务形成的利益感知和风险感知所决定的，与产品或服务本身的实际价值无关，具有一定程度的主观性。借鉴市场营销领域提出的设计策略模型（又称"CST"法则，是以"抓住感知（Catch）、强化兴趣（Strengthen）、触发行为（Trigger）"作为核心内容的设计方法），并加以改进，来分析在犹豫期该如何强化养殖主体兴趣。

首先，抓住养殖主体的权益感知。以实际参与生产绿色转型后的"权益获得"作为与养殖主体共鸣的原则，更容易抓住养殖主体的感知。这一环节政府最具话语权和权威性，政府需要对比已经参与生产绿色转型和未参与生产绿色转型养殖权益的差异，形成规范性文件向养殖主体说明参与生产绿色转型后权益的保障力度，集中养殖主体注意力，刺激养殖主体心理感知。

其次，强化养殖主体的兴趣点。以养殖主体最关心的"收益"作为强化元素，向其灌输"参与生产绿色转型后可实现经济收益、社会收益、生态收益等多赢"的思想。这一环节需要政府和社会化服务组织的协作，一方面，政府可通过购买服务的方式建立政府与社会化服务组织联络渠道，委托社会化服务组织宣传参与生产绿色转型的效益；另一方面，社会化服务组织作为政府的代理人，高效传递政府委托信息，重点宣传参与生产绿色转型可能带来的预期收益，包括经济上的收益、社会影响力提升的收益以及生态系统改善的收益。

最后，触发养殖主体的参与行为。在抓住感知和强化兴趣的基础上，很容易触发养殖主体行为。在这里还需要强调一点的是，要善于运用养殖主体的从众心理，即示范效应所产生的影响。作为理性经济人，当观察到其他主体从参与生产绿色转型中获取收益时，养殖主体内心会受到暗示，通过这种示范引导，在多次刺激以后，有利于养殖主体作出最终的决策，将心理感

---

① Valarie A. Zeithaml. "Consumer Perceptions of Price, Quality and Value: A Means-end Model and Synthesis of Evidence", *Journal of Marketing*, 1988, Vol.52, issue3, pp.2-22.

② James F. Petrick. "Development of a Multi-dimensional Scale for Measuring the Perceived Value of a Service", *Journal of Leisure Research*, 2002, Vol.34, issue2, pp.119-134.

知转化为参与行为。

三、关于提出感知价值政策启示的思考

纵览现有从农户感知价值视角讨论绿色生产的文献，在政策启示部分大多是提出要提升感知价值水平（因为大多数文献得出的实证结论基本是感知价值具有正向驱动效应），例如：盖豪等（2020）在分析感知价值与农户秸秆机械化持续还田行为关系时提出，将农户的感知价值作为推进秸秆长效还田的重要政策思考，正确引导不同感知价值水平的农户积极参与秸秆机械化持续还田；① 陈宏伟和穆月英（2022）在研究价值感知对农户节水技术采纳行为影响时提出，要将价值感知作为推进农户技术采纳的重要政策参考，注重农户价值感知水平的提升；② 任重和郭焱（2022）在讨论价值感知对农户秸秆还田技术采纳行为影响时提出，要积极引导农户树立秸秆还田价值感知体系，通过多形式、多渠道加大还田知识的宣传教育。③ 但是，具体该如何提升感知价值水平，现有研究在政策启示部分分析还略显粗糙，还有进一步思考的空间。结合本章的实证研究结果，在此尝试对提出提升感知价值水平的政策启示做几点思考：

第一，并非所有主体都有提升感知价值水平的必要，不能一概而论。无论是既往研究，还是本章中的实证检验，是基于全样本的综合估计而得到的结论。就本研究所调查的 578 个样本中，有 12.98% 的养殖主体感知价值水平介于 0.8—1 之间，有 44.81% 的养殖主体感知价值水平介于 0.5—0.8 之间，这部分养殖主体感知价值水平已经处于较高水平了，特别是介于0.8—1 之间的，由边际效应递减规律可知，在提升这部分主体的感知价值无论是促进其废弃物资源化利用行为还是驱动生产绿色转型，效应都是较低

① 盖豪、颜廷武、张俊飚：《感知价值、政府规制与农户秸秆机械化持续还田行为——基于冀、皖、鄂三省 1288 份农户调查数据的实证分析》，《中国农村经济》2020 年第 8 期。
② 陈宏伟、穆月英：《政策激励、价值感知与农户节水技术采纳行为——基于冀鲁豫 1188个粮食种植户的实证》，《资源科学》2022 年第 6 期。
③ 任重、郭焱：《价值感知、社会资本对农户秸秆还田技术采纳行为的影响》，《江西财经大学学报》2022 年第 4 期。

的，况且这部分主体提升感知价值水平的难度也较高，而真正要提升的是剩余的 42.21%，提升这部分养殖主体感知价值水平才更加有意义，所以在提出政策启示时不可一概而论。

第二，提升感知价值水平的目的是触发行为，关键在于准确定位主体的兴趣点。按照"心理感知—触发行为"阶段的分析可知，从心理感知到行为的发生，会有一个犹豫期，在犹豫期内可能朝着期望方向发展，成为强意愿型主体；相反感知价值也可能背离期望方向，变为弱意愿型主体。就养殖主体参与生产绿色转型而言，其最大的兴趣点还是"参与生产绿色转型后能给我带来多大的收益"，这种收益最好是直观的经济收益，有时社会收益也会起到一定作用。例如，积极参与生产绿色转型后减少了污染排放，屯邻抱怨减少，投诉减少，或者是因绿色转型效果较好，被政府遴选为示范主体，社会影响力会显著提升。相比较而言，生态收益的激励效果可能并不是十分明显，但也是未来最应挖掘激起养殖主体的兴趣点。

第三，提升感知价值水平要凝聚多方力量共同激发主体的兴趣点。其实从现有研究成果来看，大多数对于提升感知价值的研究都提到要从多个方面、多个维度调动研究对象的主观意识，激发对某一研究事件的兴趣程度。例如，盖豪等（2020）指出要充分释放秸秆机械化持续还田项目示范和政策宣传等政府规制对不同感知价值的农户群体的政策效力，对于感知价值水平较低的农户适时施以相应的政策规制予以支持；[1] 陈宏伟和穆月英（2022）指出，通过加强节水技术培训及宣传，增强技术的适用性，强调技术对于降低成本投入、提高经济效益的作用；[2] 任重和郭焱（2022）也强调要注重发挥秸秆还田补贴的作用，降低农户实际支付的费用水平。[3] 其实从这些研究

---

[1]　盖豪、颜廷武、张俊飚：《感知价值、政府规制与农户秸秆机械化持续还田行为——基于冀、皖、鄂三省1288份农户调查数据的实证分析》，《中国农村经济》2020年第8期。

[2]　陈宏伟、穆月英：《政策激励、价值感知与农户节水技术采纳行为——基于冀鲁豫1188个粮食种植户的实证》，《资源科学》2022年第6期。

[3]　任重、郭焱：《价值感知、社会资本对农户秸秆还田技术采纳行为的影响》，《江西财经大学学报》2022年第4期。

中大概可以总结出对于提升主体感知价值的方向：一是充分发挥政府补贴的激励作用，这是调动主体积极性、提升感知价值水平的关键；二是充分发挥市场的积极引导作用，例如通过大众媒体进行宣传教育等；三是充分发挥邻里效应的功能。总而言之，提升感知价值水平要从多条渠道共同发力。

本章从养殖主体层面检验养殖主体感知价值对畜牧业绿色转型的影响效应，通过研究得出的基本结论是：（1）感知价值对奶牛养殖主体生产绿色转型有明显作用，其中感知利益表现为正向驱动效应，感知风险表现为负向抑制效应，这一结果在经过稳健性检验（替换核心解释变量、随机抽取 2/3 样本、以 1% 和 99% 两端缩尾处理）和内生性处理后依然成立；（2）在不同生产绿色转型水平区间内，感知利益和感知风险对其驱动效果存在差异；（3）感知利益和感知风险在不同养殖区域、不同受教育组别、不同年龄组别中对奶牛养殖主体生产绿色转型的驱动效果表现出明显异质性；（4）社会化服务采用在感知价值与奶牛养殖主体生产绿色转型之间起到中介作用，政府环境规制在二者之间起到调节作用；（5）进一步讨论农户感知研究的价值性何在发现，学术界对农户感知的研究"热情"较高，说明对于农户感知的研究具有重要学术价值。同时本章还讨论了养殖主体感知价值的"变"与"不变"，分析了感知价值的形成机理、感知价值向行为的转化过程以及如何触发行为，并就提出感知价值政策启示加以思考。

第十一章　多主体协同驱动畜牧业
绿色转型的情景预测

上述的一系列实证检验已经充分证实了政府环境规制、社会化服务组织嵌入、养殖主体感知价值是影响畜牧业绿色转型的关键因素，这也为推动畜牧业绿色转型提供了重要突破口。在第六章第三节"三、畜牧业绿色转型水平预测结果与期望目标比较"部分已经推断出，到 2025 年奶牛养殖业绿色转型水平的理论目标是达到 0.645，然后通过第八章第二节"一、奶牛养殖主体生产绿色转型评价结果分析"发现，2021 年奶牛养殖业绿色转型水平仅为 0.479，如何确保如期实现理论目标，还需要进一步通过情景预测，掌握在不同时间节点适时调整不同主体行为，以达到理论目标，为后文构建畜牧业绿色转型驱动机制做铺垫。

第一节　情景预测方法简介

一、情景分析法介绍

情景分析法，又称脚本法、情景评估法、前景分析预测法，未来前景预测法。它是以推测为基础描述未来世界，通过作出一系列连续假定，进行全面、连续的描述。情景分析法是在 20 世纪 40 年代由美国兰德公司国防分析员赫尔曼·凯恩发明，他利用该方法对美国敌对国家核武器的使用情况进行多种可能的分析。① 20 世纪 70 年代开始逐渐兴起，成为壳牌公司、戴姆勒—奔驰公司、波音公司等跨国公司所青睐的预测方法。20 世纪 90 年代中国引入情景预测法，在能源预测、环境预测、经济预测等领域中得到广泛应用。②

　　情景分析法的基本思想认为影响某一事物发展的因素是众多的，这些因素都有发生或不发生的可能性，因此对某一事物得到一个预测结果是武断的和无效的。③ 只有为事物发展描绘多种可能情景，才可以最大限度地贴近未来，并根据分析结果，采取措施调动积极性、消除消极因素，以实现未来某一情景，也就是说，可以在相当程度上"塑造未来"。这种"塑造未来"的特点是传统的其他预测方法所不具备的。情景分析法的基本思路如图 11-1 所示。

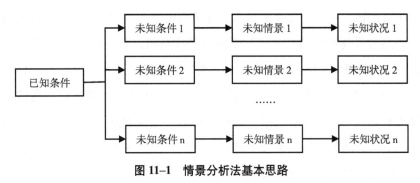

图 11-1　情景分析法基本思路

　　情景分析法将研究对象分为主体和环境，通过对环境的研究，识别影响主体发展的因素，结合各因素之间的因果关系对主体发展的多种可能性进行设定，并用定量模型对不同设定下的预测对象发展状况进行预测分析。与传统预测法相比，情景分析法更侧重于事物发展的内在机理、规律性、动态

---

① Kent D. Miller, and H.Gregory Waller. "Scenarios Real Options and Integrated Risk Management", *Long Range Planning*, 2003, Vol.36, issue1, pp.93-107.

② 孙建军、柯青：《不完全信息环境下的情报分析方法——情景分析法及其在情报研究中的应用》，《图书情报工作》2007 年第 2 期。

③ 曾忠禄、张冬梅：《不确定环境下解读未来的方法：情景分析法》，《情报杂志》2005 年第 5 期。

性、系统性的分析。① 因此，情景分析法是一种系统的分析方法，是定性与定量分析法的综合应用。

二、情景分析法预测步骤

情景分析法预测步骤如图 11-2 所示。第一，确定研究主题，即预测奶牛养殖业绿色转型；第二，分析未来情景，主要是根据预测奶牛养殖业绿色转型这一主题以及相关资料，分析奶牛养殖业绿色转型未来可能出现的状况；第三，寻找影响因素，影响因素是指影响未来发展趋势的因素，也是造成未来情景变化的主要原因，利用情景分析法对未来的情景进行预测和描述，必须先确定主题的影响因素。通过上文分析得知，政府环境规制、社会化服务组织嵌入以及养殖主体感知价值是影响奶牛养殖业绿色转型的关键因素，为此将根据上述实证分析所构建出的方程进行研究；第四，具体分析，将上述因素归结为不同情景，并且分析每一情景下主体实现的可能性；第五，对相应情景进行预测，即对各种可能出现的情况进行预测，预测不同时间、不同场景下奶牛养殖业绿色转型的可能情况，在这一步骤中，可采用定

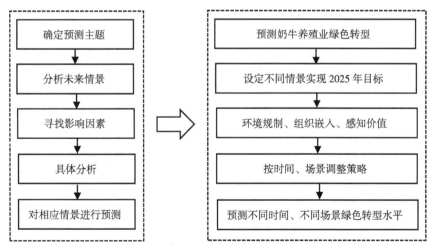

图 11-2　情景分析法预测步骤

---

① 季求知、张佳、王元庆：《情景分析法对西部公路建设规模测算分析》，《公路》2005 年第 1 期。

量、定性或定量与定性相结合的方法对奶牛养殖业绿色转型进行预测。

第二节　单一主体驱动的情景预测

一、环境规制驱动奶牛养殖业绿色转型的情景预测

1. 预测方程确定

以第八章第二节"二、政府环境规制对奶牛养殖主体生产绿色转型影响效应检验"基准回归部分的模型（4）为参照，采取逐步回归的方式剔除对奶牛养殖主体生产绿色转型影响不显著的因素，同时不对地区虚拟变量进行控制，得出如下预测方程：

$$Y = 0.064ER\_inc + 0.051ER\_res + 0.001Age + 0.009Edu + 0.028Hea$$
$$+ 0.036Risk + 0.001Income + 0.023Plant + 0.020Pol + 0.019Tel - 0.153$$

$$(11\text{-}1)$$

式（11-1）中：Y 为奶牛养殖主体生产绿色转型；ER_inc 和 ER_res 分别代表激励型环境规制和约束型环境规制；Age、Edu、Hea、$Risk$、$Income$、$Plant$、Pol、Tel 分别代表年龄、受教育程度、健康状况、风险偏好程度、养殖收入占比、种养结合、政治身份、养殖技术培训等控制变量。

2. 预测情景设定

（1）激励型环境规制。政府支持政策依旧是推进奶牛养殖业绿色转型的关键力量。随着社会主要矛盾发生重大变革，加之新冠疫情对人体健康的威胁，自 2020 年以后，国家卫健委多次强调要保证足够的乳制品摄入，这也从侧面反映出政府在未来会不断加强政策供给，支持奶牛养殖业绿色转型发展，以满足人们日益增长的健康需求。本节依据现实特征，结合政策供给可行强度，设定五种情景，分别是政策支持力度以年均 5%、10%、15%、20% 和 30% 的增速持续供给于奶牛养殖主体，帮助其实现生产绿色转型，全面推进中国奶牛养殖业绿色转型的战略目标。可以预见，以年均 5%、10%、15%、20% 和 30% 的增速增长，到 2025 年，激励型环境规制水平将

分别达到 1.26、1.52、1.82、2.16、2.97。

（2）约束型环境规制。政府支持政策对奶牛养殖业绿色转型固然重要，但行政监管也同等重要。中国政府不断出台约束型环境规制政策，加强对畜禽养殖环境污染的整治、惩治工作。从调查数据显示，2021 年，奶牛养殖主体因生产环境不达标而被检查、约谈和惩罚的次数均值已经高达 6.98 次，这也在一定程度上反映出政府全面推进奶牛养殖业绿色转型的决心。依据中央政府和地方政府约束型环境规制的执行力，本节同样设定五种情景，即以年均 5%、10%、15%、20% 和 30% 的增速加强对奶牛养殖主体的行政监管力度，以实际行动展现政府约束性行为对奶牛养殖业绿色转型的驱动效果。可以预见，以 5%、10%、20%、30% 和 50% 的增速增长，到 2025 年，约束型环境规制水平将分别达到 1.32、1.60、1.91、2.26、3.11。

（3）年龄。作为最大的发展中国家，中国人口老龄化呈现出速度快、规模大和"未富先老"的突出特点①，相比于城镇，农村人口老龄化问题更为突出②。这也预示着，未来从事农业生产、畜牧生产的劳动力年龄也将随着农村人口老龄化的加剧而进一步提升。高鸣（2022）指出，不考虑 2020 年因为普查质量提升以及新冠疫情可能带来的影响，2010—2019 年全国农村 65 岁及以上人口占比的年均增速约为 0.51%，但 2021—2035 年将是农村人口老龄化的加速发展阶段。③ 林宝（2015）预测，2011—2034 年，农村 60 岁及以上老年人口比例的增长率均超过 2%，大多数年份的老年人口比例增长率甚至超过 3%。④ 为此，本节对年龄的年均增速设定为 2%。可以预见，到 2025 年，奶牛养殖主体的平均年龄可能会达到 53.30 岁。

---

① 蔡昉：《中国老龄化挑战的供给侧和需求侧视角》，《经济学动态》2021 年第 1 期。

② Jonathan Rigg, Monchai Phongsiri, Buapun Promphakping, Albert Salamanca, and Mattara Sripun. "Who Will Tend the Farm? Interrogating the Ageing Asian Farmer", *The Journal of Peasant Studies*, 2020, Vol.47, issue2, pp.306-325.

③ 高鸣：《中国农村人口老龄化：关键影响、应对策略和政策构建》，《南京农业大学学报》（社会科学版）2022 年第 4 期。

④ 林宝：《中国农村人口老龄化的趋势、影响与应对》，《西部论坛》2015 年第 2 期。

（4）受教育程度。受教育程度是人力资本水平的重要代理变量，对奶牛养殖主体生产绿色转型产生了重要影响。为了确定受教育程度的增速，参考李俊鹏等（2018）、冷晨昕等（2021）的研究①②，根据 IFPRY 公式（农业劳动力受教育年限 = 受高等教育比例 *14+ 受中专或高中教育比例 *12 + 受初中教育比例 *9+ 受小学教育比例 *6）以及《中国农村统计年鉴》公布数据，分别计算 2010 年和 2020 年农业劳动力平均受教育年限，并计算 2010—2020 年农业劳动力平均受教育年限增速。经计算发现，2010 年农业劳动力平均受教育年限为 7.46，2020 年为 7.82，则年均增速为 0.47%。为此，本节对受教育程度的年均增速设定为 0.47%。可以预见，2025 年，奶牛养殖主体的平均受教育程度会达到 9.10 年。

（5）健康状况。根据国家卫健委公布数据显示，2020 年农村居民健康素养水平为 20.02%。③《"十四五"国民健康规划》指出，到 2030 年，国民健康素养水平要达到 30%，这预示着从 2020 年到 2030 年，健康素养水平要以年均 4.13% 的增速提升。为此，本节对健康状况的年均增速设定为 4.13%。可以预见，到 2025 年，奶牛养殖主体的平均健康状况有望达到 4.02。

（6）风险偏好程度。从 2021 年调查数据来看，奶牛养殖主体的风险偏好程度均值为 2.16，已经处于较高水平。为此，本节对风险偏好程度的年均增速设定为 0。

（7）养殖收入占比。《"十四五"推进农业农村现代化规划》指出，农村居民人均可支配收入增速要同 GDP 增长基本同步。王辛芝（2022）研究指出，"十四五"期间（2021—2025）中国年均 GDP 增速在"十三五"经济

① 李俊鹏、冯中朝、吴清华：《农业劳动力老龄化与中国粮食生产——基于劳动增强型生产函数分析》，《农业技术经济》2018 年第 8 期。
② 冷晨昕、周晓时、吴丽丽：《人力资本对农业劳动供给的影响——基于分数响应模型和无条件分位数回归模型》，《经济问题探索》2021 年第 2 期。
③ 《国家卫健委：农村居民健康素养水平从 2017 年的 10.64% 提升到 2020 年的 20.02%》，2022 年 5 月 24 日，见 https://baijiahao.baidu.com/s?id=1733674392374190295&wfr=spider&for=pc。

增速（7.19%）的基础上下降 15%，即年均增速为 6.30%。① 为此，本节对养殖收入占比的年均增速设定为 6.30%。可以预见，2025 年，奶牛养殖主体养殖收入占比将达到 90.92%，这一均值表面上来看略高，但从现实角度考虑，随着奶牛养殖规模化比重的进一步提升，养殖集约化促进了家庭经济来源的单一化，进而养殖收入占比将会显著提升，符合发展实际。

（8）种养结合。《"十四五"全国农业绿色发展规划》指出，要积极推进养殖废弃物资源化利用，加快构建畜禽粪污资源化利用市场化机制，促进种养结合，并制定发展目标，要求"十四五"时期畜禽粪污综合利用率由 2020 年的 75.9% 增长至 2025 年的 80%，年均增速为 0.82%。为此，借鉴畜禽粪污综合利用率增长情况，将种养结合的年均增速设定为 0.82%，可以预见，到 2025 年，奶牛养殖主体种养结合将达到 0.48。

（9）政治身份。从当前调查的奶牛养殖主体样本可以发现，有 61% 是村干部或党员，已经处于较高水平。出于养殖业本身发展特性考虑，养殖主体进入与退出养殖行列需要经过一个较长周期的考虑，所以短期内奶牛养殖主体的政治身份不会发生较大幅度变化。为此，本节对政治身份的年均增速同样设定为 0。

（10）技术培训。党的十八大以来，中国农业科技创新成果不断取得新的重大突破，为保障国家粮食安全、促进农民增收发挥了重要作用。2020 年农业科技进步贡献率已经达到 60.7%，科技已经成为农业农村经济社会发展最重要的驱动力。《"十四五"全国农业农村科技发展规划》指出，到 2025 年，农业科技进步贡献率要达到 64%，这预示着 2020 年至 2025 年农业科技进步贡献率年均增速为 1.06%。为此，本节将以农业科技进步贡献率的年均增速为参照点，设定养殖技术培训的增速为 1.06%。可以预见，到 2025 年，奶牛养殖主体平均每年参加养殖技术培训次数增加至 6.06 次。

政府环境规制的情景设定具体情况如表 11–1 所示。

---

① 王辛芝：《八大综合经济区能源碳达峰驱动机制分析及峰值情景预测》，硕士学位论文，山西财经大学，2022 年，第 30—31 页。

表 11-1 政府环境规制的情景设定

变量名称	增速 (%)	2021 年 (基期)	2022 年	2023 年	2024 年	2025 年
ER_inc	5	1.04	1.09	1.15	1.20	1.26
	10	1.04	1.14	1.26	1.38	1.52
	15	1.04	1.20	1.38	1.58	1.82
	20	1.04	1.25	1.50	1.80	2.16
	30	1.04	1.35	1.76	2.28	2.97
ER_res	5	1.09	1.14	1.20	1.26	1.32
	10	1.09	1.20	1.32	1.45	1.60
	15	1.09	1.25	1.44	1.66	1.91
	20	1.09	1.31	1.57	1.88	2.26
	30	1.09	1.42	1.84	2.39	3.11
Age	2	49.24	50.22	51.23	52.25	53.30
Edu	0.47	8.93	8.97	9.01	9.06	9.10
Hea	4.13	3.42	3.56	3.71	3.86	4.02
Risk	0	2.16	2.16	2.16	2.16	2.16
Income	6.30	71.21	75.70	80.47	85.53	90.92
Plant	0.82	0.46	0.46	0.47	0.47	0.48
Pol	0	0.61	0.61	0.61	0.61	0.61
Tel	1.06	5.81	5.87	5.93	6.00	6.06

3. 预测结果分析

在上述预测情景设定的基础上，本节对激励型环境规制和约束型环境规制设定的情景进行组合，可以形成 25 种组合方案，并对每一种组合方案的结果进行计算，以综合预测政府环境规制对奶牛养殖业绿色转型的驱动效果。选择具有代表性的环境规制组合进行展示，具体如图 11-3 所示。

从预测结果来看，在单纯变动环境规制这一变量时，有 10 种情景组合可以实现预期目标，激励型环境规制与约束型环境规制组合分别为（5,30）、（20,20）、（10,30）、（30,5）、（30,10）、（15,30）、（30,15）、（20,30）、（30,20）、

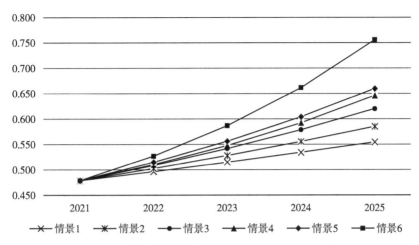

图 11-3　2021—2025 年不同政府环境规制组合下奶牛养殖业绿色转型预测

注：情景 1 至情景 3 分别对应组合（5,5）、（10,10）、（15,15）；情景 4 对应组合（5,30），对应奶牛养殖业绿色转型水平预测值为 0.646，是 25 种组合中达到期望目标的最低值；情景 5 和情景 6 分别对应组合（20,20）、（30,30）。

（30,30），这些情景到 2025 年奶牛养殖业绿色转型水平的预测值分别为 0.646、0.660、0.663、0.664、0.678、0.682、0.694、0.703、0.712、0.756，可以使得奶牛养殖业绿色转型整体进入中高等水平阶段。但是从这些情景组合具体增速来看，只有当激励型环境规制或约束型环境规制某一增速较高或者二者增速均较高时才有望实现理论预期，这些组合策略会显著增加政府压力，不仅需要给予奶牛养殖主体大量的政策支持，还需要通过行政监管的手段督促奶牛养殖主体保护生态环境。其实对近年来政府出台的政策文件做全局分析可以发现，政府期望将畜禽养殖生态环境保护市场化，由市场自发机制解决养殖环境污染问题，一方面会缓解政府压力，避免出现"一刀切"；另一方面会释放政府政策引导红利，达成"减排"与"增效"的双赢。另外，上述"政府环境规制强度越大越好吗"也指出，政府环境规制强度过高容易发生"规制俘获"现象，所以单纯依靠政府的奖励政策和行政监管并不是最优的策略组合。

二、社会化服务组织嵌入驱动奶牛养殖业绿色转型的情景预测

1. 预测方程确定

以第九章第二节"二、社会化服务组织嵌入程度对奶牛养殖主体生产绿色转型影响效应检验"基准回归部分的模型（4）为参照，同样采取逐步回归的方式剔除对奶牛养殖主体生产绿色转型影响不显著的因素和剔除地区虚拟变量的影响，得出如下预测方程：

$$Y = 0.064Service + 0.001Age + 0.014Edu + 0.024Hea + 0.038Risk + 0.001Income + 0.032Plant + 0.023Pol + 0.021Tel - 0.224 \tag{11-2}$$

式（11-2）中：Y 为奶牛养殖主体生产绿色转型；$Service$ 代表社会化服务组织嵌入程度；Age、Edu、Hea、$Risk$、$Income$、$Plant$、Pol、Tel 分别代表年龄、受教育程度、健康状况、风险偏好程度、养殖收入占比、种养结合、政治身份、养殖技术培训等控制变量。

2. 预测情景设定

同上述环境规制预测情景设定类似，本节将对社会化服务组织嵌入程度的情景进行设定。从第九章第三节"社会化服务组织承接服务的能力"中对社会化服务组织承接服务能力评价结果显示，当前针对畜牧业、特别是奶牛养殖业的社会化服务组织发展速度较为缓慢，与种植业相比仍有较大差距，根本原因是奶牛养殖各环节专业化、精细化要求较高，社会化服务组织嵌入需要投入大量的人力、物质以及财力等，有些社会化服务组织"不敢嵌入"，有些社会化服务组织处于"观望状态"，有些社会化服务组织嵌入后盈利状况不佳，处于"退出边缘"。但是，随着奶牛养殖业绿色转型要求的不断提升，也为社会化服务组织提供了嵌入机遇，未来社会化服务组织可以围绕奶牛养殖业绿色转型中所要求的"减排"和"增效"的维度不断细分服务内容，协助奶牛养殖主体实现生产绿色转型的同时兼顾实现自身利益最大化。为此，本节结合实际情况，针对社会化服务组织嵌入设定五种情景，即社会化服务组织嵌入程度分别以5%、10%、15%、20%和30%的速增长。可以预见，到2025年，社会化服务组织嵌入程度将分别达到1.98、2.39、

2.85、3.38 和 4.66。社会化组织嵌入程度的情景设定具体情况如表 11–2 所示。

表 11–2　社会化服务组织嵌入程度的情景设定

变量名称	增速 (%)	2021 年 (基期)	2022 年	2023 年	2024 年	2025 年
	5	1.63	1.71	1.80	1.89	1.98
	10	1.63	1.79	1.97	2.17	2.39
Service	15	1.63	1.87	2.16	2.48	2.85
	20	1.63	1.96	2.35	2.82	3.38
	30	1.63	2.12	2.75	3.58	4.66
Age	2	49.24	50.22	51.23	52.25	53.30
Edu	0.47	8.93	8.97	9.01	9.06	9.10
Hea	4.13	3.42	3.56	3.71	3.86	4.02
Risk	0	2.16	2.16	2.16	2.16	2.16
Income	6.30	71.21	75.70	80.47	85.53	90.92
Plant	0.82	0.46	0.46	0.47	0.47	0.48
Pol	0	0.61	0.61	0.61	0.61	0.61
Tel	1.06	5.81	5.87	5.93	6.00	6.06

3. 预测结果分析

同理，在上述预测情景设定的基础上，本节对社会化服务组织嵌入的 5 种情景组合下的结果进行计算，以预测社会化服务组织嵌入对奶牛养殖业绿色转型的驱动效果。具体预测结果如图 11–4 所示。

从预测结果来看，在单纯变动社会化服务组织嵌入程度这一变量时，当增速达到 20% 时，奶牛养殖业绿色转型水平为 0.646，刚刚达到期望目标值。当增速达到 30% 时，奶牛养殖业绿色转型水平达到 0.728。同理，这两种策略也不是最优解，限于当前社会化服务组织发展速度较为缓慢，若要短期内实现社会化服务内容如此精细化，可操作性不强，且如果过度追求服务数量的增加，极易导致服务质量的下降。所以单纯依靠社会化服务组织嵌入程度改变而实现奶牛养殖业绿色转型目标难度较大。

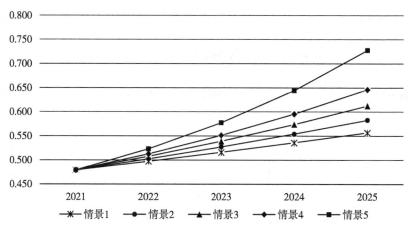

图 11-4　2021—2025 年不同社会化服务组织嵌入组合下奶牛养殖业绿色转型预测

三、养殖主体感知价值驱动奶牛养殖业绿色转型的情景预测

1. 预测方程确定

以第十章第二节"一、感知价值对养殖主体生产绿色转型影响效应检验"基准回归部分的模型（4）为参照，采取逐步回归的方式剔除对奶牛养殖主体生产绿色转型影响不显著的因素和剔除地区虚拟变量的影响，得出如下预测方程：

$$Y = 0.070Per\_beni - 0.100Per\_risk + 0.001Age + 0.007Edu +$$
$$0.010Hea + 0.000Income + 0.011Plant + 0.014Tel + 0.283$$

(11-3)

式（11-3）中：Y 为奶牛养殖主体生产绿色转型；Per_beni 和 Per_risk 分别代表感知利益和感知风险；Age、Edu、Hea、$Income$[①]、$Plant$、Tel 分别代表年龄、受教育程度、健康状况、养殖收入占比、种养结合、养殖技术培训等控制变量。

2. 预测情景设定

同上述政府环境规制预测情景设定、社会化服务组织嵌入程度情景设

---

① 为了保持保留小数位数一致，养殖收入占比前系数在公式（8-3）中写为 0.000，实际为 0.0005。

定保持一致，本节将对养殖主体感知价值的情景进行设定，包括感知利益和感知风险两个指标。对于养殖主体的感知价值而言，无论是感知利益还是感知风险，都是在特定的时间范围、特定的场景、特定的外部环境下养殖主体对绿色转型的主观感知和判断，其可变动性既容易又复杂，容易是因为当在某一时刻对奶牛养殖主体施以相应激励或惩罚时，其主观感知会在这一时刻发生重大变化，复杂是因为这种主观感知会随着时间而淡化，即一年之前的激励难以保证一年之后养殖主体还能持续保持参与生产绿色转型的积极性。同理，一年之前的惩罚会让养殖主体产生较大程度的感知风险，在一年之后这种感知风险未必会保持不变，可能也会下降。所以从合理性的角度考虑，本节在感知利益和感知风险情景设定时并未对二者做高速增长变化设定，而是设定了三种情景，即感知利益分别以 3%、5% 和 10% 的增速增长，由于感知风险为负向指标，为此设定感知风险分别以 −3%、−5% 和 −10% 的增速增长。可以预见，在 2025 年，感知利益将分别达到 3.64、3.93 和 4.73，感知风险将分别达到 2.54、2.34 和 1.88。养殖主体感知价值的情景设定如表 11–3 所示。

表 11–3　养殖主体感知价值的情景设定

变量名称	增速（%）	2021 年（基期）	2022 年	2023 年	2024 年	2025 年
Per_beni	3	3.23	3.33	3.43	3.53	3.64
	5	3.23	3.39	3.56	3.74	3.93
	10	3.23	3.55	3.91	4.30	4.73
Per_Risk	−3	2.87	2.78	2.70	2.62	2.54
	−5	2.87	2.73	2.59	2.46	2.34
	−10	2.87	2.58	2.32	2.09	1.88
Age	2	49.24	50.22	51.23	52.25	53.30
Edu	0.47	8.93	8.97	9.01	9.06	9.10
Hea	4.13	3.42	3.56	3.71	3.86	4.02
Income	6.30	71.21	75.70	80.47	85.53	90.92

续表

变量名称	增速 (%)	2021 年 (基期)	2022 年	2023 年	2024 年	2025 年
Plant	0.82	0.46	0.46	0.47	0.47	0.48
Tel	1.06	5.81	5.87	5.93	6.00	6.06

3. 预测结果分析

同理,在上述预测情景设定的基础上,本节对感知利益和感知风险设定的情景进行组合,可以形成 9 种组合方案,并对每一种组合方案下的结果进行计算,以综合预测养殖主体感知价值对奶牛养殖业绿色转型的驱动效果。选择具有代表性的养殖主体感知价值组合进行展示,具体如图 11-5 所示。

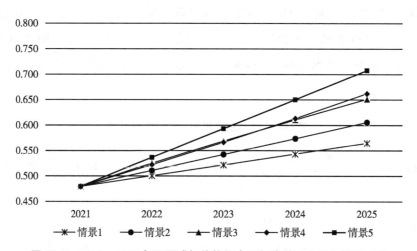

图 11-5　2021—2025 年不同感知价值组合下奶牛养殖业绿色转型预测

注:情景 1 和情景 2 分别对应组合 (3,−3)、(5,−5);情景 4 对应组合 (5,−10),对应奶牛养殖业绿色转型水平预测值为 0.651,是 9 种组合中达到期望目标的最低值;情景 4 和情景 5 分别对应组合 (10,−5)、(10,−10)。

从预测结果来看,在单纯变动养殖主体感知价值这一变量时,有三种情景组合能够实现期望目标,分别是 (5,−10)、(10,−5)、(10,−10),对应的 2025 年奶牛养殖业绿色转型水平预测值分别为 0.651、0.662、0.708。同理,这三种情景组合也是在感知利益和感知风险中速或高速增长时才可实现。这一预测结果也充分说明，在推动中国奶牛养殖业绿色转型的过程中，仅仅依靠奶牛养殖主体自身感知价值水平的提升也较难实现"减排"与"增效"双赢的目标。养殖主体的主观感知在一定程度上代表了其行为决策与行为结果，从实地调查也发现，即使养殖主体感知价值水平再高，在没有外力的帮扶下，也很难做到"减排"和"增效"的双兼顾，更多情况下是忽视"减排"，而追求"增效"。所以，这也预示着，在未来的发展过程中，提升养殖主体的感知价值至关重要，但同时也需要多主体协同驱动奶牛养殖业绿色转型。

第三节　多主体协同驱动的情景预测

一、预测方程确定

在前面三种策略组合的分析下可以明显发现，单纯变动任何一个主体的行为都无法较好地实现绿色转型目标，为此，本节将尝试分析多主体协同驱动的效果，将政府环境规制、社会化服务组织嵌入、感知价值统一纳入模型，利用 Tobit 模型对其进行结果估计，从而得到多主体协同驱动奶牛养殖主体生产绿色转型的预测方程：

$$Y = 0.035ER\_inc + 0.030ER\_res + 0.025Service + 0.048Per\_beni$$
$$- 0.082Per\_risk + 0.001Age + 0.004Edu + 0.008Hea + 0.006Risk + \quad (11\text{-}4)$$
$$0.000Income + 0.010Tel + 0.250$$

式（11-4）中：Y 为奶牛养殖主体生产绿色转型；ER_inc 和 ER_res 分别代表激励型环境规制和约束型环境规制；$Service$ 代表社会化服务组织嵌入程度；Per_beni 和 Per_risk 分别代表感知利益和感知风险；Age、Edu、Hea、$Risk$、$Income$、Tel 分别代表年龄、受教育程度、健康状况、风险偏好程度、养殖收入占比、养殖技术培训等控制变量。

二、预测情景设定

本节在预测情景设定上同前两节，同样对激励型环境规制、约束型环境规制和社会化服务组织嵌入程度设以 5%、10%、15%、20% 和 30% 的增速，对感知利益设以 3%、5% 和 10% 的增速，对感知风险设以 −3%、−5% 和 −10% 的增速。多主体协同驱动的情景设定如表 11-4 所示。

表 11-4　多主体协同驱动的情景设定

变量名称	增速（%）	2021 年（基期）	2022 年	2023 年	2024 年	2025 年
ER_inc	5	1.04	1.09	1.15	1.20	1.26
	10	1.04	1.14	1.26	1.38	1.52
	15	1.04	1.20	1.38	1.58	1.82
	20	1.04	1.25	1.50	1.80	2.16
	30	1.04	1.35	1.76	2.28	2.97
ER_res	5	1.09	1.14	1.20	1.26	1.32
	10	1.09	1.20	1.32	1.45	1.60
	15	1.09	1.25	1.44	1.66	1.91
	20	1.09	1.31	1.57	1.88	2.26
	30	1.09	1.42	1.84	2.39	3.11
Service	5	1.63	1.71	1.80	1.89	1.98
	10	1.63	1.79	1.97	2.17	2.39
	15	1.63	1.87	2.16	2.48	2.85
	20	1.63	1.96	2.35	2.82	3.38
	30	1.63	2.12	2.75	3.58	4.66
Per_beni	3	3.23	3.33	3.43	3.53	3.64
	5	3.23	3.39	3.56	3.74	3.93
	10	3.23	3.55	3.91	4.30	4.73
Per_risk	−3	2.87	2.78	2.70	2.62	2.54
	−5	2.87	2.73	2.59	2.46	2.34
	−10	2.87	2.58	2.32	2.09	1.88

续表

变量名称	增速（%）	2021年（基期）	2022年	2023年	2024年	2025年
Age	2	49.24	50.22	51.23	52.25	53.30
Edu	0.47	8.93	8.97	9.01	9.06	9.10
Hea	4.13	3.42	3.56	3.71	3.86	4.02
Risk	0	2.16	2.16	2.16	2.16	2.16
Income	6.30	71.21	75.70	80.47	85.53	90.92
Tel	1.06	5.81	5.87	5.93	6.00	6.06

三、预测结果分析

同理，在上述预测情景设定的基础上，本节对多主体协同驱动设定的情景进行组合，可以形成1125种组合方案，并对每一种组合方案下的结果进行计算，以综合预测多主体协同驱动对奶牛养殖业绿色转型的驱动效果。选择具有代表性的多主体协同驱动组合进行展示，具体结果如图11-6所示。

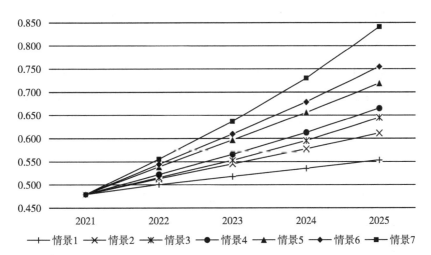

图11-6　2021—2025年多主体协同驱动组合下奶牛养殖业绿色转型预测

注：情景1和情景2分别对应组合（5,5,5,3,−3）、（10,10,10,5,−5）；情景3对应组合（30,15,5,5,−3），对应奶牛养殖业绿色转型水平预测值为0.645，是1125种组合中达到期望目标的最低值；情景4至情景7分别对应组合（15,15,15,10,−3）、（15,15,15,10,−10）、（20,20,20,10,−10）、（30,30,30,10,−10）。

从预测结果来看，在 1125 种组合中，有 777 种组合形式均可以实现奶牛养殖业绿色转型的理论预期，占全部组合的 69.07%。其中，接近预期目标最低要求的策略组合是激励型环境规制增速为 30%、约束型环境规制增速为 15%、社会化服务组织嵌入程度增速为 5%、感知利益增速为 5%、感知风险增速为 - 3%。而当所有变量增速均达到最大时，奶牛养殖业绿色转型水平将达到 0.841，远超过理论预期值，使得奶牛养殖业绿色转型进入高水平阶段。上述预测说明，在多主体协同驱动下，更容易实现奶牛养殖业绿色转型的预期目标。这一预测结果既丰富了协同机制理论的内容，也为推进中国奶牛养殖业绿色转型战略支撑提供根本遵循，只有促进多主体协同，充分释放不同主体推动绿色转型的潜力，才能如期实现理论目标。

在上述分析的基础上，在此还需要做一些说明。虽然我们力求精准预测到 2025 年在单一主体驱动和多主体协同下奶牛养殖业绿色转型效果，但也存在三方面的误差：一是，2021 年基期数值是基于对全国 12 个省（市、区）578 个奶牛养殖场的调研数据计算得出的奶牛养殖主体生产绿色转型，缺少大样本、全样本的综合测算，这便容易导致测量结果的误差；二是，此处预测方程并未考虑内生性的影响，原因是在分析多主体协同驱动时，至少有 5 个内生变量需要处理，尚未找到合适的方法估计具有多个内生变量的方程，依据前文第八、九、十章实证检验内生性处理部分的系数值变化可以发现，未经内生性处理可能降低预测值；三是，对于其他控制变量的考量，仍存在考虑不全面、不可避免地存在遗漏变量的误差。这三方面也需要在后续的研究中加以重点关注。

作为实证研究的最后一章节，本章对畜牧业绿色转型的驱动情景进行模拟预测。通过研究，得出的基本结论是：（1）在单一变动政府环境规制、社会化服务组织嵌入以及养殖主体感知价值变量时，有些情景组合可以实现奶牛养殖业绿色转型期望目标，但这些组合大多要求变量处于高速增长状态时才可达到理论预期，这对于政府、社会化服务组织、养殖主体来说，均存在较大压力，可以实现目标但并非最优解；（2）多主体协同驱动奶牛养殖业绿色转型的 1125 种情景组合中，有 777 种组合可以实现奶牛养殖业绿色转型期望目标，这些组合中有众多组合不需保证每一关键变量都处于高速增长状态，也能容易达到理论预期。上述预测结果为下文中进一步构建畜牧业绿色转型驱动机制提供根本遵循，只有促进多主体协同，充分释放不同主体推动绿色转型的潜力，才能有效保证畜牧业绿色转型尽快进入中高等水平，甚至高水平阶段。

第十二章　畜牧业绿色转型的
驱动机制构建

　　本章是全书研究的落脚点。上文已经对畜牧业绿色转型的理论本质、影响机理、影响效应、驱动情景等问题进行了翔实的研究，完成了对畜牧业绿色转型理论与实证的深度剖析，得出了一系列研究结论。为了精准把握畜牧业绿色转型的发展方向和出路，在前文研究的基础上，构建奶畜牧业绿色转型的驱动机制，以期为加速推进畜牧业绿色转型、助力畜牧业高质量发展、最终助力农业强国建设提供必要参考。

第一节　畜牧业绿色转型驱动机制构建的基本原则

一、坚持宏观调控与市场机制相结合原则

　　畜牧业绿色转型是一项长期、复杂而又艰巨的工程，要坚持宏观调控与市场机制相结合原则。各地在推进畜牧业绿色转型的过程中，要根据养殖区域分布特点和转型途径，完善政策法规体系，加强政策的针对性和可操作性。按照政府激励扶持、产业市场化运作的思路，在创新体制机制的前提下，构建畜牧业绿色转型长效机制，形成多方位、多层次、多途径的发展格局，有效减少畜禽养殖面源污染排放和碳排放，促进养殖主体增收、增效，为建设资源节约型和环境友好型社会提供必要支撑。

二、坚持技术创新与高效利用相结合原则

充分发挥科技进步在畜牧业绿色转型过程中的支撑作用，解决畜禽养殖过程中排放的化学需氧量、氮、磷、氨氮以及反刍动物胃肠发酵、粪便管理系统、饲养等环节排放的温室气体等共性关键技术研发问题，破解实用技术难题，做到"引进消化一批、创新研发一批、集成推广一批"，努力提高畜牧业绿色转型的技术、设备和工艺水平，充分合理利用废弃资源，向规模化、专业化、产业化和清洁化方向发展，切实达到畜禽养殖全过程的"减排"与"增效"的双赢。

三、坚持因地制宜与重点推进相结合原则

畜禽养殖具有明显的区域特色，要结合各地资源条件、生产条件以及养殖主体习惯，按照因地制宜、分类指导的原则，采用不同的推进模式，坚持因地制宜与重点推进相结合原则。要以资源禀赋和产业构成特点为依据，优先培育畜牧业绿色转型示范基地和骨干企业，通过制定优惠政策为企业发展和养殖主体转型搭建平台，在创立区域品牌、提升竞争力和促进技术转化方面下深功夫。

四、坚持宣传引导与管理服务相结合原则

对于畜禽养殖主体而言，由于畜牧业绿色转型的经济效益不高，具有生态资源的正外部性特征，在推广过程中，各级政府部门要强化宣传舆论，加大政策引导，抓好技术培训。利用价格和税收进行调控，调动养殖主体的积极性和主动性，以政府购买社会化服务的方式推动社会化服务组织嵌入畜牧业绿色转型，形成以政策为依靠、以市场为导向、以奶农为主体、以产业为支撑，多方参与运行的长效机制。

第二节　畜牧业绿色转型的驱动机制构建

借鉴魏后凯和崔凯（2022）提出的中国建设农业强国推进战略的思路①，结合上述研究结论以及畜牧业发展现实特征，本节构建了"分工协作、各尽其责"的畜牧业绿色转型驱动机制。短期来看，即从当前到"十四五"规划结束，有序实现畜牧业绿色转型的阶段性战略目标。长期来看，即从阶段性战略目标完成以后，再设定更高层级的发展定位，届时将根据实际情况适时调整推进战略。畜牧业绿色转型驱动机制构建示意图具体如图 12-1所示。

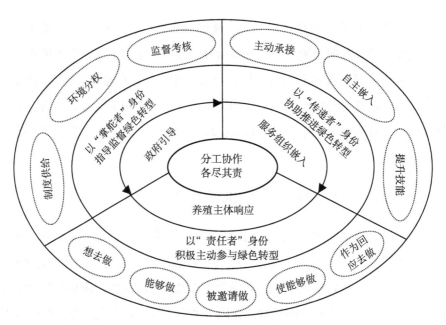

图 12-1　畜牧业绿色转型驱动机制构建示意图

---

①　魏后凯、崔凯：《建设农业强国的中国道路：基本逻辑、进程研判与战略支撑》，《中国农村经济》2022 年第 1 期。

一、构建科学有效的政府引导机制

新世纪以来，随着中国经济体制改革的不断深入，政府职能发生重大转变，由原来的完全"大包大揽"转变为现行体制下的"掌舵＋分权"，即"政府该管什么、怎么管、管到什么程度、管出何种效果"更加明确，这为各行各业发展提供了广阔的自治空间。政府作为关键的政策启动者、推动者和引导者，通过财政补贴、税收优惠等积极的财政手段加以诱导，在畜牧业绿色转型的过程中具有重要作用。虽然强调政府主要是以"掌舵者"身份指导绿色转型，但其实政府引导具有十分重要的地位，它可以为畜牧业绿色转型在制度供给、环境分权、监督考核方面提供重要支持，也是畜牧业绿色转型驱动机制构建中需要最先考虑的层面。

第一，政府应持续加强制度供给，充分释放环境规制促进绿色转型的红利。畜牧业绿色转型既是经济社会发展全面绿色转型的重要组成部分，也是农村环境整治的重要内容。"十四五"规划对加强畜禽养殖废弃物资源化利用和提高农业生产效率作出详细部署，为未来畜牧业绿色转型提供了方向性指引。但是通过深入研究发现，当前环境规制虽然可以起到促进绿色转型的效果，但还未能起到明显的倒逼作用，继续加强制度供给，释放环境规制红利是推进畜牧业绿色转型的必由之路。具体策略可以为：

一是建立健全畜牧业环境法规。立法是加强环境规制建设的基础，从中央政府到地方政府都应依据畜牧业发展特征和产业结构构建适宜的环境规制体系，既要发挥"波特假说"中"创新补偿效应"，借助环境规制的倒逼机制加快畜牧业末端治理向清洁生产方向转变，优化畜禽养殖生产要素配置，提高畜禽养殖效率。同时也要发挥新古典学派认为的"成本效应"，借助环境规制的成本施压促进畜禽养殖主体采纳先进绿色生产技术，解决对环境造成严重损害的污染问题。此外，畜禽养殖环境治理规章制度要做到有针对性、可操作、易执行，明确职责分工，避免出现"假大空"式政策。

二是加大政府环境支出份额。无论是国际经验还是既往研究成果，都可以得出的一致结论是加大政府环境支出份额可以明显控制污染程度。根据

《中国生态环境统计年报（2020 年）》公布数据显示，2020 年全国环境污染治理投资总额达到 10638.9 亿元，占国内生产总值（GDP）的 1.0%，占全社会固定资产投资总额的 2.0%，且呈现逐年提升的态势。但是这些资金大部分用于老工业污染源治理上，对畜禽养殖业污染治理投资份额少之又少。确实相比于工业污染源而言，畜禽养殖业污染程度较低，但是随着社会主要矛盾的变化，人们对肉蛋奶的需求比重不断提升，畜禽养殖业规模比重显著提升，污染量也会随之增加。实证研究也表明，增加对养殖主体的财政补贴、项目补贴有助于促进生产绿色转型。因此政府要遵循因地制宜的原则，加强对畜牧业污染治理投资，升级改造落后的减排设备，实现由"资源—产品—废弃物"的传统养殖模式向"资源—产品—再生资源—产品"的现代养殖模式转变。

三是强化政府执法监管力度。执法监管既是法律法规落地的根本举措，也是约束养殖主体真正做好"减排"与"增效"工作的重要手段。在中国现行的环境规制体系下，地方环保机构面临着政府的多重约束，表现出了一种"独立性缺失"的特征，使得环境规制执法行为受到严重干扰。通过实地调研也了解到，地方环保部门在对畜禽养殖环境污染执法监督时往往会受到其他部门的"插手"，有时为了经济目标而选择"能不执法就不执法、能不惩罚就不惩罚"。因此，为了改善地方环保部门独立性缺失的现状，应该进一步明确环保部门的执法权力和处罚权力，优化部门与部门之间权力分配制度，尽可能保证部门与部门之间权力无交叉，保证执法的有效性。与此同时，要赋予环保部门更多执法权限，在推进经济社会全面绿色转型的过程中，需要保证有法可依、依法执行。

第二，推进环境保护权责划分的结构性改革。环境治理权责逐渐实现由中央政府到地方政府的划分，地方政府负责中央环境政策的执行与落实，接受中央政府的督导，通过明晰权责的方式可以有效解决环境污染的外部性问题，使管理制度在工业、制造业上体现得更为明显。但是对于畜牧业的环境分权管理制度仍存在模糊性，环境治理体系时常出现"层层加码"的特征。中国环境管理体制的内在逻辑决定了环境管理事务权力划分的重要性，因此在推进畜牧业绿色转型的进程中，要科学合理地划分地方政府间的环境管理权力，具体策略可以为：

一是建立生态环境保护权责划分的动态整合机制。生态环境保护权责的有效划分是持续推进畜牧业绿色转型的关键机制保障。因此，地方政府环境事权的划分要充分考虑受益范围，并合理划分中央和地方间环境事权，充分利用地方环保部门的信息优势和信息的可获得性，以确保制定针对性强的畜牧业绿色转型规划。同时，要加强外部监管，中央政府对于改善环境问题具有绝对的权威性，应加大环保督查力度，推动环保督查常态化管理，加强对地方政府在解决畜禽养殖环境污染治理上的监督力度。根据对奶牛养殖主体生产绿色转型测度结果可知，应特别加强对"大规模"（介于 500 头和 2000 头之间）的养殖场污染排放、效益效率提升问题做好监督，避免出现地方政府单纯追求经济增长而造成环境规制的失灵，被养殖主体"规制俘获"，带来地方政府公信力的下降。

二是制定差异化环境分权策略。从中国环境管理体制的结构性特征和制度背景可以明晰的是，中央与地方政府有关环境事务处理权力划分必须要区别对待。在环境行政权的划分中，中央政府应该赋予地方政府充分的行政管理权，特别是在环境规制、环境投资以及地方性环境法规的制定等方面，要充分利用地方政府的信息优势，提高畜禽养殖环境污染治理的针对性和有效性。同时，在环境监察权力的划分上，中央政府应做好地方政府强有力的后备支撑，确保地方政府监察权力能够行之有效、行之有力。另外，对于环境监测权力的划分，中央政府要充分保证畜禽养殖环境监测数据的及时公开，确保数据的透明化，保证监测数据的权威性和统一性，明确污染排放的责任。

三是成立地方环境管理事务单一负责部门。从实地调查中了解到，农业面源污染治理中牵涉的部门较多，针对畜禽养殖环境污染规制、督查、监管，既涉及生态环境局，又涉及农业农村局，有些地方还牵涉到发展改革委员会，各部门之间难免存在职能交叉的问题，经常会导致环境管理事务无法"一次办完"。所以，有必要成立地方环境事务单一负责部门，在这一职能部门下，明确责任分工，制定垂直化管理制度，压缩地方政府在环境政策上的自由裁量空间，确保环境事务管理权力的有的放矢，不仅为推动畜牧业绿色转型提供环境管理制度保障，同时还可以为加快推进乡村生态振兴提供有效方案。

第三，政府应做好监督考核工作，构建畜牧业绿色转型长效运行机制。政府的制度供给和环境分权对于推进畜牧业绿色转型起到决定性作用，这两项内容也可以理解为在"过程前"和"过程中"执行，但如何观测制度供给和环境分权效果，还需要做好"过程后"的监督考核，保证制度供给的落地，体现环境分权的执行效果，具体策略可以为：

一是成立监督考核工作专班。工作专班由中央统筹、地方监管、县级执行，可由县级生态环境局、农业农村局部门领导和专家共同组成工作专班，统筹协调推进。以国家发展战略为导向，以持续推进畜牧业绿色转型为重点内容，确定绿色转型发展布局的指导原则和重点任务，明确各部门的职责分工与推进内容，加强顶层设计。同时，结合县域畜牧业绿色转型实际情况，设计针对绿色转型积极性高、转型效果好的养殖场（企业）扶持政策和优惠待遇，并且密切关注县域内畜禽养殖产业整体的发展情况，及时掌握绿色转型过程中的新情况、新问题，研究提出应对措施。

二是制定科学的监督考核标准。就目前而言，上级政府评价的"自上而下"机制导致了下级政府只唯上不唯下，即下级政府只存在"对上负责"的激励，缺乏"对下负责"的约束。[①] 虽然目前政府职能部门有着严格的部门考核标准，但是这些考核标准无法直指推进畜牧业绿色转型，为此有必要在成立监督考核工作专班以后，制定科学的监督考核标准，坚持以实际成效作为评价指标，制定绩效考评方案，既"对上有交代"，又"对下有标准"，把推进畜牧业绿色转型当成一件大事来抓，当成一件重任来办理，更是当成一件有益民生福祉的好事来对待。

三是形成长效监督考核机制。监督考核的对象包括两个层面，一方面

---

① 张华：《环境规制竞争最新研究进展》，《环境经济研究》2017 年第 1 期。

是工作专班对畜禽养殖主体的监督考核，考核其是否按照要求进行生产方式的变革，达到"减排"与"增效"的目标；另一方面是对工作专班的监督考核，考核其是否按照成立初衷、成立目的、成立机制，有效地完成了对畜禽养殖主体的责任监督、定点指导、全程跟进。不管是对工作专班的要求，还是对畜禽养殖主体的约束，都要做到长期性、持久性，及时督查各项指标完成情况及各专班工作推进情况，对执行效果不佳的养殖主体和工作不力的专班人员进行通报批评，形成长效监督考核机制。

二、构建运行高效的服务组织嵌入机制

"有为政府"在扩大市场交易机制的同时，不仅可以降低政府行政压力，还能让市场决定发展的规律。[①] 历史经验表明，市场经济本质上就是市场决定资源配置的经济，所以市场化是产业发展的必然趋势。作为因推进市场化而衍生出的社会化服务组织，充当了政府和养殖主体之间最重要的桥梁和纽带，推行政府执政理念，帮助养殖主体实现生产绿色转型。因此，要突出市场化推进的相对优势，确保社会化服务组织在推进畜牧业绿色转型中主动承接政府委派项目、自主嵌入养殖主体生产绿色转型，并不断提升自身服务技能，构建运行高效的服务组织嵌入机制。

第一，社会化服务组织应主动承接政府委托项目。主动承接是社会化服务组织嵌入态度的重要表现。从当前政策期许来看，政府希望第三方服务组织能够积极主动承接治理畜禽养殖环境污染重大项目，这既可以分担政府解决畜禽养殖环境污染的压力，同时还可以培育壮大社会化服务组织队伍，因此社会化服务组织的主动承接尤为重要。

一是建立与政府部门沟通联络机制。正确认识社会化服务组织与政府沟通的重要性。政府往往具有税收返还、财政奖励、项目支持、土地指标、融资政策等要素资源配置的权力，掌握着立法执法和制定政策等一系列非经

---

① 王洋、王立民、许佳彬、李翠霞：《承接农业公益性服务功能的经营性服务组织培育研究》，中国农业出版社 2021 年版，第 56 页。

济手段。社会化服务组织想要从政府手中获得各种资源配置，获得更为广泛的盈利机会，就要与政府建立起良好的沟通联络关系。有效的沟通与联络可以让社会化服务组织的投资项目事半功倍。另外，社会化服务组织与政府建立良好的沟通交流关系应该遵循亲疏有度、不卑不亢的基本原则。

二是加强队伍建设，提高与政府沟通交流效率。与政府建立高效的合作、沟通、交流关系，是一项严肃而又重要的工作。社会化服务组织内部应设立专门的对外交流机构，组建专业的团队专门负责此项重任。社会化服务组织应加强外联队伍建设，可以聘请熟悉组织管理、懂得政府工作流程、具有一定威望和能力的领导、专家组成组织内部智囊团，提高与政府沟通交流效率，为社会化服务组织赢得更多机会。

三是加强政策研究，提高项目申报质量。社会化服务组织主动承接的动机是通过政府资源配置权力获得更多、更优的资源支持，从而实现自身利益最大化。这就需要社会化服务组织加强政策研究，认真学习国家、省、市、县多层次有关畜禽养殖、特别是与环境有关的文件内容，吃透政策，把握机遇，扎实做好项目准备工作，进一步加大项目策划力度，做到向上对接精准、项目策划精准，努力把项目做实，提高项目申报的成功率，确保项目快速落地。同时，要进一步加大向上汇报和跟踪落实速度，积极争取更多资金和政策支持。

第二，社会化服务组织应自主嵌入养殖主体生产绿色转型。其实，就社会化服务组织嵌入而言，政府督促极为重要，但更为关键的是社会化服务组织自身要具有服务意识。服务意识的增强不仅可以赢得良好的社会声誉，同时对于助力养殖主体实现生产绿色转型具有显著的效果。

一是开展精准化调研，了解养殖主体生产绿色转型之需。市场运行机制讲求"有效供给"和"有效需求"，也即"供给"和"需求"达到动态均衡，或者说是有效均衡。为了保证社会化服务组织提供的服务能够契合养殖主体所需，需要社会化服务组织长期、定向追踪畜禽养殖全过程，及时了解养殖主体生产绿色转型过程中哪一环节容易出现阻碍、哪一项内容是"自己不能做"或"自己做了不划算"，社会化服务组织就要针对调研结果开展精准化、专业化的科学研究，及时制定服务规划。

二是加强科技研发投入，打造精细化服务内容。对于畜牧业社会化服务供给而言，其技术含量均较高，也正是因为技术含量高导致畜禽养殖主体更需要技术密集型服务。社会化服务组织要不断加强科技研发投入，通过组建专家团队、技术团队、管理团队，形成全面系统的科技研发体系，打造精细化服务内容，并在服务全面推广之前进行多次实验，使服务内容真正契合生产实践。另外，服务成本控制在养殖主体可以接受范围内，服务内容追求简单易操作，服务质量达到生产绿色转型。

三是及时收集服务应用反馈，完善社会化服务供给策略。服务业改进的方式方法主要是获取客户的有效反馈，畜牧业社会化服务的发展同样如此。社会化服务组织在向养殖主体提供服务以后，制定科学的评价反馈方案，通过客观打分的策略及时收集养殖主体在采用服务后的真实评价，通过主观建议的策略获取社会化服务供给的改进方向，真正做到"有效供给"，全面助力养殖主体生产绿色转型。

第三，社会化服务组织应不断提升自身技能。在具备主动承接意向和自主嵌入意识的基础上，要想帮助养殖主体实现生产绿色转型，社会化服务组织还需要不断提升自身技能，提高业务水平。其中，服务水平是基础，创新能力是动能，管理能力是保障，通过社会化服务组织技能的提升，确保嵌入效果的最优。

一是提升服务能力。从长远来看，在国家政策的极力推进下，针对畜牧业绿色转型过程中的社会化服务需求会越来越高，与之相对应的，对社会化服务组织服务能力的要求也会越高，包括提供的服务种类、服务规模以及服务质量等，这就需要社会化服务组织具有号召力、凝聚力、竞争力、战斗力，不仅要关注自身的成长和发展，还要发挥引领带动、指导示范等社会功能，担当起推进畜牧业绿色转型的主力军，协同推进保护生态环境，为服务畜牧业高质量发展贡献力量。

二是提升创新能力。创新能力是社会化服务组织在各种养殖实践活动领域中不断提供具有经济价值、社会价值、生态价值的新思想、新理论、新方法和新发明的能力。面对市场环境的风云变幻、技术的持续革新，社会化服务组织需要适应各种变化，顺应潮流，不断推陈出新，实现可持续发展，不断为养殖主体生产绿色转型注入新动能，开辟适应"减排"与"增效"双重兼并的服务内容。

三是提升管理能力。为了更好地应对激烈的市场竞争和推进社会化服务组织转型升级，要关注社会化服务组织管理能力的提升，包括决策能力、组织能力、领导能力、控制能力等。优秀的管理人才、完备的管理制度、科学的管理方法将极大程度上提高组织的运行效率，同时也可以提升组织的决策水平与应对风险的能力。随着社会化服务组织经营规模不断扩大，对管理能力提升的要求也会随之增加。实践表明，良好的管理能力不仅可以为社会化服务组织内部创造更多的盈利机会，也会为养殖主体生产绿色转型带来更多保障。

三、构建积极主动的养殖主体参与机制

正如上文对畜牧业绿色转型概念界定及对其理论本质的分析，畜牧业绿色转型是建立在养殖主体生产绿色转型的基础上，所以畜牧业绿色转型的驱动机制构建中养殖主体响应要引起足够的重视，确保养殖主体以"责任者"身份积极主动参与绿色转型。在此借鉴格里·斯托克（2006）的参与式治理 CLEAR 模型[①]，从能够做（Can Do）、想去做（Like To）、使能够做（Enable To）、被邀请做（Asked To）和作为回应去做（Responded To） 5 个维度提出养殖主体响应的具体策略。这里需要强调的是，在养殖主体响应层面，不单单指养殖主体的"自主响应"，还应有政府和社会化服务组织的"协助响应"（如图 12-1 所指示）。

第一，提升养殖主体"能够做"的能力。"能够做"是养殖主体参与生产绿色转型的起点。格里·斯托克指出，"能够做"强调"个人所拥有的动

---

① ［英］格里·斯托克：《新地方主义、参与及网络化社区治理》，《国家行政学院学报》2006 年第 3 期。

力与组织的资源对于参与的能力十分重要"，即社区成员的表达、书写能力及拥有的资源决定了他们的参与能力。"能够做"对养殖主体参与生产绿色转型提出了两方面的要求：一是从养殖主体能力现状考虑，参与生产绿色转型必须与主体能力相匹配，也就是要确保养殖主体具备"减排"和"增效"的能力；二是从养殖主体能力发展角度考虑，要对养殖主体参与生产绿色转型的能力进行培育和建设，即从长远的角度来看要为养殖主体"减排"和"增效"能力提升注入源源不断的动力。为此要从"能够做"的视角提升养殖主体绿色养殖技能。就"减排"而言，需大力推广绿色养殖技术。按环节划分，投入环节强调"源头减量"，如良种技术采纳、使用生态饲料、强化疫病防控、抗生素减量投入；产中环节强调"过程控制"，如饲料精准化配比、废弃物无害化处理技术的应用、先进生产设备的更新；产后环节强调"末端利用"，如采用干清粪技术。就"增效"而言，需控制养殖成本和提升生产效率。在控制养殖成本方面，不断提升生产要素合理配置能力，采取"抱团取暖"策略，通过统购统销方式，减少成本投入，增加产出效益。在提升生产效率方面，要不断加强科技创新，确保投入产出冗余度降到最低。

第二，激发养殖主体"想去做"的积极性。"想去做"强调养殖主体决定参与生产绿色转型的意愿。其实单纯从养殖主体层面考量绿色转型问题，其真正的驱动力在于养殖主体对绿色转型的感知价值，包括感知利益和感知风险。作为理性经济人，养殖主体面对不确定情景的行为选择时，往往会趋利避害，综合分析可能的价值、成本和适用性，所以激发养殖主体参与生产绿色转型的积极性要提升感知价值，降低感知风险。具体策略可以为：一是加强政策宣传和引导，以视频展播、专家下乡、田间教学等多元化渠道宣传和普及生产绿色转型的价值，增加养殖主体责任认知，使其意识到绿色转型的经济价值、社会价值、生态价值；二是创新宣传和普及渠道，尝试探索多种途径降低养殖主体参与生产绿色转型的感知风险，例如基于互联网、手机等通信设备，开辟专门公众号、建立专门微信群，形成信息互通的网络化推广模式，减少养殖主体的防备心理，还可通过互相的交流与讨论传递转型经验，规避生产风险；三是加强公众思想教育培训，以打感情牌为主抓手，通过继续教育使养殖主体意识到绿色转型的重要性，促使观念、行为发生根本性转变，并以通俗易懂的形式解释"不转型"对经济、社会、生态的危害度，促进养殖主体对"转型"的详细认知，提高参与的主动性和自觉性。

第三，提高社会化服务组织嵌入程度，协助养殖主体"使能够做"。格里·斯托克指出，"使能够做"强调各类群体和志愿者等公共组织对公民参与的作用，为公民参与提供组织保障。通过理论分析与实证检验也充分印证了社会化服务组织嵌入程度越高，养殖主体的治污成本控制、绿色技术引进以及人力资本结构改善效果越好，生产绿色转型水平也会显著提升，因此在未来的转型过程中应持续提高社会化服务组织嵌入程度，协助养殖主体"使能够做"。具体策略可以为：一是建立起社会化服务组织与养殖主体的紧密联系机制。可以通过现有的信息技术，加强社会化服务组织与养殖主体的有效沟通，确保社会化服务组织的嵌入真正可以解决养殖主体生产绿色转型过程中面临的"自己做不了""自己做了不划算"的难题。二是建立起社会化服务组织与养殖主体之间的信任机制。只有相互信任，才能坦诚共事，才能将大事办好。现实情景下，社会化服务组织更多以营利为目的，但是营利机制的执行要充分考虑养殖主体的信任问题，一旦出现信任危机，不仅不利于社会化服务组织发展，也会降低社会化服务组织嵌入畜牧业绿色转型的效能。三是建立起社会化服务组织与养殖主体之间的反馈机制。一方面社会化服务组织要将养殖主体生产绿色转型过程中存在的问题及时反馈给养殖主体，调整转型策略；另一方面，养殖主体也需要及时将服务需求反馈给社会化服务组织，让社会化服务组织了解其真实需求。二者反馈机制的建立是合作的基础，也是合作持续性的关键。

第四，政府要为养殖主体生产绿色转型创造参与空间，使其"被邀请做"。格里·斯托克指出，"被邀请做"是指政府开展多样灵活的公共活动、提供参与公共事务的机会，引导公民参与公共事务治理，减少扮演公共产品"生产者"角色，更多担当引导和监督的责任，体现政府为民服务的思想。其实无论是现有学术界的观点，还是实地调研过程中对政务部门的深度访谈，都可以发现，政府在治理畜禽养殖环境污染时往往是"掌舵者"的身份，期待留有更多空间让养殖主体自主发挥，自主探索治理模式，但也绝非政府不作为，推卸责任。为了给养殖主体生产绿色转型创造更多参与空间，具体策略可以为：一是广泛征集养殖主体愿意或是能够接受的绿色转型方式，走问计于民的道路，最终由政府部门负责汇总、科学筛选、组织研判、形成清单，最后向社会公示，并做好分类支持政策，可以实行积分制，完成程度不同积分高低不同，在年终考核时可以凭借积分获得相应奖励，形成政府和养殖主体之间协商共建绿色转型新格局。二是政府与养殖主体之间建立起良好的沟通渠道，保证畜禽养殖能够及时地向政府相关部门反映在推进生产绿色转型过程中面临的困境、取得的成效以及改进的策略，加强政府与养殖主体之间的有效沟通和协商，通过民主协商推进畜牧业绿色转型目标的实现。

第五，通过利益补偿回应养殖主体权益诉求，让"作为回应去做"可持续。利益作为个体动机转化为行动的重要驱动力，被认为是影响养殖主体参与生产绿色转型的重要因素，利益激励程度的高低决定了养殖主体参与的可持续性。所以"作为回应去做"，应该通过利益补偿的方式让已经参与转型的主体获得必要的物质激励、精神激励。就物质激励而言，要针对绿色转型水平高、示范带动性强、溢出效应明显的养殖主体给予相应的"真金白银"奖励，将原来仅仅只是政策行政性呼吁上升到财政金融支持层面，不再只限于"喊口号"式支持，鼓励银保监会介入推动畜牧业绿色转型行列。对全国畜禽养殖进行全面摸底调查，制定详细、有针对性的信贷服务支持措施，会同国家财政、地方财政一道制定出畜禽绿色养殖优惠政策，可以包括贷款利率优惠、财政专项扶持、畜禽养殖绿色补贴等。同时还鼓励商业银行入驻支持畜牧业绿色转型行列，制定切实可行的信贷服务模式，建立"绿色养殖"通道，提高养殖主体信贷资金的可获得性。就精神激励而言，讲好"绿色转型模范"故事十分重要。现如今各行各业都在讲求模范示范的重要性，推进畜牧业绿色转型的过程中也要注重挖掘"好故事"，对真正能够引领产业绿色转型发展的养殖主体、养殖企业加大宣传推介力度，激励更多养殖主体参与生产绿色转型，同时也是对这些示范者最好的诉求回应。

第三节　畜牧业绿色转型驱动机制的保障措施

一、健全畜牧业养殖业绿色转型评价体系

畜牧业绿色转型评价体系是一个全面、系统、完整、科学、客观的评价体系，对畜禽养殖主体养殖过程提出了指向性要求，需要长期追踪和监测，及时掌握发展方向，适时调整战略举措，不断优化和健全评价体系。

第一，正确认识畜牧业绿色转型评价的重要性。党的二十大报告中明确提出要协同推进降碳、减污、扩绿、增长，加快发展方式绿色转型。这也为未来各个产业发展指明了方向。畜牧业因其具有保障民生和污染大户的双重属性，所以要正确认识畜牧业绿色转型的重要性。一是从政府层面应加强对构建畜牧业绿色转型评价体系的指导和监督。从某种意义上讲，政府是畜牧业绿色转型评价结果的需求者。政府需要依据评价结果有针对性施以激励型和约束型环境规制，履行政府环境治理职能，提供环境政策、环境制度等公共物品。因此政府应主动推进畜牧业绿色转型评价工作，切实保证评价结果的科学性与准确性。二是从社会化服务组织层面应积极主动承接畜牧业绿色转型评价项目。单纯依靠政府难以完成畜牧业绿色转型冗杂的评价工作，需要社会化服务组织承接评价项目。在一定程度上，畜牧业绿色转型评价结果的及时公布对社会化服务组织经营收益具有积极作用，一方面会因对应服务的养殖主体生产绿色转型水平高而获得政府奖励并提升社会信誉；另一方面可以及时了解养殖主体生产绿色转型水平低的原因，找寻下一步服务的突破口。所以社会化服务组织要从政府部门主动承接畜牧业绿色转型评价项目，协助政府开展相关工作。三是从养殖主体层面应主动配合畜牧业绿色转型评价工作。通过评价结果，养殖主体可以向有关部门申请更多的项目支持、资金支持、技术支持等。因此就养殖主体而言，应向政府部门、社会化服务组织提供翔实、准确的养殖信息，供畜牧业绿色转型评价体系的完善与精准测度。

第二，从多学科交叉融合角度构建畜牧业绿色转型评价体系。畜牧业绿色转型评价体系构建的科学性与否直接关系到未来政策着力点的精准性。本研究是从经济学视角构建的畜牧业绿色转型评价体系，建议未来可以考虑融合动物科技、资源技术、环境科学层面的指标体系，通过多学科交叉融合确保畜牧业绿色转型评价的完整性。一是在省级层面成立畜牧业绿色转型科学研究院，依托省内农林院校、科研院所、企事业单位，广泛吸纳经济学、管理学、社会学、动物医学、动物科学、资源科学、环境科学等领域的专家、学者，形成畜禽养殖绿色科技创新联盟，专门针对畜牧业绿色转型问题开展科学研究，各学科领域的专家学者各尽其职，承担不同的工作任务，及时向地方、省级、国家提交决策咨询以用于积极推进畜牧业绿色转型的政策制定。二是创立畜牧业绿色转型大数据监测平台，依托畜牧业绿色转型科学研究院，借助各学科领域的突出优势，通过互联网、物联网技术直通养殖场，形成全过程监测、全过程指导、全过程收集必要的评价信息，开展每日一统计、每周一测算、每月一分析，利用实时监测数据以及各领域专家、学者的智慧可以更好地服务于畜禽养殖场改善养殖环境，同时也可以有效解决因数据不完整而导致畜牧业绿色转型评价结果存在误差。

第三，建立畜牧业绿色转型评价动态追踪制度。动态追踪是健全畜牧业绿色转型评价体系的根本保障，构建天、空、地一体化畜禽养殖综合管理系统，定期监测发布畜牧业绿色转型发展报告，既是推进畜牧业绿色转型的必要之举，也是强化畜牧业"绿色化"发展的约束力和保障力。一是充分利用国家畜禽产业技术体系专家组成员的大成智慧，广泛寻求意见，从制度环境构建、生态环境构建、资源环境构建等方面汲取专家创新性思想、集成性思路、专业性思维，探索出真正适宜新时期畜牧业绿色转型发展的合理布局与产业规划，践行绿色转型、高质量发展的目标。二是充分开展实地调研，动态调整畜牧业绿色转型评价指标体系。畜牧业绿色转型评价体系并非一成不变，而是要结合不同时期、不同情景、不同养殖区域适时调整评价内容、评价权重、评价方法。特别是要着重关注畜禽养殖优势区的发展情况，某种意义上优势区因资源禀赋条件的优越更适宜养殖，但也会产生更多污染物，加剧"减排"难度，所以更应重点关注养殖优势区域内养殖主体生产绿色转型变动情况。三是做好长短期利益博弈，与绿色政策产生协同效应。畜牧业绿色转型是长期工程，绝非"喊口号""看指标"就能够完成的，必须用长远的眼光看问题，权衡发展过程中的长短期利益，划清畜牧经济发展的绿色底线，既要真实反馈绿色政策的成效，也要为绿色政策的制定提供科学的依据。

二、优化畜禽养殖环境规制体系

理论与实证研究均表明，奖惩机制的有效实施是推进畜牧业绿色转型的关键要素，同步实施奖惩机制，不仅可以充分调动养殖主体参与生产绿色转型的积极性、主动性和创造性，同时还将进一步拧紧责任链条，压实属地管理责任、部门监管责任，凝聚齐抓共管、综合治理的强大合力，以更高、更严标准要求和更强、更实举措办法，持续推动畜牧业实现"减排"与"增效"的双赢。

第一，启动畜牧业绿色转型财政支持重大专项。畜牧业绿色转型离不开政府的财政支持，建议从中央到地方优化畜禽养殖补贴、特别是绿色养殖补贴及其投入方式，完善政策工具，明确资金扶持重点。一是改善相关财政支持与税收优惠政策。启动中央财政畜禽粪污资源化利用试点工作，实施种养业循环一体化工程，整县推进畜禽粪污资源化利用，重点加大对粪污收集、储存和运输环节的财政政策支持力度，加大对参与生产绿色转型意愿高、积极性强的养殖主体的补贴力度。二是鼓励地方政府利用中央财政农机购置补贴资金，对畜牧业绿色转型所需装备实行敞开补贴，充分发挥农机置购补贴政策的引导作用，继续优化农机置购补贴机具的种类和范围，将更多畜禽养殖过程所需的高端化、智能化、精细化机具纳入补贴范围。三是地方财政要加大畜禽养殖废弃物资源化利用投入，支持规模养殖场、第三方处理企业、社会化服务组织建设粪污处理设施，积极推广使用有机肥。鼓励地方政府和社会资本设立投资基金，创新粪污资源化利用设施建设和运营模式。

第二，制定畜禽养殖环境污染检查、约谈、惩罚机制。约束型环境规制在一定程度上可以威慑养殖主体，变不积极参与生产绿色转型为主动参与生产绿色转型，建议制定畜禽养殖环境污染检查、约谈、惩罚机制，严格约束养殖主体不符合生产绿色转型行为。一是明确每一季度对畜禽养殖场的检查标准和检查频次。由县级主管部门结合当地畜牧业发展情况，以规范化文件形式制定对养殖场的检查标准，向上逐级汇报给市级、省级主管部门，由省级主管部门备案监督；向下告知辖区内的所有养殖场，要求其按照标准严格规范养殖环境。同时，制定每一季度对养殖场检查的适宜频次，以"领导包干"的形式，负责检查、监督、指导。二是制定对污染型养殖场的约谈制度。在检查的过程中，及时发现并整理畜禽养殖过程中可能会对环境造成严重影响的问题，记录在案，对污染程度已经超过规定标准的养殖场进行及时约谈，要求其按照规定标准及时整改，并要求其作出整改承诺对外公布。同时，还要进一步加大对被约谈养殖场的检查频次，评估其整改是否达到规定标准。三是出台对约谈无效养殖场的惩罚机制。对于约谈后无果的养殖场要继续执行严格的约束型环境规制，按照污染程度对其实行经济惩罚，情节严重者列入"黑名单"，更为严重者强制关停，一段时期内不得再养殖。

第三，加大监督力度，克服环境规制俘获。环境规制的强度和效度会涉及不同利益群体的利益分配和价值冲突。因此，要明确环境规制在畜禽养殖经济发展和环境保护上的价值取向。建议要加大监督力度，促进环境规制倒逼转型效果，防止环保监管部门被规制俘获。一是限制强制性执法的自由裁量权。转变环境规制执法的思路，将环境规制从约束控制型主导逐渐转向多种规制方式并存的环境规制模式，加强激励型环境规制的驱动作用。同时尽量减少政府在环境规制中的硬性权力，一方面，对于必须由政府部门强行干预的部分，应最大限度地减少执法人员的自由裁量权，在根源上控制环境规制俘获的机会；另一方面，用经济手段调节微观经济活动主体的行为，对于非政府必须强制干预的部分，鼓励养殖主体进行正外部性养殖，对于已经造成的生态环境破坏，应建立合理的生态补偿机制，由生态受益者或者损害者承担损坏成本。二是强化环境规制执法监督。主动公开环保部门的执法程序和职责，及时对外公布畜禽养殖环境污染案件的跟踪办理情况，最大限度地保证社会公众对环境执法机构的监督权。与此同时，建立完善的生态环境信息系统，设立环境违法曝光体系，在传统电话举报和网络举报监督的基础上，引入新媒体监督，拓宽外部监督渠道，加强群众与官方环保信息的互联互通，实现最佳的监督效果。三是实施多方环境规制主体联动，提高环境规制效率和效果。基层环境规制是一个系统工程，只有多方规制执行主体介入，才能有效避免冲突与重复工作，才能形成相互监督的规制体系，有效克服环境规制俘获。

三、培育多种经营形式的社会化服务组织体系

培育多种经营形式的社会化服务组织体系，应激发其主动承接与自主嵌入意愿，提升其服务能力，充分发挥社会化服务组织市场化运行的相对优势，帮助养殖主体积极参与生产绿色转型，协同推进畜牧业绿色转型。

第一，提升社会化服务组织经营管理能力。建议定期并持续实施社会化服务组织经营管理能力培训项目，与高等院校、企业等建立长期的合作关系，聘请经营管理方面的专家及成功企业的经营管理者，为社会化服务组织相关人员进行培训，重点集中在以下三个方面：一是提升社会化服务组织规划与整合能力。规划与整合能力是组织管理的基础，社会化服务组织不仅要着眼于眼前规划，更要制定长期发展战略规划，适应畜牧业绿色转型瞬息万变的市场机制。二是提升社会化服务组织决策与执行能力。决策与执行能力是组织管理的动能，社会化服务组织是市场机制下自由竞争的个体，随时面临经济风险、市场风险、经营管理风险等，能够化危为机、作出正确的决策和判断并高效地执行决策，关系到组织的长久发展，更关系到社会化服务组织能否深度嵌入畜牧业绿色转型。三是提升社会化服务组织的沟通与协调能力。沟通与协调能力是组织管理的保障。良好的沟通与协调能力可以极大提高组织的管理效率和资源利用效率，可以无限扩大"朋友圈"，既为自己赢得承接服务的主动权，又能更好地服务于养殖主体。

第二，推进社会化服务组织人才队伍建设。建议从人才队伍规模、人才服务结构以及人才保障机制等方面着手培养社会化服务组织高层次人才梯

队，加大人力资本投资，实现社会化服务组织人才溢出效应。一是扩大社会化服务组织人才队伍规模。制定人才激励政策，吸引国家高学历、高技能人才投身于畜牧业绿色转型建设领域，一方面加强对高等院校畜牧、动物医学、动物科技等相关领域毕业生的宣传力度，让高学历人才及时了解畜牧业绿色转型过程中的科技所需和技能所需，并加强该领域前景的介绍，激发其投身于该领域的积极性；另一方面，聘请该领域的专家学者担任社会化服务组织建设过程中顾问，形成专家智慧的高效溢出。二是优化社会化服务组织人才结构。建议从年龄结构、知识结构、职称结构等方面优化社会化服务组织人才队伍结构。鼓励年轻人的加入，增强组织活力。鼓励不同专业领域的人才进入社会化服务组织队伍，有利于拓展相关业务。鼓励提高高职称人才比例，有助于提升组织的社会影响力。三是完善社会化服务组织人才保障机制。建议为社会化服务组织的高端人才创造良好的工作环境和氛围，为其提供更多施展才华的机会，国家项目及政策多向投身于畜牧业绿色转型的社会化服务组织人才方面倾斜。同时要重视人才的福利制度，对有突出贡献的科技人员和工作者进行必要的物质和精神奖励。

第三，搭建社会化服务组织资源整合平台。社会化服务组织资源整合平台是指将与畜牧业绿色转型服务供给相关联的其他产业要素融合进来，方便社会化服务组织更好提供服务的资源平台，包括科学技术、金融保险、信息传导等方面。建议从以下几方面进行资源整合：一是建立服务于社会化服务组织的科学技术体系。社会化服务组织对科学技术的要求较高且需要持续更新，应整合高等院校、科研院所的科技资源服务于社会化服务组织，以实现其能力的改造升级，不断将最新的科学技术传递至畜禽养殖第一线，加速畜牧业绿色转型速率。二是建立服务于社会化服务组织的金融保险体系。随着业务的拓展及相关服务范围的扩大，社会化服务组织也会产生资金信贷、保险等方面的需求，应整合银行、保险公司等社会资源，设计符合社会化服务组织需要的金融产品和保险产品，以确保社会化服务组织发展没有后顾之忧。三是建立服务于社会化服务组织的信息传导体系。社会化服务组织参与服务供给与市场竞争，离不开信息技术的支撑，应搭建多种类型的信息平台，集合各类有价值的信息，包括养殖主体服务需求信息、市场价格信息、市场资源信息等，供社会化服务组织参考，并持续推动信息平台的更迭创新，确保供给和需求信息的对称性。

第四，营造社会化服务组织良性竞争氛围。市场中良性竞争氛围有助于社会化服务组织不断开拓创新，有利于更加精准化地服务于养殖主体，建议要营造社会化服务组织良性竞争氛围。一是确保竞争健康有序。制定严格的服务供给规范制度及市场监管制度，一旦服务供需双方在交易过程中发生矛盾，能够提出快速、高效的解决办法。对畜牧业绿色转型服务领域严重违法失信群体，按照有关规定实施联合惩戒。对服务供给能力弱、服务供给态度差、服务供给质量不高的供给主体实行清退处理，引导其有序退出服务供给系统。二是确保信息公开透明。搭建社会化服务组织信息披露平台，将社会化服务组织的基本情况、业务范围、经营数据等定期公开，供养殖主体参考。同时对社会化服务组织的奖励资金发放、项目立项等情况也要及时对外公布，供社会监督。三是确保奖惩公平公正。奖惩激励要做到科学化、民主化、制度化。真正有效的奖惩激励，应根据社会化服务组织的真实情况分配，要做到公平公正，不以个人喜恶、远近亲疏作为评价标准，通过奖惩树立正确的激励导向，营造风清气正的政策环境。

四、落实养殖主体绿色养殖责任制度体系

政府的环境规制、社会化服务组织嵌入是推进畜牧业绿色转型的重要驱动力，但在外界帮扶下，仍需落实养殖主体绿色养殖责任制度，以"责任者"身份积极主动参与绿色转型，构建起以养殖主体为核心的畜牧业绿色转型驱动机制。

第一，坚持"谁污染、谁治理"的基本原则。经济发展需要考虑自然资源的代际公平，制定长期可持续发展的资源战略，不仅体现了和谐社会中"公平正义"以及"人与自然和谐相处"的客观事实，也是民族和国家实现永续生存和发展的重要保障。畜牧业绿色转型的过程亦是如此，建议坚持"谁污染、谁治理"基本原则。一是在绿色转型过程中，养殖主体要严格

执行《中华人民共和国环境保护法》《畜禽规模养殖污染防治条例》《关于加快推进畜禽养殖废弃物资源化利用的意见》《关于促进畜禽粪污还田利用依法加强养殖污染治理的指导意见》等法律法规、指导意见，严格按照法律法规及地方环保部门要求建设养殖环境，切实履行"谁污染、谁治理"的污染防治主体责任。二是主动寻求第三方服务组织帮扶，在改良育种、减少抗生素投入、饲料精准配比、废弃物资源化、肥料化、能源化利用，以及畜产品销售和副产品处理上，通过社会化服务组织的嵌入能够实现"减排"和"增效"的目标，进而体现了由原来的"不参与"转变到现在的"主动治理"。三是制定绿色转型长远目标和规划，有目的性地参与生产绿色转型，例如设定在一年内解决降低污染排放量，三年内完成生产设备的更新迭代，五年内基本可以依靠政府和社会化服务组织的帮扶达成"减排"与"增效"的双赢，并可以长期执行。

第二，不断提高养殖主体环境保护责任意识。众所周知，畜禽养殖污染已成为继工业污染、生活污水和垃圾污染之后的第三大污染源，是造成农村环境污染的主要原因以及部分地区水环境质量下降的重要原因，畜禽养殖是重点的产污"大户"，同时也是温室气体排放的"大户"，但是畜牧业的环境污染有别于种植业环境污染，农业环境污染的造成是因有思想的"人"，而畜牧业环境污染的造成是因无思想的"动物"，因此建议落实养殖主体绿色养殖责任制度，不断提高自身环境保护责任意识。一是积极主动学习当前国家、省、市、县发布的与畜禽养殖相关的法律法规、指导意见，了解当前对于畜禽养殖环境污染的政策趋势，树立"循环利用、环境友好、安全高效"的养殖思路，主动配合地方环保部门落实绿色养殖规范和标准，为构建稳定的生态系统贡献绿色养殖新路径。二是积极主动参加绿色养殖技术培训，通过技术培训及时了解当前最新的养殖经验，采用先进的绿色养殖设备，高效率解决养殖环境污染问题。与此同时，通过参加绿色养殖技术培训还可与其他养殖主体加强沟通与联络，共享有价值的养殖信息，形成绿色养殖联盟，同样可以提高养殖效率，减缓环境承载压力。三是提升对绿色转型的利益感知，降低对风险的感知。要从观念认识到，国家积极推进绿色转型的必要性、可行性和紧迫性，所以在参与生产绿色转型的过程中，要放松警惕心理，主动探索绿色转型的经济价值、社会价值和生态价值。

第三，探索适度规模绿色养殖新模式。规模化养殖是畜牧业高质量发展的必由之路，发展适度规模养殖，有助于提高畜禽养殖效率和生产水平以增加牧民收入，有助于废弃物的集中处理与资源化利用以保证生态安全，因此建议探索适度规模绿色养殖新模式。一是探索"1+1+1"的村庄适度规模绿色养殖模式，即"1 个村集体引导 +1 个农民合作社牵头 +1 批牧民共事"的专业化养殖模式，立足村集体的基础性支撑，由农民合作社牵头带动一批因规模小而处于退出边缘的牧民，共同谋划畜禽绿色养殖新路线。二是探索"2+2+2"的县域适度规模养殖模式，即"2 类成熟的养殖主体（龙头企业和农民合作社）+2 种规模的扩张（存栏量和畜产品产量）+2 种经济的增长（牧民收入增加和村集体收入增加）"的集约化养殖模式，立足县域，扶持壮大一批具备比较优势的龙头企业和农民专业合作社，确保奶牛存栏量和生鲜乳产量的稳步提升，实现农民收入和村集体收入的"双增加"。三是构建"1+2+3"模式的省域适度规模绿色养殖体系，即"1 套配套的支持政策 +2 条产业链的延伸（畜禽养殖产业链和畜产品加工产业链）+3 类问题的解决（经济发展问题、资源约束问题、人民群众需求问题）"的导向化的养殖模式，立足省域，用完备的支持体系构建全新的畜禽养殖产业链和畜产品加工产业链，解决当前最为急迫的经济发展、资源约束和人民群众需求的关键问题。

作为全书研究的落脚点，本章对畜牧业绿色转型的驱动机制进行构建。通过研究得出的基本结论是：（1）构建畜牧业绿色转型驱动机制，应该坚持宏观调控与市场机制相结合、技术创新与高效利用相结合、因地制宜与重点推进相结合、宣传引导与管理服务相结合等基本原则；（2）秉承"分工协作、各尽其责"，以强化政府引导的关键地位、突出服务组织嵌入的相对优势、重视养殖主体响应的本质作用为布局的畜牧业绿色转型的驱动机制分别赋予了政府、社会化服务组织、养殖主体不同的角色身份，其中政府是以"掌舵者"身份通过制度供给、环境分权、监督考核指导绿色转型，社会化服务组织是以"传递者"身份通过主动承接、自主嵌入、提升技能协助推进绿色转型，养殖主体以"责任者"身份通过"想去做""能够做""被邀请做""使能够做""作为回应去做"5个层面积极主动参与绿色转型；（3）畜牧业驱动机制的有效运行离不开完善的保障措施，为此要健全畜牧业绿色转型评价体系、优化畜禽养殖环境规制体系、培育多种经营形式的社会化服务组织体系以及落实养殖主体绿色养殖责任制度体系。

参 考 文 献

一、著作

[英] 阿瑟·塞西尔·庇古：《福利经济学》，金镝译，华夏出版社 2017 年版。

陈强：《高级计量经济学及 Stata 应用》第 2 版，高等教育出版社 2014 年版。

风笑天：《社会研究方法》第 5 版，中国人民大学出版社 2018 年版。

国家发展改革委应对气候变化司：《省级温室气体清单编制指南》，中国环境出版社 2011 年版。

贺耀敏：《中国古代农业文明》，江苏人民出版社 2018 年版。

黄宗智：《华北的小农经济与社会变迁》，中华书局 1986 年版。

姜长云：《农业强国》，东方出版社 2023 年版。

[美] 蕾切尔·卡森：《寂静的春天》，吕瑞兰、李长生译，上海译文出版社 2015 年版。

[美] 卡斯·R. 桑斯坦：《助推：快与慢——人类与行为经济学》，中国人民大学出版社 2020 年版。

《列宁全集》第 35 卷，人民出版社 1985 年版。

[英] 托马斯·罗伯特·马尔萨斯：《人口原理》，朱泱等译，商务印书馆 1992 年版。

[俄] 恰亚·诺夫：《农民经济组织》，萧正洪译，中央编译出版社 1996 年版。

[英] 亚当·斯密：《国民财富的性质和原因的研究》，郭大力、王亚南译，商务印书馆 1983 年版。

王金南：《中国环境税收政策设计与效应研究》，中国环境出版社 2015 年版。

王名：《中国社团改革：从政府选择到社会选择》，社会科学文献出版社 2001 年版。

[美] 西蒙·库兹涅茨：《各国的经济增长》，常勋等译，商务出版社 1999 年版。

王西玉：《中国农业服务模式》，中国农业出版社 1996 年版。

王洋、王立民、许佳彬、李翠霞：《承接农业公益性服务功能的经营性服务组织培育研究》，中国农业出版社 2021 年版。

[英] 威廉·配第：《关于税收与捐献的论文》，陈冬野译，商务印书馆 1963 年版。

[美] 西奥多·W. 舒尔茨：《改造传统农业》，梁小民译，商务印书馆 1999 年版。

中国农业博物馆农史研究室编：《中国古代农业科技史图说》，农业出版社 1989 年版。

二、论文

包军：《中国畜牧业的"动物福利"》，《农学学报》2018 年第 1 期。

宾幕容、覃一枝、周发明：《湘江流域农户生猪养殖污染治理意愿分析》，《经济地理》2016 年第 11 期。

宾幕容、文孔亮、周发明：《湖区农户畜禽养殖废弃物资源化利用意愿和行为分析——以洞庭湖生态经济区为例》，《经济地理》2017 年第 9 期。

蔡昉：《中国老龄化挑战的供给侧和需求侧视角》，《经济学动态》2021 年第 1 期。

蔡键、刘文勇：《农业社会化服务与机会主义行为：以农机手作业服务为例》，《改革》2019 年第 3 期。

曹峥林、王钊：《中国农业服务外包的演进逻辑与未来取向》，《宏观经济研究》2018 年第 11 期。

曾昉、李大胜、谭莹：《环境规制背景下生猪产业转移对农业结构调整的影响》，《中国人口·资源与环境》2021 年第 6 期。

曾维和、陈岩：《我国社会组织承接政府购买服务能力体系构建》，《社会主义研究》2014 年第 3 期。

曾忠禄、张冬梅：《不确定环境下解读未来的方法：情景分析法》，《情报杂志》2005 年第 5 期。

陈宏伟、穆月英：《政策激励、价值感知与农户节水技术采纳行为——基于冀鲁豫

1188 个粮食种植户的实证》，《资源科学》2022 年第 6 期。

陈茹暄、张淑荣、马毅：《天津现代都市型奶牛产业发展现状与建议》，《中国乳业》2022 年第 1 期。

陈茹暄：《天津都市型奶牛养殖业现代化评价指标体系构建与应用研究》，硕士学位论文，天津农学院，2022 年。

陈儒：《低碳农业研究的知识图谱及比较》，《华南农业大学学报》（社会科学版）2019 年第 3 期。

陈卫平、王笑丛：《制度环境对农户生产绿色转型意愿的影响：新制度理论的视角》，《东岳论丛》2018 年第 6 期。

陈卫平：《乡村振兴战略背景下农户生产绿色转型的制度约束与政策建议——基于47 位常规生产农户的深度访谈》，《探索》2018 年第 3 期。

陈锡文：《构建新型农业经营体系刻不容缓》，《求是》2013 年第 22 期。

陈瑶、王树进：《我国畜禽集约化养殖环境压力及国外环境治理的启示》，《长江流域资源与环境》2014 年第 6 期。

成都市畜牧业发展研究课题组、郭晓鸣、李晓东：《中国畜牧业转型升级的挑战、成都经验与启示建议》，《农村经济》2016 年第 11 期。

程文先、钱学锋：《数字经济与中国工业绿色全要素生产率增长》，《经济问题探索》2021 年第 8 期。

仇焕广、廖绍攀、井月、栾江：《我国畜禽粪便污染的区域差异与发展趋势分析》，《环境科学》2013 年第 7 期。

邓慧慧、杨露鑫：《雾霾治理、地方竞争与工业绿色转型》，《中国工业经济》2019 年第 10 期。

董红敏、朱志平、黄宏坤、陈永杏、尚斌、陶秀萍、周忠凯：《畜禽养殖业产污系数和排污系数计算方法》，《农业工程学报》2011 年第 1 期。

董莹、穆月英：《农户环境友好型技术采纳的路径选择与增效机制实证》，《中国农村观察》2019 年第 2 期。

杜宇能、潘驰宇、宋淑芳：《中国分地区农业现代化发展程度评价——基于各省份农业统计数据》，《农业技术经济》2018 年第 3 期。

费红梅、孙铭韩、王立：《农户黑土地保护性耕作行为决策：价值感知抑或政策驱动》，《自然资源学报》2022 年第 9 期。

冯爱萍、王雪蕾、刘忠、王新新：《东北三省畜禽养殖环境风险时空特征》，《环境科学研究》2015 年第 6 期。

傅为忠、陈文静：《基于改进 CRITIC-GGI-VIKOR 的工业发展绿色度动态评价模型构建及其应用研究》，《科技管理研究》2017 年第 10 期。

盖豪、颜廷武、张俊飚：《感知价值、政府规制与农户秸秆机械化持续还田行为——基于冀、皖、鄂三省 1288 份农户调查数据的实证分析》，《中国农村经济》2020 年第 8 期。

高鸣：《中国农村人口老龄化：关键影响、应对策略和政策构建》，《南京农业大学学报》（社会科学版）2022 年第 4 期。

高强、孔祥智：《我国农业社会化服务体系演进轨迹与政策匹配：1978—2013 年》，《改革》2013 年第 4 期。

高延雷、张正岩、王志刚：《基于熵权 TOPSIS 方法的粮食安全评价：从粮食主产区切入》，《农林经济管理学报》2019 年第 2 期。

格里·斯托克：《新地方主义、参与及网络化社区治理》，《国家行政学院学报》2006 年第 3 期。

郭晓鸣、温国强：《农业社会化服务的发展逻辑、现实阻滞与优化路径》，《中国农村经济》2023 年第 7 期。

还红华、程金花、王慧利：《江苏省奶牛养殖结构与成本收益变迁研究》，《江苏农业科学》2022 年第 23 期。

韩东娥：《完善流域生态补偿机制与推进汾河流域绿色转型》，《经济问题》2008 年第 1 期。

何建坤：《全球气候治理新形势及我国对策》，《环境经济研究》2019 年第 3 期。

何可、李凡略、畅华仪：《构建低碳共同体：地方性共识与规模养猪户农业碳交易参与——以农村沼气 CCER 碳交易项目为例》，《中国农村观察》2021 年第 5 期。

何可：《农业废弃物资源化的价值评估及其生态补偿机制研究》，博士学位论文，华中农业大学，2016 年，第 69 页。

何蒲明、魏君英：《试论农户经营行为对农业可持续发展的影响》，《农业技术经济》

2003 年第 2 期。

胡鞍钢、周绍杰：《绿色发展：功能界定、机制分析与发展战略》，《中国人口·资源与环境》2014 年第 1 期。

胡锦艳、刘春雪、刘小红、刘玉焕、吴珍芳、尹德明、胡文锋：《发酵床养猪技术的现状、调研与分析》，《家畜生态学报》2015 年第 4 期。

胡向东、王济民：《中国畜禽温室气体排放量估算》，《农业工程学报》2010 年第 10 期。

胡新艳、陈相泼、饶应巧：《农业服务外包如何影响农地流转？——来自河南麦区的分析》，《农村经济》2021 年第 9 期。

胡新艳、张雄、罗必良：《服务外包、农业投资及其替代效应——兼论农户是否必然是农业的投资主体》，《南方经济》2020 年第 9 期。

黄季焜、刘莹：《农村环境污染情况及影响因素分析——来自全国百村的实证分析》，《管理学报》2010 年第 11 期。

黄美玲、夏颖、范先鹏、黄敏、吴茂前、刘冬碧、张富林：《湖北省畜禽养殖污染现状及总量控制》，《长江流域资源与环境》2017 年第 2 期。

黄润秋、寇江泽：《促进经济社会发展全面绿色转型》，《人民日报》2021 年 4 月 12 日。

黄晓慧、王礼力、陆迁：《农户水土保持技术采用行为研究——基于黄土高原 1152 户农户的调查数据》，《西北农林科技大学学报》（社会科学版）2019 年第 2 期。

黄晓慧、杨飞：《化肥农药零增长行动的农业减污降碳协同效应及脱钩效应分析》，《生态经济》2024 年第 2 期。

黄宗智：《农业内卷和官僚内卷：类型、概念、经验概括、运作机制》，《中国乡村研究》2021 年第 18 期。

黄祖辉、李懿芸、马彦丽：《论市场在乡村振兴中的地位与作用》，《农业经济问题》2021 年第 10 期。

季求知、张佳、王元庆：《情景分析法对西部公路建设规模测算分析》，《公路》2005 年第 1 期。

冀名峰：《农业生产性服务业：我国农业现代化历史上的第三次动能》，《农业经济问题》2018 第 3 期。

江艇：《因果推断经验研究中的中介效应与调节效应》，《中国工业经济》2022 年第 5 期。

姜冰：《基于动物福利视角的规模化奶牛养殖场经济效应分析》，《中国畜牧杂志》2021 年第 1 期。

姜茜、王瑞波、孙炜琳：《我国畜禽粪便资源化利用潜力分析及对策研究——基于商品有机肥利用角度》，《华中农业大学学报》2018 年第 4 期。

金碚：《资源环境管制与工业竞争力关系的理论研究》，《新华文摘》2009 年第 12 期。

金书秦、韩冬梅、吴娜伟：《中国畜禽养殖污染防治政策评估》，《农业经济问题》2018 年第 3 期。

孔祥才、王桂霞：《我国畜牧业污染治理政策及实施效果评价》，《西北农林科技大学学报》（社会科学版）2017 年第 6 期。

孔祥智：《合作经济与集体经济：形态转换与发展方向》，《政治经济学评论》2021 年第 4 期。

兰婷：《乡村振兴背景下农业面源污染多主体合作治理模式研究》，《农村经济》2019 年第 1 期。

郎宇、王桂霞、吴佩蓉：《我国奶牛养殖区域布局的变动与成因——基于全国省级面板数据的实证研究》，《中国农业资源与区划》2021 年第 1 期。

雷玉桃、张淑雯、孙菁靖：《环境规制对制造业绿色转型的影响机制及实证研究》，《科技进步与对策》2020 年第 23 期。

冷晨昕、周晓时、吴丽丽：《人力资本对农业劳动供给的影响——基于分数响应模型和无条件分位数回归模型》，《经济问题探索》2021 年第 2 期。

李本松：《绿色化的经济学向度》，《理论视野》2015 年第 6 期。

李斌、彭星、欧阳铭珂：《环境规制、绿色全要素生产率与中国工业发展方式转变——基于 36 个工业行业数据的实证研究》，《中国工业经济》2013 年第 4 期。

李博伟、邢丽荣、徐翔：《农业生产集聚能否促进农民增收——来自淡水养殖的经验证据》，《农业技术经济》2019 年第 5 期。

李翠霞、曹亚楠：《中国奶牛养殖环境效率测算分析》，《农业经济问题》2017 年第

3 期。

李翠霞、许佳彬、王洋：《农业绿色生产社会化服务能提高农业绿色生产率吗》，《农业技术经济》2021 年第 9 期。

李翠霞：《黑龙江省绿色畜牧业产业化发展对策研究》，黑龙江省，东北农业大学，2008 年 5 月 29 日。

李翠霞：《黑龙江省绿色畜牧业发展的优势和经验分析》，《中国农村经济》2005 年第 2 期。

李翠霞：《黑龙江省绿色畜牧业发展战略研究》，黑龙江省，东北农业大学，2004 年 12 月 23 日。

李翠霞：《绿色畜牧业发展理论与黑龙江省实践研究》，博士学位论文，东北农业大学，2003 年。

李丹阳、孙少泽、马若男、李国学、李恕艳：《山西省畜禽粪污年产生量估算及环境效应》，《农业资源与环境学报》2019 年第 4 期。

李丹阳、孙少泽、马若男、李国学、李恕艳：《山西省畜禽粪污年产生量估算及环境效应》，《农业资源与环境学报》2019 年第 4 期。

李芬妮、张俊飚、何可：《非正式制度、环境规制对农户绿色生产行为的影响——基于湖北 1105 份农户调查数据》，《资源科学》2019 年第 7 期。

李怀政、陈俊：《欧盟动物福利标准对我国肉类产品出口的影响》，《商业研究》2013 年第 2 期。

李健、李宁宁：《京津冀绿色发展政策模拟及优化研究》，《大连理工大学学报》（社会科学版）2021 年第 4 期。

李俊鹏、冯中朝、吴清华：《农业劳动力老龄化与中国粮食生产——基于劳动增强型生产函数分析》，《农业技术经济》2018 年第 8 期。

李明月、陈凯：《农户绿色农业生产意愿与行为的实证分析》，《华中农业大学学报》（社会科学版）2020 年第 4 期。

李乾、王玉斌：《畜禽养殖废弃物资源化利用中政府行为选择——激励抑或惩罚》，《农村经济》2018 年第 9 期。

李冉、沈贵银、金书秦：《畜禽养殖污染防治的环境政策工具选择及运用》，《农村经济》2015 年第 6 期。

李晓静、陈哲、夏显力：《参与电商对猕猴桃种植户绿色生产转型的影响》，《西北农林科技大学学报》（社会科学版）2021 年第 4 期。

李玉娥、董红敏、万运帆、秦晓波、高清竹：《规模化猪场沼气工程 CDM 项目的减排及经济效益分析》，《农业环境科学学报》2009 年第 12 期。

励汀郁、熊慧、王明利：《"双碳"目标下我国奶牛产业如何发展——基于全产业链视角的奶业碳排放研究》，《农业经济问题》2022 年第 2 期。

廖青、黄东亮、江泽普、韦广泼、梁潘霞、李杨瑞：《广西畜禽粪便产生量估算及对环境影响评价》，《南方农业学报》2013 年第 4 期。

林宝：《中国农村人口老龄化的趋势、影响与应对》，《西部论坛》2015 年第 2 期。

林文声、王志刚、王美阳：《农地确权、要素配置与农业生产效率——基于中国劳动力动态调查的实证分析》，《中国农村经济》2018 年第 8 期。

刘安轩、钟涛、罗建章：《规模化养殖和区域差异视角下中国生猪养殖环境效率测算分析——关于中国 18 个生猪养殖优势省份的研究》，《新疆农垦经济》2019 年第 2 期。

刘成果：《逐步推进产业一体化是解决奶业深层次矛盾，构建奶业持续健康发展机制的根本举措——在首届中国奶业大会上的讲话（摘录）》，《中国乳业》2010 年第 6 期。

刘刚、罗千峰、张利庠：《畜牧业改革开放 40 周年：成就、挑战与对策》，《中国农村经济》2018 年第 12 期。

刘加林、贺桂和、王晓军、李晚芳：《绿色转型视角下循环经济生态创新机理与实现路径研究》，《荆楚学刊》2013 年第 1 期。

刘胜林、王雨林、卢冲、西爱琴：《感知价值理论视角下农户政策性生猪保险支付意愿研究——以四川省三县调查数据的结构方程模型分析为例》，《华中农业大学学报》（社会科学版）2015 年第 3 期。

刘云菲、李红梅、马宏阳：《中国农垦农业现代化水平评价研究——基于熵值法与 TOPSIS 方法》，《农业经济问题》2021 年第 2 期。

刘长全、韩磊、张元红：《中国奶业竞争力国际比较及发展思路》，《中国农村经济》2018 年第 7 期。

刘铮、周静：《信息能力、环境风险感知与养殖户亲环境行为采纳——基于辽宁省肉鸡养殖户的实证检验》，《农业技术经济》2018 年第 10 期。

刘铮：《肉鸡养殖户亲环境行为研究》，博士学位论文，沈阳农业大学，2020 年。

卢华、陈仪静、胡浩、耿献辉：《农业社会化服务能促进农户采用亲环境农业技术吗》，《农业技术经济》2021 年第 3 期。

罗必良：《论服务规模经营：从纵向分工到横向分工及连片专业化》，《中国农村经济》2017 年第 11 期。

骆玲、史敦友：《工业绿色化：理论本质、判定依据与实践路径》，《学术论坛》2020 年第 1 期。

马国群、谭砚文：《环境规制对农业绿色全要素生产率的影响研究——基于面板门槛模型的分析》，《农业技术经济》2021 年第 5 期。

马彦丽、孙永珍：《中国奶产业链重构与纵向关联市场价格传递——奶农利益改善了吗》，《农业技术经济》2017 年第 8 期。

马昀、卫兴华：《用唯物史观科学把握生产力的历史作用》，《中国社会科学》2013 年第 11 期。

毛慧、周力、应瑞瑶：《风险偏好与农户技术采纳行为分析——基于契约农业视角再考察》，《中国农村经济》2018 年第 4 期。

孟祥海、程国强、张俊飚、王宇波、周海川：《中国畜牧业全生命周期温室气体排放时空特征分析》，《中国环境科学》2014 年第 8 期。

孟祥海、周海川、张俊飚：《中国畜禽污染时空特征分析与环境库兹涅茨曲线验证》，《干旱区资源与环境》2015 年第 11 期。

莫经梅、张社梅：《城市参与驱动小农户生产绿色转型的行为逻辑——基于成都蒲江箭塔村的经验考察》，《农业经济问题》2021 年第 11 期。

穆娜娜、钟真：《中国农业社会化服务体系构建的政策演化与发展趋势》，《政治经济学评论》2022 年第 5 期。

潘经韬、陈池波：《社会化服务能提升农机作业效率吗？——基于 2004—2015 年省级面板数据的实证分析》，《中国农业大学学报》2018 年第 12 期。

彭继权、吴海涛、汪为：《农业机械化水平对农户主粮生产的影响》，《中国农业资源与区划》2021 年第 1 期。

彭星、李斌：《不同类型环境规制下中国工业结构绿色转型问题研究》，《财经研究》2016 年第 7 期。

彭星：《环境分权有利于中国工业绿色转型吗？——产业结构升级视角下的动态空间效应检验》，《产业经济研究》2016 年第 2 期。

齐顾波：《"社会—经济—生态"系统视角下的农业绿色发展转型》，《人民论坛·学术前沿》2022 年第 14 期。

齐亚伟：《节能减排、环境规制与中国工业结构绿色转型》，《江西社会科学》2018 年第 3 期。

乔建平：《追求奶牛福利是种趋势》，《中国畜牧兽医报》2015 年 5 月 10 日。

秦天、彭珏、邓宗兵、王炬：《环境分权、环境规制对农业面源污染的影响》，《中国人口·资源与环境》2021 年第 2 期。

邱海兰、唐超：《农业生产性服务能否促进农民收入增长》，《广东财经大学学报》2019 年第 5 期。

渠慎宁、李鹏飞、李伟红：《国外绿色经济增长理论研究进展述评》，《城市与环境研究》2015 年第 1 期。

饶旭鹏：《农户经济理性问题的理论争论与整合》，《广西社会科学》2012 年第 7 期。

任立、甘臣林、吴萌、陈银蓉：《城市近郊区农户农地感知价值对其投入行为影响研究——以武汉、鄂州两地典型样本调查为例》，《中国土地科学》2018 年第 1 期。

任相伟、孙丽文：《低碳视域下中国企业绿色转型动因及路径研究——基于扎根理论的多案例探索性研究》，《软科学》2020 年第 12 期。

任重、郭犇：《价值感知、社会资本对农户秸秆还田技术采纳行为的影响》，《江西财经大学学报》2022 年第 4 期。

邵利敏、高雅琪、王森：《环境规制与资源型企业绿色行为选择："倒逼转型"还是"规制俘获"》，《河海大学学报》（哲学社会科学版）2018 年第 6 期。

邵帅、张可、豆建民：《经济集聚的节能减排效应：理论与中国经验》，《管理世界》2019 年第 1 期。

申晨、李胜兰、黄亮雄：《异质性环境规制对中国工业结构绿色转型的影响机理研究——基于中介效应的实证分析》，《南开经济研究》2018 年第 5 期。

盛洪：《分工、生产费用和交易费用》，《上海经济研究》1992 年第 2 期。

师帅、李翠霞、李媚婷：《畜牧业"碳排放"到"碳足迹"核算方法的研究进展》，《中国人口·资源与环境》2017 年第 6 期。

石自忠、胡向东：《加快建设畜牧强国的理论逻辑与战略路径》，《中国农业科技导报》2023 年第 9 期。

宋大平、庄大方、陈巍：《安徽省畜禽粪便污染耕地、水体现状及其风险评价》，《环境科学》2012 年第 1 期。

宋洪远、江帆：《农业强国的内涵特征、重点任务和关键举措》，《农业经济问题》2023 年第 6 期。

宋磊、毛航球、李文英、高绣纺、欧俊、李倩：《珠三角畜禽养殖场周边地表水污染特征及环境质量分析》，《生态环境学报》2020 年第 7 期。

宋良媛、杜富林：《科技创新驱动草原畜牧业现代化》，《科学管理研究》2020 年第 2 期。

苏旭峰、杨小东、冉启英：《基于碳排放视角的中国畜牧业绿色增长分析》，《生态经济》2022 年第 4 期。

孙顶强、卢宇桐、田旭：《生产性服务对中国水稻生产技术效率的影响——基于吉、浙、湘、川 4 省微观调查数据的实证分析》，《中国农村经济》2016 年第 8 期。

孙建军、柯青：《不完全信息环境下的情报分析方法——情景分析法及其在情报研究中的应用》，《图书情报工作》2007 年第 2 期。

孙晓华、郭旭、王昀：《产业转移、要素集聚与地区经济发展》，《管理世界》2018 年第 5 期。

孙亚男、刘继军、马宗虎：《规模化奶牛场温室气体排放量评估》，《农业工程学报》2010 年第 6 期。

谭莹、胡洪涛：《环境规制、生猪生产与区域转移效应》，《农业技术经济》2021 年第 1 期。

谭永风、张淑霞、陆迁：《环境规制、技术选择与养殖户生产绿色转型——基于内生转换回归模型的实证分析》，《干旱区资源与环境》2021 年第 10 期。

唐建荣、房俞晓、张鑫和、唐雨辰：《产业集聚与区域经济增长的空间溢出效应研究：基于中国省级制造业空间杜宾模型》，《统计与信息论坛》2018 年第 10 期。

田云：《认知程度、未来预期与农户农业低碳生产意愿——基于武汉市农户的调查数据》，《华中农业大学学报》（社会科学版）2019 年第 1 期。

童健、刘伟、薛景：《环境规制、要素投入结构与工业行业转型升级》，《经济研究》2016 年第 7 期。

万攀兵、杨冕、陈林：《环境技术标准何以影响中国制造业绿色转型——基于技术改造的视角》，《中国工业经济》2021 年第 9 期。

汪浩：《安徽省奶牛产业链整合与效益提升研究》，硕士学位论文，安徽农业大学，2018 年。

王安邦、何可、张俊飚：《健康意识对规模养殖户亲环境行为的影响——基于生猪环保饲料支付意愿的视角》，《浙江农业学报》2019 年第 10 期。

王方浩、马文奇、窦争霞、马林、刘小利、许俊香、张福锁：《中国畜禽粪便产生量估算及环境效应》，《中国环境科学》2006 年第 5 期。

王建华、钭露露、王缘：《环境规制政策情境下农业市场化对畜禽养殖废弃物资源化处理行为的影响分析》，《中国农村经济》2022 年第 1 期。

王建华、周瑾：《农业绿色生产转型的内在动力——基于微观主体实践与外部结构性因素的影响分析》，《农村经济》2022 年第 12 期。

王磊、朱雪晴、李翠霞：《基于碳排放约束视角的牧场适度规模养殖研究——以黑龙江省 156 个规模化奶牛养殖场为例》，《黑龙江畜牧兽医》2021 年第 16 期。

王淇韬、郭翔宇、刘二阳：《基于感知价值的东北黑土区农户保护性耕作技术采用行为》，《中国农业大学学报》2021 年第 7 期。

王善高、田旭、张晓恒：《生猪养殖产业集聚对环境效率影响的研究》，《农业现代化研究》2019 年第 3 期。

王小彬、闫湘、李秀英：《畜禽粪污厌氧发酵沼液农用之环境安全风险》，《中国农业科学》2021 年第 1 期。

王笑丛、谭思：《合法性视角下创新对农户绿色转型的影响研究》，《江西社会科学》2018 年第 2 期。

王效琴、梁东丽、王旭东、彭莎、郑金正：《运用生命周期评价方法评估奶牛养殖系统温室气体排放量》《农业工程学报》2012 年第 13 期。

王辛芝：《八大综合经济区能源碳达峰驱动机制分析及峰值情景预测》，硕士学位论文，山西财经大学，2022 年。

王亚华、苏毅清、舒全峰：《劳动力外流、农村集体行动与乡村振兴》，《清华大学学报》（哲学社会科学版）2022 年第 3 期。

王一鸣：《中国的绿色转型：进程和展望》，《中国经济报告》2019 年第 6 期。

王永进、盛丹：《地理集聚会促进企业间商业信用吗?》，《管理世界》2013 年第 1 期。

王勇、陈诗一、朱欢：《新结构经济学视角下产业结构的绿色转型：事实、逻辑与展望》，《经济评论》2022 年第 4 期。

王玉斌：《合作社等农业生产性服务组织作用凸显》，《农村经营管理》2020 年第 7 期。

王铮、武巍、吴静：《中国各省区经济增长溢出分析》，《地理研究》2005 年第 2 期。

王志刚、申红芳、廖西元：《农业规模经营：从生产环节外包开始——以水稻为例》，《中国农村经济》2011 年第 9 期。

卫龙宝、张菲：《我国奶牛养殖布局变迁及其影响因素研究——基于我国省级面板数据的分析》，《中国畜牧杂志》2012 年第 18 期。

魏后凯、崔凯：《建设农业强国的中国道路：基本逻辑、进程研判与战略支撑》，《中国农村经济》2022 年第 1 期。

魏艳骄、李翠霞、朱晶、张玉娥：《我国奶牛养殖业市场价格风险评估研究》，《价格理论与实践》2016 年第 2 期。

魏艳骄、朱晶：《乳业发展的国际经验分析：基于供给主体视角》，《中国农村经济》2019 年第 2 期。

温忠麟、侯杰泰、张雷：《调节效应与中介效应的比较和应用》，《心理学报》2005 年第 2 期。

温忠麟、叶宝娟：《中介效应分析：方法和模型发展》，《心理科学进展》2014 年第 5 期。

温忠麟、张雷、侯杰泰、刘红云：《中介效应检验程序及其应用》，《心理学报》2004 年第 5 期。

吴强、张园园、张明月：《中国畜牧业碳排放的量化评估、时空特征及动态演化：

2001—2020》，《干旱区资源与环境》2022年第6期。

武春友、郭玲玲：《绿色增长理论与实践的国际比较研究》，《中国国情国力》2020年第5期。

武鹏、金相郁、马丽：《数值分布、空间分布视角下的中国区域经济发展差距(1952—2008)》，《经济科学》2010年第5期。

武深树、谭美英、刘伟：《沼气工程对畜禽粪便污染环境成本的控制效果》，《中国生态农业学报》2012年第2期。

席艳玲：《促进经济社会发展全面绿色转型》，《中国社会科学报》2021年2月4日。

夏益国、宫春生：《粮食安全视阈下农业适度规模经营与新型职业农民——耦合机制、国际经验与启示》，《农业经济问题》2015年第5期。

向国成、韩绍凤：《分工与农业组织化演进：基于间接定价理论模型的分析》，《经济学》(季刊)2007年第2期。

肖锐、陈池波：《财政支持能提升农业绿色生产率吗？——基于农业化学品投入的实证分析》，《中南财经政法大学学报》2017年第1期。

谢花林、黄萤乾：《非农就业与土地流转对农户耕地撂荒行为的影响——以闽赣湘山区为例》，《自然资源学报》2022年第2期。

谢琳、廖佳华、李尚蒲：《服务外包有助于化肥减量吗？——来自荟萃分析的证据》，《南方经济》2020年第9期。

谢宜章、赵玉奇：《空间资源视角下地方政府竞争与中国工业绿色转型发展》，《江西社会科学》2018年第6期。

徐永洞、干子涵、路永强、郭江鹏、刘志丹：《北京市奶牛粪污管理及资源化利用技术现状》，《中国乳业》2021年第11期。

徐志刚、张炯、仇焕广：《声誉诉求对农户亲环境行为的影响研究——以家禽养殖户污染物处理方式选择为例》，《中国人口·资源与环境》2016年第10期。

徐志刚、张骏逸、吕开宇：《经营规模、地权期限与跨期农业技术采用——以秸秆直接还田为例》，《中国农村经济》2018年第3期。

徐志刚、郑姗、刘馨月：《农业机械化对粮食高质量生产影响与环节异质性——基于黑、豫、浙、川四省调查数据》，《宏观质量研究》2022年第3期。

许晨曦、陈英、谢保鹏、裴婷婷：《农户对宅基地"三权分置"政策认知——概念界定、量表开发与效度检验》，《干旱区资源与环境》2022 年第 3 期。

许继飞、倪茹、张数礼、吕通、赵吉：《我国规模化奶牛养殖污染物的特征及其资源化利用》，《黑龙江畜牧兽医》2017 年第 6 期。

许佳彬、李翠霞：《畜牧业产业集聚对县域经济增长的影响——黑龙江省例证》，《中国农业大学学报》2021 年第 10 期。

许佳彬、王洋、李翠霞：《构建新型奶业社会化服务体系初探——基于供需均衡视角》，《黑龙江畜牧兽医》2021 年第 4 期。

许佳彬、王洋、李翠霞：《环境规制政策情境下农户认知对农业绿色生产意愿的影响——来自黑龙江省 698 个种植户数据的验证》，《中国农业大学学报》2021 年第 2 期。

许佳彬、王洋、李翠霞：《农业生产性服务业发展困境与路径创新：基于农户视角》，《中州学刊》2020 年第 9 期。

薛国中：《世界白银与中国经济——16—18 世纪中国在世界经济体系中的地位》，《中国政法大学学报》2007 年第 1 期。

薛晓聪、樊斌：《中国奶牛养殖生产布局时空演变分析》，《中国畜牧杂志》2019 年第 11 期。

薛岩龙、郑风田、刘宁宁、杨浩：《组织形式、信息不对称与"一家两制"——基于农户蔬菜采摘行为的抽样调查》，《经济经纬》2015 年第 5 期。

颜双波：《基于熵值法的区域经济增长质量评价》，《统计与决策》2017 年第 21 期。

杨飞、杨世琦、诸云强、王卷乐：《中国近 30 年畜禽养殖量及其耕地氮污染负荷分析》，《农业工程学报》2013 年第 5 期。

杨钢桥、龚晓晨、吴九兴、汪文雄：《基于感知价值的农民参与农地整理项目意愿影响因素研究》，《华中农业大学学报》（社会科学版）2014 年第 4 期。

杨果、陈瑶：《新型农业经营主体参与低碳农业发展的激励机制设计》，《中国人口·资源与环境》2016 年第 6 期。

杨柳青青：《产业绿色转型对边界环境绩效的影响研究》，《管理学报》2020 年第 7 期。

杨冕、晏兴红、李强谊：《环境规制对中国工业污染治理效率的影响研究》，《中国人口·资源与环境》2020 年第 9 期。

杨志海：《老龄化、社会网络与农户绿色生产技术采纳行为——来自长江流域六省农户数据的验证》，《中国农村观察》2018 年第 4 期。

杨子、饶芳萍、诸培新：《农业社会化服务对土地规模经营的影响——基于农户土地转入视角的实证分析》，《中国农村经济》2019 年第 3 期。

姚成胜、钱双双、李政通、梁龙武：《中国省际畜牧业碳排放测度及时空演化机制》，《资源科学》2017 年第 4 期。

叶青、郭欣欣：《政府环境治理投入与绿色经济增长》，《统计与决策》2021 年第 9 期。

易秀、叶凌枫、刘意竹、田浩、陈生婧：《陕西省畜禽粪便负荷量估算及环境承受程度风险评价》，《干旱地区农业研究》2015 年第 3 期。

尹礼汇、孟晓倩、吴传清：《环境规制对长江经济带制造业绿色全要素生产率的影响》，《改革》2022 年第 3 期。

尹礼汇、吴传清：《环境规制与长江经济带污染密集型产业生态效率》，《中国软科学》2021 年第 8 期。

尤震晨、黄锡霞、田月珍、王丹、张梦华、魏珍、张晓雪、胥磊、姜徽、赵番番：《奶牛场废弃物研究态势的全球文献计量分析》，《畜牧与兽医》2019 年第 10 期。

于法稳、黄鑫、王广梁：《畜牧业高质量发展：理论阐释与实现路径》，《中国农村经济》2021 年第 4 期。

于海龙、李秉龙：《中国奶牛养殖的区域优势分析与对策》，《农业现代化研究》2012 年第 2 期。

于海龙、闫逢柱、李秉龙：《产业政策调整下我国乳业的新发展——基于产业链视角》，《农业现代化研究》2015 年第 3 期。

于海龙、张振、尚旭东：《我国乳业转型发展的困境、形势与对策研究——基于供给侧改革视角》，《农业现代化研究》2018 年第 3 期。

于连超、毕茜、张卫国：《工业企业绿色转型评价体系构建》，《统计与决策》2019 年第 14 期。

于连超：《环境规制对生猪养殖业绿色全要素生产率的影响研究》，博士学位论文，西南大学，2020 年。

于婷、于法稳：《环境规制政策情境下畜禽养殖废弃物资源化利用认知对养殖户参与意愿的影响分析》，《中国农村经济》2019 年第 8 期。

于潇：《环境规制政策的作用机理与变迁实践分析——基于 1978—2016 年环境规制政策演进的考察》，《中国科技论坛》2017 年第 12 期。

余威震、罗小锋、李容容：《孰轻孰重：市场经济下能力培育与环境建设？——基于农户绿色技术采纳行为的实证》，《华中农业大学学报》（社会科学版）2019 年第 3 期。

虞祎、刘俊杰：《农业产业整体减排实现路径研究——以长三角及周边地区猪肉生产流通为例》，《农业经济问题》2013 年第 10 期。

虞祎、张晖、胡浩：《排污补贴视角下的养殖户环保投资影响因素研究——基于沪、苏、浙生猪养殖户的调查分析》，《中国人口·资源与环境》2012 年第 2 期。

原毅军、谢荣辉：《环境规制的产业结构调整效应研究——基于中国省际面板数据的实证检验》，《中国工业经济》2014 年第 8 期。

张宝成、白艳芬、李宪碧、王加真：《遵义市畜禽养殖业粪便排放量估算及对环境的影响》，《家畜生态学报》2018 年第 5 期。

张峰、宋晓娜：《资源禀赋、技术进步与制造业绿色转型》，《统计与决策》2020 年第 13 期。

张红丽、韩平新、滕慧奇：《价值认知能够改善农户畜禽粪污资源化行为吗？——基于生计策略调节作用的分析》，《干旱区资源与环境》2022 年第 5 期。

张红宇、胡凌啸：《构建有中国特色的农业社会化服务体系》，《行政管理改革》2021 年第 10 期。

张华：《环境规制竞争最新研究进展》，《环境经济研究》2017 年第 1 期。

张金鑫、王红玲：《中国畜牧业碳排放地区差异、动态演进与收敛分析——基于全国 31 个省（市）1997—2017 年畜牧业数据》，《江汉论坛》2020 年第 9 期。

张静、朱玉春：《产业融合、社会资本和科技创业减贫》，《农业技术经济》2019 年第 11 期。

张蕾、陈超、展进涛：《农户农业技术信息的获取渠道与需求状况分析——基于 13 个粮食主产省份 411 个县的抽样调查》，《农业经济问题》2009 年第 11 期。

张林秀、白云丽、孙明星、徐湘博、何加林：《从系统科学视角探讨农业生产绿色转型》，《农业经济问题》2021 年第 10 期。

张露、罗必良：《农业减量化：农户经营的规模逻辑及其证据》，《中国农村经济》2020年第2期。

张强、花俊国：《中国奶业增长与奶业市场集中和空间集聚的实证分析》，《河南农业大学学报》2018年第1期。

张田野、孙炜琳、王瑞波：《化肥零增长行动对农业污染的减量贡献分析——基于GM（1,1）模型及脱钩理论》，《长江流域资源与环境》2020年第1期。

张晓华、王芳、郑晓书、许鲜、沈嘉妍：《四川省畜禽粪便排放时空分布及污染防控》，《长江流域资源与环境》2018年第2期。

张晓莉、夏衣热·肖开提：《新疆畜禽粪污排放时空演变特征及预警分析——基于85个县市数据》，《中国农业资源与区划》2022年第2期。

张艳新、赵慧峰、刘希、张曼玉、李彤、刘秀娟：《河北省奶牛养殖场富余奶问题研究》，《中国畜牧杂志》2016年第8期。

张永江、袁俊丽、黄惠春：《中国特色农业强国的历史演进、理论逻辑与推进路径》，《农业经济问题》2023年第12期。

张羽飞、王丽霞、庞力豪、姜凯阳、邵蕾：《畜禽粪尿量概算及污染状况分析——以山东省为例》，《黑龙江畜牧兽医》2020年第3期。

张郁、江易华：《环境规制政策情境下环境风险感知对养猪户环境行为影响——基于湖北省280户规模养殖户的调查》，《农业技术经济》2016年第11期。

赵佳佳、刘灵芝、起建凌：《环境规制、风险认知对养殖户环境友好行为的影响研究》，《生态与农村环境学报》2022年第8期。

赵俊伟、陈永福、尹昌斌：《生猪养殖粪污处理社会化服务的支付意愿与支付水平分析》，《华中农业大学学报》（社会科学版）2019年第4期。

赵俊伟、尹昌斌：《青岛市畜禽粪便排放量与肥料化利用潜力分析》，《中国农业资源与区划》2016年第7期。

赵晓兵：《污染外部性的内部化问题》，《南开经济研究》1999年第4期。

郑德凤、臧正、孙才志：《绿色经济、绿色发展及绿色转型研究综述》，《生态经济》2015年第2期。

郑晶、蔡金琼、林瑜：《广东省生猪养殖的生态足迹研究》，《中国人口·资源与环境》2012 年第 11 期。

郑微微、沈贵银、李冉：《畜禽粪便资源化利用现状、问题及对策——基于江苏省的调研》，《现代经济探讨》2017 年第 2 期。

郑旭媛、王芳、应瑞瑶：《农户禀赋约束、技术属性与农业技术选择偏向——基于不完全要素市场条件下的农户技术采用分析框架》，《中国农村经济》2018 年第 3 期。

郑珍远、刘婧、李悦：《基于熵值法的东海区海洋产业综合评价研究》，《华东经济管理》2019 年第 9 期。

中国社会科学院工业经济研究所课题组、李平：《中国工业绿色转型研究》，《中国工业经济》2011 年第 4 期。

钟珍梅、勤楼、翁伯琦、黄秀声、冯德庆、陈钟佃：《以沼气为纽带的种养结合循环农业系统能值分析》，《农业工程学报》2012 年第 4 期。

周芳、琼达、金书秦：《西藏畜禽养殖污染现状与环境风险预测》，《干旱区资源与环境》2021 年第 9 期。

周峰、徐翔：《政府规制下无公害农产品生产者的道德风险行为分析——基于江苏省农户的调查》，《南京农业大学学报》（社会科学版）2007 年第 4 期。

周洁红、唐利群、李凯：《应对气候变化的农业生产转型研究进展》，《中国农村观察》2015 年第 3 期。

周晶晶：《政府购买社会工作服务项目第三方评估问题研究——以 H 市 H 社工机构为例》，硕士学位论文，安徽大学，2021 年。

周力、郑旭媛：《基于低碳要素支付意愿视角的绿色补贴政策效果评价——以生猪养殖业为例》，《南京农业大学学报》（社会科学版）2012 年第 4 期。

周天墨、付强、诸云强、胡卓玮、杨飞：《中国分省畜禽产污系数优化及污染物构成时空特征分析》，《地理研究》2014 年第 4 期。

周应恒、杨宗之：《生态价值视角下中国省域粮食绿色全要素生产率时空特征分析》，《中国生态农业学报》（中英文）2021 年第 10 期。

朱斌、史轩亚：《区域产业绿色转型的综合评价与战略分析——以福建省为例》，《生态经济》2016 年第 9 期。

朱润、何可、张俊飚：《环境规制如何影响规模养猪户的生猪粪便资源化利用决策——基于规模养猪户感知视角》,《中国农村观察》2021 年第 6 期。

左志平、齐振宏、邬兰娅：《碳税补贴视角下规模养猪户低碳养殖行为决策分析》,《中国农业大学学报》2016 年第 2 期。

左志平、齐振宏：《供应链框架下规模养猪户绿色养殖模式演化机理分析》,《中国农业大学学报》2016 年第 3 期。

三、外文文献

Parasuraman, and Dhruv Grewal. "The Impact of Technology on the Quality-value-loyalty Chain: A Research Agenda", *Journal of The Academy of Marketing Science*, 2000, Vol.28, issue1.

Vorfolomeiev. "Implementation of Resource Efficient and Cleaner Production Options at Ukrainian Enterprises", *Acta Innovations*, 2019, issue30.

Abdul Nafeo Abdulai. "Impact of Conservation Agriculture Technology on Household Welfare in Zambia", *Agricultural Economics*, 2016, Vol.47, issue6.

Adam Baumgart-Getz, Linda Stalker Prokopy, and Kristin Floress. "Why Farmers Adopt Best Management Practice in the United States: A Meta-analysis of the Adoption Literature", *Journal of Environmental Management*, 2012, Vol.96, issue1.

Adelheid Holl. "Transport Infrastructure, Agglomeration Economies, and Firm Birth: Empirical Evidence from Portugal", *Journal of Regional Science*, 2004, Vol.44, issue4.

Agustin del Prado, Karine Mas, Guillermo Pardo, and Patricia Gallejones. "Modelling the Interactions Between C and N Farm Balances and GHG Emissions from Confinement Dairy Farms in Northern Spain", *Science of the Total Environment*, 2013, Vol.465, issue6.

Ahmad Yaghoubi Farani, Yaser Mohammadi, and Fatemeh Ghahremani. "Modeling Farmers' Responsible Environmental Attitude and Behaviour: A Case from Iran", *Environmental Science and Pollution Research*, 2019, Vol.26, issue27.

Alain D. Ayong Le Kama. "Sustainable Growth, Renewable Resources and Pollution", *Journal of Economic Dynamics and Control*, 2001, Vol.25, issue12.

Alfred Marshall: *Principles of Economics*, London: Macmillan, 1920.

Ali Daneshi, Abbas Esmaili-sari, Mohammad Daneshi, and Henrikke Baumann. "Greenhouse Gas Emissions of Packaged Fluid Milk Production in Tehran", *Journal of Cleaner Production*, 2014, Vol.80.

Allen Blackman. "Colombia' s Discharge Fee Program: Incentives for Polluters or Regulators?", *Journal of Environmental Management*, 2009, Vol.90.

Angela Druckman, Pippa Bradley, Eleni Papathanasopoulou, and T. Jackson. "Measuring Progress Towards Carbon Reduction in the UK", *Ecological Economics*, 2008, Vol.66, issue4.

Anne Mottet, Benjiamin Henderson, Carolyn I. Opio, Alessandra Falcucci, Giuseppe Tempio, Silvia Silvestri, Sabrina Chesterman, and Pierre J. Gerber. "Climate Change Mitigation and Productivity Gains in Livestock Supply Chains: Insights from Regional Case Studies", *Regional Environmental Change*, 2017, Vol.17, issue1.

Anthony J Barbera, and Virginia D McConnell. "The Impact of Environmental Regulations on Industry Productivity: Direct and Indirect Effects", *Journal of Environmental Economics and Management*, 1990, Vol.18, issue1.

Armando Calabrese. "Service Productivity and Service Quality: A Necessary Trade-off?", *International Journal of Production Economics*, 2012, Vol.135, issue2.

Ball Coelho, Roger Murray, David Lapen, Edward Topp, and Allison Bruin. "Phosphorus and Sediment Loading to Surface Waters from Liquid Swine Manure Application under Different Drainage and Tillage Practices", *Agricultural Water Management*, 2012, Vol.104, issue2.

Bernard. W. Silverman: *Density Estimation for Statistics and Data Analysis*, Routledge, 2018.

Blane D. Lewis, and Daan Pattinasarany. "Determining Citizen Satisfaction with Local Public Education in Indonesia: The Significance of Actual Service Quality and Governance Conditions", *Growth & Change*, 2010, Vol.40, issue1.

Bo Wang, Yefei Sun, and Zhaohua Wang. "Agglomeration Effect of CO_2 Emissions and Emissions Reduction Effect of Technology: A Spatial Econometric Perspective Based on

China's Province-level Data", *Journal of Cleaner Production*, 2018, Vol.204.

Brakman, Garretsen H, Van Marrewijk C: *An Introduction to Geographical Economics: Trade, Location and Growth*, Cambridge University Press, 2001.

Bryan Lohmar, Fred Gale, Francis Tuan, and Jim Hansen. "China's Ongoing Agricultural Modernization: Challenges Remain after 30 years of Reform", 2009.

Catherine Ragasa, and John Mazunda. "The Impact of Agricultural Extension Services in the Context of a Heavily Subsidized Input System: The Case of Malawi", *World Development*, 2018, Vol.105.

Cynthia Rosenzweig, Cheikh Mbow, Luis G. Barioni, Tim G. Benton, Mario Herrero, Murukesan Krishnapillai, Emma T. Liwenga, Prajal Pradhan, Marta G. Rivera-Ferre, Tek Sapkota, Francesco N. Tubiello, Yinlong Xu, Erik Mencos Contretas, and Joana Portugal-Pereira. "Climate Change Responses Benefit from a Global Food System Approach", *Nature Food*, 2020, issue1.

Daniel A. Sumner. "American Farms Keep Growing: Size, Productivity and Policy", *Journal of Economic Perspectives*, 2014, Vol.28, issue1.

Daniel H. Cole, Peter Z. Grossman: *When is Command-and-control efficient? Institutions, Technology, and the Comparative Efficiency of Alternative Regulatory Regimes for Environmental Protection*, The Theory and Practice of Command and Control in Environmental Policy. Routledge, 2018.

Daron Acemoglu, Philippe Aghion, Leonardo Bursztyn, and David Hemous. "The Environment and Directed Technical Change", *The American Economic Review*, 2012, Vol.102, issue1.

David Cadr, and Alan B. Krueger. "School Resources and Student Out-comes: An Overview of the Literature and New Evidence from North and South Carolina", *General Information*, 1996, Vol.10, issue4.

David Pearce, Anil Markandya, and Edward Barbier. *Blueprint for a Green Economy*, London: Earthscan Publication Limited, 1989.

David W. Pearce, and Giles D. Atkinson. "Capital Theory and the Measurement of

Sustainable Development: An Indicator of "Weak" Sustainability", *Ecological Economics*, 1993, Vol.8, issue2.

Dongdong Liu, Xiaoyan Zhu, and Yafei Wang. "China's Agricultural Green Total Factor Productivity Based on Carbon Emission: An Analysis of Evolution Trend and Influencing factors", *Journal of Cleaner Production*, 2021, Vol.278.

Dong-hyun Oh, and Almas Heshmati. "A Sequential Malmquist-luenberger Productivity Index: Environmental Sensitive Productivity Growth Considering the Progressive Nature of Technology", *Energy Economic*, 2010, issue32, pp.1345-1355.

Donkor Emmanuel, Enoch Owusu-Sekyere, Victor Owusu, and Henry Jordaan. "Impact of Agricultural Extension Service on Adoption of Chemical Fertilizer: Implications for Rice Productivity and Development in Ghana", *NJ-AS-Wageningen Journal of Life Sciences*, 2016, issue79.

Edward Barbier. "The Policy Challenges for Green Economy and Sustainable Economic Development", *Natural Resources Forum*, 2011, Vol.35, issue3, pp.233-245.

Eleonore Loiseau, Laura Saikku, Riina Antikainen, Nils Droste, Bernd Hansjuergens, Kati Pitkanen, Pekka leskinen, Peter Kuikman, and Marianne Thomsen. "Green Economy and Related Concepts: An Overview", *Journal of Cleaner Production*, 2016, Vol.139.

Ferdinando Battini, Alessandro Agostini, Vincenzo Tabaglio, and Stefano Amaducci. "Environmental Impacts of Different Dairy Farming Systems in the Po Valley", *Journal of Cleaner Production*, 2016, Vol.112.

GGGI: Green growth potential Assessment—Methodology Report, Seoul: Global Green Growth Institute, 2019.

Giorgio Petroni, Barbara Bigliardi, and Francesco Galati. "Rethinking the Porter Hypothesis: The under Appreciated Importance of Value Appropriation and Pollution Intensity", *Review of Policy Research*, 2019, Vol.36, issue1, pp.121-140.

Girogio Provolo. "Manure Management Practices in Lombardy (Italy)", *Bioresource Technology*, 2005, Vol.96, issue2.

Graciela Chichilnisky, Geoffrey Heal, and Andrea Beltratti. "The green golden rule",

Economics Letters, 1995, Vol.49, issue2.

Guillaume Martin, and Magali Willaume. "A Diachronic Study of Greenhouse Gas Emissions of French Dairy Farms According to Adaptation Pathways", *Agriculture, Ecosystems & Environment*, 2016, Vol.221.

Gunther Tichy. "Clusters: Less Dispensable and More Risky Than Ever", *Clusters and Regional Specialization*, 1998, Vol.1.

Haibin Han, Zhangqi Zhong, Changcun Wen, and Huiguo Sun. "Agricultural Environmental Total Factor Productivity in China under Technological Heterogeneity: Characteristics and Determinants", *Environmental Science and Pollution Research*, 2018, Vol.25.

Henry Buller, Harry Blokhuis, Per Jensen, and Linda Keeling. "Towards Farm Animal Welfare and Sustainability", *Animals*, 2018, Vol.8, issue6.

Ingo Walter, and Judith Ugelow. "Environmental Policies in Developing Countries", *Technology, Development and Environmental Impact*, 1979, Vol.8, issue2-3.

IPCC: *IPCC Guidelines for National Greenhouse Gas Inventories Volume 4: Agriculture, Forestry and Other Land Use*, Geneva: IPCC, 2006.

J. Paul Elhorst. "Applied Spatial Econometrics: Raising the Bar", *Spatial Economic analysis*, 2010, Vol.5, issue1.

James Edward Meade: *A Neo-classical Theory of Economic Growth*, London: Allen and Unwin, 1961.

James F. Petrick. "Development of a Multi-dimensional Scale for Measuring the Perceived Value of a Service", *Journal of Leisure Research*, 2002, Vol.34, issue2.

James H. Stock, and Motohiro Yogo: *Testing for Weakinstruments in Linear IV Regression*, Cambridge: Cambridge University Press, 2005.

James LeSage, and Robert Kelley Pace: *Introduction to Spatial Econometrics*, Chapman and Hall/CRC, 2009.

James W. Casey, and Nicholas M. Holden. "Quantification of GHG Emissions from Sucker-beef Production in Ireland", *Agricultural Systems*, 2006, Vol.90, issue1-3.

Janine Fleith de Medeiros, Jose Luis Duarte Ribeiro, and Marcelo Nogueira Cortimiglia. "Influence of Perceived Value on Purchasing Decisions of Green Products in Brazil", *Journal of Cleaner Production*, 2016, Vol.110.

Janine Fleith de Medeiros, Jose Luis Ribeiro, and Marcelo N Nogueira Cortimilia. "Influence of Perceived Value on Purchasing Decisions of Green Products in Brazil", *Journal of Cleaner Production*, 2016, Vol.110.

Jeffrey R Edwards, and Lisa Schurer Lambert. "Methods for Integrating Moderation and Mediation: A General Analytical Framework Using Moderated Path Analysis", *Psychological Methods*, 2007, Vol.12, issue1.

Jeremy Allouche, Carl Middleton, and Dipak Gyawali. "Technical veil, hidden politics: Interrogating the power linkages behind the nexus", *Water Alternatives*, 2015, Vol.8, issue1.

Jiabin Xu, Jingjing Wang, Tianyi Wang, and Cuixia Li. "Impact of Industrial Agglomeration on Carbon Emissions from Dairy Farming—Empirical Analysis Based on Life Cycle Assessmsent Method and Spatial Durbin Model", *Journal of Cleaner Production*, 2023, Vol.406.

Jing Huang, Chang-Chun Xu, Bradley George Ridoutt, Ji-Jun Liu, Hai-Lin Zhang, Fu Chen, and Yu-Li. "Water Availability Footprint of Milk and Milk Products from Large-scale Dairy Production Systems in Northeast China", *Journal of Cleaner Production*, 2014, Vol.79.

Joakim Kulin, and Ingemar Johansson Seva. "The Role of Government in Protecting the Environment: Quality of Government and the Translation of Mormative Views about Government Responsibility into Spending Preferences", *International Journal of Sociology*, 2019, issue2.

Joann K. Whalen, Chi Chang, George W. Clayton, and Janna P. Carefoot. "Cattle Manure Amendments Can Increase the PH of Acid Soils", *Soil Science Society of America Journal*, 2000, Vol.64, issue3.

John S Chipman. "External Economies of Scale and Competitive Equilibrium", *Quarterly*

Journal of Economics, 1970, Vol.84.

Jonathan Rigg, Monchai Phongsiri, Buapun Promphakping, Albert Salamanca, and Mattara Sripun. "Who Will Tend the Farm? Interrogating the Ageing Asian Farmer", *The Journal of Peasant Studies*, 2020, Vol.47, issue2.

Joseph E. Stiglitz, Amartya Sen, Jean-Paul Fitoussi: *Report by the Commission on the Measurement of Economic Performance and Social Progress*, Paris: Commission on the Measurement of Economic Performance and Social Progress, 2010.

Judith Louise Capper, Roger A. Cady, and Dale Elton Bauman. "The Environmental Impact of Dairy Production: 1944 Compared with 2007", *Journal of Animal Science*, 2009, Vol.87, issue6.

K. Sakadevan, and M.-L. Nguyen. "Livestock Production and Its Impact on Nuturient Pollution and Greenhouse Gas Emissions", *Advances in Agronomy*, 2017, Vol.141.

Kanghwa Choi, DonHee Lee, and David L. Olson. "Service Quality and Productivity in the US Airline Industry: A Service Quality-adjusted DEA Model", *Service Business*, 2015, Vol.9, issue1.

Kaoru Tone. "A Slacks-based Measure of Efficiency in Data Envelopment Analysis", *European Journal of Operational Research*, 2001, Vol.130, issue3.

Kaoru Tone. "A Slacks-based Measure of Super-efficiency in Data Envelopment Analysis", *European Journal of Operational Research*, 2002, Vol.143, issue1.

Karen Palmer, Wallace E. Oates, and Paul R. Portney. "Tightening Environmental Standards: The Benefit-cost or the No-cost Paradigm?", *Journal of Economic Perspectives*, 1995, Vol.9, issue4.

Kenneth J. Arrow. "'The Organization of Economic Activity: Issues Pertinent to the Choice of Market versus Non-market Allocation', in: The Analysis and Evaluation of Public Expenditure: The PPB System", *Joint Economic Committee, Washington: Government Printing Office*, 1969, Vol.1.

Kenneth Ruffing. "Indicators to measure decoupling of environmental pressure from economic growth", *Sustainability Indicators: A Scientific Assessment*, 2007, Vol.67.

Kent D. Miller, and H.Gregory Waller. "Scenarios Real Options and Integrated Risk Management", *Long Range Planning*, 2003, Vol.36, issue1.

Leonidas C. Leonidou, Paul Christoulides, Lida P. Kyrgidou, and Dayananda Palihawadana. "Internal Drivers and Performance Consequences of Small Firm Green Business Strategy: The Moderating Role of External Force", *Journal of Business of Ethnics*, 2017, Vol.140, issue3.

Likert Rensis. "A Technique for the Measurement of Attitudes", *Archives of Psychology*, 1932, Vol.140.

Mahipal Choudhary, Suresh Chandra Panday, Vijay Singh Meena, Sher Singh, Ram Prakash Yadav, Dibakar Mahanta, Tilak Mondal, Pankaj Kumar Mishra, Jaideep Kumar Bisht, and Arunava Pattanayak. "Long-term Effects of Organic Manure and Inorganic Fertilization on Sustainability and Chemical Soil Quality Indicators of Soybean-wheat Cropping System in the Indian Mid-himalayas", *Agriculture, Ecosystems & Environment*, 2018, Vol.257.

Marta Guth. "Determinants of Milk Production in FADN Dairy Farms in the Regions of the European Union with Predominance of Intensive Production in 2011", *Management*, 2016, Vol.20, issue2.

Mauro Vigani, and Jonas Kathage. "To Risk or Not to Risk? Risk Management and Farm Productivity", *American Journal of Agricultural Economics*, 2019, Vol.101, issue5.

Michael A. Mallin, and Lawrence B. Cahoon. "Industrialized Animal Reduction: A Major Source of Nutrient and Microbial Pollution to Aquatic Ecosystems", *Population and Environment*, 2003, Vol.24, issue5.

Michael E. Porter, and Claas van der Linde. "Toward a New Conception of the Environment-competitiveness Relationship", *Journal of Economic Perspectives*, 1995, Vol.9, issue4.

Michael Lokshin, and Zurab Sajaia. "Maximum Likelihood Estimation of Endogenous Switching Regression Models", *The Stata Journal*, 2004, Vol.4, issue3.

Miguel Escribano, Ahmed Elghannam, and Francisco J. Mesias. "Dairy Sheep Farms in

Semi-arid Rangelands: A Carbon Footprint Dilemma Between Intensification and Land-based Grazing", *Land Use Policy*, 2020, Vol.95, issueC, pp.104600-104600.

Monica Bassanino, Dario Sacco, Laura Zavattaro, and Carlo Grignani. "Nutrient Balance as a Sustainability Indicator of Different Agro-environments in Italy", *Ecological Indicators*, 2011, Vol.11, issue2.

Moti Jaleta, Menale Kassie, Kindie Tesfaye, Tilaye Teklewold, Pradyot Ranjan Jena, Paswel Marenya, and Olaf Erenstein. "Resource Saving and Productivity Enhancing Impacts of Crop Management Innovation Packages in Ethiopia", *Agricultural Economics*, 2016, Vol.47, issue5.

Muhammad Awais Baloch, and Gopal Thapa. "The Effect of Agricultural Extension Services: Date Farmers' Case in Balochistan, Pakistan", *Journal of The Saudi Society of Agricultural Sciences*, 2018, Vol.17, issue3.

OECD: Towards Green Growth: A Summary for Policy Makers, Paris: OECD, 2011.

OECD: Towards Green Growth: Monitoring Progress—OECD Indicators, Paris: OECD, 2011.

P. L. Adams, T. C. Daniel, D. J. Nichols, D. H. Pote, H. D. Scott, and D. R. Edwards. "Poultry Litter and Manure Contributions to Nitrate Leching Through the Vadose Zone", *Soil Science Socitey of American Journal*, 1994, Vol.58, issue4.

P.A. Phillips, J.L.B. Culley, F.R. Hore, and N.K. Patni. "Pollution Potential and Corn Yields from Selected Rates and Timing of Liquid Manure Applications", *Transactions of the ASAE*, 1981, Vol.24, issue1.

Pascual Berrone, Andrea Fosfuri, Liliana Gelabert, and Luis R. Gomez-Mejia. "Necessity as the Mother of Green' Inventions: Institutional Pressures and Environmental Innovations", *Strategic Management Journal*, 2013, Vol.34, issue8.

Paul J. Crutzen, Ingo Aselmann, and Wolfgang Seiler . "Methane Production by Domestic Animals, Wild Ruminants, Other Herbivorous Fauna, and Humans", *Chemical and Physical Meteorology*, 1986, Vol.38, issue3-4.

Paul M. Romer. "Increasing Returns and Long-run Growth", *Journal of Political*

Economy, 1986, Vol.94, issue5.

Per G. Fredriksson, and Jim R. Wolischeid. "Environmental Decentralization and Political Centralization", *Ecological Economics*, 2014, Vol.107, issue4.

Pete Smith, Daniel Martino, Zucong Cai, Daniel Gwary, Henry Janzen, Pushpam Kumar, Bruce McCarl, Stephen Ogle, Frank O'Mara, Charles Rice, Bob Scholes, Oleg Sirotenko, Mark Howden, Tim McAllister, Genxing Pan, Vladimir Romanenkov, Uwe Schneider, Sirintornthep Towprayoon, Martin Wattenbach, and Jo Smith. "Greenhouse Gas Mitigation in Agricultural", *Philosophical Transactions of the Royal Society*, 2008, Vol.363, issue1492.

Petr Havlík, Hugo Valin, Mario Herrero, Michael Obersteiner, Erwin Schmid, Mariana Rufino, Aline Mosnier, Philip Thornton, Hannes Boettcher, Richard T Conant, Stefan Frank, Steffen Fritz, Sabine Fuss, Florian Kraxner, and An Notenbaert. "Climate Change Mitigation Through Livestock System Transitions", *Proceedings of the National Academy of Sciences of the United States of American*, 2014, Vol.111, issue10.

Philip McCann, and Daniel Shefer. "Location, Agglomeration and Infrastructure", *Fifty Years of Regional Science*, 2004.

Philip Thornton, and Mario Herrero. "Potential for Reduced Methane and Carbon Dioxide Emissions from Livestock and Pasture Management in the Tropics", *Proceedings of the National Academy of Sciences of the United States of American*, 2010, Vol.107, issue46.

Pierre Gerber, Theun Vellinga, Carolyn Opio, and Henning Steinfeld. "Procuctivity Gains and Greenhouse Gas Mitigation Intensity in Dairy Systems", *Livestock Science*, 2011, Vol.139, issue1-2.

Qian Li, Jingjing Wang, Xiaoyang Wang, Yubin Wang. "The Impact of Alternative Policies on Livestock Farmers' Willingness to Recycle Manure: Evidence from Central China", *China Agricultural Economic Review*, 2020, issue12.

Qingqing Huang, Yao Yu, Yanan Wan, Qi Wang, Zhang Luo, Yuhui Qiao, Dechun Su, and Huafen Li. "Effects of Continuous Fertilization on Bioavailability and Fractionation of Cadmium in Soil and Its Uptake by Rice (Oryza sativa L.)", *Journal of Environmental*

Management，2018，Vol.215.

R.O. Evans，P.W. Westerman，and M.R. Overcash. "Subsuiface Drainage Water Quality from Land Application of Seine Lagoon Effluent"，*Transactions of the American Society of Agricultural and Biological Engineers*，1984，Vol.27，issue2.

Rebort Merton Solow. "A Contribution to the Theory of Economic Growth"，*Quarterly Journal of Economics*，1956，Vol.70，issue1.

Robert B. Woodruff. "Customer Value：The Next Source for Competitive Advantage"，*Journal of the Academy of Marketing Science*，1997，Vol.25，pp.139-153.

Robert Merton Solow. "Technical Chance and the Aggregate Production Function"，*The Review of Economics and Statistics*，1957，Vol.39，issue3.

Roberto Mosheim，and C. A. Knox Lovell. "Scale Economies and Inefficiency of U.S. Dairy Farms"，*American Journal of Agricultural Economics*，2009，Vol.91，issue3.

Ron Martin，and Peter Sunley. "Path Dependence and Regional Economic Evolution"，*Journal of Economic Geography*，2006，Vol.6，issue4.

Ronald Coase. "The Problem of Social Cost"，*Journal of Law and Economics*，1960，Vol.3.

Simone Pieralli，Slike Huttel，and Martin Odening. "Abandonment of Milk Production under Uncertainty and Inefficiency：The Case of Western German Farms"，*European Review of Agricultural Economics*，2017，Vol.44，issue3.

Simone Verkaart，Bernard G. Munyua，Kai Mausch，Jeffrey D. Michler. "Welfare Impacts of Improved Chickpe Adoption：A Pathway for Rural Development in Ethiopia?"，*Food Policy*，2017，Vol.66.

Tessa Derkley，Duan Biggs，Matthew Holden，and Clive Phillips. "A Framework to Evaluate Animal Welfare Implications of Policies on Rhino Horn Trade"，*Biological Conservation*，2019，Vol.235.

Todd Sandler，and John T. Tschirhart. "The Economic Theory of Clubs：An Evaluative Survey"，*Journal of Economic Literature*，1980，Vol.18，issue4.

UNEP：*Measuring Progress Towards an Inclusive Green Economy*，Nairobi：United

Nations Environmental Programme，2012.

UNEP：*Towards a Green Economy*：*Pathways to Sustainable Development and Poverty Eradication*，Nairobi：UNEP，2011.

UNESCAP：*Shifting from Quantity to Quality*：*Growth with Equality*，*Efficiency*，*Sustainability and Dynamism*，Bangkok：United Nations，2013.

V. Eldon Ball，Jean-Christophe Bureau，Richard Nehring，and Agapi Somwaru. "Agricultural Productivity Revisited"，*American Journal of Agricultural Economics*，1997，Vol.79，issue4.

Valarie A. Zeithaml. "Consumer Perceptions of Price，Quality and Value：A Means-end Model and Synthesis of Evidence"，*Journal of Marketing*，1988，Vol.52，issue3.

Vincent-Wayne Mitchell. "The Delphi Technique：An Exposition and Application"，*Technology Aralysis & Strategic Management*，1991，Vol.3，issue4.

Vinish Kathuria. "Controlling Water Pollution in Developing and Transition Countries-lessons from Three Successful Cases"，*Journal of Environmental Management*，2006，Vol.78.

Viswanath Venkatesh，Jason D. Shaw，Tracy Ann Sykes，Samuel Fosso Wamba，and Mary Macharia. "Networks，Technology，and Entrepreneurship：A Field Quasi-experiment Among Women in Rural India"，*The Academy of Management Journal*，2017，Vol.60，issue5.

Wanglin Ma，and Awudu Abdulai. "Does Cooperative Membership Improve Household Welfare? Evidence from Apple Farmers in China"，*Food Policy*，2016，Vol.58.

Whitney K. Newey，and Daniel McFadden. "Large Sample Estimation and Hypothesis Testing"，*Handbook of Econometrics*，1994，Vol.4.

William Jack Baumol. "On Taxation and the Control of Externalities"，*American Economic Review*，1972，Vol.62，issue3.

Xin Deng，Dingde Xu，Miao Zeng，and Yanbin Qi. "Does Outsourcing Affect Agricultural Productivity of Farmer Households? Evidence from China"，*China Agricultural Economic Review*，2020，Vol.12，issue4.

Yanan Li，Mengru Wang，Xuanjing Chen，Shilei Cui，Nynke Hofstra，Carolien Kroeze，Lin Ma，Wen Xu，Qi Zhang，Fusuo Zhang，and Maryna Strokal. "Multi-pollutant Assessment of River Pollution from Livestock Production Worldwide"，*Water Research*，2022，Vol.209.

Yu Zhou，Jin Hong，Kejia Zhu，Yang Yang，and Dingtao Zhao. "Dynamic Capability Matters：Uncovering its Fundamental Role in Decision Making of Environmental Innovation"，*Journal of Cleaner Production*，2018，Vol.177，issue6.

Yumei Liu，Wuyang Hu，Simon Jette-Nantel，and Zhihong Tian. "The Influence of Labor Price Change on Agricultural Machinery Usage in Chinese Agriculture"，*Canadian Journal of Agricultural Economics*，2014，Vol.62，issue2.

Zewdu Ayalew Abro，Moti Jaleta，and Hailemariam Teklewold. "Does Intensive Tillage Enhance Productivity and Reduce Risk Exposure? Panel Data Evidence from Smallholders' Agriculture in Ethiopia"，*Journal of Agricultural Economics*，2018，Vol.69，issue3.

Zhe Chen，Apurbo Sarkar，Airin Rahman，Xiaojing Li，and Xianli Xia. "Exploring the Drivers of Green Agricultural Development（GAD）in China：A Spatial Association Network Structure Approaches"，*Land Use Policy*，2022，Vol.112.

四、网络资料

《新型农业经营主体保持良好发展势头》，2023 年 12 月 19 日，见 https：//www.gov.cn/ lianbo/bumen/202312/content_6921803.htm。

《全国 98% 以上农业经营主体仍是小农户》，2019 年 3 月 2 日，见 https：//www.gov.cn/ xinwen/2019-03/02/content_5369853.htm。

《农业农村部：农业绿色发展取得积极成效》，2023 年 12 月 23 日，见 https：// baijiahao. baidu.com/s?id=1786038743764292743&wfr=spider&for=pc。

《中华人民共和国 2023 年国民经济和社会发展统计公报》，2024 年 2 月 29 日，见 https：//www.stats.gov.cn/sj/zxfb/202402/t20240228_1947915.html。

《2023 年 1—12 月我国农产品进出口情况》，2024 年 1 月 23 日，见 http：//www. moa.gov.cn/ ztzl/nybrl/rlxx/202401/t20240123_6446367.htm。

《2023 年 12 月进口主要商品量值表（人民币值）》，2024 年 1 月 18 日，见 http：//gongbei.customs.gov.cn/customs/302249/zfxxgk/2799825/302274/302277/ 302276/5637081/index.html。

《农业农村部关于印发〈"十四五"全国饲草产业发展规划〉的通知》，2022 年 2 月 16 日，见 http://www.moa.gov.cn/govpublic/xmsyj/202202/t20220225_6389705. htm。

《2023 中国农业农村重大新技术新产品新装备发布》，2023 年 12 月 10 日，见 https：//3w. huanqiu.com/a/564394/4FhJFLTLXar。

《各地区各部门着力推动关键核心技术攻关，农业科技进步贡献率超 63%》，2024 年 2 月 22 日，见 http：//www.moa.gov.cn/ztzl/ymksn/rmrbbd/202402/t20240222_ 6448880.htm。

《农业农村部　我国畜禽核心种源自给率超过 75%》，2023 年 8 月 20 日，见 http：//www. moa.gov.cn/ztzl/ymksn/spbd/qt/202308/t20230821_6434719.htm。

钱加荣、毛世平：《中央农村工作会议系列解读⑧提高农业全要素生产率　加快建设农业强国》，2023 年 1 月 5 日，见 https：m.gmw.cn/baijia/2023-01-05/ 36281045.html。

《奶牛养殖行业发展前景如何？养殖规模化比重持续提升》，2022 年 10 月 4 日，见 http：//oppo.yidianzixun.com/article/0j6Sr5II?s=oppobrowser&appid= oppobrowser&__publisher_id__=6PVAuvanFimW2A745e8yNA&ivk_sa=1024320u&__docId__=0j6Sr5II。

《2017 年度上海奶业发展报告（奶牛养殖部分)》，2018 年 3 月 16 日，见 https：//www.dac. org.cn/read/newgndt-18032611152614510024.jhtm。

《宁夏奶牛规模化养殖比例达 99%》，2021 年 12 月 21 日，见 https：//baijiahao.baidu.com/s? id=1719735690303612809&wfr=spider&for=pc。

《江苏省奶业发展报告》，2021 年 1 月 16 日，见 http://njy.jsnjy.net.cn/web/share/new.action?newId=faadfbcf-542a-4b90-a32c-c0f99235df0d。

《黑龙江奶牛养殖规模化接近八成　高品质生鲜乳供给年均增幅 24.5%》，2017 年 12 月 10 日，见 https：//www.gov.cn/xinwen/2017-12/10/content_5245637.htm。

《内蒙古，冲向 350 万头奶牛！》，2022 年 6 月 14 日，见 https：//baijiahao.baidu.com/s?id= 1735616533882717451&wfr=spider&for=pc。

《甘肃省奶畜存栏 122 万头，已形成五大优势产区》，2022 年 10 月 4 日，见 https：//

business. sohu.com/a/590163811_121118715。

《宁夏奶产业迈进高质量发展新时代》，2022 年 8 月 24 日，见 https：//baijiahao. baidu. com/s?id=1742039917222439666&wfr=spider&for=pc。

《如何测算全要素生产率》，2023 年 1 月 1 日，见 https：//www.stats. gov.cn/zs/tjws/ tjjc/ 202301/t20230101_1903711.html。

《国家卫健委：农村居民健康素养水平从 2017 年的 10.64% 提升到 2020 年的 20.02%》，2022 年 5 月 24 日，见 https：//baijiahao.baidu.com/s?id =1733674392374190295 &wfr=spider&for=pc。

附录：基于德尔菲法的畜牧业绿色转型评价指标体系构建过程

畜牧业绿色转型评价指标体系构建是本研究的核心内容，为了保证评价体系构建更为科学、合理、切合实际，本研究在构建评价指标体系时采用德尔菲法对其进行多轮修正。德尔菲法又被称为"专家调查法"，主要是指按照一定程序，采用匿名的方式收集专家意见，之后经研究者的客观分析，进行至少 3 轮的征询与反馈，最终使专家意见逐渐趋于一致，从而得出科学合理的预期结果的方法。

一、专家遴选

1. 专家遴选标准

德尔菲专家的选择是一个非常关键的环节，直接关系到征询意见的科学性和准确性。因此，在选择德尔菲专家时需要考虑其专业背景、学术造诣、工作经历和判断力等因素，并应是对研究问题有深入了解的"当事人"或"知情人"。综合上述要求，本研究从理论层面和实践层面确认专家遴选标准，具体遴选标准如附表 1–1 所示。专家咨询结果分析显示：专家权威程度 Cr 为 0.925（>0.7），专家积极系数 P 为 100%，表明专家咨询结果可靠。

附表 1-1　专家遴选标准

专家类型	遴选标准
理论型专家	（1）研究方向为畜牧经济理论与政策； （2）主持过有关畜牧经济、畜牧资源环境的省部级以上课题； （3）出版或发表过与畜牧经济、畜牧资源环境主题相关的著作和科研论文； （4）均为全日制高等院校农业经济管理专业的专任教师，学历均为硕士及以上，具有丰富的科研经验，至少指导过一届博士毕业生。
实践型专家	（1）工作单位为县级以上农业部门、环保部门； （2）工作年限至少为 5 年； （3）学历为本科及以上； （4）处理过与奶牛养殖相关的环境事件，对奶牛养殖全过程十分了解。

2. 专家人数及基本概括

在上述专家遴选标准确定以后，需要进一步对德尔菲专家人数进行确定。从目前学术界研究来看，对于专家人数尚无统一标准，当专家人数过少时，无法有效保证征询结果的准确性；当专家人数过多时，虽然可以保证征询结果的准确性，但专家意见的收敛难度也大大提高。有研究指出，当专家人数达到 13 人及以上时，误差降幅不明显（Mitchell，1991）。[1] 为了秉承科学性、全面性以及实践性的原则，本研究选取 10 位理论型、5 位实践型专家组成德尔菲专家组。这些专家均是严格按照上述遴选标准进行遴选，其中理论型专家中有 1 位来自中国人民大学、2 位来自中国农业大学、1 位来自南京农业大学、1 位来自中国农业科学院、5 位来自东北农业大学，这些专家均为教授、博士生导师；实践型专家中有 2 位来自省级农业农村厅畜牧主管部门、1 位来自省级生态环境厅畜牧主管部门、1 位来自县级农业农村局畜牧主管部门、1 位来自县级环保局，这些专家对奶牛养殖相关问题有着独特的见解。

---

[1]　Vincent-Wayne Mitchell. "The Delphi Technique: An Exposition and Application", *Technology Aralysis & Strategic Management*, 1991, Vol.3, issue4, pp.333-358.

二、专家问卷编制与实施

1. 第一轮专家咨询与反馈

为了征求专家对指标的划分、指标内涵表述的意见，并对其合理程度进行评分，依据初步构建的指标体系编制第一轮专家意见咨询问卷，问卷采用李克特五点计分法，从"非常不合理"到"非常合理"5 个等级，依次记为 1—5 分，得分越高表明指标构建的越合理。第一轮专家咨询问卷于 2021 年 11 月 1 日至 11 月 15 日实施，以网络问卷形式发放给 15 位专家，下面详细展示第一轮专家咨询问卷内容。

畜牧业绿色转型评价指标体系构建论证
（第一轮）

尊敬的专家：

　　您好！

　　感谢您在百忙之中查阅我的邮件，我是东北农业大学绿色食品产业战略研究团队的成员，目前课题组正在探索畜牧业绿色转型的相关研究，现就畜牧业绿色转型评价指标体系构建的内容需要得到您的指正，请您对评价体系具体内容进行相应赋分，赋分范围为 1—5 分，分别代表"非常不合理"到"非常合理"5 个等级。同时，也恳请您不吝赐教，对这一评价体系提出相应修改建议，使其更为科学、合理，真正能够为推动畜牧业绿色转型提供理论参考与实践经验。如果您的时间允许，我们希望您可以在 2021 年 11 月 15 日之前返回此问卷。

　　指标体系构建说明：该指标体系依托绿色经济增长理论，借鉴工业、制造业领域绿色转型研究成果，结合畜牧业绿色转型理论本质研究，构建以"减排"与"增效"为一级指标的畜牧业绿色转型的评价体系，并依托"减排"和"增效"的经济学内涵，进一步细化为面源污染减少、碳排放减少、效益增加和效率增加 4 个二级指标，并据此提出了 9 个三级指标，形成了畜牧业绿色转型评价指标体系，具体如表 1 所示。

表 1　畜牧业绿色转型评价指标体系打分表

一级指标	二级指标	三级指标	计算方法	属性
减排（＿分）	面源污染减少（＿分）	化学需氧量（＿分）	单位畜产品产值排放化学需氧量（千克／元）（＿分）	－
		总氮（＿分）	单位畜产品产值排放氮（千克／元）（＿分）	－
		总磷（＿分）	单位畜产品产值排放磷（千克／元）（＿分）	－
		其他（＿分）	单位畜产品产值排放其他污染物（千克／元）（＿分）	－
	碳排放减少（＿分）	碳排放量（＿分）	单位畜产品产值排放二氧化碳（千克／元）（＿分）	－
增效（＿分）	效益增加（＿分）	资源集约利用（＿分）	单位畜产品产值消耗物质与服务费用（元／元）（＿分）	－
		产业结构升级（＿分）	单位养殖产值（万元／头）（＿分）	＋
		净利润增加（＿分）	单位养殖净利润（万元／头）（＿分）	＋
	效率增加（＿分）	畜禽养殖效率（＿分）	DEA_Malmquist 测算（＿分）	＋
上述指标体系总体评价：1= 非常不合理；2= 不合理；3= 一般；4= 合理；5= 非常合理				

尊敬的专家，请您在上述指标赋分的基础上，提出进一步修改建议：

1.＿＿＿＿＿＿＿＿＿＿＿＿＿＿＿＿＿＿＿＿＿＿＿＿＿＿＿＿＿

2.＿＿＿＿＿＿＿＿＿＿＿＿＿＿＿＿＿＿＿＿＿＿＿＿＿＿＿＿＿

3.＿＿＿＿＿＿＿＿＿＿＿＿＿＿＿＿＿＿＿＿＿＿＿＿＿＿＿＿＿

再次对您的指正表示感谢，我会按照您的宝贵建议对该指标体系进行系统修正，修改后可能还需要打扰您，请您帮助再提宝贵意见。

祝您身体健康，工作顺利！

东北农业大学绿色食品产业战略研究团队

2021 年 11 月 1 日

问卷的回收率和有效率均为100%，专家积极系数同样为100%，表明专家组成员对本研究的参与积极性较高。另外，第一轮专家问卷的Cronbach's Alpha系数为0.965，表明本轮问卷的信度较高。通过分析回收数据并根据专家修改意见对指标体系进行修订，具体而言，主要分析数据的集中程度、离散程度和专家意见协调程度。

对于一级指标的咨询结果而言，从集中程度来看，2项一级指标中位数位于4.00—5.00之间，众数大于4，平均值均为4.80；从分散程度来看，2项一级指标的标准差均为0.40，均小于1；从专家意见协调度来看，2项一级指标的满分率均为80%，其余20%均赋4分，由此可见，专家意见协调度非常高。综合来看，一级指标符合指标构建的基本原则，得到专家的一致认可。

对于二级指标的咨询结果而言，从集中程度来看，4项二级指标中位数位于4.00—5.00之间，众数大于4，平均值分别为4.46、4.53、4.53、4.60；从分散程度来看，4项一级指标的标准差分别为0.62、0.62、0.62、0.61，均小于1；从专家意见协调度来看，4项指标的满分率分别为53.33%、60.00%、60.00%、66.67%，其余赋分均为4分，说明专家意见协调度也比较高。整体而言，二级指标同样也符合指标构建的基本原则，专家较为认可。

对于三级指标及其计算方法的咨询结果而言，各指标之间被赋分值差距较大。就面源污染排放减少而言，化学需氧量、总氮、总磷赋分均值均为4.80，整体来看其符合三级指标要求，而"其他"这一指标专家指出并不合理，应该说明具体污染物名称，并单独作为三级指标加以表示。同时专家还指出，这部分指标的计量方法应该采取总量计算，即就一个区域或一个养殖场而言，排放这些污染物的总量是多少。就碳排放减少而言，以二氧化碳排放总量作为三级指标得到专家认可，赋分均值为4.87，但同样专家建议要基于系数法计算碳排放总量。就效益增加部分而言，在三级指标设计上专家赋分值非常低，其中资源集约利用、产业结构升级、净利润增加三个具体指标均值分别为2.93、2.73、2.73，专家提出诸多修改意见，总结归纳为：效益增加要从成本收益视角来考虑，要求降低生产成本，提高收益。这部分内容需要作出重大修改，随之需要修改的还有相应的计算方法。就效率增加而言，专家赋分相对较高，均值为4.13，专家不反对计算畜禽养殖效率，但专家提出，从产业高质量发展视角来看，当前在要素驱动较为困难的情形下，需要考虑全要素生产率的提升，能否将全要素生产率设定为效率增加的三级指标。

综合而言，15位专家在第一轮对该评价指标体系总体赋分均值为3.87，认为还有较大的改进空间，基本建议集中在三级指标的修正上，在三级指标中对于效益增加指标的修改提出了宝贵的修改意见，需要认真修正，为第二轮专家咨询与反馈做准备。

2.第二轮专家咨询与反馈

在分析第一轮专家意见征询结果并综合专家意见对初建指标进行修订的基础上，编制第二轮专家意见征询问卷，问卷同样采用李克特五点计分法。由于第一轮专家对一级指标和二级指标给予较高程度肯定，为此此轮仅对三级指标及其计算方法进行征询，同样设定"非常不合理"到"非常合理"5个等级，请专家按1—5赋分。第二轮专家咨询问卷于2021年11月20日至12月5日实施，仍以网络问卷形式发放给15位专家，下面详细展示第二轮专家咨询问卷内容。

畜牧业绿色转型评价指标体系构建论证
（第二轮）

尊敬的专家：

您好！

感谢您在百忙之中查阅我的邮件，我是东北农业大学绿色食品产业战略研究团队的成员，目前课题组正在探索畜牧业绿色转型的相关研究。之前已经得到您对畜牧业绿色转型评价指标体系构建的指正，按照您的建议做了认真的修改，形成了新的评价体系（具体如表1所示），还需要请您帮忙继续对修正后的评价体系进行相应赋分，赋分范围为1—5分，分别代表"非常不合理"到"非常合理"5个等级，也期待您可以继续提出宝贵意见。如果您的时间允许，希望您可以在2021年12月5日之前返回此问卷。

表1　畜牧业绿色转型评价指标体系打分表

一级指标	二级指标	三级指标	计算方法	属性
减排	面源污染减少	化学需氧量（　分）	化学需氧量排放总量（万吨）（　分）	－
		总氮（　分）	氮排放总量（万吨）（　分）	－
		总磷（　分）	磷排放总量（万吨）（　分）	－
		氨氮（　分）	氨氮排放总量（万吨）（　分）	－
	碳排放减少	碳排放量（　分）	二氧化碳排放总量（万吨）（　分）	－
增效	效益增加	土地成本（　分）	单位养殖土地投入成本（元/头）（　分）	－
		劳动力成本（　分）	单位养殖劳动力投入成本（元/头）（　分）	－
		物质与服务费用成本（　分）	单位养殖物质与服务费用投入成本（元/头）（　分）	－
		主产品产值（　分）	单位养殖畜产品产值（元/头）（　分）	＋
		副产品产值（　分）	单位养殖除畜产品产值外其他副产品产值（元/头）（　分）	＋
	效率增加	全要素生产率（　分）	SBM-GML 模型计算（　分）	＋
上述指标体系总体评价：1=非常不合理；2=不合理；3=一般；4=合理；5=非常合理				

尊敬的专家，请您在上述指标赋分的基础上，提出进一步修改建议：

1._____

2._____

3._____

再次对您的指正表示感谢，我会按照您的宝贵建议对该指标体系进行系统修正，修改后可能还需要打扰您，请您帮助再提宝贵意见。

祝您身体健康，工作顺利！

东北农业大学绿色食品产业战略研究团队

2021 年 11 月 20 日

　　同样，第二轮问卷的回收率和有效率均为100%，专家积极系数同样为100%，表明专家组成员对本研究的参与积极性较高。另外，专家问卷的Cronbach's Alpha系数为0.985，表明本轮问卷的信度较高。在第二轮征询中，13位专家表示无修改意见，2位专家均对三级指标奶牛养殖业全要素生产率测算方法提出修改意见，认为可以采用更为精准的超效率SBM-GML指数计算全要素生产率。在采纳专家意见的基础上对评价指标体系进一步修正，形成第三轮论证问卷。此轮专家给出该评价指标体系的均值分为4.87分，仅有2位专家赋分为4分，其余均为满分。

　　3. 第三轮专家咨询与反馈

　　在经过前两轮专家咨询与反馈以后，畜牧业绿色转型评价指标体系已经较为完善，但鉴于第二轮专家征询过程中，有部分专家依旧提出了具体的修改意见，主要是针对效率增加维度的三级指标的计算方法，且有两位专家同时指出该问题，而其余专家已经表示无其他意见。为此本轮征询仅向第二轮提出修改意见的专家发送邮件，以进行最后的征询。第三轮专家咨询问卷于2021年12月10日至12月15日实施，下面详细展示第三轮专家咨询问卷内容。在第三轮征询过程中，两位专家均同意当前评价指标体系构建。

畜牧业绿色转型评价指标体系构建论证
（第三轮）

尊敬的专家：

　　您好！

　　感谢您在百忙之中查阅我的邮件，我是东北农业大学绿色食品产业战略研究团队的成员，目前课题组正在探索畜牧业绿色转型的相关研究。在第二轮征询过程中，您提出应采用更为先进的超效率SBM-GML指数对全要素生产率进行计算，非常感谢您的宝贵意见，现将修正后的评价指标体系再次发给您审阅，如果您还有更好的修正意见希望您可以在2021年12月15日之前返回此问卷。

表1 畜牧业绿色转型评价指标体系打分表

一级指标	二级指标	三级指标	计算方法	属性
减排	面源污染减少	化学需氧量	基于排污系数计算化学需氧量排放总量（万吨）	−
		总氮	基于排污系数计算氮排放总量（万吨）	−
		总磷	基于排污系数计算磷排放总量（万吨）	−
		氨氮	基于排污系数计算氨氮排放总量（万吨）	−
	碳排放减少	碳排放量	基于养殖各个环节温室气体排放系数计算二氧化碳排放总量（万吨）	−
增效	效益增加	土地成本	单位养殖土地投入成本（元／头）	−
		劳动力成本	单位养殖劳动力投入成本（元／头）	−
		物质与服务费用成本	单位养殖物质与服务费用投入成本（元／头）	−
		主产品产值	单位养殖主产品产值（元／头）	+
		副产品产值	单位养殖除主产品产值外其他副产品产值（元／头）	+
	效率增加	全要素生产率	基于超效率SBM-GML指数测算养殖全要素生产率	+

上述指标体系总体评价：1=非常不合理；2=不合理；3=一般；4=合理；5=非常合理

尊敬的专家，如果您针对该指标体系还有更好的修改意见，请陈述如下：

1. _____

2. _____

3. _____

再次对您的指正表示感谢，我会按照您的宝贵建议对该指标体系进行系统修正。

祝您身体健康，工作顺利！

东北农业大学绿色食品产业战略研究团队

2021 年 12 月 10 日